抗日战争时期中国人口伤亡和财产损失调研丛书

主　编　李忠杰
副主编　李　蓉　姚金果
　　　　霍海丹　蒋建农

陕西省抗日战争时期人口伤亡和财产损失

陕西省委党史研究室　编

中共党史出版社

图书在版编目(CIP)数据

陕西省抗日战争时期人口伤亡和财产损失/陕西省委党史研究室编.
—北京:中共党史出版社,2015.8
(抗日战争时期中国人口伤亡和财产损失调研丛书/李忠杰主编)
ISBN 978-7-5098-3119-9

Ⅰ.①陕… Ⅱ.①陕… Ⅲ.①抗日战争—损失—史料—陕西省
Ⅳ.①K265.06

中国版本图书馆 CIP 数据核字(2015)第 121268 号

出版发行:中共党史出版社
责任编辑:贾京玉
复　　审:陈海平
终　　审:汪晓军
责任校对:龚秀华
责任印制:谷智宇
责任监制:贺冬英
社　　址:北京市海淀区芙蓉里南街6号院1号楼
邮　　编:100080
网　　址:www.dscbs.com
经　　销:新华书店
印　　刷:北京汇林印务有限公司
开　　本:170mm×240mm　1/16
字　　数:531 千字
印　　张:28.25　12 面前插
印　　数:1—3000 册
版　　次:2015 年 8 月第 1 版
印　　次:2015 年 8 月第 1 次印刷

ISBN 978-7-5098-3119-9
定　　价:60.00 元

《抗日战争时期中国人口伤亡和财产损失调研丛书》

本课题在中共中央党史研究室室委会领导下进行。先后三位时任主任孙英、李景田、欧阳淞对本课题给予了重要指导。

主　编　李忠杰

副主编　李　蓉　姚金果　霍海丹　蒋建农

参加审稿的领导和专家：

一、中共中央党史研究室领导和专家

曲青山　孙　英　龙新民　陈　威　石仲泉
谷安林　张树军　黄小同　黄如军　李向前
陈　夕　任贵祥　郑　谦　王　淇　黄修荣
刘益涛　韩泰华

二、有关部门和单位的专家

李景田（第十二届全国人大常委、民族委员会主任委员；中共中央党史研究室原主任；中共中央党校原常务副校长）

何　理（中国人民解放军国防大学少将、教授、中国抗日战争史学会会长）

支绍曾（中国人民解放军军事科学院少将、原军事历史研究部副部长、研究员）

罗焕章（中国人民解放军军事科学院研究员）

刘庭华（中国人民解放军军事科学院原军事历史研究部研究室主任、研究员、博士生导师、首席军史专家）

阮家新（中国人民革命军事博物馆原副馆长、研究员）

步　平（中国社会科学院近代史研究所原所长、研究员）

汤重南（中国社会科学院世界历史研究所研究员、中国日本史学会名誉会长）

姜　涛（中国社会科学院近代史研究所研究员）

荣维木（《抗日战争研究》原主编）

郭德宏（中共中央党校党史教研部原主任、教授、博士生导师）

肖一平（中共中央党校党史教研部教授）

杨圣清（中共中央党校党史教研部教授）

李东朗（中共中央党校党史教研部教授、博士生导师）

徐　勇（北京大学历史系教授、博士生导师）

李良志（中国人民大学中共党史系教授）

王桧林（北京师范大学教授、博士生导师）

谢忠厚（河北省社会科学院原现代史研究所所长、历史研究所顾问、研究员）

中共中央党史研究室课题组成员

李忠杰　霍海丹　李　蓉　姚金果　李　颖

王志刚　王树林　杨　凯

《抗日战争时期中国人口伤亡和财产损失调研丛书》

总　　序

中共中央党史研究室副主任　李忠杰

发生在20世纪三四十年代的中国人民抗日战争，是中华民族抵抗日本帝国主义侵略的一场规模巨大的战争，是世界反法西斯战争的重要组成部分和东方主战场，是近代以来中国反对外敌入侵第一次取得完全胜利的民族解放战争。中国人民抗日战争的胜利，成为中华民族由衰败走向振兴的重大转折点，也对世界各国人民取得反法西斯战争的胜利、争取世界和平的伟大事业产生了巨大影响。

这场战争，作为世界反法西斯战争的一部分，从根本上来说，是反法西斯正义力量与法西斯侵略势力之间的一场大决战，是文明与野蛮的一场大搏斗。日本侵略者，站在法西斯阵营一边，不仅与中国人民为敌，而且与世界人民为敌，肆意践踏人类的公理和正义，企图以残暴杀戮的手段，将中华民族置于自己的铁蹄之下。日本侵略者先后占领了中国、东南亚、南亚、大洋洲许多国家的领土，杀害居民，掠夺物资，强征劳工，施放毒气，蹂躏妇女和儿童，毁坏和窃取文物，造成了大量人员和财产的损失，给中国人民和亚洲其他许多国家人民留下了巨大的创伤，给世界文明造成了空前的破坏。

中国是受战争摧残最为严重的国家。从1931年到1945年的14年间，日本侵略者先后占领了东北、华北、华中、华南等大片中国最重要的经济政治文化战略地区。在整个战争进程中，日军到处屠杀、焚烧、抢掠、奸淫，使中国人民的生命财产惨遭蹂躏；大量使用生化武器，进行残酷的细菌战和化学战；把大批中国平民和俘虏当作细菌和毒气的试验品；对无辜的中国平民施放毒气，或在河流、湖泊、水井中投毒；掠走大批中国劳工，强迫他们筑路、开矿、拓荒，从事大型军事工程，使其大批冻、饿、病、累而死；强征中国妇女作为“慰安妇”，严重残害妇女的身心健康；对抗日根据地实行“烧光、杀光、抢光”政策，企图摧毁抗战军民起码的生存条件；在许多地方还制造了一系列触目惊心的大惨案。直至今天，日本侵略所造成的后果还难以完全消除，日军遗留的毒气弹还不时地威胁着中国人民的生命安全。

日本侵略者的罪行，违背了起码的人类良知和国际公法，不仅是对人权和人道主义的践踏，而且是对人类文明的挑战。它决不是如某些日本右翼分子所说是解放亚洲和太平洋地区人民的行动，而是亚洲和太平洋地区历史上最黑暗的一幕，是人类文明史上的一场浩劫。第二次世界大战结束后，根据《波茨坦公告》的规定，远东国际军事法庭在东京对日本首要战犯进行了国际审判，确认侵略战争为国际法上的犯罪，策划、准备、发动或进行侵略战争者为甲级战犯。此外，盟军还在马尼拉、新加坡、仰光、西贡、伯力等地，对日本的乙、丙级战犯进行了审判。中国也先后对日本的有关战犯进行了审判。这些审判，与欧洲的纽伦堡审判一起，使发动侵略战争的罪犯受到了应有的惩处，代表了全世界一切爱好和平人民的共同愿望。这是正义的审判，历史的审判！这一审判的结果是不容挑战的！

策划和制造当年这场战争的，是一小撮日本军国主义和法西斯分子。而日本人民，从根本上来说，也是受害者。所以，日本人民也用不同方式对这场战争进行了抵制和反抗。不少参加侵华战争的士兵认识到战争的性质，幡然悔悟，积极参加了国际和日本国内的反战活动。战后，很多人勇敢面对历史事实，以见证人的身份揭露了日本军国主义的罪行。还有很多当年的士兵，真诚忏悔战争的罪行，以实际行动推动世界和平和中日友好，做了很多有益的工作。他们的良知和勇气，应该得到充分的肯定和赞赏。

相反，日本国内一些右翼势力，直到今天仍然否认侵略战争的性质和罪行，竭力推卸侵略战争的责任。对早已由当年远东国际军事法庭作出严正判决的南京大屠杀一案，始终企图翻案。历史不容改变，事实岂能抹杀！企图歪曲历史，掩盖罪行，这是中国人民绝对不能同意的！

中国人民在当年那场战争中的胜利，是正义战胜邪恶、光明战胜黑暗、进步战胜反动的伟大胜利！是正义的胜利、人民的胜利、和平的胜利！既是中华民族永远值得纪念的胜利，也是世界人民永远值得纪念的胜利！但是，在纪念胜利的同时，我们不要忘记，这一胜利是用极为惨重的代价换来的。在这一伟大胜利的背后，是中华民族遭受的巨大人员伤亡和财产损失！中华民族，既为这场战争的胜利作出了巨大的贡献，也在这场战争中付出了巨大的民族牺牲。

1995年，江泽民同志在首都各界纪念抗日战争暨世界反法西斯战争胜利50周年大会上，对当年日本侵略中国造成巨大人口伤亡和财产损失的基本数据作出了重要表述。2005年，胡锦涛同志在纪念中国人民抗日战争暨世界反法西斯战争胜利60周年大会的讲话中，再次郑重宣布，据不完全统计，在抗日战争期间，中国军民死伤3500多万人；按1937年的比值折算，中国直接经济损失1000多亿美元，间接经济损失5000多亿美元。中国领导人公开宣布的基本数据，从整体上揭示了中国人口伤亡和财产损失的规模，有力地揭露了日本军国主义侵略的罪行。

数据，是历史的抽象。数据的背后，是大量的事实、确凿的证据，是无数人们的惨痛记忆和血泪控诉。为了更直接、更具体、更全面、更系统、更立体地还原当年的历史，展示中国人民遭受的灾难和损失，揭露日本军国主义的罪行，驳斥日本右翼势力否认侵略罪行的种种言论，我们必须通过更多档案资料的展示、历史文书的挖掘、具体事实的考查、当事人的证词证言、各种各样的物证书证，等等，将侵略者的罪行昭告天下。因此，作为炎黄子孙，作为郑重的历史工作者，有必要、有责任、有义务、也有权利对战争期间中国的人口伤亡和财产损失进行更加系统、详尽、具体的调查研究，将当年中国人民的巨大牺牲和惨重损失永远地记载下来。

这项调查研究工作，本来在抗日战争结束之后，或者在新中国成立时，就应该进行。但由于种种历史原因，未能系统、全面地进行。由于年代久远，资料散失，在世的证人越来越少，现在进行这方面的调查和研究已经有很大困难。但是，无论早晚，这项工作总得有人来做。现在才做，已经晚了几十年。但如果现在再不做，将来就更晚，也更困难了。所以，无论再困难，做，都是必要的。做好这项调研，是对历史负责、对人民负责、对当年的牺牲殉难者负责、对我们的子孙后代负责。根本上，是对整个中华民族负责，也是对国际社会和人类文明负责。

因此，2004 年，中央党史研究室决定开展《抗日战争时期中国人口伤亡和财产损失》的课题调研。从 2005 年开始，组织全国党史部门围绕这一重大课题，开展了系统深入的调研工作。其基本任务，是按照实事求是的原则，调查更加详实、有力、具体、准确的档案、材料、事实，更加清楚准确地掌握日本军国主义的侵略罪行，更加清楚准确地掌握日本侵略在各个不同领域、地区和方面对中国造成的破坏和损失。其中包括：各个省、自治区、直辖市在抗战中的人口伤亡和财产损失情况；历次重大战役战斗中中国军队伤亡的情况；日本从中国掠走各种资源的情况；日本从中国掠走和破坏文物的情况；日军在中国制造的一系列重大惨案；中国劳工的损失情况；中国妇女遭受日军性侵犯的情况，包括“慰安妇”的情况；日军在中国使用细菌武器、化学武器及其造成伤害的情况；日本侵略在其他方面给中国造成破坏的情况；等等。

课题调研的整体布局，实行块块和条条的结合。每个省、自治区、直辖市党史研究室，主要负责把本区域内的情况调查清楚。也可根据实际情况，选择一些重点，进行专题性的调研，形成专题性的研究成果。一些重要专题，单靠某个省（自治区、直辖市）做不了，就采取条条的办法，组织专题性的调研。还有一些，则是条条与块块相结合。如毒气，日军在不同区域使用过，有关的省（自治区、直辖市）都调查。但作为一个专题，由相关的区域进行协调，配合开展调研工作，并形成专项的调研成果。如劳工、性侵犯等，就大致属于这种类型。

课题调研的方式方法，主要是查阅和搜集档案文献资料，包括不同历史时期的统计报表。同时查阅当时有关的报刊资料，查阅多年来涉及有关地方、有关课题的研究成果。对一些特殊的重大事件，特别是重大惨案等，也同时进行社会调查，对当事人、知情人、有关研究人员等进行走访，记录证词证言。对于特别重要的事件，有条件的，还进行必要的司法公证，如南京大屠杀、潘家峪惨案等，使这些调查都成为在法律上可以采信的证据。根据需要与可能，也到国外境外包括台湾地区查阅搜集档案资料。

中央党史研究室进行了大量组织和指导工作。在课题确定前，首先进行了必要的论证，得到了许多专家的支持。随后，制定了详细的工作方案，向各省、自治区、直辖市党史研究室发出正式通知和实施意见，明确了工作的指导思想、组织领导、调研项目、工作步骤、基本要求、注意事项等等。为了提高认识，振奋精神，交流经验，落实措施，专门召开了工作培训会议，就课题的总体规划、调研方法、需要把握的问题等，作了全面部署，特别是提出了把调研工作做成“基础工程、精品工程、警世工程、传世工程”的要求。多年来，一直分阶段、有步骤地把这项课题调研推向前进。有关领导和专家分别到各地参加会议，指导培训，提出要求，统一规格，解答疑难问题。在调研过程中，随时就有关问题进行具体指导。工作班子及时编发简报和简讯，交流情况和经验。

各级党委和政府高度重视。多数地方成立了由党史研究室领导负责的课题组。各地先后召开工作会议、电话会议等，培训人员，落实任务。许多地方形成了由党史研究室牵头，档案、民政、财政、司法、地方志、社科院以及高校等部门单位联合攻关的局面，保证了调研工作扎扎实实、有计划有步骤地向前推进。

《抗日战争时期中国人口伤亡和财产损失》课题调研先后经历了六个阶段。第一，酝酿启动。第二，全面调研。这是最重要的阶段。各地组织专门人员，查询档案，实地走访，搜集了大量资料。第三，起草报告。凡参加调研的县以上单位，都要在搜集整理、考证研究档案文献资料和进行实地调查的基础上，写出调研报告，全面、准确地反映调研成果。同时，将调研中搜集的档案文献资料进行分类整理，制作统计表、大事记和人员伤亡名录等。第四，分级验收。为保证调研成果的科学性、准确性、严肃性，各省、自治区、直辖市调研报告都要经过四级验收。首先由课题领导小组审查通过，然后聘请所在省份资深专家审读验收，合格后报送中央党史研究室课题组。中央党史研究室课题组审读各省、自治区、直辖市的调研报告及相关调研成果，认为合格后，再聘请有全国影响的专家审读，写出书面意见并亲笔署名。根据审读意见，各地都要反复认真进行修改，只有达到规定要求才能通过验收。第五，上报成果。完成调研工作的省、自治区、直辖市，都按统一要求，将调研中收集的档案文献资料等所有文件，精心整理，分类成册，向中央党史研究室提交调研成果。各市县也要逐级向省级报送。第六，反复审核。中央党史研究室召开审稿会，组织各省、自治区、直辖市按照标准自审，相互间互审，将各种材料进行比对，将有关数据核实，解决带有共性的问题，进一步统一标准、统一规范、统一格式。

这项课题调研，作为一项浩大的工程，到目前为止，进行了将近10年之久。前后共有60多万党史工作者、史学工作者和其他各类有关人员参加。将近10年来，各个地方都周密组织，采取有力措施推动工作开展，保证调研质量。如山东省，先在30个县（市、区）进行试点，然后在全省普遍推开，形成了纵向省市县乡村五级联动、步调一致，横向十几个部门优势互补、携手攻关的工作格局。课题调研期间，山东省参加工作的同志共查阅档案238742卷，复印档案资料406912页，查阅抗战期间及战后出版的书刊61301册（期），复制文献资料220177页。走访调查8万余个行政村、609万名70岁以上（即1937年全国性抗战爆发以前出生）老人中的507万余人，收集证言证词79万余份。拍摄照片资料7376幅、录像资料49678分钟，制作光盘2037张。全省1931个乡镇，每个乡镇都建立了包括证人证言证词、伤亡人员名录、财产损失清单、人员伤亡和财产损失数字统计、人员伤亡和财产损失大事记、重大惨案证据材料以及证人和知情人口述录音、录像、照片等内容的抗战时期人口伤亡和财产损失材料卷宗，共12892个。

这项课题调研，也得到了社会各界特别是档案图书部门、专家学者的普遍支持。许多档案馆、图书馆为这次调研提供各种方便。不少专家学者在教学科研任务繁重、经费困难的情况下，承担专题研究任务。有的外请专家利用学校假期全力以赴做课题，缺少交通工具，就以自行车代步或徒步，到档案馆和图书馆查阅文献资料。

为了扩大搜寻面，中央党史研究室还组织查档小组，分赴美国、俄罗斯、日本，搜集了许多抗战史料。很多地方的课题组都到台湾查档。在台北“国史馆”、中国国民党党史馆、“中央研究院”近代史研究所档案馆等，找到了数量巨大、整理比较细致的抗战档案。台北“国史馆”馆藏的国民党在大陆统治时期行政院赔偿委员会档案，涉及抗战时期中国人口伤亡和财产损失的有8924卷，内容十分翔实具体。既有中央机关、军队系统人口伤亡和财产损失情况，也有地方省、市，县、区和个人填报的资料，包括台湾地区和华侨的档案资料。新疆防空委员会也报送有财产损失材料，如修筑防空工事、疏散费等财产损失。重庆市报送有日机空袭慰恤重伤难胞姓名卡，上面有卡号、伤员姓名、性别、年龄、籍贯、受伤时间、受伤地点、犒金额、发犒金时期、所住医院名称、医院地址、入院时间等，受伤部位还配有图片加以说明。所有这些，为查明当时各方面的人口伤亡和财产损失，提供了重要证据。

这项重大课题调研的成果，均编成《抗日战争时期中国人口伤亡和财产损失调研丛书》公开出版，为国内外学者提供并为子孙后代留下一份关于抗战时期中国人口伤亡和财产损失的系统资料。经过验收、审核合格的调研报告和主要档案文献资料，都按统一体例，编辑成为丛书的A、B两个系列。A系列为各省、自治区、直辖市各一本调研成果，以及若干重要专题的调研成果，由中央党史研究室负责审核。B系列为各省、自治区、直辖市的其他大量调研成果，由各省、自治区、直辖市党史研究室负责审核。全部成果统一设计、统一规格、统一版式、统一编号，由中共党史出版社统一出版。全部出齐之后，将有300本左右。

为了集中反映日本侵略者在中国制造的各种重大惨案，我们专门编纂了一套《抗日战争时期全国重大惨案》，收录抗战时期死伤平民（或以平民为主）800人以上的重大惨案100多个，配以档案、文献、口述及照片等作为历史证据。日本一些右翼分子，常常攻击中国为什么不拿出伤亡人员名单。我们专门安排了一个省，即山东省，公布该省具体的伤亡人员名录（第一批先公布该省100个县<市、区>的死难人员名录），包括姓名、籍贯、年龄、性别、伤亡时间等多项要素。以此说明，中国的伤亡人员都是有根有据、铁证如山的。

历史的生命在于真实、客观、准确。《抗日战争时期中国人口伤亡和财产损失》这一课题调研的生命也在于真实、客观、准确。所以，在开展这一课题调研的过程中，我们始终把保证调研质量，保证所有材料、事实、成果的真实性、客观性和准确性放在第一位，并在五个重要环节上严格要求、严格把关。第一，严格要求。一开始就明确规定，课题调研工作坚持实事求是的原则和科学严谨的态度。整个调研工作必须尊重历史事实。档案怎么记录的，就怎么记载，不能随意改变。当事人、知情人怎么说的，就怎么记录，不能随意加工。所有的材料、事实都要经得起法律上和学术上的质证。在需要与可能的情况下，对当事人、知情人的证词证言要进行司法公证。各种数据，都要确有根据，不能随便编排、采信。不许追求任何高数字、高指标。第二，统一规范。对课题调研的项目、内容，都做了认真细致的研究，提出了统一要求和严格规范。对全部调研项目设计了统一的表格，对调研报告的内容和格式做了统一规定。每个数字的内涵外延，包括如何计算、如何换算等等，都有明确的规定。事前对调研人员进行了培训。调研过程中，对没有理解的问题、疑难的问题等，都由专家给予统一的解释、说明。第三，责任到人。对所有参与课题调研的人员，都实行责任制。查档的、笔录的、整理的、起草调研报告的、审读的……，每个环节的人员都要签名，以对这一环节自己的工作负责，对子孙后代负责。明确规定，今后凡遇到质疑，有关环节的调研人员都要能够站出来进行证明、解释和辩论。第四，客观撰写。在汇总情况、起草调研报告阶段，要求所有的数据统计都必须客观、真实、准确。一律用事实说话，材料要具体、实在。不允许像写文艺作品那样来写调研报告；不允许作任何想象、编造和煽情性的描写；不允许刻意追求语言的生动华美；不允许使用任何带有夸张性、主观推断性的文字；不允许用“不计其数”、“无恶不作”这类抽象的形容词来概括相关内容；经过调研，凡是能够说清的事实、数字都予采用，但仍然说不清的情况、数据，就客观地说明未查核清楚，在汇总和整理数据时充分考虑这些因素，绝对不得编造数字。第五，逐级验收。除了在调研过程中由特聘的专家随时给予指导外，对各地提交的调研报告和相关材料，都实行逐级验收制度。其中，对省级调研成果实行由地方到中央的四级验收，其他调研成果由有关省、自治区、直辖市党史研究室组织验收。每一验收环节都要有专家审读、签字。凡存在问题和不符合要求之处，都要退回重新核查和修改。

经过艰苦努力，到2010年底，我们在深入调研的基础上，初步编出了几十本成果，先行印制了少量样本作为内部工作用书，组织力量作进一步的研究、审读、复查、校核。从2014年初开始，我们又组织展开了新一轮较大规模的审核工作。第一，召开有关省、自治区、直辖市党史部门参加的审稿会，进一步提高认识，明确规范，听取相互评审以及从社会各方面听到的意见，对审核工作提出要求，进行部署。第二，开展自审、复核、修改，确保准确无误。同时在各省、自治区、直辖市党史部门之间交叉审读，相互间进行比较、核对、衔接。自审互审完成后，都要确认是否具备正式出版的质量水准，签署是否同意交付出版的意见。第三，由中央党史研究室组织专家，对所有拟第一批出版的成果（书稿）进行六个环节的审读、检查、修改、校对，不仅检查是否还有表述不够准确或不够清楚的地方，而且对各本书稿之间、每本书稿各个部分之间的内容、叙述、时间、数字等进行统筹检查，排除表述不一致的内容。第四，如实客观地说明我们工作尽最大努力后达到的程度。始终强调，凡是已经清楚的，就清楚表述。还没有搞清楚的，就如实说明还没有搞清楚。某些数据、结论与其他书籍资料不完全一致的，则说明我们是依据什么材料、从什么角度得出和叙述的，不强求一致。第五，组织各地党史部门继续参与审核。凡有疑问的，都与有关地方党史部门联系、查核。多数省、自治区、直辖市都派专人来京参与审核、修改、校对。审核完毕后，又组织各地党史部门对自己书稿的清样再次进行审核。然后再按出版流程交付印制。今年以来对这些成果再次进行如此繁密、细致的复核工作，都是为了进一步保证成果的质量，保证历史事实的真实性和准确性。

特别需要强调的是，开展这项调研，不是为了简单汇总、计算这样那样的数据，而是为了寻找、展示更多的档案、更多的材料、更多的人证物证、更多的历史事实，用具体的事实来反映当年中华民族遭受的巨大灾难，揭露日本侵略者反人类的罪行。时隔几十年，很多数据难以查清，很多数据可能不很吻合，而且数据的分类、统计、核算都极为复杂，远远不是简单做一做加法就能算出来的。所以，我们在数据上采取了十分谨慎的态度。能统计出来的就统计出来，难以统计的也不强求。统计的口径、结果相互有差别的，也注意说明。今后，我们将会对数据问题作进一步研究。因此，目前的研究还只是阶段性的，不能说已经包罗万象，更不是最终的结论。总体上，还是在为今后更加综合性的研究提供一个详尽、扎实的基础。

由于自始至终都高度重视和强调调研的质量，所以，对于这一项目的真实性、客观性、准确性，我们有充分的信心。当然，无论如何，历史已经过去了六七十年，很多当事人已经去世，很多档案资料已经散失。现在再对发生在六七十年前的灾难进行大规模的调查，其困难是可想而知的。所以，即使做了最大的努力，我们仍然充分预计在调研成果及有关材料中，还是会有不足和差错之处，出版之后，肯定会有不同意见。所以，我们真诚地欢迎所有看到这些调研成果的人们，对其中的内容、材料、数据等进行审查、讨论。如此，必将有更多的人们关心和参与对当年那场灾难的调查，必将会提供和发现更多的档案、更多的资料、更多的见证，必将对我们调研成果中的很多内容进行不断的推敲琢磨，从而使我们能够更加准确、系统地展示当年中国的人口伤亡和财产损失，使我们为子孙后代留下的资料更为完整、更为丰富。我们也欢迎日本和其他国家的人们对这些调研成果进行阅读、审查、讨论、质疑。如此，将会有更多的国家和人们关注中国当年所遭受的灾难，也将会有更多的存留于国外境外的档案资料出现在公众面前，也将会使对当年这段历史和灾难的记录、研究更加准确和科学。

《抗日战争时期中国人口伤亡和财产损失》课题调研，是一项学术性的工作。开展这项课题调研，是为了更加准确和详尽地记录这场战争和灾难的历史，更加充分和有力地揭露日本军国主义的侵略罪行、反击日本右翼势力否认侵略战争的言行，更加充分和有效地进行爱国主义教育，毋忘国耻、振兴中华，更加积极地促进两岸交流、推进祖国和平统一进程，同时，也是为了给全世界所有关注当年这场战争和灾难的国家、政府和人们一个更加负责任的交代，为子孙后代继续研究当年中国人民抗日战争和日本军国主义的侵略罪行留下一笔丰富翔实的历史遗产。因此，虽然是学术性调研，但具有重大的历史意义、现实意义、国际意义、政治意义。作为历史工作者，我们有责任、有义务，实事求是地把中华民族在那场战争中蒙受的巨大灾难和损失尽可能完整地记载下来。推动和开展这项课题调研，是良心所在，是责任所在！每每读到那些令人震颤的历史事实，每每想到那数千万死难者的冤魂亡灵，每每掂量我们今人特别是历史工作者的责任，我们都禁不住潸然泪下。将近10年来，所有调研人员本着对历史和民族负责的精神，殚精竭虑，无私奉献，千方百计寻找各种线索，逐字逐页翻阅档案资料。为了做好对当事人、知情人的调查取证工作，顶酷暑，冒严寒，深入村镇，一家一户进行走访。也许，随着时间的流逝，这样的调研工作，以后再也不可能如此全面深入大规模地进行了。所以，对于能够基本完成这一课题的调研，我们极为欣慰，对能够取得今天这样的成果，我们极为珍惜。将近10年来，调研工作遇到过重重困难，调研人员付出了巨大心血，但只要能够对国家、对民族、对人民有一个负责任的交代，我们所有的努力、辛劳甚至痛苦都是值得的！

现在，《抗日战争时期中国人口伤亡和财产损失调研丛书》A系列第一批成果就要正式出版了，随后我们还将根据工作进程陆续出版第二批、第三批……B系列丛书的编纂和出版工作也将同时推进。而且，这项课题调研工作远没有结束。截至目前课题调研取得的成果，都还是阶段性的、部分的、不完全的成果。很多专题性调研还要继续进行，对大量档案资料还要进行分析研究。所有这些，都还需要我们继续不懈地努力。我们将以对历史负责的精神，一如既往地将这项课题调研工作做好。

历史，是现实的基础，更是未来的起点。打开尘封的记忆，重温昔日的往事，我们可以得到很多的启示和教诲，增长很多的聪明和智慧。所以，研究历史，形式上是向后看，但根本目的是向前看。作为一种科学的研究，我们调查历史的真相，记录历史的灾难，不是为了延续旧时的仇恨，不是为了扩大中日之间的裂痕，不是为了煽动狭隘民族主义的情绪，而是为了以史为鉴，不让历史的悲剧重演；面向未来，书写更加友好合作的美好篇章。经历了太多的苦难和挫折之后，我们更加坚定地热爱和平，更加执着地追求正义，更加珍惜国家的主权与独立，也更加关注世界的文明发展和进步。我们真诚地希望，世界各国能够携手努力，平等协商，求同存异，友好相处，共同推进世界的发展，共享人类文明的成果；我们真诚地希望，中日两国人民能够更多地加强交流、理解和合作，共同开辟中日关系的新局面，使中日关系更加健康稳定地向前发展，使中日两国人民真正世世代代地友好下去；我们真诚地希望，中华民族能够始终以坚韧不拔的努力，坚定不移地走和平发展之路，在中国特色社会主义旗帜下全面建设小康社会，努力实现社会主义现代化，为推动建设一个和平发展、文明进步的世界作出自己的贡献！

2014 年 4 月 30 日

《抗日战争时期中国人口伤亡和财产损失》课题[①]调研工作规范和要求

2004年，中共中央党史研究室决定开展《抗日战争时期中国人口伤亡和财产损失》课题调研。2005年向全国各省、自治区、直辖市党史研究室发出开展此项工作的正式通知，进行相应部署，着重说明工作的指导思想、调查项目、实施步骤及规范和要求。以后又随着课题调研的深入开展，对规范和要求进行了补充和完善。

一、课题调研的基本任务

抗战损失课题调研的目的和任务是深化对抗日战争时期中国人口伤亡和财产损失的研究。1995年，在首都各界纪念抗日战争暨世界反法西斯战争胜利50周年之际，江泽民同志曾经对20世纪三四十年代日本侵略中国造成巨大人口伤亡和财产损失的基本数据做出了重要表述。2005年，在纪念中国人民抗日战争暨世界反法西斯战争胜利60周年大会的讲话中，胡锦涛同志再次郑重宣布，据不完全统计，在抗日战争期间，中国军民伤亡3500多万人；按1937年的比值折算，中国直接经济损失1000多亿美元、间接经济损失5000多亿美元。中共中央党史研究室组织开展的课题调研，旨在全面详尽调查有关抗日战争时期中国人口伤亡和财产损失的具体事实，为这组基本数据提供强有力的史实支撑，并不是简单地做数据统计。

---

① 本课题亦简称为抗战损失课题或抗损课题。因为抗日战争时期及抗战胜利后国民政府统计人口伤亡和财产损失多采用“抗战损失”等概括性提法，其中将人口伤亡也称作抗战损失之一种，与财产损失并提，故沿用这一表述。

课题调研的基本任务是：按照实事求是的原则，经过广泛、全面、深入细致的调查研究，包括查阅搜集档案资料、对统计数据进行分析等，获得更多的证据，以更加全面和准确地揭露日本帝国主义侵略中国的罪行及其对中国人民造成的伤害。

课题调研的主要内容包括：(1)各个省、自治区、直辖市在抗战中的人口伤亡和财产损失情况；(2)历次重大战役战斗中中国军队伤亡的情况；(3)日本从中国掠走各种资源的情况；(4)日本从中国掠走和破坏文物的情况；(5)日军在中国制造的一系列重大惨案；(6)中国劳工的损失情况；(7)中国妇女遭受日军性侵犯的情况，包括"慰安妇"的情况；(8)日军在中国使用细菌武器、化学武器及其造成伤害的情况；(9)日本侵略在其他方面给中国造成破坏的情况；等等。

二、课题调研的方式和方法

主要是组织有关人员查阅和搜集档案馆、图书馆和其他文博单位以及民间保存的有关中国抗战人口伤亡和财产损失的档案资料、报刊杂志、历年出版的专题资料集和发表的研究成果。对一些特殊、重大的事件如重大惨案，则走访当事人、知情人和有关研究人员，进行录音录像，整理和保存证人证言，有条件的还进行司法公证，努力使这些调查材料成为在法律上可以采信的证据。有些省份的课题组还到境外的有关机构查阅相关档案资料，作为对大陆保存的档案资料的丰富和补充。这次课题调研的整体布局，实行块块和条条相结合。每个省、自治区、直辖市党史研究室在负责开展地区性的广泛调研的同时，也从实际出发开展一些专题性调研。一些重要的、涉及多个地方的带有全局性的专题，则另组织专家进行调研。

三、对搜集档案资料的要求

1. 明确搜集档案资料的范围。搜集档案资料是本课题调研工作的基础，调研成果的质量也主要决定于档案资料是否翔实，是否尽可能完整和全面。所以，凡相关内容的档案资料，不论是直接反映人口伤亡和财产损失的，还是间接反映的（如关于人口状况、财产状况、生产能力、各类资源情况等资料），都尽量搜集，作为撰写调研报告的客观的历史依据。搜集的要件有：档案、报刊、史志、时人日记、专著专论、实地调查报告、图片、影像资料以及出版、发表的研究成果等。

2. 认真整理原始档案和资料。对于搜集到的档案资料，不论是来自原始的档案，还是来自报刊、史志、日记、图书、专题论文等，都认真整理，每份每件都注明保存的地点、单位，文件卷号、出版或发表处等，然后分类汇总，妥善保存。档案资料使用时一律保持原貌，必要时作注释说明，不允许对原件内容增改、涂抹。对搜集到的档案资料要在分门别类整理的基础上进行必要的考证、鉴别和研究。整理后的档案资料，不仅是有关课题承担者撰写课题调研报告的重要依据，其主要内容也作为附件收入有关的调研成果之中。

四、有关数据统计中的几个问题

1. 根据搜集、掌握资料的情况，抗日战争时期中国的人口伤亡分为直接伤亡和间接伤亡两大类。直接伤亡，一般是指日本侵略中国的战争直接导致的中国方面人员的死、伤、失踪等；间接伤亡，一般是指在日本侵略中国的战争包括特定战争环境中造成的中国方面被俘捕人员、灾民、难民、劳工等的伤亡。抗战期间，被俘捕人员、灾民、难民、劳工等伤亡很大，但由于其流动性大等复杂原因，很难形成具体数据资料，统计起来十分困难。因此，本课题调研中，将已确定属于死、伤或失踪的被俘捕人员、灾民、难民、劳工的数据归入有关地方间接伤亡统计数据；无法确定是否伤亡失踪的，可视情况单列相关数据并加以说明。需要补充说明的是，在战争中失踪者，按通常惯例归为死亡。

2. 抗日战争时期中国的财产损失分为直接损失和间接损失两大类。直接损失，一般是指在日军攻击、轰炸或掠夺中直接造成的社会财产损失。居民财产损失列为直接损失。间接损失，一般包括：(1)政府机关等因抗战需要而增加的费用，如迁移费、防空设备费、疏散费、救济费、抚恤费等；(2)各种营业活动可获利润额的减少及由于成本上升等增加的费用；(3)有关伤亡人员的医药、埋葬等费用；(4)为抗战捐献的物资和钱财；(5)有关人力资源的损失。总之，一切因战争造成的间接财产损失均包括在内。

3. 在财产损失中所列的人力资源类损失，包括了被俘捕人员、劳工等在财产方面的损失。中国各级政府所组织的劳役，例如为战争修筑公路、机场、军事工事等抽调民工，都算作人力资源损失。但中国方面征用民工和日本侵略军强征劳工有所区别。日军强征劳工的伤亡率很高，和中国方面征用民工民夫的情况区别很大，因此要分别统计和说明，不能混淆。

4. 中国军队在重大战役战斗中的人员伤亡，分别情况加以统计处理。此次课题调研以统计平民伤亡为主。有关省（自治区、直辖市）如发现有本地发生过军队人员伤亡的重要资料，可以搜集整理并在调研报告中说明，但不计入本地人口伤亡总数。若是本地籍军人的伤亡，则计入本地人口伤亡总数。

5. 海外华侨拥有中国国籍，因此在计算抗日战争时期中国人口伤亡和财产损失时，华侨人口伤亡和财产损失均计算在内。各有关地方在计算本地人口伤亡和财产损失时，视情况可以将本地籍华侨的伤亡、损失计入统计数据总数，亦可单列数据并加以说明。

6. 工厂、学校、机关团体等由于战争原因搬迁造成的损失，算作间接损失，原则上由工厂、学校、机关团体等原所在地方统计。如果原所在地方缺少相关资料，新迁移处具备资料条件，也可由后者统计。为避免交叉和重复，遇到这类情况须特别加以说明。

7. 政党、政府机构的财产损失，归入公用事业的社会团体类财产损失一并计算。

8. 被日军、日本占领当局无偿征用、占用的中国耕地，按农作物的产量及其价值计算财产损失。

9. 伪军、伪政府的人员伤亡和财产损失，一般计入中国人口伤亡和财产损失。

10. 由战争原因导致的如黄河花园口决堤一类重大事件所造成的人口伤亡和财产损失，计算在间接人口伤亡和财产损失中。

11. 重大的财产损失，均以相应数额的货币反映价值。反映财产损失的货币一般要注明币种。

12. 通常用于抗日战争时期财产损失统计的货币（主要是法币），币值问题非常复杂。本课题调研中，涉及财产损失统计的货币数据，有条件进行折算的，一般按1937年即全国抗战爆发当年通用货币法币的币值进行折算，并说明折算的方式方法。因条件不具备，保留原始数据未作折算的，则注明有关数据中用以反映财产损失的货币系何种货币、何年币值。

五、关于撰写课题调研报告的要求

本次课题调研，有关课题组和承担专门课题的专家均按要求撰写出调研报告。

1. 各省、自治区、直辖市课题组撰写调研报告，内容大致分为概述、主体、结论三部分。

概述部分主要包括：介绍课题调研工作的基本情况，如：投入多少力量，到过什么地方查阅搜集档案资料，搜集了多少档案资料等。反映本地的自然地理概况，抗战爆发前的经济社会发展和人口状况，以及在抗战时期是重灾区还是大后方，是沦陷区还是根据地等。叙述日本侵略者在本地的主要罪行。还可简略回顾以往相关课题的资料和研究情况。

主体部分主要包括：分析说明本地人口伤亡和财产损失情

况。根据现掌握资料，将本地抗战时期人口伤亡分为直接伤亡和间接伤亡，将本地财产损失分为直接损失和间接损失，并分别说明主要的史料依据和分析结果。

结论部分，汇总本地人口伤亡数据、财产损失数据。据实说明迄今所掌握资料的局限性、本地遭受人口伤亡和财产损失的特点、影响等。

撰写调研报告依据的主要资料以及调研中同步完成的专题研究报告等，作为调研报告的附件，纳入课题调研成果中。

2. 由一批专家承担的全局性专门课题，如抗日战争时期重大惨案、劳工问题、“慰安妇”问题、细菌战、化学战、文化损失、海外华侨人口伤亡和财产损失、中国军队伤亡、重要战役战斗伤亡等，其调研报告的撰写和附件的收录，参照以上要求进行。

六、对调研成果的验收

在各省、自治区、直辖市课题调研工作结束后，完成的包括课题调研报告在内的省级调研成果和市、县等调研成果，要装订成册，通过审阅和验收，逐级上报，送交各省、自治区、直辖市党史研究室和中共中央党史研究室分别保存。

为确保质量，在调研过程中形成的各省、自治区、直辖市A、B两个系列书稿（省级调研成果为A系列书稿，市、县等调研成果为B系列书稿），要分别通过验收。其中，省级调研成果要通过由地方到中央的四级验收，市、县等调研成果则在有关省、自治区、直辖市内验收。

省级调研成果上报验收前，课题组先认真进行自审，以保证内容的完整准确，特别是调研报告和有关专题研究报告、资料、大事记的内容和数据要互相补充、印证，不能互相矛盾。课题组完成自审后，省级调研成果首先报送省级抗战损失课题领导小组验收。省级课题领导小组审查通过后，送省级专家验收组验收。省级专家验收组参加验收的专家一般为3—5人，人选来自党史系统、社会科学院和社科联系统、档案史志部门、高等院校等方面，为较有影响力、权威性的专家。省级专家验收组在本省（自治区、直辖市）课题领导小组的指导下，按照学术规范的严格要求和有关规定审读、验收本省（自治区、直辖市）拟提交中共中央党史研究室的省级调研成果。验收的主要标准和目的是确保调研成果的准确性、可靠性。对于验收中指出的问题、提出的意见和建议，各省（自治区、直辖市）课题组须采取有效措施解决和落实。对一次验收不合格的，修改、完善之后进行第二次以至多次验收，直到合格为止。省级专家验收组验收合格后，填写《A系列书稿验收报告表》。填写的报告表和书稿同时报送中共中央党史研究室课题组。

中共中央党史研究室课题组收到经省级专家验收组验收合格的省级调研成果后，先进行验收。认为合格后，再聘请国内知名专家进行验收，并填写《A系列书稿验收报告表》。验收中所提修改意见，由有关省、自治区、直辖市课题组予以逐条落实，对调研成果做出相应修改或者说明相关情况。

由一批专家承担的全局性专题研究成果，最后形成的书稿也纳入A系列，其验收也参照上述程序和要求，由中共中央党史研究室课题组组织有关专家进行。对于验收中提出的意见，承担课题的专家要逐条落实，对调研成果进行修改完善直至合格为止。

最后，中共中央党史研究室课题组对经过反复修改形成的省级调研成果和全局性专门课题调研成果进行复核。完成各项程序并符合要求的调研成果，包括通过四级验收的A系列书稿和由有关省、自治区、直辖市党史研究室组织验收并合格的B系列书稿，分批次送交中共党史出版社付印出版。

中共中央党史研究室课题组

《陕西省抗日战争时期人口伤亡和财产损失》编委会

编辑说明

一、本书“资料”部分所辑资料，均原文照录。原文为竖排的，改竖排为横排。内容重复及与主题无关之内容，则由编者略加删节。对当时行文中大多为自右向左排列的表格，按照现在阅读习惯的有关规定，一律改为自左向右排列。而对统计表中所列统计数字的错误，亦原表照录，编者未加以修正。对个别易引歧义和读者误解之处，编者加注予以说明。一般以一事一篇为一题，标题用原件标题（编者新拟标题则加脚注予以说明）。原件标题中没有公元纪年时间的，由编者统一在标题后加括号补充了公元纪年时间。所有资料分类之后，按人口伤亡、财产损失发生的时间先后为序编排（个别资料的编排未按时序，略有调整）。

二、本书“资料”部分所辑资料，依据国家技术监督局 GB/T15834－1995《标点符号用法》，由编者进行标点。数字的使用依据国家技术监督局 GB/T15835－1995《出版物上数字用法的规定》，民国纪元采用汉字，其他数字采用阿拉伯数字。

三、本书“资料”部分所辑资料，原文中的繁体字、异体字，依据 1986 年新版《简化字总表》一律改为简化字。辨认不清和因纸张破损漏缺的文字，均以“□”代替。明显的错字、别字、遗漏字、衍字，在“〔 〕”内加以校勘正误。经考证可辨认的字，均在“（ ）”内补正。不便于明书之引文均以“○”代替。

本书编者

2015 年 1 月

1935年4月开始启用的西安火车站主票房。抗战中，该火车站遭侵华日军飞机多次轰炸。

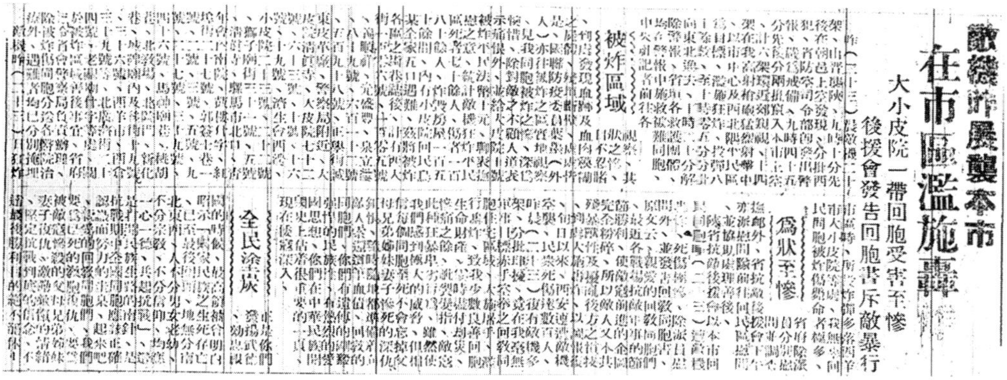

敵機昨晨襲本市

在市區濫施轟炸

大小皮院一帶回胞受害至慘

後援會發告同胞書斥敵暴行

被炸區域

爲狀至慘

1938年11月23日，西安市区遭日军飞机轰炸，死伤269人。同月24日出版的《西京日报》报道了日军这一暴行。

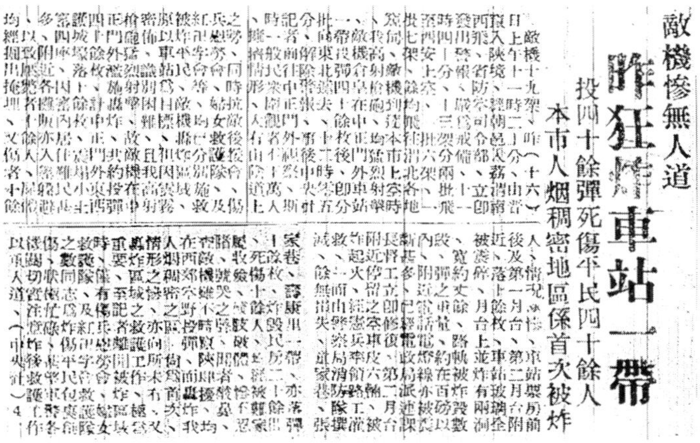

敵機慘無人道

昨狂炸車站一帶

投四十餘彈死傷平民四十餘人

本市人烟稠密地區係首次被炸

《西京日报》对1938年11月17日日军飞机狂炸西安火车站地区的报道

1938年11月18日，日军飞机炸毁了西安易俗社剧场

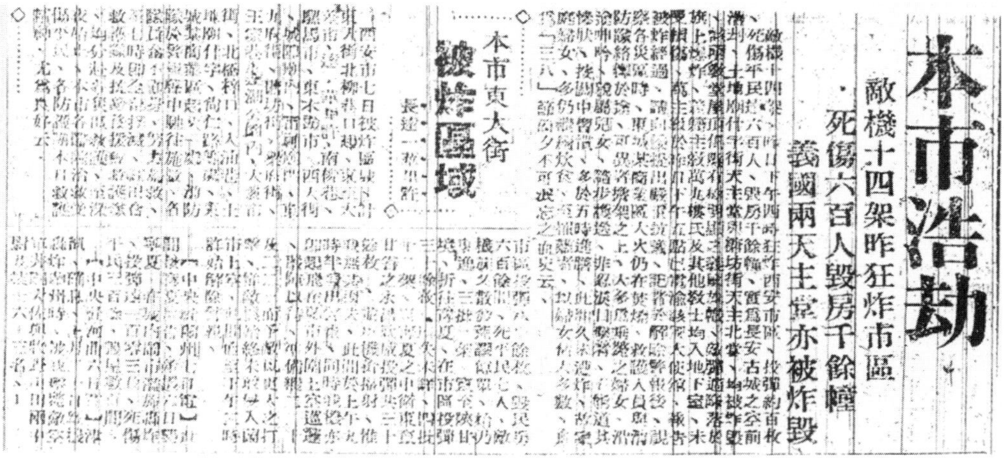

本市浩劫

敵機十四架昨狂炸市區

死傷六百人毀房千餘幢

義國兩天主堂亦被炸毀

本市東大街

被炸區域

1939年3月8日《西京日报》对日军飞机轰炸西安的报道

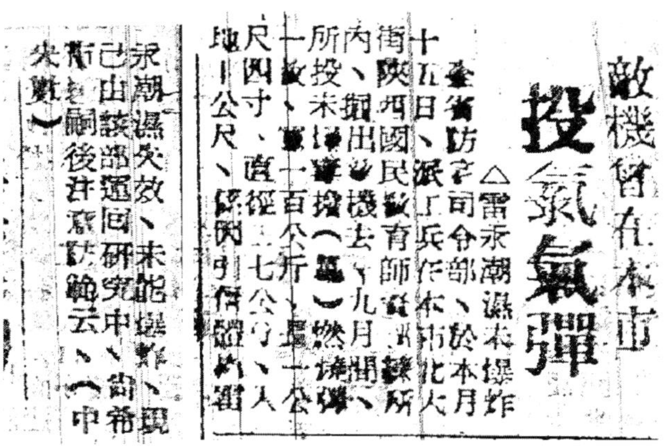

敵機曾在本市

投氯氣彈

△雷汞潮濕未爆炸

本省防空司令部、於本月十五日、派工兵作本市北大街、陝西國民教育師資訓練所內、掘出敵機去年九月間、所投、未[illegible]燒（氯）燃燒彈一枚、重一百公斤、長一公尺四寸、直徑三七公分、入地一公尺、係因引信雷汞潮濕失效、未能爆炸、現已由該部運回研究中、尚希市民嗣後注意防範云、（中央社）

《西京日报》报道日军飞机在西安市投掷氯气弹

西京电厂是日军飞机轰炸的主要目标

1939年4月2日，日军飞机轰炸西安，红会医院被炸成了废墟

被炸后的西安红会医院库房

被炸后的西安红会医院废墟

被炸后的西安红会医院病房

西安大华纱厂被炸后的生产车间

西安大华纱厂被炸后的厂房废墟

西安大华纱厂被炸后的钢丝并条车间

西安大华纱厂被炸后的粗纱细纱车间

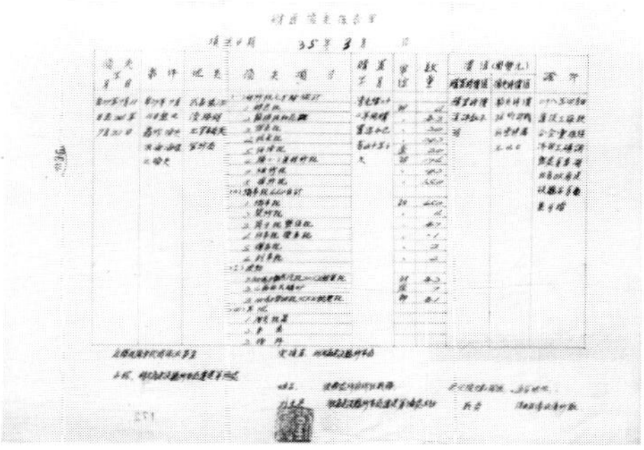

西安大华纱厂被炸损失报告表（1939年11月11日呈报）

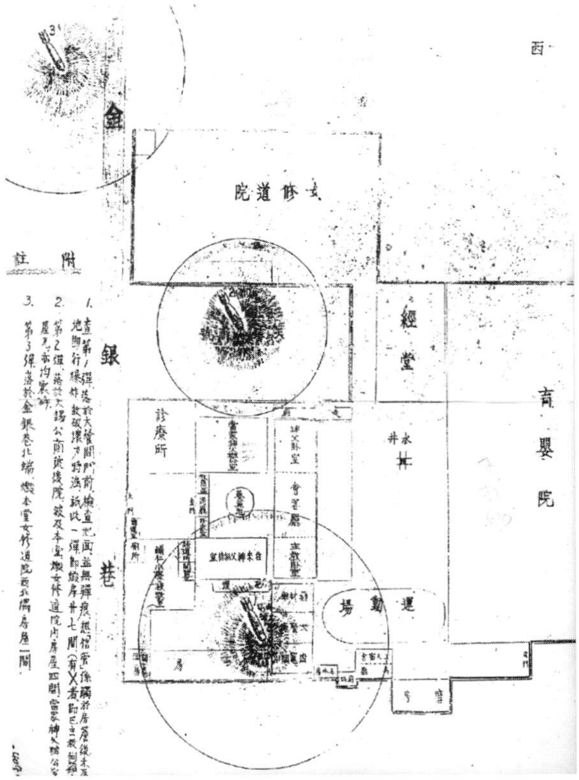

1940年9月18日日军飞机轰炸安康时，意大利教堂被炸着弹图

日军飞机轰炸宝鸡后的情形

1939年，申新四厂从武汉迁至宝鸡后，招收女工重新生产。这些女工大多系从河南逃至陕西的难民。

1940年8月31日，被日军飞机炸毁的宝鸡市十里铺申新四厂的机器

图为位于宝鸡市十里铺的申新四厂大门。抗战时期，设在武汉的申新四厂迫于战火，迁到宝鸡市十里铺地区，亘新征地建厂，造成巨额经济损失。

1940年5月为防备日军飞机轰炸，申新四厂和福新五厂投巨资挖筑窑洞进行生产

窑洞工厂生产景象

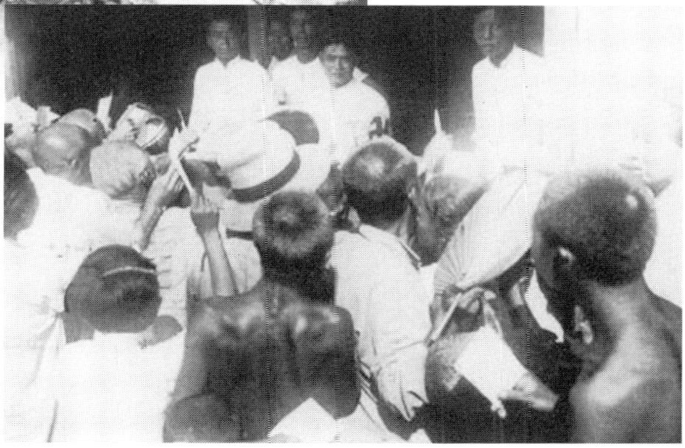

抗战时期，战区难民纷纷来陕。图为陕西省振济会在西安市向难民发放赈济面粉。

陕西省振济会在西安设立的施粥厂

榆林钟楼当年曾悬挂大钟作为防空警报器

靖边县向绥远前线运送军粮的驼队

陕甘宁边区群众踊跃交抗日公粮

陕甘宁边区保卫河防的军民在修筑工事

1938年11月20日、21日，日军飞机两次轰炸延安，延安城到处断垣残壁

遭受日军飞机轰炸的延安城

目　　录

一、陕西省抗日战争时期人口伤亡和财产损失综合调研报告

陕西省委党史研究室

陕西省抗日战争时期人口伤亡和财产损失调研，是对1937年7月7日全国抗战爆发到1945年8月15日抗日战争胜利的八年间，日本侵华战争所造成的陕西省人口伤亡和财产损失的调查研究。这一调研课题是“抗日战争时期中国人口伤亡和财产损失”调研的组成部分之一。

按照中央党史研究室《抗日战争时期中国人口伤亡和财产损失各地调研实施方案》的要求，陕西省参与这一重要调研工作的同志，在大量搜集相关档案文献资料，梳理前人对陕西抗战损失所做调查成果的基础上，对陕西省人口伤亡和财产损失的情况，尽可能地进行了定量分析和统计，从微观和宏观方面对陕西省抗日战争时期人口伤亡和财产损失情况形成了一个初步的和较为客观、系统的认识，形成了陕西省抗日战争时期人口伤亡和财产损失调研报告。

必须说明的是，由于抗战时期陕西存在着国民党统治区和共产党领导的陕甘宁边区两个不同的行政区域，两个区域的政府对日本侵略所造成的人口伤亡和财产损失在调查的范围和呈报的程序方面都存在着差别，又由于此后国共内战和政权更迭及十年“文化大革命”而使相关档案资料损毁，还由于年代久远更加剧了调研工作的困难等因素，使我们在调研过程中最基础的档案文献资料的查阅和利用方面都存在着缺陷和遗憾。在数据统计方面，除人口伤亡和财产损失的物品等有型数据外，对于损失财产价值（主要是法币）的折算，鉴于当时的币种、币值的复杂、混乱，加之交通等对经济的限制条件所引起的陕西省内各地区之间甚至同一县份的不同村镇之间市场物价的千差万别，我们没有充分的把握来完成复杂、浩繁的折算、换算任务。所以，对于定量分析统计中所涉及的币值数据，我们只是尽可能地以当时财产损失的币值折算的原始记录作为统计数据。实事求是地讲，这次陕西省抗日战争时期人口伤亡和财产损失调研的结果，离全面、准确的要求还存在一定的差距。

（一）调研工作概述

陕西省抗日战争时期人口伤亡和财产损失调研，是在中央党史研究室开展的“抗日战争时期中国人口伤亡和财产损失”总课题下，按照对此项工作专门规定的方法、步骤和要求，在中共陕西省委的领导下，以陕西省各级档案系统现存抗战时期相关档案文献资料为基础，在陕西全省档案、方志、图书馆、政协文史委等存有抗战时期陕西各级档案文献资料的部门大力配合下，以陕西省各级党史研究室为主体进行工作。

1. 陕西省抗日战争时期人口伤亡和财产损失调研工作的历史回顾

史料是历史研究的基础。我们这次开展的陕西省抗日战争时期人口伤亡和财产损失调研工作，所依据的史料主要是抗战时期和抗战胜利后国民政府（包括陕甘宁边区）开展抗战损失调查所形成的档案资料，以及当时的报刊文献资料，辅之以地方志和行业志中的有关战时情况的记载，采访当事人所形成的口述资料。同时，以前人的研究成果为参考。在发掘和梳理现存档案文献资料的基础上，以当时陕西省各级机构所做出的统计数字为依据，进一步进行定量分析统计，得出这次课题调研所形成的陕西省抗日战争时期人口伤亡和财产损失统计数字①。

1939 年 8 月，陕西省政府向所辖机关和各县转发了国民政府行政院《抗战损失调查办法》及《查报须知》，饬令各县按要求上报抗战损失情形，并由陕西省社会处汇总上报国民政府行政院②。陕西省参议会一届一次大会通过了省参议员安慕等人“清算陕省抗战损失列为赔偿责令敌赔偿案”的提案，陕西省政府饬令二、三、八各项搜集资料报省政府③。抗战时期，陕西省政府按国民政府的要求，在对战时日军飞机轰炸、火炮轰击陕西所造成人员伤亡和财产损

① 这次调研的统计结果，完全得之于调研中我们所能查阅到的当时陕西省各级机构按国民政府行政院对战时损失统计要求所逐级呈报的统计数字及陕甘宁边区的相关统计数据。而对当时和其后的报刊资料、方志资料及口述回忆资料等，考虑到多以控诉敌人罪行为主旨，加之受战时新闻审查制度的限制和约束，而在涉及人口伤亡和财产损失的数字方面存在有不完整性甚至不准确等因素，因此我们只以之作为抗战时期陕西人口伤亡和财产损失统计的参考，未列入统计的数据之中。

② 陕西省政府转发行政院抗损调查办法，1939 年 8 月，陕西省档案馆馆藏民国档案，档案号（永久）1－13－328。

③ 陕西省政府关于敌人罪行调查表等事项的通知，1939 年 8 月，陕西省档案馆馆藏民国档案，档案号（永久）62－2－548。

失的呈报中，在对战争中伤亡军民及其亲属的抚恤、优待、褒恤和对流离失所民众赈济的实施过程中，所填写的《空袭被炸抚恤登记表暨抚恤案》《陕西各县居留战区难民调查表》《战时各县农工矿损失情况报告》等各种表格，以及与之相关的往来文书，形成了大量关于抗战时期陕西省人口伤亡和财产损失的档案文献。1944 年 8 月，国民政府行政院抗战损失调查委员会颁布《抗战损失调查委员会组织章程》和《抗战损失调查办法及查报须知》，国民党陕西省各机关和各县按规定进行了查报和统计。抗战胜利后，从 1945 年开始，国民党陕西省政府根据国民政府行政院《敌人罪行调查办法》等关于统计抗战以来人员伤亡和财产损失的要求①，制定了陕西省抗战损失调查办法②，开展了全省规模的查报统计工作，形成了《陕西省敌机空袭损失统计表》《各县抗战损失调查表》《各县市人力损失调查表》《陕西省历年征购军粮统计表》《陕西省历年征出兵额统计表》《各县抗战期间临时紧急支出调查表》《河南难民居留本省各县市调查表》等一系列统计报表。从现存档案文献资料来看，抗战时期陕西省人口伤亡和财产损失的范围涉及国民政府颁布的《抗战损失调查办法及查报须知》所涉及的 16 项损失的全部内容。需要指出的是，战时和战后陕西省所作的抗战损失的统计，在技术和操作层面也还是存在诸多问题，加以各县在行政效率方面的差异，当时调查和统计的结果仍难以全面反映陕西抗战损失的情况。

抗战期间及抗战胜利后，国民政府教育部、经济部、资源委员会等部门饬令所直属西北大学、西北农学院、西北工学院、西北医学院等高校，雍兴公司、陇海铁路局、西北机器厂等工矿企业，每遭敌进攻、轰炸即及时将人口伤亡和财产损失情况呈报行政院③。抗战期间，西北大学研究制定了陕西省抗战史料纂集计划书，该计划书把抗战时期陕西人民生命和财产损失列为一项主要纂集内容④，由西北大学历史系李季谷、吴进昌教授负责作了陕西抗战的系统研究工作。陕西省社会处统计室、陕西省兵役局、陕西省民政局、陕西省粮政局、

① 陕西省地政局：陕西省政府关于敌人罪行调查表等事项的通知，1939 年 8 月，陕西省档案馆馆藏民国档案，档案号（永久）62－2－548。

② 陕西省社会处：陕西省抗战损失调查办法，1945 年 1 月，陕西省档案馆馆藏民国档案，档案号（永久）90－2－525。

③ 国立西北工学院：教育部关于填报抗战损失须知，1939 年 8 月，陕西省档案馆馆藏民国档案，档案号（永久）61－2－62。

④ 国立西北大学：西北大学抗战史料纂集指导会计划书，1939 年 8 月，陕西省档案馆馆藏民国档案，档案号（永久）67－5－340. 2。

陕西省建设厅等政府单位和陕西省银行调查统计室对陕西战时人员和财产损失情况也均有过系统报告；陕西省银行经济研究室范宝信在其《十年来之陕西经济》中论及了抗战期间陕西省各行业的经济损失情形；陕西省其他各部门的工作报告中也对涉及所在行业的损失情况作了系统研究。惜因内战爆发，对陕西抗战损失的总体研究未能持续进行下来。

抗战时期，中国共产党领导的陕甘宁边区政府发布了统计空袭被炸伤亡人员的命令等有关抗战损失调查工作的政府令①，《新中华报》报道了日军轰炸延安和炮击陕甘宁边区黄河沿岸村镇的暴行和损失情况，陕甘宁边区政府，边区医院，边区保安处和延属分区，延安市政府及被日军轰炸炮击的各县政府都对被炸损失情况，进行过调查。国共合作的抗战初期，陕甘宁边区政府曾对日机轰炸延安城的损失情况向国民政府行政院作出了呈报②。

中华人民共和国成立后，本次调研工作开展之前，陕西省抗战损失调查统计工作虽未全面进行，但新中国成立以来，特别是中共十一届三中全会以来，陕西省的省、市、县各级档案系统基本完成了对民国时期陕西省各级政府档案及陕甘宁边区政府档案的抢救、发掘和整理工作。仅陕西省档案馆馆藏民国档案就达13万卷，其中有关抗战时期日军暴行及对陕西民众带来生命和公私财产损失的档案文献资料十分丰富，使时隔60多年后我们再开展的“抗战时期陕西省人口伤亡和财产损失调研”工作，还能够得以在档案文献和前人成果的基础上全面进行。陕西省省、市、县政协征集和出版的文史资料中，有诸多方面关于抗日战争时期陕西省人口伤亡和财产损失的个案记述及亲历者的回忆材料③。20世纪80年代以来陕西省所修省、市、县和行业志中，也都从不同侧面记录了抗日战争时期陕西省的人口伤亡和财产损失情况④。西北大学、西安交通大学、陕西师范大学等高校的学者所进行的抗日战争专题研究，则从不同角度深

---

① 1941年8月，中共中央作出了《中央关于调查研究的决定》，日军罪行所造成的损失是调查研究的主要内容之一。《中央关于调查研究的决定》，载中共中央文献研究室、中央档案馆编：《建党以来重要文献选编》（一九二一——一九四九）第18册，中央文献出版社2011年版，第530页。

② 1938年11月20、21日，日军飞机连续两天轰炸延安城。11月25日，陕甘宁边区政府主席林伯渠即急电国民政府行政院长孔祥熙，报告了日机轰炸的损失情况。

③ 如陕西省政协文史委编选的《陕西省政协文史资料选辑》及渭南、汉中、延安等市政协文史委编选的《抗战时期的汉中》《抗战时期的渭南》《延安文史资料》等，对当地抗战人口伤亡和财产损失多有涉及。

④ 如陕西省和有关市县地方志编纂机构编纂的《陕西省志·防空志》《陕西省志·军事志》及《宝鸡县志》《富平县军事志》《蒲城县军事志》《石泉县志》等，对日机轰炸当地都有描述性记载。《陕西省志·民政志》则对难民救济、抚恤优待有系统记载等。

入分析了陕西省抗日战争损失的特点和影响①。

2. 本次调研工作的开展过程

中共陕西省委非常重视陕西省抗日战争时期人口伤亡和财产损失调研工作的开展，成立了由省委分管书记任组长，一名省委副秘书长任副组长，省委党史研究室、省财政厅、省档案局、省地方志办公室主要领导任组员的陕西省抗日战争时期人口伤亡和财产损失调研工作领导小组，研究决定由全省各级党史研究室具体负责这一重要调研工作的实施，陕西省档案馆、陕西省财政厅、陕西省地方志办公室及陕西省各市县的相关单位协助全省各级党史研究室做好调研工作。

陕西省委党史研究室成立了由室主要领导任组长的陕西省抗日战争时期人口伤亡和财产损失调研工作指导小组，按照《抗战时期中国人口伤亡和财产损失》调研工作的要求，对陕西省抗日战争时期人口伤亡和财产损失调研任务进行细化。分两期对全省117个市、县（区）负责《陕西省抗日战争时期人口伤亡和财产损失调研》工作的人员进行了培训。

陕西各级党史研究室负责调研工作的同志对陕西省档案馆、陕西省图书馆、陕西省地方志馆、陕西省政协文史委和南京中国第二历史档案馆、台北“国史馆”、中国国民党党史委员会及各市县存放的与抗战时期陕西省人口伤亡和财产损失有关的文献资料进行了仔细查阅和复制。受日机轰炸最为严重的西安、宝鸡、咸阳、安康、汉中和与沦陷区相邻的渭南、延安、榆林、安康、商洛等市县还做了调查走访工作，获得了一些有价值的证言证词材料。

在市县完成当地抗战时期人口伤亡和财产损失工作的基础上，由中共陕西省委党史研究室对各地的调研成果进行汇总、归纳、分析研究和数据统计，最后形成了陕西省抗日战争时期人口伤亡和财产损失调研的全省统计资料和陕西省抗日战争时期人口伤亡和财产损失调研报告。

抗日战争时期，陕西省实际存在着国民党统治区和中国共产党领导的陕甘宁边区两个不同的政权体制和行政区域。抗日战争时期和抗战胜利之后，陕西省抗战损失的统计工作是以这两个行政建置为单位进行的，陕西抗战损失的档案文献也分存在于这两个不同性质的机构之中。按照中央抗战损失调研课题组

---

① 西北大学李云峰教授指导其研究生进行对抗战时期陕西社会史的系统研究，开拓了陕西抗日战争研究的新视野。西安邮电大学袁武振教授的专著《陕西近现代革命史》，对陕西军民抗战有着深入的研究和评述。西北大学王建军教授对入陕难民人口学分析和对陕军武士敏部抗战的研究亦填补了陕西抗战史研究的空白。西北大学梁星亮教授的专著《陕甘宁边区史纲》，陕西师范大学黄正林教授的《陕甘宁边区社会经济史》，则通过对抗日战争时期陕甘宁边区的社会、经济状况及民众生活的研究，从另一个侧面反映了边区民众对抗战胜利承受的伤亡和损失。

的要求，这次陕西省抗日战争时期人口伤亡和财产损失调研工作，由陕西省现行行政区划所辖市县（区）分工完成。这次调研覆盖了陕西省现行政区划内的各市、县（区）。

3. 本次调研中需要说明的几个问题

（1）陕西省在抗战时期没有沦陷区。抗战时期日军未能践踏陕西的土地（除府谷县城被日军短时间占领外），这就决定了陕西抗战损失中，直接人口伤亡和财产损失只包括日机轰炸和日军沿黄河及豫鄂陕交界地带炮击所造成的人员伤亡和财产损失，其他大部分损失都属于间接损失。这是陕西省抗战损失的一个特点。所以调研工作的主要依据是原始的历史档案资料，我们也把工作重点放在了尽可能地收集、发掘档案文献资料上，没有进行普查式的调查访问（部分市县对日机轰炸和炮击所造成的人口伤亡和房屋被毁情况对亲历者进行了调查）。

（2）陕西省在抗战时期存在着国民党统治区和共产党领导陕甘宁边区这两个不同的行政区域。两个区域的政府对日军侵略所造成的人口伤亡和财产损失，在所调查的范围和呈报的程序等方面都存在着差别。相对于国民党统治区来说，陕甘宁边区的抗战损失统计大多为直接人口伤亡和财产损失统计，没有专门进行间接人口伤亡和财产损失的调查统计。对于边区抗战时期的间接损失，我们只能从陕甘宁边区政府经济工作方面的历史文献中去查找和分析。加之陕甘宁边区因涉及陕西、甘肃、宁夏三个省区，客观原因造成有的档案资料无法区分地域或直接、间接损失，甚或因抗战损失和非抗战损失交织而无法严格区分等特殊情况。

（3）现存的陕西抗战损失的档案资料是不完整的。在查阅档案的过程中，我们看到战时和战后一段时间陕西省国民党统治区各级政府做了大量的抗战损失调查统计工作，但所形成的档案在后来的内战中因转战迁移、四处分布，故多有遗失和残缺。陕甘宁边区政府所辖分区、县的档案资料，在国民党胡宗南部进犯陕北时，有的被埋藏，后来因当事人牺牲而不知所处，有的被销毁，有的则被胡宗南部所毁。中华人民共和国成立初期和十年“文化大革命”动乱中，以及1980年陕南地区百年不遇的大水灾中，陕西省部分县区的民国档案也有被毁的情况①。这次调研工作所利用的档案资料所存在着地域分布上的不平

① 如三原县为民国时期陕西省仅次于西安市的重要城镇，抗战时期日军飞机多次轰炸三原，造成了三原重大的人口伤亡和财产损失。但在“文化大革命”时期的三原两派武斗中，三原县档案馆被毁，历代典籍和档案文献尽为灰烬，这也使得这次三原抗战损失调研工作因无档案文献资料的支撑而无法开展。类似情形在陕西省亦不为少数。

衡性、时段分布上的不连续性和对事件记述上的不完整性，甚或根本未见一些行政机构的抗战损失资料（有的只见线索）①，影响了这次调研结果的完整性和准确性。

（4）财产损失价值折算难度较大。由于抗战时期陕西省特殊的政治、经济环境，加以自然条件、交通运输条件的限制，以及信息的不对称，更由于在当时陕西省各地区甚至同一县份的不同区域间经济发展的不平衡性及物价的差异，致使陕西省内不同地域、不同时间的同一种类物价差异异常复杂，当时的币种、币值也比较复杂混乱（陕甘宁边区使用边币，国民党统治区使用法币〈当时又称国币〉，民间亦有使用银元的情况）。因当时经济统计资料的缺失使得这次调研中我们无相对科学的折算、换算标准，承担这一课题的工作人员在知识结构和专业能力方面也有很大的局限性等因素，所以在进行全省财产损失的汇总统计工作中，我们对无档案资料支持的损失物品的价值未进行价格折算。本着对历史负责的态度，对于定量分析和统计中所涉及的币值数据，我们都尽可能地保持了当时财产损失统计的币值折算的原始记录。在陕西省抗日战争时期人口伤亡和财产损失调研报告的写法上，对间接人口伤亡和财产损失部分，我们主要是通过对个案的记述、分析、归纳和总结，来反映陕西省抗战损失的基本情况。

（二）全国抗战前及战争中陕西省的自然和社会状况

1. 陕西自然及人文地理

陕西省，简称陕或秦，地处中国中部偏东靠北，黄河中游西岸。陕西之名最早见于周代“自陕而东者，周公主之；自陕而西者，召公主之”②。由陕原（在今河南省陕县老城西南）以西归召公治理演化而来。陕西又为秦人发祥流庆、建国之业地，故亦简称“秦”。地域西起东经105°29′，东至东经111°15′。东西跨有经度5°45′，直线距离510公里；南起北纬31°42′，北至北纬39°35′。

---

① 最为的典型情况如抗战时期陕西南郑市（今汉中市汉台区），有大量军事机关和军队驻守，沦陷区及受战争危害严重地区的机关、学校、工厂亦被迫疏散到南郑市，为后方重镇。抗战时期日机曾多次轰炸南郑，但在这次调研中我们只看到当事人的回忆资料，而在省市各级档案机构中所能查找到日机轰炸南郑和各级查报抗战时期南郑的直接和间接损失的相关档案文献资料却极少。

②《春秋·公羊传》，“隐公五年”。

南北跨有纬度7°54′，直线距离863公里。全省面积20.56万平方公里。南北狭长，地形复杂，有山地、平原、高原、盆地和峡谷，其地理特征分为陕北黄土高原、关中渭河平原和陕南秦巴山地三大自然区域。东连山西、河南，西通甘肃、宁夏，南接湖北、四川，北邻绥远（今属内蒙）。其地“居天下之上游，据建瓴之形势”①，“抗战基础在东南，建国基础在西北”②，抗战时期的陕西是屏障北疆，扼守西北，连接西南，支援华北、中原战区和敌后战场对日作战的战略要地③。

2. 抗战时期陕西省的行政建置

中华民国成立之后，陕西省的行政建置仍因袭清康熙六年（1667年）之建置传统，实行省、道、县三级建制。省政府驻节长安，领关中、榆林、汉中三道，91个县。1928年废除道，以省直接领县。是年冬，析出长安县城区及四关设置西安市，辖7区，隶属陕西省政府。长安县城移置城南之韦曲镇。

九一八事变后，国民政府于是年10月成立了西京筹备委员会，拟设西京市，作为陪都，直隶行政院。1932年8月，国民政府内政部公布《各省行政督察专员暂行条例》，实行省、行政督察区、县三级行政建制。陕西省从1935年开始设置10个行政督察区，分管全省92个县、1个设置局（即黄龙设置局。为安置沦陷区难民，1938年1月成立黄龙山办事处，1938年9月改为黄龙山垦区管理局。1941年2月改为陕西省黄龙设置局，辖区约为今黄龙县地域）。陕西省的此一行政建置一直稳定持续到1949年国民党在中国大陆统治结束。中华人民共和国成立后，在陕西全省10个行政督察区的基础上成立了10个行政督察专员公署，以后又演变为现在的10个地级市。县（市、区）增加到107个。这次抗战损失调查，是由现行政区划的市、县（区）分工协调，进行调研和填写统计表。

20世纪20年代末至30年代上半期，中国共产党在陕西和陕西边界地区组织创建了地方工农红军，经过几年的浴血奋战，先后建立了红色武装割据的渭北、陕甘边、陕北、陕南、鄂豫陕苏区，最后形成由陕甘边、陕北革命根据地联片的西北革命根据地。1935年10月以后，各路主力红军陆续长征到达陕北，在中共中央和毛泽东的直接领导下，西北革命根据地得到了巩固、扩大和发展。七七事变爆发后，第

---

①《祝绍周先生访问记录》（校阅：李云汉；访问者：胡春惠、林泉；记录：林泉），（台北）近代中国出版社1993年版，第2页。

② 陕西省政府秘书处：《陕政》第5、6期合刊，1944年8月，陕西省档案馆馆藏民国档案，档案号（永久）C3－2－14。

③ 陕西省政府统计室：《陕西省政述要》，1947年，陕西省档案馆馆藏民国档案，档案号（永久）C4－38。

二次国共合作正式形成。1937年9月6日，陕甘宁边区政府正式成立。10月，国民政府行政院通过决议，确认陕甘宁边区为行政院直辖区域。决定将陕西肤施（今延安市宝塔区）、甘泉、鄜县（今富县）、延长、延川、安塞、安定（今子长）、保安（今志丹）、靖边、定边、淳化、栒邑（今旬邑）、吴堡、清涧、绥德、米脂、葭县（今佳县），甘肃的正宁、宁县、庆阳、合水、环县、镇原及宁夏的花马池（今盐池）等26个县，划为八路军募补区，归陕甘宁边区政府管辖。陕甘宁边区政府成立之后，重新确定了边区行政区划，实行边区、县（市）、区、乡四级行政建制。到1944年后，陕甘宁边区的区域面积为98960平方公里，人口约150万；辖一市、三十县，划分为延属、绥德、关中、陇东、三边五个分区①。国民党陕西省政府设置的第一、二、三行政督察区的19个县实际在中国共产党的统治之下。陕甘宁边区辖区跨陕西、甘肃、宁夏三省区，东临黄河，北靠长城，西至甘宁高原和六盘山麓，南达渭北台原。南北长约500公里，东西宽约400公里。

全国抗日战争时期，陕甘宁边区是中共中央所在地，是人民抗战的指导中心，是八路军、新四军和其他人民抗日武装的战略总后方。中共中央在延安和陕甘宁边区召开了一系列重要会议，制定了决定中国命运的政治路线和一系列方针政策，指引中国人民取得了抗日战争的伟大胜利。由红军改编的八路军，从陕甘宁边区出发，开赴敌后战场。

3. 抗战时期陕西省的人口

民国初年陕西全省人口总数约为800万人②。全省人口的三分之二居于关中地区，即为500万人以上。依当时交通及技术条件，这些数据只能认为是对陕西人口的大致反映。1928年陕西人口为11802224人③，经1929—1932年特大旱灾，陕西人口因灾死亡250万余人，1933年人口约为930万人④。1935年陕西省政府进行户口总清查时，人口总数为9895162人。到1937年底，全省人口迅速增加至10151563人⑤。原因在于全国抗战爆发前后，东北军及中央红军

---

① 李顺民等著：《陕甘宁边区行政区划变迁》，陕西人民出版社1994年版，第64、68页。

② 梁方仲：《中国历代户口、田地、田赋统计》，中华书局2008年版，第267页。

③ 国民政府民政厅编印：《统计材料月刊》第二期，1935年，陕西省图书馆文献部馆藏民国文献，目录号04876－78。

④ 陕西省政府：《五年来的陕西社会现状》，1937年12月，陕西省档案馆馆藏民国档案，档案号（永久）1－14－171。

⑤ 1935年陕西全省人口的另一统计数字为10758933（含西京市1934年统计人口124645），引自国民政府内政部1935年报告和1934年《统计月报》26号，见胡焕庸：《论中国人口之分布》，华东师范大学出版社1983年版，第67页。

到达陕西，战区学生、公教人员及难民、流民纷纷入陕。1939 年举行的保甲户口普查，未含陕甘宁边区治下陕西 19 县，陕西国民党统治区人口为 9265753 人。1942 年、1943 年、1944 年、1945 年进行的全省户口普查，除极少数县份数字缺乏外，基本包含了对陕西国民党统治区人口的统计。

抗战时期及抗战前后陕西省国民党统治区历年人口变化表①

年别	户数	人口数		
		合计	男	女
1935	1,802,675	9,895,162	5,615,296	4,279,866
1936	1,781,364	9,864,639	5,401,263	4,463,376
1937	1,904,800	10,151,563	5,565,559	4,586,009
1938	1,945,167	11,077,449	5,585,554	5,491,895
1939	1,926,125	9,265,753②	4,890,673	4,415,080
1940	1,886,278	9,111,585	4,754,814	4,356,771
1941	1,992,891	9,235,599	4,805,069	4,430,530
1942	2,006,696	9,370,002	4,904,187	4,465,824
1943	1,996,936	9,228,457	4,846,821	4,381,636
1944	1,999,548	9,374,844	4,050,004	4,424,940
1945	2,031,587	9,359,400	4,950,883	4,408,517
1946	2,000,115	9,129,865	4,840,167	4,289,698
备注	表中数字来源为各县保甲户口统计表，因极个别县未报，故非精确统计。			

陕西人口分布，依地域划分，大部分集中于面积为 42451 平方公里的关中平原。依 1945 年统计数据，关中人口 5220842 人，约占全省人口的 52%。

根据陕甘宁边区政府主席林伯渠 1941 年陕甘宁边区政府工作报告和西北局调查室的调查材料，1941 年陕甘宁边区人口总数为 1342634 人。其中陕西省境人口为 1126579 人。1944 年边区人口总数为 1424786 人③。

---

① 陕西省政府统计室：陕西全省保甲户口清册编制，1935 年至 1946 年，陕西省档案馆馆藏民国档案，档案号（永久）C4－27、C4－37、C20－53、1－12－90。

② 1939 年—1946 年统计人口数据中未包括陕甘宁边区所辖陕西省 19 个县的人口数据。陕甘宁边区人口另列表表示。

③ 陕甘宁边区经济史编写组、陕西省档案馆合编：《抗日战争时期陕甘宁边区财政经济史料摘编》（第一编，总论编），陕西人民出版社 1981 年版，第 3 页。

陕甘宁边区人口总量和分布①

年份	项目	分区					总计
		延属	陇东	关中	三边	绥德	
1941	人口数	374,150	204,768	115,091	67,287	544,552	1,305,848①
	占总数%	27.88	15.25	8.6	5.0	40.57	97.3
1942	人口数	381,972	249,973	102,754	136,297	491,258	1,362,254
	占总数%	28.4	18.35	7.54	10.0	36.07	100
1944	人口数	374,297	262,184	121,200	145,553	521,552	1,424,786
	占总数%	26.27	18.40	8.50	10.22	36.61	100

注：①除5分区外，还有神府特区人口数为36,318。加上此数，是年边区总人口为1,342,166，据此计算各分区比例数。

4. 抗战时期陕西的经济社会及政治军事形势

从民国初年到1927年10月期间，陕西为北洋军阀势力范围。这期间在军阀陆建章、陈树藩、阎相文、吴新田、刘镇华先后统治下的陕西，兵匪横行，兵祸连结，战乱频频，滥加赋税，民不聊生，城乡一片破败。1927年10月，宋哲元主陕，陕西始为南京国民政府所统治。这一时期发生的从1929年一直持续到1931年的特大旱灾和风、雹、霜、蝗灾，使得陕西全省大部分地区颗粒无收，赤地千里，民众鸠形鹄面，无法谋生，变卖房屋、无人过问，鬻妻卖子，鲜有卖主②。农民无处求生，四处逃荒，全省被灾88个县，650余万人口。据1929年1月25日统计，全省1180万人口，灾民达5355264人，至当年11月23日，因灾死亡人口已达250余万，灾情最为严重的关中地区因灾死亡人口达百万以上③。1931年八九月间，全省91个县鼠疫流行，灾民达320万以上④。严重的灾害致陕西经济社会于崩溃边沿⑤。

九一八事变后，全国抗日救亡运动兴起。陕西作为响应辛亥革命较早的省份，民众的现代国家观念较强，抗日救亡运动在三秦大地随之蓬勃而起。1932年3月，中国国民党四届二中全会通过了“以洛阳为首都，以长安为西京”的

① 陕甘宁边区政府：边区区域划分、户口、人口统计表，1945年，陕西省档案馆馆藏陕甘宁边区档案，档案号（永久）3－1－356。

② 陕西省图书馆文献部藏：《中央日报》1931年2月15日。朱楚珠主编：《中国人口·陕西分册》，中国财政经济出版社1988年版，第66页。

③ 朱楚珠主编：《中国人口·陕西分册》，中国财政经济出版社1988年版，第66页。

④ 朱楚珠主编：《中国人口·陕西分册》，中国财政经济出版社1988年版，第67页。

⑤ 陕西省政府：“五年来的陕西社会现状”，1931年，陕西省档案馆馆藏民国档案，档案号（永久）1－14－171。

决议，旨在以西北为最后的长期的抵抗根据地①。1934 年，国民政府经济委员会常务委员宋子文视察西北，提出西北建设是中华民族的生命线②。到 1935 年 11 月，中国国民党第五次全国代表大会召开，开发西部的提案已达 16 件③。在国民政府西部开发总战略的推动下，经过多方共同努力，由水利专家李仪祉主其事的以“关中八惠”为标志的一系列水利灌溉工程建成，大为改善了陕西省的农业条件。西北农林专科学校在武功杨陵设立，为陕西培养了大批农业技术人才。农事试验研究及农业技术推广工作，促使了陕西省农业生产发展。随着沿海工业企业的迁移陕西，陕西省的现代工业得到了较快发展。农业、工业的快速发展，为陕西支持全国抗战奠定了良好基础，并对传统农业社会产生了较大影响。

西安事变促成了全民族抗战局面的形成，陕西全省掀起了抗日救亡的高潮。1937 年 3 月，陕军将领孙蔚如主持陕政。1937 年 7 月下旬，陕军主力开赴河北抗战前线。1938 年 7 月，孙蔚如率部赴中条山，蒋鼎文继任。由此时到抗战胜利之后的十余年间，蒋鼎文、熊斌、祝绍周、董钊先后主政陕西。此一时期的陕西，进入战时政治经济体制状态。

日本全面侵华战争开始后，日军由北向南打通了平汉路，由东向西攻占上海、南京，然后沿江西上，企图两面夹攻，压迫国民政府屈服。日军的强大攻势致使华北、华东、华中正面战场节节失利，大片国土沦入敌手，西北、西南成为了中华民族生死存亡的大后方。全国抗战爆发后，大批军队、公务人员和难民、流民迁入陕西，使后方的军需、民用物资日趋紧张。国民政府实行战时经济体制，号召上海、武汉、天津等沿海工厂内迁陕西。至 1940 年 6 月后，主要分布于陇海铁路沿线的西安、宝鸡、咸阳、蔡家坡、汉中、铜川等地的内迁工厂达 44 家，陕西近代工业一度出现兴旺的局面。到 1941 年，西安市已有现代工业 67 户，资本额共计 1474.1 万元④，工人 5409 人⑤。

全国抗战时期，陕西成为大后方的主要粮、棉产区之一。陕西省政府为适应战时农业的需要，成立了陕西农业改进所，全面开展农、林、牧业生产指导，进行农业试验和农业科学技术推广工作，小麦良种陕农 7 号，棉花良种斯字棉

---

① 秦孝仪主编：《革命文献》第八十九辑，台北中央文物供应社 1997 年版，第 10 页。

②《宋子文在兰畅谈西北建设》，载 1934 年 5 月 9 日《中央日报》。

③ 黄立人：《抗战时期大后方经济史研究》，档案出版社 1998 年版，第 8 页。

④ 指法币。本书综合调研报告中，凡未注明币种者皆指法币，当时亦称为国币。

⑤ 陕西省银行经济研究室范宝信主编：《十年来之陕西经济》，1942 年 10 月，陕西省档案馆馆藏民国档案，档案号（永久）C20－53。

及谷子良种小黄谷等农作物优良品种的在全省得到大面积推广。垦荒在陕西当时是一种政治运动①。为安置难民和灾民，奉国民政府令，陕西省成立了垦务委员会，开办了黄龙山、黎坪、扶眉、渭滩、宽滩、嵯峨、千山等垦区，寄养难民、流民，支援抗战。

1938 年 3 月 2 日，日军 2000 余人由山西保德县下游偷渡黄河，守军高双成部二十二军阵地被毁，府谷城陷。高部趁日军立足未稳发起反击，激战数小时，夺回府谷城川，残敌退回保德。1938 年 3 月 7 日，一股日军窜抵黄河天险风陵渡，隔河炮击陕西潼关县城。1938 年三四月间，日军还对北起府谷，南至宜川的河防一线发动 20 余次进攻。4 月，占领绥远省（今内蒙境内）伊克昭盟的日军井田林木部和伪蒙军李守信部从伊克昭盟长驱直入猛攻东胜，企图向神府进攻，陕北重镇榆林一度告急。在日军的步步进逼下，陕西成为抗击日军的前沿阵地。陕西省政府动员一切人力、物力、财力，配合中央军加强黄河沿线及陕豫、陕鄂交界地带的防务，支援全国抗日战争。

陕甘宁边区地处黄土高原，平均海拔 1000 米，横山山脉、梁山山脉、桥山山脉纵横其间，山峦连绵，沟壑纵横。土壤以未成熟的淡栗钙土为主，土地贫瘠，风多雨少，常遭荒旱之灾。抗战时期，陕甘宁边区始终处在地瘠民穷，经济落后，日军隔河伺机相犯的极端艰苦的内外环境之中。1937 年 11 月 8 日日军占领太原后继续西犯，1938 年 3 月，先后侵占了黄河东岸临汾、离石、柳林、中阳、石楼、碛口一线河东防线，陕甘宁边区北自神木、府谷，南至宜川的千里黄河防线暴露在日军的炮火之下。为阻止敌人进攻边区，进攻西北，边区政府把动员抗战、巩固后方、支援前线作为首要政务。边区政府统一动员组织，制定动员条例、办法，动员全边区一切力量，保卫边区，支援前线，坚持持久抗战。

（三）日本侵略者在陕西的主要罪行

全国抗战爆发后不久，日军飞机即开始了对陕西省城镇的无选择性地狂轰滥炸，日军轰炸陕西的这一暴行一直持续到抗战胜利前夕的 1945 年 7 月 15 日。1938 年春，山西晋南沦陷后，占领黄河东岸的日军对陕西沿黄河西岸潼关至府谷千里沿河一线的村镇、渡口实施了不分昼夜的野蛮炮击。日军的铁骑还一度

① 马凌甫：《抗战八年西安生活鳞爪》，载陕西省政协文史委编：《陕西省政协文史资料选辑》第 23 辑，陕西人民出版社 1986 年版。

践踏陕西府谷县城。1945 年夏，正面战场豫西、鄂北战役后，向西峡口、老河口推进的日军一度逼近陕西东南大门——豫陕、鄂陕交界处洛南、商南、白河县境。日军炮击洛南县三要司镇，轰炸商南县东的国民党军阵地，省城西安为之震动。日军的轰炸和炮击造成了万余陕西民众的伤亡和数以亿计的公私财产损失。

1. 日军飞机狂轰滥炸，造成巨大的生命财产损失

1937 年 11 月 7 日，日军飞机轰炸秦晋豫三省要冲陕西潼关县。这是抗战期间日军飞机第一次轰炸陕西。6 天后，日军出动飞机 2 架对西安进行第一次试探性轰炸。日军飞机最后一次轰炸陕西是 1945 年 7 月 15 日，日机轰炸陕西西乡县庙儿沟、丁家沟。抗战八年，日军飞机对陕西的轰炸持续了长达 7 年 9 个月零 10 天。

日军飞机从沦陷区运城、临汾、太原、武汉、宜昌及包头、信阳机场起飞，对陕西城镇和交通设施进行轰炸。被炸目标有军事设施，更多的则是平民住宅、厂矿学校、文物古迹和政府机关。以地域大致可分为三类：一是河防沿线诸县城镇及河防阵地。陕西沿黄河之潼关、朝邑、平民、合阳、韩城、宜川、延川、延长、米脂、清涧、绥德、吴堡、佳县、神木、府谷等县均遭受日机轰炸。二是对陇海铁路及西（安）宝（鸡）公路、西（安）兰（州）公路、长（安）（西）坪公路、汉（中）白（河）公路沿线的道路、桥梁、驿站及西安、宝鸡、咸阳、渭南、华阴、华县、蓝田、临潼、蒲城、富平、澄城、洛南、户县、周至、兴平、武功、扶风、眉县、岐山、凤翔、乾县、高陵县、淳化、长武、彬县、永寿、旬邑、麟游、礼泉、三原、泾阳、铜川、耀县、洛川、宜君等城镇和黄龙设置局进行轰炸。三是对陕北、陕南主要城镇安康、汉阴、南郑、西乡、城固、榆林、定边、靖边、横山和延安、甘泉、中部（今黄陵）、吴旗、子长、志丹等 55 个县市进行轰炸。地域范围涉及关中地区大部分县和陕南、陕北榆林及陕甘宁边区的大部分县市。抗战期间，陕西遭受日军飞机轰炸时间之长、范围之广，为大后方诸省所少见。陕西人民的生命及公私财产遭受了巨大的损失。

2. 日军炮击黄河沿线城镇，袭扰府谷县城，威逼陕北、陕南

从 1938 年二三月间，占领晋南永济、河津、吉县的日军隔河炮击陕西平民、朝邑、大荔、合阳、韩城等县沿河村镇、码头始，直至被赶出陕晋、陕豫交界黄河对岸占领区，盘踞黄河东岸的日军对陕西沿河村镇、码头的炮击昼夜不息，造成了陕西省重大人口伤亡和财产损失。

1938 年初，日军以 5 个师团的兵力，相继向晋西北、晋西、晋东南大举进犯。与陕西隔河相望的晋南之临汾、河津、永济、芮城，晋西北、晋西之偏关、

河曲、保德、兴县、临县、静乐、军渡、碛石等地被敌攻陷。日本占领军沿河构筑工事，企图以此为依托进犯陕西。陕西潼关地处陕、晋、豫三省交界，向为陕西的门户。潼关县城北临黄河，陇海铁路穿城而过，与同蒲铁路的终点风陵渡隔河相望。1938 年 3 月 7 日，一股日军窜抵晋陕黄河交界处的风陵渡，炮击落潼关县城。之后，陕西黄河对岸风陵渡和茅津渡等渡口被日军占领。从此，陇海铁路河南阌乡至潼关一段的 25 公里铁路线完全暴露在北岸敌炮火之下，陇海铁路被迫行“闯关车”。抗战期中，这一段铁路线上先后有 100 余名司机和司炉被炸牺牲。日军从风陵渡和茅津渡多次居高临下猛烈炮击潼关县城和陇海铁路潼关车站及线路设施。潼关县府和城中的商铺、民房尽数被敌炮火击中，浓烟四起。停留在潼关车站的客货列车被日军炮火击中。日军炮击之下的潼关县城，顷刻间变为废墟。日机轰炸和炮击，迫使潼关县城移置城南五里的深谷之中①。3 月间，铁路工人在一次夜间抢修潼关铁路桥时，遭敌炮火袭击，16 名工人殉职。抗战期间，日军不断向过往的车辆和铁路设施发起炮击，5 年间仅向潼关火车站和铁路线发射的炮弹就达 5400 余发，击毁阌底镇至潼关一线铁路等大桥 7 座、机车 12 台、车辆 34 辆、造成了列车脱轨 3 次，潼关机务段被迫迁往华阴，为躲避日军炮击，潼关县城内 17 号隧道，被迫展筑 575 米②。

1938 年 2 月 28 日，日军驻蒙兵团黑田旅团 2000 余人占领与府谷隔河相望的山西保德县城，居高临下用重炮轰击府谷县城。3 月 2 日凌晨，日军以密集炮火轰击府谷城川，二三百名日伪军由府谷城川下游河曲、保德间强渡黄河。在日军火炮和机枪火力的猛烈射击下，府谷守军国民党军第二十二军张杰部阵地被敌摧毁，府谷县城遂陷于敌手。占领府谷城的日军打死打伤军民 300 余人，烧毁城内民宅、商铺 400 余间，公私财物大批被日军劫走。国民党军第二十二军军长高双成指挥所部趁敌立足未稳，发起强力反攻，至下午 5 时许，赶走了入侵之敌。这是抗日战争时期，日军惟一一次践踏陕西土地。抗战期间，日军还向由东北挺进军马占山部防守的府谷县北部哈拉寨河防发起过大小 30 余次进攻，马占山部为国捐躯将士达 1000 余人③。

---

① 陇海铁路局：陇海铁路潼宝段沿线经济调查，1938 年 3 月，陕西省档案馆馆藏民国档案，档案号（永久）C12－205。

② 郑州铁路局史志编纂委员会：《郑州铁路局志》，中国铁道出版社 1998 年版，第 152 页。

③ 为纪念东北挺进军在河防前线的抗战阵亡将士，1942 年初，东北挺进军在府谷县哈拉寨西湾半山上修建了由挺进军马占山司令题名的东北挺进军抗日将士纪念塔，塔的阴面镌刻阵亡将士英名。后又修建了忠烈祠，祠中供奉东北挺进军为国捐躯者的牌位，还立有纪念碑记述河防战事并勒刻阵亡将士的英名，至今姓名可辨认者达 1000 余位。

1938年5月，日军沿汾（阳）离（石）公路，经柳林至攻占军渡。从1938年5月至1939年底，日军先后4次发动对宋家川渡口的进攻，每次投入兵力都在2000人以上，1939年6月的进攻，日军投入兵力则达15000余人。1938年12月，向晋西进犯的日军又兵分3路对壶口上游凉水崖、马头关、清水关发动进攻。1939年11月，日军以重兵合围碛口，企图强渡佳县渡口。1940年6月，日军第二次占领山西保德，再一次连续炮击府谷城川。1942年3月，日军两次以30门大炮向宋家川陕甘宁边区河防阵地猛烈轰击。炮击中，日军使用了糜烂性毒气弹和毒瓦斯，造成了陕甘宁边区河防军民多人中毒负伤。抗战期间，日军向陕甘宁边区河防发起进攻达78次，每次投入兵力少则2000人，多达15000余人，且都有20门以上的重炮参与向边区河防工事和村镇轰击，造成了八路军河防部队和民众重大人员伤亡和财产损失。

陕西榆林东邻晋西北，西经三边连接宁夏，北与伊克昭盟毗邻，是抗战时期晋、陕、绥（今内蒙境）边境之间的一个中心城市。全国抗战爆发后，晋、蒙（绥）失陷，榆林成为阻止日军西进的重要屏障。抗战期间，日军和伪蒙军李守信部为实现其西进计划，向榆林方向发起进攻近百次，被国民党守军邓宝珊部阻于榆林以北之包头淞口，使敌未能染指伊克昭盟和榆林。战斗中榆林守军伤亡达3400人①。

1945年6月，日军向豫西、鄂北发起进攻。以内山英太郎为司令官的日军第十二军第一一〇师团相继攻陷豫西的南阳、内乡、西峡、淅川和鄂北老河口。日军一部占领了陕西商南县以东25公里的河南西峡县西坪镇，西安东南大门商洛告急。与鄂北接壤的陕南平利、白河等县亦成为抗战前线。为阻止日军向陕南和陪都重庆突击，第一战区、第五战区均在商洛、安康设立了前线指挥所。为迟滞日军进攻的步伐，我方被迫征调民工炸毁了安康、商洛、汉中一带通往重庆和西安的公路设施、关口要隘和汉江重要渡口。陕南地处秦巴山地，交通设施本来就十分简陋。陆路和水路交通中断后，地产山货无法运出，主要的用来以货易米（用地产山货换取大米等粮食）的经济来源断绝，民众生活陷入困境。此地山川险峻，出行民众坠谷落水而亡之事在当时所在地政府呈报省政府的报告中多有记述②。

---

① 王劲：《邓宝珊传》，甘肃人民出版社2005年版，第188页。

② 白河、紫阳、平利等县呈省政府战时损失报告，1940年11月，陕西省档案馆馆藏民国档案，档案号（永久）90－2－525。

（四）人口伤亡情况[1]

日军飞机轰炸和炮击，是造成抗战时期陕西省直接人口伤亡的主要因素。抗日前线陕籍将士、军用民夫的伤亡，被俘及强充劳工，日军对陕西府谷县的短暂占领，日军对陕西在沦陷区机构和对生活工作在沦陷区陕西人民的残杀，也造成了抗战时期陕西省重大的直接人口伤亡。

1. 陕西省抗日战争时期的直接人口伤亡

（1）日军飞机轰炸和陕西抗战前线炮击、扫射及短暂践踏造成陕西省的直接人口伤亡

日军以炸死炸伤陕西民众、摧毁物资、断绝交通，破坏生产等战争潜力作为轰炸和炮击的目的。从 1937 年 11 月 7 日，12 架日军飞机首次轰炸晋豫陕交界处的陕西省潼关县城。11 月 13 日，两架飞机窜抵西安，第一次试探性轰炸西安市。1938 年 11 月 20 日，7 架日机首次轰炸延安。1938 年 3 月 7 日，占领晋南风陵渡的日军，首次隔河炮击潼关县城。陕西黄河沿岸的县城、村镇、渡口及渡船，都成了对岸日军炮击的目标。及至豫西、豫南和鄂西北相继沦陷后，陕豫、陕鄂交界处村镇亦处于日军炮火的威胁之下。至此以后，直至 1945 年 7 月 15 日，日机最后一次轰炸西乡县。抗战八年期间，整个陕西省都处在了日机轰炸和炮火的威胁之下。这八年中，日机对陕西轰炸的地域遍及陇海铁路和西宝、西兰、川陕、汉白、长坪公路沿线的 55 个县市。日军对陕西的炮击遍及晋陕、豫陕交界处千里黄河沿线的 15 个县的所有村镇和渡口。陕西境内除河防阵地，工厂、车站、码头、铁路、公路、桥梁以外，机关、学校、宗教设施、平民住宅等也都遭受了日军炸弹的轰击。以 1939 年日机轰炸陕西的统计结果为例，当年日军出动飞机 1273 架，142 次轰炸陕西省，投弹 5611 枚，炸死平民 1499 人，炸伤 1599 人，炸毁房屋 11580 间。其中对陕西省城市的轰炸为 121 次，出动飞机 1142 架；对乡镇轰炸 14 次，出动飞机 59 架。对机场轰炸 3 次，出动飞机 46 架；对交通设施轰炸 4 次，出动飞机 26 架[2]。1942 年 12 月统计，自 1937 年 11 月 7 日，日机首次轰炸潼关至当年 12 月，日机对陕西的轰炸达

① 下文中涉及日军飞机轰炸陕西造成人口伤亡以及财产损失情况均来自现有档案文献资料。

② 国民政府航空委员会防空监部编：民国二十八年度《全国空袭状况之检讨》，陕西省敌机空袭损害统计表，1939 年，甘肃省档案馆馆藏档案，档案号（军事）127。

1413 次，炸死 3300 余人，炸伤 3467 人①。由此可看出陕西人口较为集中、经济较为发达的城市和交通设施是日机轰炸的主要目标。抗战期间，日机轰炸和炮击，共计炸死陕西平民 9047 人，炸伤 7015 人，炸毁房屋 43825 间。其中一次性死伤在百人以上的城镇有西安、延安、宝鸡、南郑（今汉中市汉台区）、安康等地。

抗战期间，遭受日机轰炸次数最多、财产损失最严重的是西安市。日机 147 次轰炸西安，造成的直接损失情况是，被炸死亡 2719 人、炸伤 1228 人，炸毁房屋 7972 间②。而被炸死伤最严重的为安康县。1940 年 5 月 1 日，日机 24 架轰炸安康付家河机场及机场附近五堰乡，投掷各类炸弹 180 枚，炸死机场附近各村平民 170 余人，炸伤 50 余人，毁民房 120 余间③。1940 年 9 月 3 日，日机 36 架三次轰炸安康县城，投掷炸弹，燃烧弹、毒气弹 500 余枚，加以低空俯冲扫射，"安康县新旧两城，起火三十余处……死伤初谓四百余人，今又称千人之语"④。因得不到有效救治，伤口感染流脓生蛆，不少伤员事后不久便不治身亡。另外，陕西沿黄河一线的县城、乡镇和渡口则遭到了日机轰炸和隔河炮击、扫射的双重破坏。其中以西北门户、且为晋豫陕三省咽喉，北带黄河南靠秦岭的战略要地潼关县受损最为严重。正如潼关政府向国民政府行政院报告所言："昔日繁华胜地尽成瓦砾之场，断垣残壁，满地疮痍，目不忍睹。民国三十四年八月敌寇投降后，居民无家可归，嗷嗷待哺，厥状甚惨"⑤。该县县政府 1945 年 9 月报告统计，日寇对潼关县炮击 52652 次，飞机投弹 3264 枚，炸伤炸死男女 358 口，造成大量财产损失⑥。

抗日战争时期，日军惟一一次对陕西土地的践踏，造成了重大人口伤亡和财产损失。1938 年 2 月 28 日，日军驻蒙兵团黑田旅团 2000 余人占领山西保德。3 月 2 日凌晨，日军以密集炮火轰击府谷城川，并由府谷城川下游河曲、保德

---

① 陕西省防空司令部：《陕西防空月刊》，1942 年 12 月 25 日，陕西省图书馆文献部藏，目录号 03869－70。

② 此数据不包括 1943 年的统计数字。这次调研中我们未查找到 1943 年日军飞机轰炸西安的档案文献，但事实上 1943 年日机并未停止对西安及陕西全省的轰炸。

③ 安康市汉滨区档案馆藏民国档案，政府类第 13 号卷宗，安康县政府 1940 年 5 月 3 日康民字第 48 号快邮代电。

④ 陕西省银行：安康陕西省政府银行 1940 年 9 月 4 日第 10 号快邮代电，报告安康被炸及来往平安由，1940 年 10 月，陕西省档案馆馆藏民国档案，档案号（永久）22－1－180。

⑤ 陕西省社会处：呈报本省潼关县遭受敌寇损失情形并附填报表请向敌国交涉赔偿由，1945 年 9 月，陕西省档案馆馆藏民国档案，档案号（永久）90－4－531（3）。

⑥ 陕西省社会处：呈报本省潼关县遭受敌寇损失情形并附填报表请向敌国交涉赔偿由，陕西省档案馆馆藏民国档案，档案号（永久）90－4－531（3）。

间强渡黄河。府谷守军国民党军第二十二军张杰部阵地被敌摧毁，府谷县城遂陷于敌手。占领府谷城的日军打死打伤府谷抗日军民300余人，烧毁城内民宅、商铺400余间，公私财物大批被日军劫走。国民党军第二十二军高双成部趁敌立足未稳，发起强力反攻，至下午5时许，赶走了入侵之敌。

（2）日军飞机轰炸和炮击陕甘宁边区造成的直接人口伤亡

1938年11月20日，日军飞机首次轰炸陕甘宁边区首府延安。1941年10月26日，日机最后一次轰炸延安。1938年3月，日军占领太原后继续西犯，先后侵占了黄河东岸临汾、离石、柳林、中阳、石楼、碛口一线河东防线，陕甘宁边区北自神木、府谷，南至宜川的千里黄河防线暴露在日军的炮火之下。4年间，日军多次轰炸延安市、富县、甘泉等县，轰炸和隔河枪弹扫射、火炮轰击边区黄河沿岸的延长、延川、绥德、米脂、佳县、吴堡、清涧、神府（神木、府谷）和定边、靖边等县，造成了巨大的人口伤亡和财产损失。

1）日机轰炸陕甘宁边区首府延安造成的直接人口伤亡

1938年11月20日清晨，日机7架首次轰炸延安。被炸当日，延安县长马濯江对被敌机炸死炸伤人数进行了粗略汇总报告，其中有名有姓被炸死者达24人，炸伤者达30人①。对日机首次轰炸延安，时任延安市长高朗亭回忆，此次日机轰炸延安，投掷各类炸弹数百枚。凤凰山麓新华书店前遇难和受伤的机关人员和学生最多。之后统计，人员伤亡100余人，牲畜被炸死百余头（匹）②。11月21日，日机再次轰炸延安城。两次轰炸，日机出动30余架，投弹159枚。炸死炸伤军民152人，毁房392间，炸死牲口90余头，商民货物损失约值50000余元③。陕甘宁边区医院对这两次轰炸伤亡情况的调查结果是：被炸死亡人口70人，被炸伤71人（十之七八为重伤），炸毁房舍392间④。

此后，日军企图用轰炸征服边区军民的暴行愈演愈烈。日机对延安城的轰炸每隔十天半月都有一至二次，少则出动飞机七八架，多则达70余架。日机对延安的轰炸一直持续到1941年8月间。造成较大损失的轰炸为1938年12月12

---

① 陕西省建设厅：肤施县被敌机轰炸死伤人数调查表，1938年11月，陕西省档案馆馆藏民国档案，档案号（永久）72-9-332。

② 高朗亭：《忆日本飞机第一次轰炸延安城》，载《延安文史资料》（第二辑）（内部资料），延安市政协文史委1985年8月印，第131-132页。

③ 肤施县（延安县）政府：肤施县被敌机轰炸死伤人数调查表，1938年11月，陕西省档案馆馆藏民国档案，档案号（永久）72-9-332。

④ 延安市公安局：延安市群众被炸伤亡人数及财产损失统计表，1938年11月，陕西省档案馆馆藏陕甘宁边区档案，档案号（永久）2-1-1010。

日，日机7架，投弹四五十枚，毁民房100余间；1939年3月10日，日机14架次轰炸延安，投弹70枚，炸死6人，毁房7间；1939年9月8日，敌机43架次两次轰炸延安，投弹200余枚，炸死炸伤58人，毁房150余间；1939年10月15日，日机71架次分四批轮番轰炸延安，投弹225枚，炸死炸伤25人，毁房（含窑洞）70余间，延安城变成一片火海①。

2）日机轰炸和炮击造成陕甘宁边区其他县的直接人口伤亡

1937年10月，国民党军第二十一军团邓宝珊部驻防榆林后，与边区政府和八路军达成协守黄河防线的口头协定。经商定，吴堡县宋家川的军渡至府谷以南的贺家川一段边区通往晋西北的河防，由边区部队驻守。10月底，绥德、米脂、佳县、吴堡、清涧等县河防，遂由八路军接防。企图进犯陕甘宁边区的日军把进攻重点矛头指向吴堡县宋家川。1938年5月至1939年12月间，日军4次进攻宋家川。1942年4月25日，日军炮击宋家川，发射炮弹1800发，其中三分之一为糜烂性毒气弹，造成边区军民50余人中毒。1938年12月，日军还对宜川县壶口上游的马头关、凉水崖、清水关八路军河防阵地发动突袭；1939年11月，日军又调集重兵合围碛口，企图强渡佳县渡口。抗战期中，日军23次出动兵力进攻八路军河防阵地，造成佳县河防一线平民伤亡达180余人（其中20余人为敌毒气弹所伤）②。

（3）陕籍将士和军用民夫在抗日战场的直接伤亡

抗战期间，1937年7月至1945年8月，陕西国民党统治区送往抗日前线的兵员数为1156217人③。其中1942年至1945年直接送往抗日前线中国远征军的兵员为63589人。抗战时期，国民党部队在陕西的征兵对象主要自陕西关中地区诸县。陕籍军人在抗日前线英勇善战，付出了巨大牺牲。

1940年，国民政府颁行“忠烈祠实况调查表”，饬令各省、市、县政府、党部指定人员负责查访该地殉难、阵亡军民姓名。1945年1月28日，中国国民党中央执行委员会奉总统侍秘字2608号手令，要求各省、市、县在来年8月前完成忠烈祠之建设。截至8月，陕西国民党统治区94个县市有79个县建立了忠烈祠④。陕西省档案馆馆藏部分市、县上报的入祠军民名册，为我们研究抗

---

① 据1938年12月15日、1938年3月17日《新中华报》综合。

② 雷云峰编著：《陕甘宁边区史》（抗日战争时期·上），西安地图出版社1993年版，第63页。

③ 陕西省政府统计室：《陕西省政述要》，1947年，陕西省档案馆馆藏民国档案，档案号（永久）C4－37。

④ 陕西省民政厅：《各县建立忠烈祠情形》，1947年，陕西省档案馆馆藏民国档案，档案号（永久）9－4－1168。

战时期陕西籍军人的伤亡提供了一定的参考。

部队兵员成分大部出自陕西各县，由原陕西地方实力派部队第十七路军改编的国民政府军第三十八军，从1937年9月出征抗战，战功卓著，为抗战胜利付出了巨大的人员伤亡。1937年9月，国民党军第三十八军主力第十七师赵寿山部和该军第一七七师五二九旅许权中部及军部教导团先后开赴华北抗日前线。一七七师五三〇旅任云章部则担负保卫陕西河防任务。第十七师阻击日军于河北保定漕河南岸一线，五二九旅在唐县、曲阳一线阻击日军。1937年10月，第十七师退至晋北，与日军激战于山西娘子关、雪花山和乏驴岭。是役之后，第十七师已由出征时万余人减员至不足3000人①，官兵伤亡三分之二以上。第三十八军教导团与日军激战于山西娘子关东南之旧关，全团2800官兵，伤亡达1800余人。1937年10月，五二九旅转至忻口前线与敌激战14昼夜，全旅3000余名官兵伤亡达2000余人②。

1938年7月，第三十八军改编为第三十一军团，旋又改为第四集团军，辖第三十八军和第九十六军，孙蔚如任军团长继任总司令。8月，第四集团军成建制开赴山西抗日前线。第四集团军在西起晋南永济，东屹豫北，北靠运城，可制豫北、晋南，屏蔽洛阳、潼关，与太行、吕梁、太岳三山互为犄角的战略要地中条山设防。对第四集团军在中条山抗日的伤亡，时任第四集团军总司令孙蔚如在其所著“第四集团军抗日战争概略”一文中有“战中本军伤亡20000余人”的追述③。

1941年10月以后，第四集团军先后移防河南，守备黄河以南荥阳、广武、偃师、巩县、广武百余里防线。1944年4月，日军向豫西发起进攻，第四集团军与敌在巩县以东之虎牢关、登汜阵地和韩城镇等洛阳外围激战18日，付出了伤亡20000余人的重大牺牲。虎牢关一役，九十六军三〇团伤亡官兵达400余人④。1945年5月，第四集团军九十六军阻击日军于陕县秦河街官道口和大石山，保卫了陕西关中的安全。

西安事变后，原系陕军主力第十七路军序列的第四十二师冯钦哉部，被南京国民政府改编为第二十七路军，辖第四十二师和第一六九师；抗战初期，第二十七路军改编为第十四军团；旋又改编为国民党军第九十八军，武士敏任军

---

① 十七路军中共党史编辑组编：《丹心素裹》（2），中国文史出版社1989年版，第152页。

② 姚杰：《抗日战争中的第十七路军》，中国文史出版社1997年版，第13页。

③ 靳英辉、李长林：《孙蔚如将军》，陕西人民出版社1996年版，第22页。

④ 十七路军中共党史编辑组编：《丹心素裹》（2），中国文史出版社1989年版，第354页。

长。1937年10月，该军之第一六九师开赴华北抗日前线，在河北省井陉、山西省娘子关等地阻击日军西犯。1938年11月，太原失守后，九十八军与敌周旋于晋南、太行、太岳和中条山区。1941年5月，在日军对中条山的围攻中，九十八军与敌激战半月有余，突围至沁水以东地区。中条山之役，九十八军减员三分之二，实力减至7000至8000人①。1941年9月27日，日军集中2个师团围攻第九十八军。至29日，九十八军军部遭日军突袭，伤亡几尽。九十八军所辖各部亦在敌分割合围下遗尸1348具，被俘3007人②。军长武士敏重伤被俘，10月1日殁于潞安日军医院。是役，九十八军全军覆灭③。抗战中，高桂滋任军长的主要由陕籍将士组成的国民政府军第十七军奋勇抗敌，伤亡惨重。

早在1932年一二八事变后的淞沪抗战中，就有陕籍军人浴血抗日疆场。淞沪抗战中抗日军队的主力第十九路军谢辅三部有一批当年谢辅三在陕南清剿横行陕西南一带的王三春匪部时随军募集的安康、汉中籍士兵，在平利、镇坪等县忠烈祠中供奉有本县籍在十九路军服役的抗战牺牲烈士牌位④。

1933年3月热河全境沦陷后，日军进抵长城一线，继续展开攻势。担负长城抗战主力的二十九军宋哲元部原系西北军，军中有一大批由曾任陕西省主席的宋哲元带到平津的三秦子弟兵⑤。及至1937年七七事变后，在华北及各抗日战场上西北军各部陕西籍将士付出了巨大的牺牲⑥。陕西泾阳人仵德厚、石泉人王范堂曾率三秦子弟为主的敢死队在台儿庄战役中奋勇杀敌。王范堂为国民党军第二十七师三营七连连长，由王范堂所率领的以陕籍57名将士为主组成的敢死队，在台儿庄城西北角杀敌200余人，敢死队成员生还者仅13名⑦。此二位陕籍军人在抗日前线奋勇杀敌的事迹，经媒体宣传，现已广为人知⑧。

---

① 日本防卫厅战史室编、天津市政协编译组译：《华北治安战》（上），天津人民出版社1982年版，第462页。

② 姜克夫编著：《民国军事史略稿》（第三卷 下册），中华书局1991年版，第475页。

③ 王建军：《杨虎城陕军余部武士敏九十八军联共抗日的历史考察》，载《历史的回声》，陕西人民出版社2007年版，第377页。

④ 陕西省民政厅：检送预五师牺牲官兵入祀忠烈祠的姓名咨请查照证由，1942年，陕西省档案馆馆藏民国档案，档案号（永久）9－4－1167.1。

⑤ 陕西千阳县政协文史委《千阳县文史资料选辑》（1986年内部印刷）所载《奉命支援卢沟桥保卫战》一文中，刊有千阳籍第二十九军三十七师二二零团战士刘思远参加“奋勇队”，在卢沟桥上与日军白刃肉搏的回忆录。

⑥ 陕西省民政厅：建立忠烈祠·陕西省抗敌死亡官兵调查，1940年2月，陕西省档案馆馆藏民国档案，档案号（永久）9－4－1169。

⑦ 王范堂：《敢死队夜袭日军记》，载汉中市史志办公室编：《抗战后方重镇汉中》，西北大学出版社1995年版，第140页。

⑧ 方军：《最后一批人》，陕西人民出版社2005年版，第125页。

位于陕蒙交界处的府谷县哈镇由京北抗战前线撤退内地的马占山将军领军的东北挺进军防守。东北挺进军的兵士亦大部在陕北防地就地补充。从 1937 年 7 月至 1943 年 12 月与日伪蒙军作战 30 余次，为国捐躯将士达 1000 余人。

驻守神府河防的另一支部队高双成部，亦为一支由陕西靖国军演变而来的以三秦子弟为主的抗日劲旅。抗战期间，高部将士为国捐躯者也达1000 余人①。

1937、1938、1940 年三年内，陕甘宁边区共动员了 1.3 万名青壮年参加八路军，加上抗战前夕参军人数共计达 3 万人。1938 年 11 月八路军防区河防吃紧，两个月内，绥、米、佳、吴四县有 1300 人参军。仅 1939 年 12 月这一个月内，延长、神府县的 13 个区，有 1710 人参加八路军。开赴抗日前线的八路军陕籍将士，踊跃杀敌，众多将士血洒疆场，为国捐躯。因边区陕西境内各县抗战期间档案多有缺失，我们只有零星的参军民众的直接伤亡资料。如守卫吴堡县河防的八路军七一八团官兵牺牲 25 人，受伤 32 人②。延长籍军人在抗日前线阵亡 290 人③。延川县有 1170 名青壮年参军开赴抗日前线，140 人阵亡④。

在抗日战场上有数万名陕籍将士被日军所俘，他们被日军强送至华北甚至日本本土做劳工，受尽非人摧残。中条山战役和豫西战役中，第四集团军被俘官兵 35000 人，先是被关押在运城集中营，继而转送塘沽战俘集中营，再分送华北和日本本土充作苦工。豫西战役为日军所俘 20000 余人被关押在洛阳西工集中营，后被强征劳工。调研中我们仅见到陕籍被俘军人被强迫作劳工的极有限的个案材料：如陕西蓝田县对回乡军人调查显示，该县籍抗日将士在对日战场死亡者 27 人，失踪 2 人，被日军俘虏者 105 人，其中 99 人被强作日伪军，李景和等 4 人被强作苦工（李景和本人 1941—1945 年间，被抓到日本本土强作苦工)⑤。陕西高陵榆楚乡人吴伯义在山西翼城被俘后，被强送东北做苦工 3 年，后吴伯义冒险逃往前苏联，直至 1958 年秋才被前苏联遣返回国。吴伯义于 2005 年辞世⑥。

---

① 杨仲璜、严佐民、张紫垣：《国民党二十二军参加抗日战争的片断回忆》，载陕西省政协文史委员会编：《陕西省文史资料》第十八辑，三秦出版社 1985 年版，第 90 页。

② 陕西省民政厅：抗敌伤亡官民状况调查表，1942 年，陕西省档案馆馆藏民国档案，档案号（永久）9－7－294。

③ 延长县民政局编：《陕西省延长县革命烈士英名录》，1981 年 10 月印。

④ 延川县志编纂委员会编：《延川县志·军事志》，陕西人民出版社 1999 年版。

⑤ 蓝田县民政局：回乡军人调查表，1952 年，蓝田县档案馆馆藏民国档案，档案号 0051、0739、0294、1178、1400、0765。

⑥ 西安《华商报》2005 年 7 月 21 日第一版：《高陵汉子肉搏刀劈四鬼子》。

陕西地临抗战前线，大军云集。开赴抗战前线的军队，在陕西国民党统治区征雇了大量军用民夫。据记载，从1937年7月至1943年4月，陕西国民党统治区各县被征雇的军用民夫就达931596名①。军用民夫在抗日战场上付出了巨大的伤亡代价。惜现存档案文献中仅见陕西国民党统治区随军民夫和劳军支前人员及省政府部门和工矿企业派驻战区人员零星伤亡的个案资料，而军用民夫在抗日前线的直接伤亡的汇总情况，现今档案亦无存。但从扶风、千阳两县被国民党军第三十八军征调的军用民夫，在中条山战役中计有150余人因战死亡的记载中，我们可推知陕西各县战时征用的军用民夫伤亡之惨重②。1940年春，日军进攻豫南，陕西省电政局河南区员工在撤离中有5人殉职，12人失踪，10人被俘③。为抗击日军对平民县民众的残害，1938年4月，平民县长续俭亲率42名由平民县精壮青年组成的游击队东渡黄河，配合国民党军一七七师李兴中部一度克复永济，杀敌数百人。是役，15名队员阵亡，17人受伤④。沿黄河的平民、府谷等县的抗日义勇队牺牲及罗锦文支前医疗队，陕西各界到前线劳军队员的伤亡也达百人之多⑤。

（4）战时和战后对陕西省直接人口伤亡的统计结果

1）战时和战后国民政府统计的直接人口伤亡

抗战期间和抗战胜利后，陕西省政府对抗战中直接人口伤亡和被炸毁房屋及物品的损失作了统计。1939年7月，国民政府行政院根据国防最高会议交办的国民参议会第二次大会商议速办抗战公私损失调查一案，通令各所属机关和地方政府调查敌人罪行及损失。1942年12月25日，由陕西省政府调查统计室编印的《统计资料汇编》第三集对1937年11月至1942年12月的陕西省遭日机轰炸伤亡情况有如下统计：1937年11月至1942年12月间，西安市遭日机1062架次140次轰炸。日机投弹3208枚，致伤1206人，致死1086人，毁房7754间。西安以外各县遭日机5324架次1273次轰炸，投弹10575枚，炸伤

---

① 陕西省兵役局：《陕西兵役》，1943年9月合刊，陕西省档案馆馆藏民国档案，档案号（永久）C4－37。

② “千阳民团档案”，千阳县档案馆藏千阳民国档案，档案号238－8。《民国扶风县志》，扶风县档案馆馆藏档案，档案号旧县志。

③ 陕西省电政局：陕西省电政局河南区员工死难、被俘调查表，1940年，陕西省档案馆馆藏民国档案，档案号（永久）10－2－392。

④ 平民县政府：陕西省平民县义勇壮丁渡河游击事略，1938年5月，陕西省图书馆文献部藏，目录号K295－818。

⑤ 罗锦文支前医疗队及沿河抗日义勇队人员伤亡的大致估计来自于1980年代以来陆续出版的洛南、大荔、合阳、府谷、佳县、延长、神木、韩城、清涧等县县志资料。根据这次抗战时期陕西省人口伤亡和财产损失调研统计的规则，对于无档案支持部分我们未将其列入调研的统计数字。

2261 人，炸死 2214 人，毁房 16454 间①。由此可得，1937 年 11 月至 1942 年 12 月，日军对陕西轰炸 1413 次，出动飞机 6386 架次，炸伤 3477 人，炸死 3300 人，毁房 24208 间。1943 年 9 月，国民政府统计处对 1937 年 7 月至 1943 年 6 月的各地农民人口的伤亡进行了汇总，截至 1943 年 6 月底，陕西省农民人口伤亡为 1654 人②。1941 年 7 月至 12 月，陕西全省人口伤亡情况是被炸死 490 人，被炸伤 331 人③。国民政府赈济委员会统计室报告的 1938 年 4 月至 1941 年 12 月陕西省被敌机轰炸抚恤伤亡人数为：被炸身亡 3768 人，伤 3221 人④。1946 年 7 月，国民政府交通部统计处所列“人口伤亡报告表”列抗战期间陕西交通事业战时人口直接损失为：伤亡共计 4077 人，其中被炸死 2348 人，炸伤 1779 人⑤。西安市 1938 年 11 月至 1944 年 9 月遭日机轰炸，被炸死 849 人，炸伤 825 人，毁房 6604 间，直接财产损失 20949897 元⑥。这些数据应是当时陕西人口直接伤亡的最低统计数据。

现存档案资料中一些统计数据有不一致的情况。如对 1939 年全年日机轰炸陕西伤亡人数的统计，陕西省政府社会处统计室的统计数字是：本年全省被炸死 1382 人，炸伤 1263 人，毁房 10201 间。而国民政府航空委员会防空监部《全国空袭状况之检讨》的统计数字是：全省被炸死 1499 人，炸伤 1599 人，毁房 11580 间⑦。

2）本次调研所统计的抗战时期陕西省直接人口伤亡⑧

这次调研统计中，我们以所能查阅到的当时陕西省各级机构按国民政府行政院对战时损失统计要求所逐级呈报的统计数字为基本统计数字。通过对战时和以后的报刊资料、方志资料及口述回忆资料所记述的陕西省战时损失事件的

① 陕西省政府统计室：《统计资料汇编》，1942 年 12 月，第 15 页，陕西省档案馆馆藏民国档案，档案号（永久）C4－35。

② 主计处统计局：抗战中各地人口及农业财产损失，1941 年 12 月，中国第二历史档案馆馆藏档案，档案号 6（2）－742。

③ 主计处统计局：主计处统计局抗战损失统计，中国第二历史档案馆馆藏档案，档案号 6（2）－553。

④ 主计处统计局：《统计月报》第 74、75 期合刊，1941 年 12 月，第 66 页，陕西省档案馆馆藏民国档案，档案号（永久）C4－8。

⑤ 善后救济总署：交通事业战时损失及补充修正资料，1946 年 7 月，中国第二历史档案馆馆藏档案，档案号 二十一－2725（19）。

⑥ 西安市政府：西安市历年敌人轰炸损失概况调查表，1946 年 10 月，台北“国史馆”藏国民政府赔委会档案，档案号 304－1079。

⑦ 档案复制件由中央党史研究室提供，原档案现存台北“国史馆”。

⑧ 文中所列举的统计数据只是对这次调研中所查得的日军飞机轰炸造成的人口伤亡包括部分财产损失数目的简单累加，只能作为陕西省抗战时期损失的最低参考数据。

考证和研究，我们看到这些文献资料，出于揭露、控诉日军暴行，激起全民族抗日斗志的主旨，又由于战时新闻宣传规定的限制等因素，在涉及损失的数字方面存在有不完整性甚或存在有统计工作本身所忌讳的数据的模糊性等因素，因此只以这类材料作为统计工作的参考，并未将其所开列的数字列入这次抗战时期陕西省人口伤亡和财产损失的统计数据之中。

从1937年11月7日，日机第一次轰炸潼关，1938年3月7日日军占领风陵渡，居高临下不分昼夜地隔河炮击潼关及河防前线，至1945年7月15日日机最后一次轰炸陕西西乡县，在近8年时间里，日机轰炸和炮击，给陕西人民生命财产带来了巨大的灾难。日军轰炸和炮击造成陕西万余民众直接伤亡，数万间房屋被毁。仅就这次抗战时期陕西省人口伤亡和财产损失调研所能作为统计依据的相关个案资料统计，我们所得出的战时从1937年11月7日至1945年7月15日，日机567次轰炸，十余万次炮击陕西，炸死民众9047人，炸伤7015人，另毁房舍43825间。

抗战期间日军飞机轰炸、炮击陕西省造成民众伤亡及房屋毁坏统计表①

年度	飞机空袭次数	飞机架数	飞机投弹枚数	炮击	死人数	伤人数	毁房间数
1937	17	78	305	/	24	29	70
1938	67	576	1460	/	316	686	12957
1939	116	1251	4417	/	3541	1388	14211
1940	59	362	2498	/	1968	3165	6033
1941	152	962	3608	/	965	450	7526
1942	62	92	50	/	34	21	180
1943	15	129	320	/	158	193	710
1944	74	331	925	/	2039	1073	1448
1945	5	8	27	/	2	10	20
合计	567②	3789	13610	十余万次	9047	7015	43825

① 数据来源为这次调研中所查得的日军飞机轰炸和炮击陕西的相关档案文献资料。当时的报刊记载只作为研究日军暴行的参考资料，并未列入统计数字。

② 这一数字是我们这次调研中所能查到的档案的个案资料得出的统计数字，事实上抗战时期日军飞机对陕西省的轰炸远远超过567次。如国民党陕西省政府统计室编印的“陕西省敌机空袭统计表”（见陕西省《统计资料汇刊》，1942年12月25日，陕西省档案馆藏，档案号C47－35）载，仅1937年11月至1942年12月间，日机对陕西省的轰炸次数即达1413次，毁房16454间，炸死2261人，炸伤2214人。日军对陕西的隔河炮击则达十余万次。

2. 陕西省抗日战争时期间接人口伤亡

战争和战争状态还造成了抗战时期陕西大量人口的间接伤亡。造成抗战时期陕西省间接人口伤亡的主要原因是：民众被征调参与和战争相关的诸如修筑河防工事、军用机场，运输军用物资等军事差徭过程中的伤亡；被征调的壮丁在征交途中的伤亡及逃亡时的伤亡；战区难民、流民非正常伤亡；因战争而致使政府和民间的救灾能力减弱而造成大量疏于救济的灾民的非正常伤亡；日军细菌武器致使的人口伤亡；对战区流动人口疫病无力防役引起传染病流行所致人口伤亡；被俘陕籍军人被日军强充劳工的伤亡，等等。抗战时期陕西省人口的间接伤亡情况，由于档案缺失，这次调研中我们所能查阅到的当时的记载，多是零碎且分散和模糊的，因而目前我们仍无法拿出相对准确的数据。但从当时关于人口非正常伤亡的个案和人口死亡率的分析研究中，可以推估出抗战时期陕西省人口间接伤亡的概貌。以这次调研中所得到的当时间接人口伤亡方面记载较多的安康市为例，抗战期间，位处秦岭深山的宁陕县，1936 年人口为 28675 人。1937 年到 1941 年间，宁陕风调雨顺，加以战区迁移人口纷来，1941 年人口达到战时峰值 39999 人。1941 年以后，陕西师管区对宁陕的征兵员名额增加至每年 600 人以上，豫南、鄂西战事吃紧后，宁陕民众被调修筑秦岭防御工事和安康军用机场。1942 年至 1944 年，宁陕县年出民工 700 人常年修筑秦岭大岭段防御工事，工程艰巨，民工伤亡严重。抗战期间，宁陕县共征用民工 56798 人次，死亡民工 374 人，伤 252 人①。到 1945 年 8 月宁陕人口降至 35275 人。4 年间死亡人口达 4724 人，远远超过正常人口死亡数目。1940 年后日军进击西南腹地的企图日渐明显。为阻滞日军行动，国民政府派兵炸毁了本来交通极为艰险的平利、白河、紫阳等县的铁、石桥梁及险道，致交通断绝，山货无法输出，民众生活更为困苦，即使民众往来出行，亦时有坠岩落水惨死事件发生②。1937 年紫阳县人口为 144831 人，到 1941 年人口减少至 130289 人。4 年中共减少人口达 14542 人。到 1945 年 8 月，人口再减至 123000 人。4 年又减少人口 7829 人。人口死亡远大于正常人口死亡比例。1944 年，安康 10 个县征调了 5 万民工修扩建安康县付家河机场。施工期间，遭日机多次轰炸和扫射，加

① 宁陕县政府：宁陕县抗战期间征用民工人数及伤亡数的调查表，1947 年 7 月，陕西省档案馆馆藏民国档案，档案号（永久）9－3－243。

② 陕西省社会处：陕西省农会为呈平利县巴山脉交通网估计修复工程费用表一份请核转由，1946 年 1 月，陕西省档案馆馆藏民国档案，档案号（永久）90－2－525。

以疾病流行，死伤民工达3000人以上，最多的一天伤亡达70余人①。1939年夏，国民党军第四十七军从抗战前线移防途经安康县，把战区流行之霍乱传入安康，引起疫情，安康县平民死于霍乱者达3000余人②。1939年到1940年间，由入境难民和转移到白河县的抗日前线伤员中霍乱人群引起白河霍乱疫情暴发，白河县死于霍乱者达6000余人③。抗战前的白河人口为141735人，1941年为107000人，减少34735人。而到1944年，白河全县人口则为86286人，较1941年再减少20714人。除去因毗邻之湖北老河口战事紧张，民众逃往内地者外，战争因素造成的人口死亡数量所占比例是非常高的。安康地区10个县人口总数1938年为1233503人，到1945年8月为971056人，比抗战前减少282794人④。

1937年7月至1943年4月，陕西国民党统治区被征雇的军用民夫为931596人；1939年12月至1941年11月，两年间征雇的筑路民工731580人。沉重而繁多的军事徭役导致抗战时期陕西人口间接伤亡的比率十分高。典型者如1942年10月12日，咸阳驿运站被搬运的手榴弹时引起爆炸，造成1死10伤，其中8人为平民（死1，伤7）⑤。1939年，中国银行、中央银行、交通银行、农民银行以守卫四行名义从陕西白水县保安队调员70余名，这70余人以后大部分在日机轰炸和炮击中死亡⑥。抗战期间，陕南山区小县宁强县1938年统计人口为137645人，而抗战八年间被征用参与战时军事工程的民工共计达103501人（次）。繁重的劳役共造成宁强县民工伤325人，亡22人⑦。

从抗战时期陕西人口出生率和死亡率的统计资料的分析中，可推知这一时期人口的非正常死亡，即间接人口伤亡的大致情况。以集中了陕西大部分人口的关中平原诸县市为例，据陕西省1944年12月的人口统计资料，关中地区人口为5220842，约占陕西全省人口的52%。1945年前三季度关中44个县市报告死亡人数42430人，用插补法估计，全年死亡人口为$42430 \times 4/3 = 56573$人，

---

① 安康地区志编纂委员会编：《安康地区志》，陕西人民出版社2004年版，见附录“大事记”。

② 安康县史志局编：《安康县志》，陕西人民教育出版社1989年版，第729页。

③ 王璟延：《忆述我县一九三九年霍乱大流行》，载政协白河县文史委：《白河文史资料》，1985年内部印刷。

④ 曹占泉编著：《陕西省志·人口志》，三秦出版社1986年版，第95—103页。

⑤ 陕西省公路局：陕西驿运方面战时损失，1942年10月，陕西省档案馆馆藏民国档案，档案号（永久）54-5-130。

⑥ 白水县编纂委员会编：《白水县志》，西安地图出版社1989年版，见第479页关于军供军运的记述。

⑦ 宁强县政府：宁强县动员人力损失调查表，1947年7月，陕西省档案馆馆藏民国档案，档案号（永久）9-3-243。

每千人死亡为9.8人；而前三个季度婴儿出生35780人，如前所用插补法，全年出生婴儿35780×4/3＝47706人，每千人出生率为8.3人；生死相比较，每年每千人减少1.5人。而死亡的42430人中，55岁以上者为13006人，只占死亡者的1/3，其余2/3为未满55岁者；18至55岁死亡占1/3。精壮人口（18—55）的死亡者多为非正常死亡，足以反映出抗战期间陕西省间接人口伤亡之惨重①。

抗战时期陕甘宁边区灾害频仍，战争影响了对灾民的救济，也造成了人民生命财产的不可避免的损失。战争加剧了边区陕西境内各县民众及流亡人民的非正常伤亡。边区境内按其地理差异可分为风沙滩区和原梁峁丘陵沟壑区两大部分，属北温带大陆性气候，年降水量平均为400—500毫米，无霜期约5个月，三边一带无霜期更短，不适宜生长期长的农作物种植。边区气候变化剧烈，自然条件恶劣、灾害频仍，常年发生旱、雹、冰、冻、霜、虫、瘟等灾害，有“十年九灾”之说。每遇干旱，赤地千里，颗粒无收；每遇阴雨，又泛滥成灾。而边区地瘠民贫，经济落后，农村分散，人口稀少，交通不便，生态失衡，雨少风多，农业靠天吃饭，粗放耕作，广种薄收。一遇灾害，民众更是处于“男人走口外，女人挖野菜，糠菜半年粮，孩子饿断肠”的生活状态之下。且边区北、东两边均为日军占领区，民间自救力量大为削弱，抵御自然灾害的能力又十分薄弱。恰恰八年抗战期间，也是边区自然灾害频发的年份。其中边区陕西境内各县大的自然灾害共出现过4次：1939年至1940年，绥德、靖边、神府等边区21县遭遇水、旱、冰雹灾害；1940年边区水、旱、风、雹成灾，为过去30年所罕见，受灾23个县，灾民689342人，受灾面积298961亩，死牲畜8692头②；8月25日，靖边大霜，毁禾甚多；延安全境及淳耀、延川、延长、安塞一部分地区发生瘟疫，仅蟠龙一个区死亡500余人。灾情泱及边区22个县，因瘟疫死亡2205人；当年边区又有11个县受旱，16个县遭遇水灾，12个县遭遇雹灾；1942年，延安、绥德遭水灾，死亡118人，伤59人，死牲畜583头，毁房1580间，毁窑1356孔，河水淹没川地22230亩；1945年，绥德、三边、关中分区，延属分区及陇东遭遇雹灾和霜灾，受灾面积17885816亩。据不完全统计，灾害造成粮食损失1231947石，受灾人口1764463人，因灾死亡2447人，毁房1580间，毁窑1416孔。每遇灾害，边区政府都及时发出救灾指示，下拨

---

① 陕西省经济研究室：《陕西省政述要》，1947年，陕西省档案馆馆藏民国档案，档案号（永久）C4－38。

② 陕甘宁边区财政经济史编写组、陕西省档案馆合编：《抗日战争时期陕甘宁边区财政经济史料摘编》（第九编，人民生活），陕西人民出版社1980年版，第262—269页。

赈济款，解决受灾民众的吃饭穿衣等问题。但连年灾情之严重，受灾面积之大，人口之广，加之时时都面临外敌入侵威胁的战争环境，边区政府救济灾害的能力大为受限，“战祸延及该地，人民生活更增困难，当地人大多束手无策，尤其许多抗属屡次来县求救者皆失望而归”①，人民想自救亦无力，民众本可避免的生命财产损失未能得到避免。据陕甘宁边区边区救济分会1946年2月报告，抗战中由前方送来的伤病员、残疾人员及1944年、1945年两年边区传染病死亡的人民的总数达96000人②。

抗战期间，是陕甘宁边区人口流动较为频繁的时期。作为全国模范的抗日民主根据地，边区吸引了大量沦陷区和国民党统治区的流亡人口。流亡民众在逃亡路上长途跋涉，饥寒交迫，非正常伤亡时有发生。沦陷区和国民党统治区河南、山西、绥远（今陕西、内蒙、山西交界地区）、甘肃、宁夏等省民众为避免寇灾和自然灾害，离乡背井，抛父弃子，携儿带女，大批流入边区。如吴堡县，该县1936年统计，人口不足3万人。1942年统计，人口为33863人。1945年统计，人口为39827人。在连年灾害情形下，吴堡县人口增长较快的原因是由于吴堡县东临山西沦陷区，日军占领区的民众往往渡河逃入避难。1942年4月间有6000余人逃入吴堡沿河乡间避难③。1943年冬日军在山西离石、临县、三交一带扫荡，沿河民众一夜间逃入吴堡避难者竟达3万余人。1944年春节，山西逃来吴堡难民792户，1707人。由内蒙逃入靖边县城避难的蒙古族群众有138户，981人。在难民大批涌入的情况下，绥德分区为缓解人地矛盾，解决吃饭问题，向边区直属的有可垦荒地的县份移民2万余人。1937年至1945年间，边区安置移民63850户，266619万人。移、难民人口占边区1944年总人口的18.7%④。抗战期间还有大量的沦陷区的知识分子，青年学生及爱国华侨奔赴边区。如1938年5月至8月，经八路军西安办事处输送到延安学习和工作者达2283人。“延安学生总数将近万余，差不多完全经过西安”⑤。在逃亡路上

---

① 陕甘宁边区财政经济史编写组、陕西省档案馆合编：《抗日战争时期陕甘宁边区财政经济史料摘编》（第九编，人民生活），陕西人民出版社1980年版，第303页。

② 陕甘宁边区救济分会：中国解放区陕甘宁边区救济分会函稿，1945年4月，陕西省档案馆馆藏民国档案，档案号4－2－175 。

③ 吴堡县委：“党员登记表”，1942年，吴堡县档案馆馆藏边区档案，档案号边区档案第五卷。

④ 陕甘宁边区财政经济史编写组、陕西省档案馆合编：《抗日战争时期陕甘宁边区财政经济史料摘编》（第九编，人民生活），陕西人民出版社1980年版，第400页。

⑤ 中共陕西省委党史研究室编：《中国共产党在陕西》（新民主主义革命时期），陕西人民出版社1992年版，第532页。

的难民长途跋涉，历尽艰辛，忍饥挨饿，沿街乞讨，甚至有以观音土填充肚子，为得到一口吃食卖儿鬻女者比比皆是。有病无力医治，致使流行病在难民人群中蔓延①。饥饿、疾病和日军的“扫荡”，使许多人死在了逃难的路上。剧增的人口，超过了边区自然和社会本身所能承受的能力，使得边区政府不得不为解决众多人口的“吃饭”问题而动用极其有限的财力，边区的社会负担进一步加重，对边区生态环境等方面所造成的不良影响至今仍然难以消除。

（五）财产损失情况

1. 陕西省抗日战争时期的直接财产损失

（1）抗战期间和抗战胜利后陕西部分单位上报国民政府的直接财产损失情况

这次调研中，我们仅查阅到了抗战期间陕西国民党统治区部分单位按要求上报的以1937年7月时值法币为基准并以损失时法币时值为损失价值的直接财产损失报告和抗战胜利后以1937年时值法币为基准折合为1945年8月时值法币为损失时价值的财产损失报告。虽然只是一些个案（抗战期中陕西各单位所报损失均为损失时的法币时值，下文中不再一一注明），但从中可以看出当时公私财产损失的严重程度。

陕西盐务管政局1946年1月向国民政府盐政总局报告了抗战期间该局因日机轰炸、炮击所造成的损失情况：该局1939年直接损失法币（为当年时值）363.28元，1940年直接财产损失法币263.95元，1941年直接损失法币1590元，1942年盐库被炸，损失1773.38元。该局9名员工家庭被炸，财产损失共计价值法币502518.1元。另：1937年山西沦陷，陕西省盐政局晋北区员工16名个人财产受损，共计价值法币10234.73元。1938年3月至1945年8月，平民县郭立庄盐业生产公会被炸损失法币2898元。1940年陕西盐务局安康局13名员工个人受损，共计价值809元。1940年盐务局5名员工受损，共计时值法币14596元。1944年1名员工个人受损，共计时值法币195400元②。

陕西省警察局训练所和陕西省红岩寺（在今陕西省丹凤县境内）警察局报告抗战期间该局警员因日机轰炸、炮击及家乡沦陷时被炸毁、劫掠物资个人财

---

① ［美］白修德、贾安娜著，端纳译：《中国的惊雷》，新华出版社1988年版，第191、192页。

② 陕西省盐务局：陕西省盐务局盐税收入损失调查表，1946年1月，陕西省档案馆馆藏民国档案，档案号（永久）87－2－356。

产直接受损 2039410.3 元①。

西安大华纱厂 1939 年 10 月、1941 年 9 月两次被炸，损失的价值为法币 5237504.92元。其中 1939 年 10 月 11 日，12 架日机轰炸大华纱厂，投弹 50 枚，纱厂被全部炸毁，死伤 40 余人，烧毁棉花 2.5 万担，经济损失 236 万元（法币）。因纱厂全毁，布厂亦无法开工，完全停顿②。

神木县商会被炸直接损失法币 139000 元。潼关县商会 1938 年 3 月至 5 月，被日机轰炸、炮击财产损失法币 16300 元。渭南县商会 1937 年至 1941 年 8 月 2 日因日军飞机轰炸，直接损失法币 81000 元（含 1938 年八一三淞沪抗战中在上海丢失的发电机一台，时值法币 50000 元）③。

1945 年 12 月，咸阳工业同业公会报告：1940 年 8 月 30 日至 1941 年 12 月 9 日间，咸阳民营工业财产直接损失 438507.36 元。1940 年间，咸阳县城三所小学被炸，直接损失 355350 元。

1938 年 3 月至 1945 年 8 月间，华县公私立中小学被炸直接损失时值 89580.1元，华县民营商业及交通运输业被炸损失 1113900 元。

1938 年 11 月至 1944 年 9 月，日机轰炸西安，投弹 2399 枚，炸死 809 人，炸伤 825 人，毁房 6604 间，直接损失 20949897 元④。

抗战期间，朝邑县人民团体和私人机关被日机轰炸和炮击损失时值 332456元。

陕西农业改进所被炸直接损失时值 137000 元。陕西省环境电话局被炸直接损失时值 11263 元⑤。

洛南农会报告，1940 年 5 月 20 日至 1945 年 8 月，日机轰炸洛南县，该县农会公私财产直接损失达 162003.44 元⑥。

---

① 陕西省警察训练所：陕西省警察训练所等机构抗战损失调查表，1945 年 9 月，陕西省档案馆馆藏民国档案，档案号（永久）90－4－531.1。

② 长安大华纱厂：长安大华纱厂直接损失填报表，1941 年 12 月，陕西省档案馆馆藏民国档案，档案号（永久）2－9－330。

③ 渭南县商会：渭南县商会财产直接损失填报表，1946 年 10 月，台北“国史馆”藏国民政府赔偿委员会档案，档案号 304－1100。

④ 西安市政府：西安市被炸损失概况调查表，1946 年 10 月，台北“国史馆”藏国民政府赔偿委员会档案，档案号 304－1079。

⑤ 陕西省建设厅：陕西省各区县抗战损失估计被炸直接损失报告表，1939 年 11 月至 1941 年 4 月，陕西省档案馆馆藏民国档案，档案号（永久）72－9－339。

⑥ 洛南县农会：洛南县农会财产损失调查，1946 年 10 月，台北“国史馆”藏国民政府赔偿委员会档案，档案号 304－1064。

1940 年，日机对陕西的轰炸，炸死陕西国民党统治区达平民 1029 人、炸伤 1460 人，毁房 3067 间，对死伤者的抚恤费支出达法币 38328 元，救济费支出则为法币 31950 元①。

（2）抗战期间国民政府经济部主计处统计局统计的陕西国民党统治区直接财产损失

从 1939 年 7 月开始，陕西省政府和西京筹备委员会及迁移西安的陇海铁路局按国民政府关于抗战损失查报须知的要求，向国民政府行政院上报了抗战时期陕西省、西京市及陇海铁路局所受损失情况。

战前陇海铁路总营运里程为 1260 公里。七七事变后，沦陷及拆除营运铁路 658 公里，机车损失 1065 台②，仅经营 602 公里的铁路，陇海铁路 74% 的通车里程为日军所侵占。1938 年 2 月陇海铁路局迁移西安，仅经营陕州以西陇海线及潼（关）宝（鸡）段及咸（阳）同（官，今铜川）、渭（南）白（水）支线。1944 年 8 月，西安陇海铁路管理局局长陆裕廷向国民政府行政院报告：1937 年 7 月至 1942 年 12 月，陇海铁路局直接损失 8383006420 元③。又据“交通事业抗战损失统计资料”，从 1937 年 8 月至 1944 年 6 月底，陇海铁路遭日军轰炸、炮击被毁房屋 406 间，轻轨 12011 公尺，钢轨 262 根，铁轨 52 根。至 1939 年 6 月底，陇海铁路直接损失机车 14 辆，特种车 13 辆，桥梁 11 座，枕木 380 根④。1937 年 7 月至 1943 年 6 月间，陇海铁路被敌机轰炸、炮击的直接损失达时值 23488633.09 元⑤。陇海铁路遭日军轰炸、炮击和扫射死亡的员工达 41 人，旅客 27 人。仅 1944 年，日机 9 次轰炸陇海铁路潼西、西宝段车站及沿线铁路设施，投弹 90 枚，炸毁机车 25 辆，机件 23 件，房屋 11 间，电讯设备 1005 公尺，桥梁 2 座，炸伤 21 人，炸死 3 人⑥。1944 年 5 月 9 日，陇海路西安火车站被日机轰炸，300 名正在该站登车的国民党军官兵被炸死。

陕西邮政管理局 1937 年下半年被日机轰炸，造成设备损毁损失时值 545 元。1937 年 7 月至 1939 年 6 月间，该局有 2 名员工被炸死，2 人被炸伤。1939

---

① 陕西省社会处：陕西省被炸直、间接损失统计表，1947 年，陕西省档案馆馆藏民国档案，档案号（永久）90 – 3 – 315、90 – 3 – 16、90 – 3 – 17。

② 陇海铁路局：陇海铁路抗战损失估计，1946 年 7 月，中国第二历史档案馆馆藏档案，档案号 20 – 2725 · 8。

③ 陇海铁路局：抗战时期交通事业损失资料，1946 年 7 月，中国第二历史档案馆馆藏档案，档案号 20 – 2725 · 17。

④ 陇海铁路局：陇海抗战损失估计，1946 年 7 月，中国第二历史档案馆馆藏档案，档案号 20 – 2725 · 8。

⑤ 陇海铁路局：交通事业抗战损失统计资料，1946 年 7 月，中国第二历史档案馆馆藏档案，档案号 21 – 2 – 326。

⑥ 陇海铁路局：各铁路抗战损失统计，1946 年 7 月，中国第二历史档案馆馆藏档案，档案号 20 – 2725 · 10。

年至1941年陕西邮政管理局被炸毁房屋7间，房内邮电设备、邮票俱被毁，总计损失时值8011元，邮件708件，包裹39件（最低价值195元）①。

抗战期中，内迁陕西的工矿企业是日机轰炸的重要目标。1939年3月，西京电气公司西京电厂被炸，直接损失386841元。1939年5月，西京机器修造厂被炸，直接损失2404590元②，交通部宝鸡材料库被炸直接损失时值1188元（1945年时值447484元）。由汉口迁咸阳的咸阳纺织厂1939年8月至1941年12月间，7次被日机轰炸，直接损失1940年时值3517973元。1941年至1944年间，日机轰炸雍兴公司蔡家坡纺织厂动力酒精厂，造成直接损失1940年时值17791468元；雍兴公司蔡家坡工厂被炸损失34588.30元；位于蔡家坡的西北机器厂被炸，直接损失1940年时值12500000元。咸阳中国打包公司1940年8月至1944年8月，被日机轰炸直接损失1197325.21元。陕西咸阳酒精厂1939年秋冬间被迫迁往四川资中，损失拆迁费20万元③。1940年3月至1941年12月，申新第三纺织厂在咸阳的厂房遭日机多次轰炸，直接损失35197.30元④。1940年8月31日，36架日机轰炸宝鸡，由汉口迁宝鸡的申新第四纺织厂中弹21枚，70余台织布机被炸毁，7000余担棉花被焚毁。工厂被迫停工4天。为躲避日机轰炸，申新四厂被迫在宝鸡长乐源下挖窑洞24孔，1941年1月将机器搬入洞中陆续开工生产，成为抗战时期最为著名的“窑洞工厂”。1939年10月11日，1940年5月6日和12月5日，西安大华纱厂三次遭日机轰炸，死伤40余人，厂房、仓库、职工宿舍、餐厅被炸毁，2万余枚纱机被炸毁，烧毁棉花2.8万担。1939年12月，大华纱厂被迫将部分设备迁往四川广元，开设了大华纱厂广元分厂⑤。1941年12月2日，日机轰炸西安，大华纱厂被炸，被焚毁棉花达1400余包（每包重200斤，价值1000元），此次被炸的直接损失达32157160元⑥。富华贸易陕豫分公司设在陕西安康的陕西会馆第一仓库于1940年9月

---

① 陕西省邮政管理局：遵嘱修正战时邮政损失统计表附清查册，1946年7月，中国第二历史档案馆馆藏档案，档案号20－2725·2。

② 主计处统计局：抗战期间各地工矿商业修正卡片卷，1941年12月，中国第二历史档案馆馆藏档案，档案号 四一32282。

③ 资源委员会：本会所属工业机构因抗战迁移、空袭损失简表，1945年6月，中国第二历史档案馆馆藏档案，档案号28（2）－970。

④ 中国机器棉纺公司：本会查报经济部有关会员工厂抗日战争时遭受损失的各项资料，1947年12月，中国第二历史档案馆馆藏档案，档案号825－839。

⑤ 陕西省纺织工业志编纂委员会编：《陕西省纺织工业志》，三秦出版社1993年版，第64页。

⑥ 陕西省建设厅：战时农矿工商损失情况报告，1941年12月，陕西省档案馆馆藏民国档案，档案号（永久）72－9－330。

3日被日机炸毁，库内所存桐油等物资及器具被毁，直接财产损失451417.21元。1940年6月23日，富华贸易公司陕豫公司陕北的榆林第一仓库被炸，388公斤羊绒被焚烧，直接损失时值111476元①。上海商业储备银行宝鸡办事处1940年10月至1944年12月间，4次被日机轰炸，房屋损失一项达6656.47元。1941年7月日机轰炸西安，当时从济南撤退西安的山东田粮处及员工郝守新家被炸，毁房137间，房中器物同时被毁，直接损失时值1462100元②。

1943年9月，农林部对陕西省上报农业损失表进行了汇总。1937年7月至1943年6月，日机轰炸、炮击造成陕西农业财产直接损失68500元③。

1944年9月11日，日机轰炸西安西关机场，中央航空公司西安电台院内落弹达三四十枚，设备俱毁，直接损失达七万元④。

陕西的各类学校和教育机关，在抗战中多数遭到日机轰炸、炮击，损失极其惨重。1939年10月，陕西省私立培华职校和西安女子中学被日机轰炸，培华职校1946年6月报告这次轰炸的直接损失共计11925630元，间接损失共计437.8万元。女子中学被炸直接损失18480万元，间接损失2390万元⑤。从1937年7月至1945年8月，陕西省各市县公私立学校遭日机轰炸、炮击的直接损失为1937年7月前时值128046079元，其中中等学校的各项直接损失为1937年7月前时值107008890元，小学直接损失20989325元，教育机关直接损失47864元⑥。1938年12月，日机轰炸西安，位于早慈巷的西安一中被炸，1946年报告直接损失时值1182万元⑦。

抗战期间，国民政府经济部统计局从1940年7月起，将各级政府及机关呈

---

① 富华陕西公司：富华陕西公司查报抗战损失调查卷，1941年2月，中国第二历史档案馆馆藏档案，档案号270－302、270－8444。

② 粮食部：粮食部暨所属机构查报抗战损失统计表，1945年3月，中国第二历史档案馆馆藏档案，档案号83－1383。

③ 主计处统计局：陕西省农业损失调查表等，1939年11月，中国第二历史档案馆馆藏档案，档案号6－2742（2）。

④ 中国航空公司：中央航空公司各项损失报表及有关文书，1944年12月，中国第二历史档案馆馆藏档案，档案号493（2）－142。

⑤ 陕西省私立培华职校：培华职校被炸损失报告表，1946年6月，陕西省档案馆馆藏民国档案，档案号（永久）90－2－264。

⑥ 主计处统计局：抗战以来教育机关、学校抗战损失统计表及有关文书，1945年9月，中国第二历史档案馆馆藏档案，档案号5（2）－584。

⑦ 陕西省立西安一中：日机轰炸学校情况报告，1946年6月，陕西省档案馆馆藏民国档案，档案号（永久）84－2－741。

送到国民政府行政院的1937年7月至1943年12月间的各地人口伤亡和公私财产直接损失情况，先后进行了6次审核和汇编，形成了抗战中这一时期各地人口与财产损失统计①。据此资料，1937年7月至1940年12月间，陕西省受日机轰炸、炮击所遭受的直接财产损失为21724229.15元②，其中各级机关直接损失64771.69元，学校直接损失52574元，农业直接损失685元，矿业直接损失683元，工业直接损失20888244元，公用事业直接损失215.52元，电讯损失471.5元，邮务损失815元，人民团体损失128元，住户（居民）损失706657元。1941年12月统计，陕西国民党统治区直接财产损失为26673873.03元。其中陕西省各级机关损失1386280.01元，学校损失437574.95元，工业损失20935914，公用事业损失628.27元，矿业损失683元，商业损失1544122元，电讯损失5158.5元，邮务损失1602元，人民团体损失6897元，住户损失2352136元。陕西省政府上报的抗战以来人口伤亡数为1570人（亡626，伤944），人口伤亡所造成的直接损失为2673874.52元③。1942年12月汇总的陕西省上报的人口伤亡总数为1654人（亡1048人，伤606人），人口伤亡所造成的直接财产损失34106337元。1943年12月底，汇总的陕西省各级机关人口伤亡数仍为1654人，而公私财产直接损失则达42254927元。其中各级机关损失3258290.75元，学校损失688467.22元，农业财产直接损失685元，矿业损失683元，工业损失34715665.32元，公用事业损失20888.59元，商业损失1664230元，公路损失2193元，电讯损失63136元，邮务损失1602元，人民团体损失6987元，住户损失2494013元④。

西京筹备委员会历年上报的直接财产损失汇总如下⑤：1937年7月至1940年12月，中央直属的西京筹备委员会的直接损失为8984.44元（西京筹备委员会呈报的损失包括该机关在南京、重庆、西京三处的损失）。其中西京市政府直

① 主计处统计局：主计处统计局抗战损失统计，1945年4月，中国第二历史档案馆馆藏档案，档案号6（2）－553。

② 这个数据为这次调研中我们对陕西省国统区历年上报损失数据的统计。其中包含西京筹备委员会上报的西京市的损失。

③ 主计处统计局：主计处统计局抗战中人口与财产损失统计，1943年12月，中国第二历史档案馆馆藏档案，档案号6（2）－237。

④ 这一数据为将“主计处统计局抗战损失统计”表（1945年4月）中陕西省政府和西京市政府上报的损失数据的综合汇总，该统计表存中国第二历史档案馆，档案号6（2）－553。

⑤ 西京筹备委员会归属国民政府行政院直辖，其对抗战时期的损失统计单独上报国民政府行政院。

接财产损失 21740141 元①。截至 1941 年 12 月底，西京市呈报人口伤亡 1374 人（亡 838，伤 536 人），直接财产损失为 24436172 元。到 1942 年 12 月，西京市直接财产损失为 29594237. 12 元。而截至 1943 年 12 月，西京市的直接财产损失为 34696061. 43 元。其中，轰炸中书籍被毁一项的直接损失最低估价至少为 1030 元。

根据国民政府行政院 1939 年 7 月对所属机关与地方政府查报抗战中人口与财产损失的通令要求，各省高等法院汇总各县司法处呈报的抗战中所在地的人口与财产损失报表，向国民政府高等法院呈报了各省司法人口②与财产损失调查表。1942 年国民政府高等法院汇总各省高等法院报表编制成了“全国各级法院及县司法处财产损失调查总表”，之后根据新的损失材料进行了累计汇总。陕西省与西京市法院呈报的抗战中各类主体财产直接损失情况是：从 1937 年 7 月到 1942 年 12 月，陕西省工业直接财产损失为法币 8748591. 32 元③。

经济部统计局对战时经济事业个别年份的财产损失作了汇总。其中 1940 年，陕西省（含西京市）战时经济事业损失为 21101461 元（含直接、间接损失）。其中矿业损失 683 元，工业损失 20888244 元，公用事业损失 216 元，商业损失 212318 元（仅西京市）。1941 年陕西战时经济事业损失 4917578 元（含直接、间接财产损失）。其中矿业损失 6830 元，工业损失 953460 元（仅西京市），公用事业损失 4128 元，商业损失 4214120 元。1942 年战时经济事业损失 3298214 元④。其中工业损失 1006232 元，公用事业损失 41262 元，商业损失 2250320 元。1941 年陕西省工矿、公营事业、商业直接财产损失为 40918477 元。其中矿业损失 6830 元，工业损失 953460 元（为西京市上报损失），公共事业损失 4127. 5 元，商业损失 39614130 元（西京市损失达 39375320 元）。

---

① 原档如此，为西京筹备委员会报告的 1937 年 7 月至 1940 年 12 月直接损失。原档案中所列栏目为“西京市政府”，其范围约为今西安市主城区的新城、莲湖、碑林、未央、灞桥和长安 6 个区。1931 年 10 月，国民政府设立了西京筹备委员会，拟设西京市作为陪都，直隶行政院。西京市管辖区域东至灞桥，西至沣水，南至终南山，北至渭水。西京筹备委员会工作数年，但西京市政府终未成立。1943 年 4 月，复设西安市，隶属陕西省政府。西安市辖区与拟设立的西京市辖区相当。

② “司法人口”系原档案用词。

③ 主计处统计局：国民政府主计处统计局抗战中人口与财产损失统计，1943 年 4 月，中国第二历史档案馆馆藏档案，档案号 6（2）－247。

④ 主计处统计局：国民政府主计处统计局抗战中人口与财产损失统计，1943 年 4 月，中国第二历史档案馆馆藏档案，档案号 6（2）－247。

（3）抗战时期陕甘宁边区的直接财产损失

日机对陕甘宁边区首府延安城的轰炸，造成了巨大的直接财产损失。其中尤以平民财产受损最为严重。以1940年日机轰炸延安为例，陕西省参议员王季斌1947年9月呈文报告，其本族在原籍延安城房屋被炸毁计252间，直接损失时值法币202500元①。

1938年11月20日至1939年3月6日间，日机轰炸延安城，城内鄜州师范②被炸直接损失达法币358550元③。对1938年11月20日至1941年8月4日期间，日机对延安城轰炸所造成的直接人口伤亡和财产损失，陕甘宁边区政府根据延安市公安局的调查材料及1945年抗日胜利后召集的延安市群众代表座谈会所得材料进行统计，对抗战中日机轰炸延安市损失的统计数据是：日机共出动飞机240架次，8次侦察袭扰、7次轰炸延安城，投弹1170余枚，炸死延安市居民及机关学校人员和学生214人，炸伤184人，毁公共建筑物1176间，过街楼10座，戏楼10座，石洞5座，炸毁教会建筑物基督教堂1座，基督教房屋94间。天主教堂1座，教堂被炸毁房屋75间。炸毁群众房屋7226间，炸死牲口197头，炸毁粮食345000斤，其他财物被毁损失亦达112000000元，共计造成公私财物直接损失达1945年时值法币157990000元④。当时的延安市南关乡代表顾宗仁在其“要求日寇赔偿轰炸延安损失并请国内外救济机关、团体重建延安市案”中，对日机轰炸延安城损失情况的调查统计是：日机对延安城的轰炸就达17次，投掷各类炸弹1690枚，炸死214人，炸伤184人。炸毁公共房产1176间，民房14452间，石洞5孔。炸毁基督教堂1座，教堂房屋94间被毁。天主教堂一座，教堂房屋75间被毁。炸死牲畜197头，炸毁粮食34万余斤⑤。1947年3月，国民党胡宗南部占领延安后，胡宗南所委任的延安县长袁德新根据国民政府统计抗战损失的指令，按照《抗战损失调查委员会组织章程》和《抗战损失调查办法及查报须知》的要求，于1947年9月对抗战期间延

---

① 陕西省参议会王季斌：陕西省参议会公函总第1期，1945年9月，第141页，陕西省档案馆馆藏民国档案，档案号（永久）72－9－340。

② 即国民党陕西省政府所辖陕西省立延安师范学校，1939年初该校被陕甘宁边区政府驱赶到鄜县（今富县）办学。

③ 陕西省立鄜州师范学校：鄜州师范财产直接损失填报表，1939年3月，陕西省档案馆馆藏民国档案，档案号（永久）90－2－264。

④ 陕西省农会：抗战中敌机轰炸延安市损失统计表，1945年12月，陕西省档案馆馆藏民国档案，档案号（永久）4－2－17。

⑤ 延安《解放日报》1946年3月10日，关于日寇轰炸延安损失。

安县（延安市）平民直接人口伤亡和财产损失进行过统计。这次统计的结果为：从1938年9月29日至1941年7月20日，日机出动393架次，25次轰炸延安，炸死528人，炸伤767人，炸毁公房2570间，民房7940间。炸死牲畜974头，日机轰炸延安所造成的直接损失1947年时值达法币38亿元。公粮布匹器具等被毁损失时值3454亿元。始建于北宋的延安古城垣多半被炸，损失更是难以估计①。但这次统计未对中共中央各机关和边区政府各机关及八路军的人员伤亡和财产损失情况进行统计。

日军飞机1939的10月和1940年7月两次轰炸延长县。两次轰炸共出动飞机30架，投弹143枚，炸死15人，炸伤18人，毁房32间，石窑1孔，炸死牲口12头，毁粮2100斤，货物器具若干，被炸死人员安葬费和被炸伤人员医疗费的支出达1946年3月时值法币6640000元，直接财产损失共计达法币8380000元。日机轰炸、炮击，造成延川县的被炸损失为915000元。固临县的被炸损失为1745000元②。日军轰炸和炮击吴堡县达23次，炸死8人，炸伤7人，毁房67间，直接损失达1945年8月时值法币20260元。仅1938年12月2日的轰炸，就炸伤2人，毁房3间，直接损失200元。日机2次轰炸绥德县，炸死2人。隔河用机枪扫射，打死平民4人，打伤2人，1人被日军俘虏，毁房19间，直接损失554480元。其中1939年4月18日，日机轰炸绥德县城，同心合商栈一家被炸毁房14间，直接损失552230元③。

从1938年3月到1943年12月间，日军对边区陕西境内沿河的吴堡县宋家川、旧城、冯家岔、李家沟、佳县之螅蜊峪、城内、大会坪、大头峪，绥德县县城和石岔，清涧县城及延长、延川、固临（陕甘宁边区设置的县，辖区包括今延安市宝塔区及延川县、宜川县的部分地区）、神木、府谷沿河村镇的轰炸和炮击达65次以上。据陕甘宁边区救济分会1946年统计，仅吴堡、佳县、绥德、清涧四个县民众被炸死者就达182人，炸伤542人，房屋被炸毁1939间，窑洞被炸毁1185孔，楼房7座，戏楼8座，桌凳5160件，瓷器14412件，锅1675口，毁粮336900斤，衣物18573件，牲畜272头，船只168只，纺车1979件，织布机443架，礼堂3座，木炭650000斤，142户商户被炸，直接损失法币

① 陕西省社会处：日寇空军轰炸延安人民损害统计表，1947年10月，陕西省档案馆馆藏民国档案，档案号（永久）90－2－426。

② 延属分区：抗战中敌机轰炸延长、延川、固临三县统计表，1946年3月，陕西省档案馆馆藏陕甘宁边区档案，档案号（永久）4－2－175。

③ 绥德县政府：民国《绥德县志》，抗战表，1942年，内蒙古自治区巴彦淖尔盟档案馆馆藏陕西民国档案，档案号272－113－2－100。

356500000 元。

（4）陕西省在沦陷区的直接财产损失①

陕西省作为当时西北地区经济社会较发达的省份，陕西商民在北京、南京、上海、天津、汉口、广州、包头、太原、洛阳、老河口等地开有众多商号。陕西的政府机构在沿海城市和港口存放有从欧美等国采购的未及运回的物资。内迁陕西的工厂，在原开办地亦有大量机器、原料等物资未及迁移陕西。全国抗战爆发后，大片国土相继沦陷，官民的大量物资亦随之被日军劫掠。目前所掌握的“经济部调查日方劫我物资”档案中有如下陕西在沦陷区物资被劫的记载：1937 年 7 月至 1938 年 6 月间，大片国土相继沦陷，往来陕西的包裹、邮件被日军所劫或中途被毁，陕西省邮政管理局直接损失邮件 395 件，包裹 163 件。以每件包裹最低 5 元估价，直接损失时值 815 元②。上海沦陷后，1937 年 11 月中旬，陕西省探矿队从德国采购的仪器运至上海港时，被日军悉数劫走。西安市自来水公司在德国和上海采购的物资未及运出，亦被日军全部抢走③。咸阳中国机器打包公司 1937 年 10 月在河南安阳东站被日军劫掠物资时值 113884 元④。1938 年 11 月 25 日，陕西省银行设在湖北宜昌的办事处被敌机炸毁，直接损失达 11846688 元⑤。1940 年初，郑州福豫面粉厂迁移西安，未来得及拆除的锅炉，以为防资敌由被国民政府军第三集团军所炸毁，未及运走的一大批物资被日军悉数劫掠⑥。雍兴公司从海京洋行采购的一套梳毛织布机，1937 年 11 月 17 日运抵上海时被日军所劫，损失时值 5386080 元。该公司从卜内门洋行采购的 520 公斤颜料，1941 年 12 月在香港沦陷时被日军所劫，损失时值 208000000 元另港币 65294 元⑦。战时由山西新绛迁移西安建厂的雍裕纱厂，

---

① 这次陕西省抗战人口伤亡和财产损失调研中，我们未从现存档案和文献资料中查阅到陕甘宁边区在沦陷区的人口伤亡和财产损失的记载。

② 邮政局：遵嘱修正战时邮政损失统计表附清查册，1943 年 12 月，中国第二历史档案馆馆藏档案，档案号 20－2725·2。

③ 陕西省建设厅：陕西省建设厅关于上海沦陷物资被劫情形，1947 年 5 月，陕西省档案馆馆藏民国档案，档案号（永久）72－3－985。

④ 中国机器棉纺公司：中国纺织工业同业公会抗战损失填报表，1947 年 12 月，中国第二历史档案馆馆藏档案，档案号 825－838。

⑤ 长安县政府：陕西长安县民营事业（银业）财产损失报告表，1946 年 10 月，台北“国史馆”藏国民政府赔偿委员会档案，档案号 304－1082。

⑥ 西安福豫面粉公司：西安福豫面粉公司抗战损失填报表，1945 年 12 月，中国第二历史档案馆馆藏档案，档案号 21－3720。

⑦ 中国机器棉纺公司：本会会员工厂填报抗战期间民营工业损失调查表，1947 年 12 月，中国第二历史档案馆馆藏档案，档案号 825－839。

1941 年至 1942 年，因太平洋战争在菲律宾小吕宋和香港被日军劫掠的物质损失时值达法币 126000 元。该厂在山西新绛尚未迁出的 260 台机器设备和 9000 枚纱锭，在山西沦陷时被日军全部拆毁，损失亦甚巨。由河南安阳迁移陕西岐山县蔡家坡镇的建厂豫安纱厂，1941 年至 1942 年在小吕宋被日军所劫的物资损失达法币 113600 元。该厂从国外所采购的细纱机和车床也于 1938 年初由货船抵上海港口时，被日军全部劫掠，损失时值达法币 46600 元。中国银行为豫安纺织厂从英国所采购的一台卡式皮圈式 4200 锭细纱机，运往香港时上海沦陷，遂改道运至越南海防，此时因法属越南当局衔命阻挠，陆路断绝，再辗转运至缅甸仰光，直到 1942 年才运至陕西，一路转战颠簸，机器几乎损毁。迁移宝鸡的申新纺织四厂在江苏南通被日军劫掠直接损失折合 1947 年时值 313209090 元。该厂在江苏无锡沦陷时被日军拆毁、劫掠损失时值为 313209090 元①。申新第三纺织厂 1937 年 11 月在无锡沦陷时被日军劫掠物资直接损失为 1937 年时值法币 718830 元。始建于清光绪二十二年的湖北省官布局的官纺局，1937 年 4 月由湖北武昌迁至陕西咸阳，新组成陕西咸阳纺织工厂。该厂 1938 年 7 月在武汉沦陷时的直接损失为 1938 年时值 10000000 元②。1940 年 4 月 7 日，日机轰炸陇海铁路洛阳东站，华县民营兴记公司物资被炸毁，损失时值法币706500元③。1942 年 3 月，日军占领缅甸，陕西省建设厅存放在仰光的从欧美所采购机器设备未及运出，被日军全部劫走，损失折合法币 86000000 元，美金280000元④。迁移西安建厂的大通纺织有限公司，未及迁移的机器设备及原料，在 1938 年 2 月被日军炸毁或在上海沦陷时被日军劫掠，损失时值8572011.37元。迁移西安的广勤纺织有股份有限公司，1937 年 11 月在原厂址江苏无锡被日军焚毁或劫掠直接损失达 6301985.74 元（1937 年时值）。迁移西安的苏纶纺织染厂在原址江苏苏州因被日军焚毁、劫掠的直接损失为 1937 年时值 2398276.72 元。1942 年 3 月，缅甸失陷，西安裕泰纱厂从滇缅公路运往西安的物资连人带车被日军劫走⑤。1944 年 5 月洛阳失守，

① 中国机器棉纺公司：经济部有关会员工厂抗战期间各项损失填报表，1947 年 12 月，中国第二历史档案馆馆藏档案，档案号 825－839。

② 中国机器棉纺公司：本会会员工厂填报抗战期间民营工业损失调查表，1947 年 12 月，中国第二历史档案馆馆藏档案，档案号 825－839。

③ 华县政府：华县民营事业财产损失，1946 年 10 月，台北“国史馆”藏国民政府赔偿委员会档案，档案号 304－1097。

④ 中国机器棉纺公司：本会会员工厂抗战时期民营工业损失调查表，中国第二历史档案馆馆藏档案，档案号 828－838。

⑤ 陕西省建设厅：经济部调查日方劫我物资，1947 年 5 月，陕西省档案馆馆藏民国档案，档案号（永久）72－3－983。

陕西渭南永兴合商号在陇海铁路洛阳东站物资被劫损失时值法币1167510元[①]。抗战期间，西北公路局在沦陷区被日军劫掠材料达340吨。1945年3月11日，河南南阳、淅川陷入敌手，陕西省公路局一辆汽车及随车工具在淅川县石门被日军劫掠，损失时值为192371元[②]。个人财物被劫不可胜数，有案可查者如，1941年3月，西北大学黄文弼在汉口被日军劫掠书籍7箱[③]。1942年，日军在汉口劫走国立西北大学西北科学考察团古物达1244件。西北农学院沈肇炳1940年在日军侵入越南时损失西文书籍9册。抗战期间，陕西省在沦陷区未及运回的公私文物被日军劫掠数达11208件另7箱，损失最低估值为法币370276元[④]。

羊毛为陕北19县的惟一输出特产品，且为陕西经济一大资源。陕北所产羊毛传统销路是先汇集于榆林、神木、定边、靖边等地，然后打包运往内蒙古包头销售。包头沦陷后，陕北的羊毛商人在包头存放的羊毛，大部分被日军以不及陕西当地之收购价强迫收买，且以伪蒙银行之伪钞支付。被日军强买羊毛之数惜未找到档案资料，但从日军掠买的价格与原产地价差中，如原产地榆林的一等品白羊毛战前每百斤在榆林收购价为70余元，而日军在包头掠买价为伪蒙钞48.75元，绒毛战前每百斤在榆林收价200—300元，而日军掠买价为伪蒙钞124.85元，可知陕北羊毛商人蒙受损失的巨大[⑤]。

沈阳沦陷后，东北大学先是被迫迁移到北平。1936年2月随东北军迁移到西安。东北大学在沈阳未及迁移之教学器具全落入日军之手，直接损失1070万银币。北平沦陷后，东北大学在北平之不动产和未迁移教具同样落入日军之手，直接损失银币82万元。由沦陷区迁移西安的国立北洋工学院、国立北平大学工学院、国立东北大学工学院在平津沦陷时仅图书、仪器的直接损失为1943年时值3532000美元。迁移来陕的私立焦作工学院在焦作沦陷时直接损失174万美元[⑥]。

---

① 渭南县政府：渭南等县财产损失报告表，1946年10月，台北“国史馆”藏国民政府赔偿委员会档案，档案号304－1100。

② 陕西省公路局：运输处财产损失，1946年10月，台北“国史馆”藏国民政府赔偿委员会档案，档案号304－1106。

③ 陕西省政府：陕西省东北区抗战期间公私文物损失数量及估价目录，1946年，中国第二历史档案馆馆藏档案，档案号5－11708。

④ 原档案注明此一估价为购买时价格。

⑤ 陕西省银行：《抗战期中陕西之经济》，1942年10月，陕西省档案馆馆藏民国档案，档案号（永久）C20－53－2。

⑥ 主计处统计局：抗战以来教育机关学校财产损失统计表及有关文书，1945年9月，中国第二历史档案馆馆藏档案，档案号5（2）－584。

（5）综合本次调研搜集、查阅的档案文献资料，对抗战时期陕西省直接财产损失做出的统计①

这次抗战时期陕西省人口伤亡和财产损失调研统计数据所依据的统计资料主要为抗战时期和抗战胜利后国民政府（包括陕甘宁边区）开展抗战损失调查所形成的档案资料。在充分发掘和梳理现存档案文献资料的基础上，以当时陕西省各级机构所做出的统计数字为依据，进一步进行定量分析统计，得出这次课题调研的统计数字。抗战时期陕西省居民财产直接损失情况是：直接损失总计达1945年8月法币时值98253032523元。

① 文中所列举的统计数据只是对这次调研中所查得的日军飞机轰炸造成损失数目的简单累加，且未进行价值折算，只能作为陕西省抗战时期直接财产损失的最低参考数据。

陕西省抗战时期居民财产直接损失统计表（法币）

项目 类别	土地 （亩）	房屋 （间）	禽畜 （头）	粮食 （斤）	服饰 （件）	树木 （株）	生产工具 （件）	生活用品 （件）	其他	合计
数量	830	27957	2095	22737150	3456	3578503	600	1250	——	——
单价 （元）										
总计 （元）	928836	3580450580	11383868	1872184325	2381651	178951680	5005572	1762049	92599972872	98253032523
备　注	1. 对部分损失物品数量参照有关价值进行了换算。其单价一栏因各地价值不统一无法列示。 2. 表中所列损失货币单位为 1945 年 8 月法币时值。									

抗战时期，日军飞机轰炸、炮击所造成陕西省各年度社会财产损失情况如下：

抗战时期陕西省社会财产直接损失分年度统计表

年份 \ 损失情况	社会财产直接损失情况（法币元）（折合1945年8月时值）
1937年	99200000元
1938年	13249878元
1939年	226914361元
1940年	2708321元
1941年	18838064元
1942年	2296300元
1943年	1209000元
1944年	400000元
1945年	1151200元

日军飞机轰炸和炮击共炸毁陕西省公私房屋43825间。损失价值以1939年最低时值折算达法币13147500元①。

日机轰炸、炮击造成陕西省抗战时期社会财产直接损失总值为1945年8月时值法币756868484806元。其中可区分类别的财产损失为：工业法币16683983元，农业法币1382450038元，林业法币97076676元，牧业法币47539847780元，公路法币8835983元，水运法币3944000元，其他交通事业损失法币46198908175元，邮政损失法币20000000元，财税损失法币501893100830元，文化法币129925524元，机关损失法币5014200元，人民团体损失法币16388320元，其他公用事业损失法币46155145872元，教育事业损失法币9801531706元，无法区分类损失103023501778元。

---

① 依据国民政府航空委员会防空监部编制的民国二十八年度《全国空袭检讨》之“二十八年度全国各地被炸毁房屋及物品损失价值估计表”，其中“重要城市每间房屋及物品损失以六千元计，普通城市以每间房屋物品以三千元计，乡镇以一千元计”。这次抗损统计中，陕西省的损失取中间值，以每间房屋及物品三千元折算1939年法币时值。

抗战时期陕西省社会财产直接损失分类别统计表

经济部门 \ 类别		直接损失（法币元）（折合1945年8月时值）
工业	工业	166193429
	矿业	—
	其他	640554
农业	农业	1382450038
	林业	97076676
	牧业	47539847780
	渔业	—
	其他	—
交通	铁路	—
	公路	8835893
	航空	—
	水运	3944000
	其他	46198908175
邮政	邮政	20000000
	电讯	—
	其他	—
商业	商业	426129871
	外贸	—
	其他	50000
财政	税收	—
	其他	501893100830
金融	银行	—
	钱庄	—
	其他	160
文化	图书	129657100
	文物	1000
	古迹	1550
	其他	265874

续表

经济部门 \ 类别		直接损失（法币元）（折合 1945 年 8 月时值）
教育	小学	7612828000
	中学	1884713554
	中专	104200000
	大学	211
	其他	199589941
公共事业	机关	5014200
	团体	16388320
	其他	46155145872
其他		103023501778
总计		756868484806

2. 陕西省抗日战争时期的间接财产损失

陕西省为抗战大后方。为减少日军轰炸和炮击的伤亡，政府和民众耗巨资修筑了数十万计的防空工事；黄河河防及陕、豫、鄂前线及秦岭、巴山地区诸县抽丁、出物，承担了十分艰巨的防御工事修筑任务。工矿、学校被迫迁移，商家歇业，出入境货物断绝、交通运输中断，民众被迫背井离乡疏散；政府对牺牲伤残军人给予抚恤，对流亡民众施以救济……民众节衣缩食尽其所能，以人力、物力支持抗战，都是战争消耗所引起的间接财产损失。调研中档案所见的因战争造成的抗战时期陕西省社会财产间接损失统计项目主要为：为防御日机轰炸而产生的疏散费、迁移费、防空费、救济费、抚恤费等支出；伤亡人员（难民）的医药费、埋葬费等；战争造成工商业营业额的减少及成本的增加等费用；军事征雇人口因徭役而减少的最后劳动收入费用；大量的服役、征雇人口造成的农业劳动减少而产生的农业产量损失等。军事征拨、国防工程徭役、防空建设、战争救济、劳军募捐、因服役和抽丁、迁移和疏散等战争因素所造成的产量降低，可获纯利润减少。这也是造成抗战时期陕西省社会财产间接损失的主要因素。

在这场事关中华民族生死存亡的反侵略战争中，陕西民众纷纷行动起来，加入抗日斗争。整个抗战期间，陕西以 937 万人口，3692 万余亩耕地，为支援抗战，仅 1937 年 7 月至 1940 年 6 月，陕西国民党统治区即征拨军粮高达 18041900斤①。1937 年至 1943 年间征用壮丁 868841 名，征用各项军事材料折

① 陕西省政府统计室：陕西省统计资料汇刊，1940 年 12 月，陕西省档案馆馆藏民国档案，档案号（永久）C4－31。

价 373586207 元，“一元献机捐”512 万元，公务员飞机捐 137364 元，劳军慰劳金 2279974 元，募集线袜 71032 双，棉背心 44 万件①。

1938 年 3 月至 1939 年底，陕甘宁边区动员自卫军整营出动，在寒冷的冬天参加河防工事的修筑，配合部队阻击日军进攻。河防部队在边区人民强有力的支持下，打退了日军对陕甘宁边区河防的 78 次大规模进攻。抗战期间，边区每个劳动力每年为公共事业平均负担 100—115 天，折合边币达 300—345 元。边区人民在自然灾害频繁的情形下，节衣缩食缴纳救国公粮达 983000 石，安置了 11500 余名伤病退伍军人，优待军烈属十万余人②。边区各级政府还救济安置了从沦陷区和国统区逃来的移难民 63850 户，266619 人③。

（1）造成陕西省抗日战争时间接财产损失的主要因素

1）为躲避日机轰炸和炮击，机关、工矿企业、学校和民众被迫迁移和疏散

陕西省东部各县毗邻地区相继沦陷以后，沿黄河西岸之陕西城镇村落和水陆码头完全暴露在了日军的火力之下。日军对沿河渡口、村镇的民宅、商铺实施了轰炸、炮击及扫射。沿河的潼关、平民、佳县、吴堡、府谷等县损失惨重。关中、陕南、陕北的大部分县城，陇海铁路和西宝、西兰、汉白、川陕等公路沿线的车站等重要设施也因日机轰炸遭受了巨大损失。

陕西的防空机构始成立于 1935 年 4 月。1937 年 11 月 27 日，西安防空司令部成立。1937 年 8 月 19 日，陕甘宁边区防空协会成立。1938 年 6 月 1 日，陕西省防空司令部成立。由于我方防空力量落后，没有足够的防空火力反击日机的狂轰滥炸，防空疏散成为了减少敌机轰炸伤亡和损失的最有效措施。疏散对象包括居民、机关、学校、商铺和工矿企业。自日机轰炸陕西开始，陕西防空管理机构即号召城镇居民向农村疏散。1938 年 5 月，陕西省成立了防空疏散委员会。该会向省府提出了“老幼妇孺及整个团体之难民，无留居西安之必要应早早迁移疏散”④，并增发疏散救济费的议案。建议把西安市居民特别是难民、流民，疏散到农村或移居邻近县城，请求省府拨付经费支持此项工作。为防敌

---

① 陕西省政府秘书处：《陕政》第四卷第十二期，陕西省抗战以来动员概况，1943 年 8 月，陕西省档案馆馆藏民国档案，档案号（永久）C3－2－11。

② 陕甘宁边区经济史编写组、陕西省档案馆合编：《抗日战争时期陕甘宁边区财政经济史料摘编》（第九编，人民生活），陕西人民出版社 1981 年版，见第 487 页边区人民各项负担统计表。

③ 陕甘宁边区经济史编写组、陕西省档案馆合编：《抗日战争时期陕甘宁边区财政经济史料摘编》（第九编，人民生活），陕西人民出版社 1981 年版，第 400 页。

④ 陕西省防空司令部：陕西省防空司令部关于防空疏散代电及省府所属机关办理疏散物资文件的文书，1938 年 5 月，陕西省档案馆馆藏民国档案，档案号（永久）1－4－65。

空袭造成学生伤亡，1938 年 11 月 26 日，陕西省教育厅要求“中学、师范迁往安全地后继续上学，小学必要时可以停办”①。

陕西省教育厅预算省立各校共需疏散费 159 万元，省政府给予了拨付。随后，陕西东部各县县立中学被疏散到了本县乡镇，如蒲城中学疏散到本县高阳镇。省立中等学校被疏散到了陕西西部之乾县、宝鸡、凤翔、眉县、陇县，同州师范疏散到凤翔县等。西安、咸阳的中学、中专学校也大部向陕南的汉中、安康和关中西部的周至、户县、眉县、宝鸡等地疏散。而陕西省立医专、省立商专等则远迁疏散到陕南之洋县、勉县。1937 年 9 月 10 日，教育部饬令迁移西安的国立北平大学、北平师范大学、天津北洋工学院和北平研究院等大学和研究所组成西安临时大学。日机轰炸西安后，西安临时大学（后改名西安联合大学）和西北农学院被迫疏散到了陕南之南郑、城固、勉县、洋县、西乡等处艰难办学。西安、咸阳、宝鸡、汉中的工厂、商铺、机关也被迫有计划地向不利日机轰炸的沿山安全地带疏散。1939 年 6 月底前，西安市内有 53 个机关疏散到了西安南郊杜曲、黄良、五权、樊南等村镇办公。1941 年 5 月 28 日，陕西省政府作出了市区中小学在一个月内疏散的决议，由政府出经费组织火车、汽车、皮轮车及人力牲口等运输工具。到 1941 年 5 月，西安被疏散到农村的人口占全市人口的三分之一。1944 年 5 月，日军围攻洛阳并轰炸陕西，为尽量设法保存人力、物力，陕西省政府召开会议，决议各厂商迅速疏散，西安、宝鸡、咸阳的众多工厂被迫再次疏散到甘肃境内。陕西工业视察所迁往地处秦岭山区的凤县。因屡遭敌机轰炸，大华纱厂、西京修造厂将一部分机器迁往四川广元。省公营事业处、农业改造所被迫迁往宝鸡办公②。西北大学，西北农学院则勘察新址，作了向四川的江油、广元疏散的准备。洛南等县的各级机关也被迫迁址办公③。

2）耗费巨量人力、物力、财力修筑防空设施、防御工事和军事交通工程

全国抗战爆发前，陕西全省只有陕西省防空司令部在西安市修筑的 4 处公共防空地下室，每处可容纳 160 人。军事机关、工厂、商户修筑有少量防空地道。全国抗战爆发后，1937 年 8 月，陕西省政府致电西京筹备委员会：“时局

---

① 陕西省防空司令部：陕西省防空司令部关于防空疏散代电及省府所属机关办理疏散物资文件的文书，1938 年 11 月，陕西省档案馆馆藏民国档案，档案号（永久）1－4－65。

② 长安大华纱厂：长安大华纱厂财产损失填报表，1944 年 5 月，台北“国史馆”藏国民政府赔偿委员会档案，档案号 304－1075。

③ 洛南县政府：洛南县农会财产损失，1946 年 10 月，台北“国史馆”藏国民政府赔偿委员会档案，档案号 304－1064。

紧张，敌机猖狂，西京为我国防重地，一切防空设施急不容缓。”① 要求加紧防空设施的修筑工作。随着日军飞机对咸阳、宝鸡、渭南、汉中、安康、榆林、延安的轰炸的日益剧烈和战区难民的大量涌入，迫使全省开始修筑防空避难室、防空壕、城墙里的防空洞等大量的防空设施。这些防空设施的经费来源，一为中央拨款，二为地方财政拨款，三由商户、民众摊派或募捐解决。陕西民众为此付出了大量的人力、物力和财力。陕西省警察局督促市民自凿防空壕，督促商户自筑土洞防敌空袭，规定“所需经费客主分担，并饬即日在可能范围内，自筑土洞，以免危险”②。截至 1941 年，陕西省内主要城市西安、宝鸡、汉中、咸阳、安康、铜川等市相继修建了 175445 平方米，共计可容纳 350890 余人的防空工事。陕甘宁边区则依托地利优势，挖掘空洞和坑道防空工事。迁移宝鸡的十里铺申新纱厂多次被炸，被迫在宝鸡长乐塬脚下挖了总长达 1793. 77 米的 24 孔窑洞，安装了 2 万锭粗纱机和细纱机 1. 2 万锭，成为抗战时期著名的“窑洞工厂”③。

九一八事变后，国民政府为长期抗战计，开始抽调工兵和沿线民众，修筑河南洛阳龙门经陕西潼关至韩城禹门口一带的黄河防御工事工程④。全国抗战爆发之后，随着山西的沦陷，国民政府和陕甘宁边区政府组织沿河民众在陕西境内沿黄河、洛河一线修筑了绵延数千里、纵横层叠的防御工事。为修筑沿河防御工事，大量良田被占用，树木被砍伐，甚或古建筑也时被拆除用作修筑工事的材料。

1936 年底，陕西省境内仅仅有 18 条，总长约 2885. 7 公里的低等级公路⑤，跨省公路只有西兰、川陕公路通车。全国抗战爆发后，陕西作为连接西北、西南地区和沟通各个战区的纽带，军事输运的任务十分繁重。为适应军事、经济、政治急需，陕西形成了在抗战时期改善提高原有公路等级，打通西北国际交通线和连接甘肃、陕北榆林、陕南、河南、四川道路的公路建设高潮。这一时期，在对原有公路提高等级的同时，陕西新修筑 29 条，总通车里程达1968. 46公里

---

① 陕西省防空司令部关于防空疏散代电及省府所属机关办理疏散物资文件的文书，1937 年 8 月，陕西省档案馆馆藏民国档案，档案号（永久）1 – 4 – 65。

② 陕西省图书馆文献部藏：《西京日报》民国二十六年十一月廿四日，第二版。

③ 陕西省人民防空办公室编：《陕西省志 · 防空志》，2000 年印行，第 83、97 页。

④《祝绍周先生访问记录》（校阅：李云汉；访问者：胡春惠、林泉；记录：林泉）（台北）近代中国出版社 1993 年版，第 18 页。

⑤ 陕西省交通志编委会编：《陕西公路史》，人民交通出版社 1988 年版，第 1 – 5 页。

的公路①。这些公路大都是由沿线各行政督察区征调所辖区的民工分段义务完成的。仅1939年12月至1941年11月间，征用的筑路民工就达731580名②。日军占领风陵渡炮击潼关时，西潼公路与河南接壤地段完全暴露在日军炮火之下，陕西省奉命调陕东一带民工，修成了全长29.76公里，蜿蜒于秦豫交界处崇山峻岭中的潼关东段店至河南内乡县阌底镇的东阌交通沟。1944年4月，日军集中10万余兵力向豫西进犯。为阻断国民党军的补给线，日军飞机加紧了对跨越秦岭，通往豫西前线的惟一通道长（安）（西）坪公路设施的轰炸。长坪公路沿线各县抽调民工组成抢修队，及时抢修被炸桥梁和塌方路段，保证了长坪公路的畅通无阻。

抗战爆发后，海、陆交通渐次被日军所封锁，各个战区的军需民用物资运输受到严重影响。1938年10月，国民政府开办了以民间运输工具为主要运力的驿运运输。1940年7月，滇缅公路遭日军封锁后，汽车和汽车配件难以进口，本来就为数不多的汽车也不能正常开行，战时驿运的作用更为凸显。同年10月，陕西省驿运管理处成立，到1941年底，陕西省内2条驿运主线、3条干线的军需物资运输量就达53836207吨，占全国驿运总量的38.9%③。驿运以人力为主，配以少量畜力车。抗战期间，陕西参加驿运的车户和脚夫以简陋的运输工具，输运军需民用物达100余万吨，在铁路和汽车难以适应运输需要的时期，发挥了不可替代的作用。

全国抗战爆发后，为适应战时需要，陕西省政府组织对西安西关机场进行了整修和扩建。另在汉中、宝鸡、安康新建了简易军用机场。陕甘宁边区也在延安修建了军用机场。为修建机场，大量农田被占用。而修建机场的土石方工程则由征调民工完成。如1938年5月，征调安康10县万余民工修建安康五里机场。1939年4月，为修建汉中西关机场，占用耕地6222亩，征用了区内9县6万余民工。1944年扩建安康五里机场时，抽调了安康10个县5万余民工④。

抗战期间，仅从1937年10月至1943年6月，陕西征用军用民工达931596名⑤。

---

① 陕西省交通志编委会编：《陕西公路史》，人民交通出版社1988年版，第1—5页。

② 陕西省政府：《陕政》第4卷第12期，“抗战时期的动员工作”，陕西省档案馆馆藏民国档案，档案号（永久）C4－30。

③ 陕西省政府：《陕政》第4卷第12期，一年来的陕西驿运，1941年12月出版，陕西省档案馆馆藏民国档案，档案号（永久）C3－2－30。

④ 陕西省志军事志编纂委员会编：《陕西省志·军事志》，陕西人民出版社2000年版，第101页。

⑤ 陕西省政府统计室：《陕西省抗战以来概况》，1945年，陕西省档案馆馆藏民国档案，档案号（永久）C3－2－11。

这一时期的各军事单位的车辆、骡马及背夫民夫和军粮的征用亦甚巨。总计征用胶轮车 806 辆，铁轮车 10998 轮，骡马 15674 匹，手推车 386 辆，民夫 10110 名①，军粮 902095 大包（每包 200 斤）②。

3）安置战区难民、流民，给陕西社会带来了沉重负担

1935 年夏，张学良率东北军入陕。随之而来的还有东北的公教人员、军中眷属及东北大学师生等，人数约为 3 万余人。全国抗战爆发后，流动到陕西的人口更达高峰。如至 1937 年 9 月底，河北保定、固安等战区逃到西安的难民达 466 人③。抗战时期，迁移和逃难至陕西的人口大致可分为五类：一是随工厂、学校、商业、沦陷区政府机关迁移陕西的人口。如陇海铁路局将沦陷区铁路员工及亲属送至陕西南郑县黎坪垦区安置。山西省政府机构和山西大学等学校迁移到陕西宜川县柳林镇，同蒲铁路员工有计划迁移到了陕西东部韩城一带。二是国民政府有计划地由各级赈济机构输入陕西的难民、难童。当时国民政府在西安、宝鸡、汉中等地设有多所难童救济院和难民接待站。三是因战争和自然灾害流亡到陕西的战区民众。这部分入陕者为盲目逃难人群，多为从陇海铁路“爬火车”而来，人数在 300 万以上，又大都无依无靠，是为战时陕西省人口中最为特殊的“流民”群体④。四是为求学来陕或准备转赴陕甘宁边区而入陕的学生和公教人员等知识分子人群。五是在陕驻防的军事人口。

抗战期间，迁入陕西的难民、流民人口最少在 300 万以上。以西安城区为例，1934 年西安城区人口为 124645 人，1936 年为 189800 人，1937 年为 208885 人，1944 年则为 4000394 人。沦陷区及接近沦陷区人民逃亡来西安是西安人口陡增的主要因素⑤。另以宝鸡县为例，1945 年 8 月统计，宝鸡县客籍人口为 11145 户，41108 人，暂居宝鸡县者为 3589 户，12144 人。寄籍人口最多的新市镇（今宝鸡市区）客籍人口为 4712 户，17841 人。而宝鸡县 1945 年的人口总数为 205800 人，客寄籍人口为 53252 人，占人口总数的25. 39 %。抗战胜利后，

---

① 陕西省政府统计室：抗战以来的陕西省之战时征用，1945 年，陕西省档案馆馆藏民国档案，档案号（永久）C4－32。

② 陕西省政府统计室：抗战以来的陕西省之战时征用，1945 年，陕西省档案馆馆藏民国档案，档案号（永久）C4－31。

③ 陕西省图书馆文献部藏：《西京日报》民国二十六年十月七日，第三版。

④ 池子华认为，流民为因受灾而四处转徙且无依无靠的农民。抗战时期入陕流动人口的特征与这一“流民”特性十分契合。参见池子华著：《中国流民史 近代卷》，安徽人民出版社 2001 年版。

⑤ 陈元方主编：《人口问题论文集》，陕西省地方志编纂委员会 1988 年内部印行，第 76 页（数据引自陕西档案馆藏《十年来之陕西经济》、《统计月报》1934 年第 26 号，民国西安市政府向陕西省民政厅的月报〈西安市档案馆民类第 17 号档〉）。

工矿、学校、商业大都“复员”原地。而居陕之逾300万的难民因“无依无靠，得依靠政府协助方可返回原籍”。国民政府行政院在西安设立了难民疏送站，遣返战时入陕难民。惜因内战爆发，西安站仅输送了11779人，而居留陕西的流民，“晋绥籍难民在西安地约五千人；冀籍难民约十万，西安一地约四万人；河南籍留陕难民二百余万”①。“西安有极穷难民五十万人。”② 300万以上的战区难民的潮水般涌入，给陕西造成了巨大的人口压力和社会负担，仅救济难民，陕西各级政府和民间支出达法币数百亿元。

（2）陕甘宁边区抗日战争时期的间接财产损失

陕甘宁边区在陕西境内的辖区有延安市和延安县（今延安市宝塔区）、延长、延川、甘泉（甘洛）、鄜（富）县、固临（红宜）、安塞、保安（今志丹）、安定（今子长）、子洲（西川、绥西）、绥德、米脂、葭县（今佳县）、吴旗、吴堡、清涧、神府、定边、靖边（靖横）、淳耀、河防、赤水、赤安、同宜耀县等县和南泥湾垦区③。现分属陕西延安市、榆林市和咸阳市。由于历史原因，相对于陕西国民党统治区来说，陕甘宁边区抗战损失的档案资料比较缺乏。我们只能根据现有资料对陕甘宁边区的抗战损失情况进行归纳和分析④。

抗战期间，战争环境下的边区社会始终都以战时体制在高度运转。为抗击日军对边区的全面进攻，边区政府组织民众构筑了千里河防工事、千里国防交通线和数以万计的军事工事⑤。边区作为八路军抗战的出发点和敌后抗日根据地的总后方，边区人民为支援前线和巩固后方出力出粮、出钱，付出了牺牲，作出了贡献。延安和陕甘宁边区的人民对全国人民是有伟大贡献的⑥。

1）边区民众缴纳救国公粮负担

边区陕西境内南部沟壑纵横，水土流失严重。北部为风沙滩地，沙海子星罗棋布。土地平瘠，农业生产粗放经营，靠天吃饭，区内粮食生产水平极低，

---

① 善后救济总署：河南参议员致函救济署，1946年1月，中国第二历史档案馆馆藏档案，档案号 二一，1952。

② 善后救济总署：李降宁报告第一、二号，1946年3月，中国第二历史档案馆馆藏档案，档案号 二一，2105。

③ 陕甘宁边区所辖县，大部分和现行行政区划对应，但也有一些县是边区从原县置中析出的，如固临、河防、绥西（子洲地域）、淳耀、赤水、赤安、同宜耀等，以后均回归原建置。

④ 完成对现属陕西省行政辖区的抗战时期陕甘宁边区人口伤亡和财产损失的调研，是陕西省抗战时期人口伤亡和财产损失课题任务的重要内容。由于相关档案文献的缺失、零散，以及对损失项目的无法区分等，我们只能从所掌握史料的分析研究中，推知抗战时期陕甘宁边区人口伤亡和财产损失的大致情况。

⑤ 陕甘宁边区财政经济史编写组、陕西省档案馆合编：《抗日战争时期陕甘宁边区财政经济史料摘编》（第九编，人民生活），陕西人民出版社1980年版，第438页。

⑥ 雷云峰等编著：《陕甘宁边区史》，西安地图出版社1993年版，见第337页“毛泽东复电延安和和陕甘宁边区人民”。

正常年景也只能维持低水平的基本自给。“劳动英雄吴满有的地，每垧（三亩）亦仅收六斗，平均每亩可收小米一斗至一斗二升”①。而人口只有13271人，耕地面积达180000亩的佳县，就是正常年份每年粮食（以杂粮为主）需求的缺额也达700石之谱②。

1937年9月，陕甘宁边区政府成立后随着政权体系的逐步完善，边区脱离生产的党政军人员逐步增加，加之奔赴边区学习工作的人员和初到边区必须立即施赈的难民人口，特别是1940年以后，国民党政府调动20余万军队对陕甘宁边区实行军事包围和经济封锁，使得边区粮食供需的矛盾日渐尖锐。以1941年为例，当年，边区统计人口为136万，党、政、军脱产人口达7万余人，脱产人口占边区总人口的比例达5.37%。抗战时期，边区的军事人口的流动亦更为频繁，常年保持在3至6万人之间③。为了保障粮食供给，边区政府采取了一系列政策办法筹集粮源。初期以在区内外采购为主，1937年11月后以征收救国公粮为主。救国公粮带有土地所得税和农业所得税性质，成为保障供给的一项主要粮源。抗战期间，陕北风、雹、霜灾害频仍，作物产量大受影响，边区80%以上的农民都承担了缴纳救国公粮的任务，救国公粮成为抗战时期边区农民最大的一项抗战物力负担。这也是抗战时期边区间接财产损失的主要方面。如1941年公粮任务20万石，公草2600万斤，公粮入库超过1617石，农户负担面扩大到86.1%。延安、富县、甘泉等直属县负担人数占总人口的85%—96%④。1937年到1945年，延川县缴纳救国公粮90364.08石（28309224斤，每石300斤）⑤；地瘠民穷的吴堡县1941—1945年缴纳爱国公粮5311石。全边区征收救国公粮1938年收1.7万石，1939年收5.2万石，1940年收9.7万石。抗战最困难的1941年征收量达20万石，同时又发行了500万元边币的救国公债。1942年至1945年5月，共征收救国公粮63.5万石。为缴纳救国公粮，边区人民积极发展生产，倾其所有，保证了军队粮食的需求⑥。边区政府把优抚

① 陕甘宁边区财政经济史编写组、陕西省档案馆合编：《抗日战争时期陕甘宁边区财政经济史料摘编》（第八编，生产自给），陕西人民出版社1980年版，第1页。

② 佳县政府：陕西省佳县人口调节有关资料调查表，1945年9月，陕西省档案馆馆藏民国档案，档案号（永久）9-4-830。

③ 宋金寿、李忠全：《陕甘宁边区政权建设史》，陕西人民出版社1990年版，第278—279页。

④ 黄正林：《陕甘宁边区经济史》，人民出版社2006年版，第38页。

⑤ 陕甘宁边区财政经济史编写组、陕西省档案馆合编：《抗日战争时期陕甘宁边区财政经济史料摘编》（第八编，生产自给），陕西人民出版社1980年版，第434页。

⑥ 陕甘宁边区财政经济史编写组、陕西省档案馆合编：《抗日战争时期陕甘宁边区财政经济史料摘编》（第六编，财政），陕西人民出版社1980年版，第152页，见历年征收公粮的政策及执行情况。

工作作为加强边区军事建设的重要方面，先后建立了从边区政府到县（市）、区、乡及村的优抚工作机构，制定和颁发了一系列优抚法规并在实践中不断加以丰富和完善。从1943年春开展的拥军优属和拥政爱民活动，推动了边区优抚工作的深入开展。优抚工作的开展需消耗边区政府和人民的财富，这也是造成抗战中间接损失的一个重要因素。

2）抚恤和优待支出

抚恤费是对直接参战的抗日军、工人员所开支的补偿费。边区政府制定的抗日军、工人员的抚恤标准是：因战因公病故，从1938年起到给其家属一次性发放抚恤金20元。对因战受伤残废及因公积劳残废，抗战初期暂定为4等，一等残废每年发30元，二等年发20元，三等年发12元，四等（指伤后须一年方可恢复原状者），一次性发抚恤金10元，以后这一抚恤金标准有所调整。据不完全统计，1939年到1941年间，边区共抚恤牺牲将士168名，共发恤金3900元。到1939年，边区登记在册的残废军人为3590名，其中一等残废171名，二等1132名，三等2052名，四等235名，共计发恤金51949元。以后，随着抗战的持续，享受边区抚恤的抗战军、工人数逐年有所增加。

边区政府对于因日机轰炸和炮击罹难和受伤的民众进行了救济。现有档案资料显示，边区政府对死难者每人给付安葬费折合1945年12月法币10万元，伤者每人给付医疗费折合1945年12月法币4万元。根据边区政府1945年12月的调查数据，延安市被炸死214人，用安葬费2140万元；炸伤184人，用医疗费736万元①；日机轰炸延长县，炸死15人，安葬费折1946年3月时值法币120万元，炸伤18人，所用医疗费折1946年3月时值法币54万元②。而依胡宗南部延安县长袁德新1947年10月所作的调查，仅被炸伤的767人的医疗费一项即达时值法币970万元③。1940年6月20日至27日，日机4次轰炸和炮击佳县城和沿河木头、屈家峪、慕家坬，炸死3人，给付安葬费折1940年6月时值法币90元；炸伤5人，给付医疗费折合1940年6月时值法币100元④。

---

① 延安县政府：抗战中敌机轰炸延安损失的统计表，1945年12月，陕西省档案馆馆藏民国档案，档案号（永久）4-2-175。

② 延长县政府：抗战中敌机轰炸延长县损失的统计表，1945年12月，陕西省档案馆馆藏民国档案，档案号（永久）4-2-175。

③ 延安县政府（国民党）：陕西延安县人口伤亡调查表，1947年10月，陕西省档案馆馆藏民国档案，档案号（永久）1-6-34。

④ 佳县政府：佳县敌机空袭被炸振恤工作报告书，1946年10月，陕西省档案馆馆藏民国档案，档案号（永久）113-100-272（2）。

3）拥军和优待抗属支出

边区民众为了抗战的最后胜利，自觉把拥军抗战当作自己应尽的责任和义务，积极出钱出力拥军优抗，有力地支持了前方将士的抗战。作为八路军抗战的出发点，作为狙击日军西进的屏障，边区在河防前线布设重兵，在各战略要地驻兵把守，这使得军事人口占边区人口总数的比例常年处于较高水平，与军事人口相关的军人家庭的比例也随之增加。边区政府历来非常重视对军属的社会保障工作，但由于经济落后，财力十分有限，保障水平也较低。为此，边区政府动员民众开展优抗工作，使对军属的保障水平得到了提高。代耕是边区民众优抗的一项最普遍的负担和最为出色的民间社会保障工作，这也构成了边区抗战期间接财产损失的一个独具特色的方面。全边区代耕户占抗工属总户数的54.4%，代耕面积7.8万亩，受益户户均19.8亩。以边区陕西境内延安等12县为例，抗工属（抗日工作人员家属）占总户数的11%。全区抗属18390户，每户平均5人，则有91950人，每人平均按5垧地计，需代耕459750垧，以劳动力27人负担，每人代耕1垧半，每垧须用10天工。边区的抗属家庭一般都耕有土地，但基本是比较贫苦的农民，有的不仅耕具种子不足，甚至没有耕具。为使他们的土地不会荒芜而减少生产，政府颁布了义务耕田队的组织条例，明文规定边区农民均须加入，无报酬地耕种抗属土地。关中分区有抗工属1846户，人口6001人，土地29393亩。固临代耕了39963亩，神府代耕面积10028亩。而安定县南区4365亩代耕地，只有425个农户代耕，每人年均至少完成一个月的义务工。延川、清涧两县有抗属土地12万亩，常年有17258名农民为无偿代耕。抗属最多的延安县，占总户数43%，清涧14.5%，固临、吴堡、新正约13%，享受代耕户占抗属全户的36%。

劳军拥军支出是边区民众为抗战作出的重要贡献之一。抗战期间，边区民众积极慰劳抗日前线将士，当时边区《新中华报》对此有过大量报道。如1939年11月，延安市商民捐款690元为八路将士制寒衣，神木县劳军捐款64100元。宜川县慰劳中原将士款2万元，等等。1942年起开展的双拥运动更是把边区人民支持前线将士的运动推向了高潮。1943年延安县金盆区1821户群众给军队调剂川地1710亩；1941年和1942年全区民众为前方将士捐毛袜和手套16万双；1943年关中分区劳军献金45964元，羊56只，猪肉79斤，鸡405只，鸡蛋9435个，菜9670斤，鞋355双，总价值在90万元以上①；1943年延安劳军

① 陕甘宁边区财政经济史编写组、陕西省档案馆合编：《抗日战争时期陕甘宁边区财政经济史料摘编》（第九编，人民生活），陕西人民出版社1980年版，第515—524页。

总值为86751万元①；1943年，富县全县群众劳军，送菜3万斤，送柴22万斤，献金280000元；甘泉民众三天做鞋1000双劳军②。西北局全体工作人员捐肉1500斤送给抗日战士；边区高等法院捐肉300斤，捐款17000元、购菜5000斤劳军；边区服役的犯人也捐了法币5万元劳军。

4）支援抗战前线的财力物力损失

为打破日军进攻陕甘宁边区的企图，陕甘宁边区民众倾力以人力、物力、财力支援前线抗战。以位于河防前线的吴堡、佳县、绥德、清涧为例，4个县为构筑河防工事征用木料238000件，拆毁桥梁42座；因日军进攻，这4个县无法耕种的土地造成谷物减产25000石；工商业无法正常运转所造成的间接损失达30余万元；9所学校被迫停办。

日军加紧对陕甘宁边区河防的进攻后，为防止被日军渡河进犯的所利用，八路军河防部队被迫拆毁了工程颇为艰巨的公路77公里（宋家川至绥德）。因该路段处于黄河岸边险峻地带，修筑的工程量极大，到1946年4月，这段公路仍未能恢复③。

帮助河防部队运送病员、粮食和军需弹药粮秣是边区民众支援河防抗战的主要任务。这一任务主要由组织起来的边区自卫军和少先队担负。1937年11月，日军进攻晋南，战区部队运输任务繁重，边区组织了陕西境内沿黄各县的民夫和10300头牲口到山西前线担负运输任务。到1938年，担任这一任务的自卫军人数为224325人，少先队员28089人。1938年春，日军进攻延长、延川河防，两个县动员了4000名自卫队员和1000多头牲口，开赴前线，还渡过黄河扰乱和钳制日军，抢运回战利品64万余斤，并用担架抬回了全部伤员。边区政府曾就1941年人力、畜力、物力动员情况进行过统计，1941年，仅延安、延长、志丹、固临4个县共有劳力25000名，全年担负担架运输236000天，平均每个劳动力为9.44天；赶牲口车驮运703000天，平均每个劳动力全年担负27.72天。4个县共有驮畜1.8万余头，全年担负511000天，年均每头出战勤运输28.4天。1943年，延长县动员3409名民众修河防工事，吴堡县有1148人修筑河防工事，关中分区修工事民众700余人。而绥

---

① 陕甘宁边区财政经济史编写组、陕西省档案馆合编：《抗日战争时期陕甘宁边区财政经济史料摘编》（第九编，人民生活），陕西人民出版社1980年版，第515—524页。

② 陕甘宁边区财政经济史编写组、陕西省档案馆合编：《抗日战争时期陕甘宁边区财政经济史料摘编》（第九编，人民生活），陕西人民出版社1980年版，第515—524页。

③ 陕甘宁边区政府：抗战中黄河沿岸吴堡、佳县、绥德、清涧遭敌轰炸进攻损失统计表（一）（2），陕西省档案馆馆藏陕甘宁边区档案，档案号（永久）4－2175。

德分区绥德、清涧、吴堡、佳县、米脂1941年至1944年6月动员民众32939人，修建沿黄工事，支援河防战事，出担架60372个，畜力31911头①。1943年，边区民众动员77418人次，畜力214645头，为部队运送军需粮秣和伤病员。1945年，边区陕西境内各县的动员情况是，动员人力36527人，324430个工；动员畜力38072头，74108个工（一个工相当于一人一日的劳动）②。

（3）抗战胜利后陕西省政府对本省抗战时期间接财产损失的统计

对于陕西省抗战时期的间接财产损失，抗战胜利之后，陕西省政府对陕西国民党统治区的抗战损失按规定给国民政府行政院有过6次报告。国民政府行政院主计处统计局对陕西省所上报的自1937年11月至1942年12月的间接财产损失的统计结果是：陕西省政府及所属机关及西京筹委会上报各机关公务人员人口伤亡人数为1654人，由此而造成的财产间接损失为144077.4元。1937年7月至1942年12月，陕西省（含西京市）的间接财产损失共计159525269.05元，其中各级机关间接损失7044.4元，学校间接损失160002.73元。陕西省政府及所属机关迁移费、防空设备费、疏散费、救济费、抚恤费的支出共计17532元。1937年7月至1943年12月，陕西电讯业的间接损失为84117元，邮政间接损失为538481元。而农业、工业、矿业等方面的间接损失未见统计数据③。现存档案资料中其他损失有：上海商业储蓄银行西安分行财产间接损失共计794974.99元（其中战区及临近战区各行因撤退而支出费用218724.39元，战时救济费524158元，建筑防空设备费用52092.60元）；上海商业储蓄银行宝鸡办事处间接损失共计135698.81元；建国银行西安分行建筑防空设备费用60000元；汇丰资本银行西安分行建筑防空设备费用90000元④。中央银行西安分行抗战期间的间接损失为107083942.65元⑤。1943年7月至1944年后，陇海铁路（主要为潼关——西安——宝鸡段）因敌机轰炸和炮击造成的可获纯利润

---

① 陕甘宁边区财政经济史编写组、陕西省档案馆合编：《抗日战争时期陕甘宁边区财政经济史料摘编》（第九编，人民生活），陕西人民出版社1980年版，见第490页，边区各县历年来各项动员统计表。

② 陕甘宁边区财政经济史编写组、陕西省档案馆合编：《抗日战争时期陕甘宁边区财政经济史料摘编》（第九编，人民生活），陕西人民出版社1980年版，第497页。

③ 主计处统计局：主计处统计局抗战损失统计，1945年，中国第二历史档案馆馆藏档案，档案号六（2）553。

④ 主计处统计局：银钱业战时损失调查统计表，铁路财产间接损失，敌人罪行填报表，1945年，中国第二历史档案馆馆藏档案，档案号六－2742。

⑤ 中国银行西安分行：中央银行西安分行抗战时期各项损失总表，1945年，中国第二历史档案馆馆藏档案，档案号396－9518。

减少为59547014元[①]。西北公路局被日军劫取物资达320吨[②]，1945年12月，陕西省田赋粮食管理处对该处（未合并前）1944年度抗战期间所有损失向重庆粮食部报告：防空设备费60700元，紧急应变时粮食粮库券及粮棉票卷宗等疏散费用381600.05元，共计442300.05元[③]。工业、矿业等项间接财产损失目前只看到个别单位的零星报告：雍兴公司蔡家坡酒精厂1945年11月30填报的战时间接损失共计17791486元（可能生产额减少88119.5加仑，可获纯利额减少11125430元，拆迁费2489113元，防空费3420000元，疏散费756925元）[④]。苏纶纺织厂财产间接损失60481073443元[⑤]，广勤纺织公司战时间接损失5723万元[⑥]，陕西咸阳纺织工厂1944年春因豫西吃紧奉令疏散物资，用于迁建与疏散运费达时值42285764元[⑦]。战时奉令迁移到陕西办学的高校的间接损失有如下报告：1938年春因日机对位于西安机场旁的东北大学频繁空袭，东北大学不得已迁往四川办学，校舍和迁移费损失共计银币57万元（迁移费银币7万元）。国立西北工学院中英文图书在由平津各地西迁中损失价值美金332000元，仪器损失美金320万元。私立焦作工学院战后回迁所需购置房屋、图书仪器、家具修理等各项费用美金179万元[⑧]。而西北工学院、西北大学、西北医学院等校仅战后从汉中迁回西安的费用就高达时值法币十多亿元[⑨]。

这次调研中，我们在对战时和战后各级所上报的社会财产间接损失数据进行统计分析后看到，由于时处战争状态，各级所上报的战时间接损失多为事后

---

① 主计处统计局：银钱业战时损失调查统计表，铁路财产间接损失，敌人罪行填报表，1945年，中国第二历史档案馆馆藏档案，档案号六－2742。

② 主计处统计局：银钱业战时损失调查统计表，铁路财产间接损失，敌人罪行填报表，1945年，中国第二历史档案馆馆藏档案，档案号六－2742。

③ 陕西省田赋管理处：陕西田赋粮食管理处损失报告表，1945年1月，中国第二历史档案馆馆藏档案，档案号8－3－1383。

④ 雍兴公司：雍兴公司财产间接损失报告表，1945年11月，中国第二历史档案馆馆藏档案，档案号825－835。

⑤ 中国机器棉纺公司：纺织工业同业工会战时损失填报表，1945年11月，中国第二历史档案馆馆藏档案，档案号825－839。

⑥ 中国机器棉纺公司：纺织工业同业工会战时损失填报表，1945年11月，中国第二历史档案馆馆藏档案，档案号825－839。

⑦ 中国机器棉纺公司：纺织工业同业工会战时损失填报表，1945年11月，中国第二历史档案馆馆藏档案，档案号825－839。

⑧ 主计处统计局：抗战以来学府机关、学校财产损失统计表及有关文书，中国第二历史档案馆馆藏档案，档案号5－2－584。

⑨ 1946年医学院等校建校预算，1946年12月，陕西省档案馆馆藏民国档案，档案号（永久）67－5－191、1。

追记，损失价值也多为估算，加以当时在市面上流通的货币有银圆、法币等不同币种，且各地（甚至同一县的不同村镇）物价差异十分复杂，我们所得出的抗战时期陕西省社会财产损失的数据在科学性和准确性上与战时间接损失的真实情况是有相当差距的，所得的间接损失的统计结果也只能作为研究抗战时期陕西省社会财产间接损失的一组参考数据。这次调研所得间接损失为（按照国民政府行政院的相关要求，当时陕西各级上报的社会财产间接损失均以 1937 年时值为基准再折算为 1945 年 8 月的法币时值，以 1945 年 8 月法币时值为统计时值①）：抗战时期陕西省社会财产间接损失为 1945 年 8 月时值法币 324822137203元。其中工矿业间接损失法币 81468788 元，农业间接损失法币 6781453080元，公路间接损失法币 27426222 元，航空损失法币5220546497元，水运（航运）间接损失法币 1958795 元。其他交通方面间接损失 6586147 元，邮政业间接损失时值法币 20710 元，商业间接损失法币1444091437元，金融业间接损失 1545511700 元，文化事业损失时值1952元，教育行业间接损失（不含大学）法币 205017983 元，公共事业间接损失法币 26281620032 元。其他无法区分类别的间接损失为法币279914654282元。

（六）结论②

日本侵华战争造成了陕西省重大的人口伤亡和财产损失。全国抗战期间，从 1937 年 11 月 7 日至 1945 年 7 月 15 日，日军飞机轰炸和炮击，共计炸死陕西平民 9047 人，炸伤 7015 人，炸毁房屋 43825 间。公私房屋损失价值以 1939 年最低时值折算达法币 13147500 元③。居民财产直接损失总计达 1945 年 8 月币时值 98253032523 元。社会财产直接损失总值为 1945 年 8 月法币时值 756868484806 元。社会财产间接损失为 1945 年 8 月时值法币

① 主计处统计局抗战损失统计，1945 年 11 月，中国第二历史档案馆馆藏档案，档案号 六－2－553。

② 本文所说的“结论”只是对这次抗战时期陕西省人口伤亡和财产损失调研成果的总结，而非抗战时期日军侵略所造成的陕西省人口伤亡和财产损失的“结论”。

③ 依据国民政府航空委员会防空监部编制的民国二十八年度《全国空袭检讨》之“二十八年度全国各地被炸毁房屋及物品损失价值估计表”，“重要城市每间房屋及物品损失以六千元计，普通城市以每间房屋物品以三千元计，乡镇以一千元计”。这次抗损统计中陕西省的损失取中间值，以每间房屋及物品按 3000 元折算 1939 年法币时值。

324822137203 元①。同时需要说明的是，由于年代久远、搜集资料困难等客观原因，我们在调研中得出的以上人口伤亡和财产损失基本数据，还是限于目前资料和研究水平的尚不完整的数据，并不是最终结果。今后，我们将继续推进本课题调研工作，以期在掌握更多资料和取得研究新成果的基础上对有关数据再做出修订和补充。

对战争引起的直接损失尚可作出一个相对的定量描述，而对因战争所造成的间接损失要作出相对客观的定量描述却是极其困难的，战争所造成的长期的、潜在的隐形损失更是无法估量。

1. 日本侵华战争对陕西社会生态的严重破坏

（1）战争对陕西生态环境的严重破坏

八年抗战对陕西生态环境的破坏主要表现为：一是日军轰炸、炮击等军事行动直接破坏了生态环境。日军的轰炸和炮击范围遍及陕西 55 个县市，房屋被炸毁 43825 余间，日军轰炸和炮击过后，到处断垣残壁，满目疮痍，交通中断，商铺歇业，往日繁荣的集市一派死气沉沉的景象。以日军炮击下的河防诸县为例，千年古城潼关为日军炮击所毁，被迫迁移建城。平民县大庆关，朝邑县城、韩城县城及府谷县哈喇镇、佳县县城、神木、宜川、延长、延川等沿黄城镇亦到处弹坑累累，一片破败。沿黄河岸的树木林地在敌炮轰下也成一片狼藉，沿

① 在对日抗战进行中，各地方政府奉命查报抗战所受各损失。据国民政府统计局所编《抗战中人口与财产所受损失统计》显示统计数字中仅有的直接损失也有诸多遗漏。而对间接损失，则多不知如何查报。据台北“国史馆”藏国民政府赔偿委员会档案“查报损失办法规则案，行政院赔偿委员会三十五、八、十二调京字第〇一八九号呈”记载：陕西省历年查报抗战损失资料，经验查结果，省属各机关仅省会警察局及省建设厅查报略为详尽，教育厅、财政厅及社会处等各机关从未查报。至县政府，仅有潼关等八县曾经查报。但上述经查报之各机关，仅注意到直接损失，对间接损失则多忽略。而民国三十一年以后之各种损失，皆从未查报。按陕西省历年屡遭敌机轰炸（如南郑、宝鸡、武功……等县），所受损失必巨，即令未直接损失，其所受间接损失（如防空设备等）亦必不少。这与我们这次开展的“陕西省抗日战争时期人口伤亡和财产损失”课题调研中所能查阅到的相关档案文献资料的情况相吻合。就这次调研所形成的最终统计数字而言，对于“陕西省抗日战争人口伤亡和财产损失”课题调研所涉及的直接人口伤亡和房屋被毁损失的统计数字，我们依据现有的档案中的个案资料进行了统计。对被毁房屋的损失时值根据国民政府航空委员会防空监部 1939 年编制的《全国空袭检讨》之“十二八年度全国各地被炸毁房屋及物品损失价值估计表”匡算出了以 1939 年时值法币计算的陕西省抗战斯间公私被炸房屋直接损失统计的货币单位。

抗日战争胜利后，陕西省政府各单位和各县，普遍按国民政府行政院抗战损失调查委员会《财产损失填报表》的要求，在填报《财产损失填报表》时均以 1937 年 7 月法币时值为基准，再折算为 1945 年 8 月的法币时值填写财产损失的价值，并存留下了大量的相关档案文献资料。因而，在这次调研中，对抗日战争时期陕西省社会财产损失和居民财产损失的统计数字，按照当时的统计资料进行折算，以 1945 年 8 月的法币时值，作为陕西省抗日战争时期所遭受的直接损失和间接损失的货币统计单位。

黄河的自然生态尽为战争破坏。二是为修筑河防及秦岭、西安外围防御工事，修筑加固防空设施，大量采伐秦岭山脉及生态极为脆弱的黄龙山区的树木。为修筑河防工事、沿河军事交通线及其他防御工事，农田大量被占用，因这些工事多位于地势较险要，水土流失比较严重的地段，极不易生长的植被遭到破坏，多年以后仍无法恢复，军事工程所在之地土壤沙化，台原地带石骨嶙嶙，脆弱的生态环境被严重破坏。三是三百余万战区难民涌入陕西，为不致难民流离失所，国民政府在陕西设置了黄龙山、黎坪、千山、太白、渭滩、宽滩及泾阳嵯峨等垦区安置难民。战时陕甘宁边区人口大增（仅流入边区的难民人口即达266619人），为解决众多人口的吃饭问题，从1939年至1942年，边区开垦荒地达240余万亩[①]。战时的垦荒政策，较好地解决了难民和前线军队的粮食问题，但也生态环境造成了破坏。陕西地跨黄河、长江两大流域，受风化水蚀的相互作用和交替危害的典型地区，为世界上土壤侵蚀强度最大、水土流失最为严重的地区，也是全国水土流失、沙化、荒漠化最为严重的地区之一。大量垦荒种田，破坏了森林植被，直接加剧了水土流失。又如抗战爆发后，沿海及华北、华中一带的工厂内迁陕西，战区难民纷纷逃入陕西，抗日大军云集河防，军需工业与人民生活对煤炭的需要量大增，西安市对煤的需求量由每日300吨增至430吨；而由于战时黄河渭河水运断绝，晋、豫及韩城所产煤无法运抵，从1938年开始，西安、咸阳、宝鸡等城市发生了严重煤荒。为满足日常燃料之需，民众入山伐薪，致使“终南山之木柴，原为辅助西安市民及若干部队之燃料来源，但因用量过大，山口左右一二百里以内木柴，已被伐殆尽[②]”。森林植被的人为减少，破坏了秦岭山地、黄土高原、秦巴山区的生态环境。

（2）战争因素导致物价飞涨，人民生活水平下降

全国抗战爆发后，战区难民大量入陕，大军云集河防及陕西城镇，军糈民用物资骤增，供需不能平衡，粮价的波动尤为剧烈。1940年以后，粮食的上涨幅度更大。1937年上半年，每石小麦在西安的市价为8元，到1938年上升为9.5元，1939年再涨至13.2元。1940年为每石25.3元，1941年则为每石82.8元，1942年为每石325元，1943年每石1402.5元，1944年每石1933元，至1945年6月则达每石18200元。抗战初期，棉花价格每市担30元左右。1938

① 陕甘宁边区财政经济史编写组、陕西省档案馆合编：《抗日战争时期陕甘宁边区财政经济史料摘编》（第七编，互助合作），陕西人民出版社1980年版，第35页。

② 资源委员会：《资源委员会季刊》第一卷，第一期，1941年9月1日，中国第二历史档案馆馆藏档案，档案号28－9265。

年伴随着通货膨胀，棉价随之上涨。到1942年8月，棉价已达每市担800元；到1945年2月，棉价则涨至每市担154730元。陕西国民党统治区的食盐大量依仗山西潞盐，甘、青、蒙、川盐。日军占领山西运城、内蒙后，潞盐、蒙盐来源断绝，而川盐、青盐因交通不便等原因，运价过高。1938年以后，盐价一直趋涨。1937年关中东部各县盐价市价每斤约为八分至一角，关中西部各县每斤盐市价约为一角三分至一角八分；到1941年，西安市盐市价为每斤一元二角左右；而至1945年8月抗战胜利前，官定盐价涨至每担法币25825元。煤炭价格也因晋、豫及韩城煤炭无法运至陇海铁路沿线各城市而骤然涨价。西安市的块煤价格，1937年12月为每吨法币48元，1938年春即涨至每吨法币90元。而到1944年，产地铜川块煤价格为每吨法币1600元，宝鸡则为每吨法币2300元。宝鸡煤价比1937年12月上涨了近一千倍①。其他如纺织品、畜产品价格也都是一路上涨。而作为陕南、陕北重要经济来源的茶叶、木耳、生漆、桐油等土特产，因外销渠道中断，在产地价格一再下降，而在西安等消费地价格却一涨再涨。陕甘宁边区经济为自给半自给型，在大生产运动前基本无现代工业，日用工业品主要靠区外输入，战时各项物价亦一路上扬。居高不下的物价，加以沉重的战争负担，严重影响了战时陕西民众的生活。

（3）数以百万计的难民转变为贫民给陕西社会带来沉重负担

至1943年12月，仅经陇海铁路流入陕西的沦陷区民众（主要为豫、皖、冀、鲁等省战区及灾区民众）即达2181860人②。进入陕西的战区、灾区民众，除少量的机关、学校人员为有计划输送入陕外，其余皆为潮水般无序涌入的难民人口。本着响应国民政府“安抚流亡，保存国脉”的号召，陕西民众以宽广的胸怀和慈善之心，以“豫陕唇齿相依，恤邻救灾义不容辞”的义举，接纳了流亡人民③。入陕难民多沿陇海、西潼、西宝、长坪等交通沿线入陕，投食于公路、铁路等交通沿线之城镇乡村。其中又以入西安、宝鸡、咸阳、蔡家坡等地难民人口为众，当时的政府要求各方辟出城中空地，搭建简易居舍供流民居住。入陕难民自己也多结伴伙众无序地在城中空地结草为庐或掘地挖洞蜗居。抗战胜利后，国民政府曾有计划遣返难民，到1946年初

---

① 陕西省银行：《陕行汇刊》第8卷，抗战以来的陕西各县市物价，1945年12月，陕西省档案馆馆藏民国档案，档案号（永久）C3－2－17。

② 陕西省民政局：救济河南难民，陇海铁路局统计入陕难民人口，1943年12月，陕西省档案馆馆藏民国档案，档案号（永久）9－2－829。

③ 陕西省民政局：救济河南难民，陇海铁路局统计入陕难民人口，1943年12月，陕西省档案馆馆藏民国档案，档案号（永久）9－2－829。

遣返回归难民为855640人。之后国共内战爆发，国民政府无暇顾及此事，直到1949年10月以后，居陕（主要是关中道陇海路沿线西安、宝鸡等市县）难民人口仍在1326220人以上。这部分人口基本上为一无所有的贫民其所居住地成为了城市中的“棚户区”。难民栖身的连片棚户，成为西安、宝鸡、咸阳市的独特现象。

（4）文化教育设施被摧毁，民众受教育权利被剥夺

抗战期间，日军把陕西的大中小学校和文化教育机构作为轰炸和炮击的重要目标。由平津等地迁移西安办学的西安临时大学（西北联合大学）多次被炸，被迫再次迁移陕南城固办学。在汉中后又再遭日机多次轰炸。如1939年10月26日，12架日机对位于汉中东郊黄家坡的西北医学院进行轰炸，投弹40余枚，炸死教授杨其昌等14人，伤17人①。即使在关中西部武功县杨陵镇办学的西北农学院也遭受日机三次轰炸，损失惨重。西安城里的中小学亦未能幸免。西安一中、西安高中等12所中学被迫迁移陕南办学。兴国中学等多所中小学亦被迫迁西安南郊或安康、宝鸡办学。日机还对西安易俗社、西安平民医药报社、西京日报社、西安民众教育馆等文化机构实施了多次轰炸。始建于明初的西安的标志性建筑钟楼和鼓楼也遭日机多次轰炸，受损严重。陕西省图书馆在辗转迁移中损失古籍善本达三万余册。陕西省历史博物馆（今西安碑林）遭日军飞机两次轰炸，直接损失法币265874元②。位于河防的潼关县立大悲巷初级小学等16所中小学在日军炮击和飞机轰炸下，校舍、仪器、图书尽毁，无法办学。咸阳县第一、第二中心国民学校，私立东北小学等多所学校也遭日机多次轰炸。陕西其他学校被炸毁者亦不在少数。为减少日机轰炸的伤亡，陕西省不得不决议“中学、师范迁往安全地点办学，小学必要时可停办”③。迁移办学，校舍拥挤，图书仪器短缺，影响了教学的质量。小学停办，大中小学迁移疏散，致使很多学生无法再续学业，就学的权利被日本侵略者剥夺，加以战时物价飞涨，陕西省政府对教育事业的投入虽年年增加，仍不及物价涨幅，陈旧的教学设施无法更新，师生生活更难得到保障，也影响了教育的质量，并使得一些学生不得不辍学。

---

① 南郑县政府：南郑县遭受敌机轰炸死伤情形表，1939年11月，陕西省档案馆馆藏民国档案，档案号（永久）1－12－26。

② 陕西省建设厅：抗战期间公私受损毁情况报告表及有关文件，1947年6月，陕西省档案馆馆藏民国档案，档案号（永久）72－9－342。

③ 陕西省政府秘书处关于防空疏散的代电，1938年11月，陕西省档案馆馆藏民国档案，档案号（永久）1－4－65。

2. 日本侵华战争对陕西社会的深远影响

发展现代工业，以现代工业、现代科学和现代科学技术为推动力，把陕西传统农业社会转变为现代工业社会，从政治、思想、文化等各个领域改变陕西的农业社会结构为适应发展现代大工业生产的社会结构，是实现陕西现代化的基本路径。1927 年 4 月，南京国民政府成立后，开始逐步关注陕西的建设问题。九一八事变后，在国民政府开发西北战略决策的促进下，在邵力子、于右任诸公的努力下，到 1937 年，陕西先后建立起了纺织、面粉、化学、电气、榨油、机器制造、打包等制造工业。陕西的重工业也从无到有，逐步走上了发展的轨道。战前陕西的工厂有 72 家，资本总额 1813 万元，动力总和 1429 匹马力。全面抗战爆发后，陕西成为大后方战略基地。前线军队的军需给养供给，入陕的大批公教人员及难民、流民生活和生产的需求，为陕西发展工业提供了市场。国民政府实行战时经济体制，支持沿海和战区工业内迁。陇海铁路局将沦陷区铁路技术人员有组织地转移到陕西南郑黎坪垦区。到 1940 年 6 月，迁入陕西西安、宝鸡、汉中等中心城市的工厂有 44 家，器材一万余吨，技术工人 700 余人，内迁陕西的工业为陕西现代工业的发展注入了活力，陕西的工业也应战时经济之急需，快速发展到了 385 家①。但应军事需求而建立的工厂，其主旨是为战争服务，因而在布局和结构上很少顾及陕西工业的长远、持久发展。一待抗战胜利，内迁工厂“复员”，技术工人回迁，陕西的工业又回到战前的发展水平。如 1945 年 11 月对西安市第四区机器工业同业公会会员商号现状调查结果显示，该区西京修造厂等 28 家机器工业同业公会会员商号，14 家停工或停顿，14 家陷入萧条②。抗战时期，迁往陕西办学的高等院校有 13 所，中等学校有 18 所。中等学校在校学生人数由 1937 年的 11623 人增至 1945 年的56474 人③。战时教育事业的发展为工业发展提供了人才保障。工厂和学校的内迁是在战争破坏的逼迫和爱国激情促使下的非不得已的被动性义举。抗战胜利后工厂、学校的“复员”回迁潮，足见这种外力推动下的战时经济体制催生的工业化对陕西现代工业发展，进而是对陕西现代化的发展的影响力实在有限。

要改变陕西传统的农业和农业社会结构，实现陕西社会现代化，必须依靠

---

① 陕西省政府：《陕政》月刊第 4 卷第 12 期，迁陕工业财力物力统计，1942 年 12 月，陕西省档案馆馆藏民国档案，档案号（永久）C4－35。

② 西安市第四上区同业公会：第四区机器工业同业公会会员商号现状调查表，1945 年 12 月，西安市档案馆馆藏档案，档案号 071－33。

③ 陕西省政府统计室：《陕西省统计资料汇刊》，1945 年 12 月，陕西省图书馆文献部藏，目录号 X6047－495。

国家力量推动，促进传统农业向现代农业、现代工业的自发转化。半工业化是现代工业化的过渡，半工业化可推动农村传统市场的转型和新兴市镇的出现，诱发和促进农村商人阶层的崛起，进而把工业化引入乡村，改变乡村。区域市场是半工业化的依托，既有市场一旦丧失，而新的市场又无法开拓，则半工业化受到的打击即刻显现。大半个中国沦陷后，原料来源和产品销路均陷于萎缩，在日军飞机轰炸和炮火轰击下，集镇被炸成瓦砾，集市消失，商品交换被迫“货郎”化，使陕西半工业化的生产遭受了致命的打击。而重新回到到了传统手工生产的轨道。沉重的军事负担使农民在贫困生活中挣扎，工业化失去了市场基础。为支持全面抗战，陕西农民既要承担沉重的田赋军粮及捐税负担，又被超额抽丁服役和担当军用输送，修筑国防工事，接待入境军人和难民、流民的任务，正常的农业生产都无法保障，农村和农民进一步走向贫困化，农民无力消受现代工业化的成果，陕西的现代工业也随之失去了其发展的市场基础。战时入陕流民、难民人口的超速增长，使得粮食成为第一需求。绝大多数人不得不从事满足吃饭需求的开荒种地，商品化农业不得不为“吃饭”农业让路，从而限制了乡村半工业化的扩大，使陕西农村不得不回到前现代社会的自然经济之路，从而在半工业化和城乡商品经济的道路上停滞不前。战争状态制约了政府和民间的减灾自救能力，被日军摧毁的工商业再也无力恢复。战时，作为战争潜力的工商业是日机轰炸的主要目标，抗战八年中，陕西因被炸而无力恢复生产和经营的工商户数以千计。抗战时期又是陕西自然灾害和疫病发生次数较多的时期，国家和政府以满足军事需求为第一要务，民间财富又在战争中只见消耗而少有积累，无力救灾而导致使青壮年人口因灾大量非正常死亡，更使工业化发展丧失了优质的劳动力资源，陕西社会发展陷入了长期停滞的状态。

（汤彦宜执笔）

二、专题调研报告

（一）陕西省抗日战争时期遭受日军轰炸和炮击的直接人口伤亡和财产损失

九一八事变后，国民政府为反抗日本侵略中国作了一定的准备。1932 年 3 月，国民政府决议长安为陪都，将西安市改为西京市。设立了受行政院直接管辖西京筹备委员会。制定开发西部的国策并付诸实施，开始了抗战战略大后方建设。1935 年 1 月 1 日，陇海铁路潼（关）西（安）段通车。1937 年 3 月 1 日，陇海铁路西（安）宝（鸡）段正式运营。一批工厂企业内迁陕西。抗战时期的陕西是屏障北疆，扼守西北，连接西南，支援华北、中原战区和敌后战场对日作战的战略要地。全国抗战爆发后，为破坏我有生力量和战争潜力，日军飞机即开始了对陕西省城镇的无选择性地狂轰滥炸。山西沦陷后，占领黄河东岸的日军对陕西沿黄河西岸潼关至府谷千里沿河一线的村镇、渡口实施不分昼夜的野蛮炮击。日军还多次向国民党军和八路军河防阵地发动攻击，并一度占领了陕西府谷县城。正面战场豫西、枣宜战役后，日军一度逼近陕西商洛、安康边境，炮击陕西洛南县三要司镇和商南县境的国民党军阵地。日军的轰炸和炮击炸死陕西平民 9047 人，炸伤 7015 人，炸毁房屋 43825 间。日机轰炸和炮击，造成陕西省社会财产直接损失折合 1945 年 8 月时值法币756868484806元，居民财产损失共计折合 1945 年 8 月时值法币 98253032523 元①。

1. 抗战时期日军轰炸和炮击陕西的概况

1937 年 11 月 7 日，日军飞机轰炸秦晋豫三省要冲陕西潼关县。这是抗战期

① 这是本次“陕西省抗日战争时期人口伤亡和财产损失课题调研”的统计数据。

间日军飞机第一次轰炸陕西。11 月 13 日，2 架日机窜抵西安，第一次试探性轰炸西安市。1938 年 1 月 20 日，7 架日机首次轰炸延安。日军飞机最后一次轰炸陕西是 1945 年 7 月 15 日的轰炸西乡县。全国抗战八年，日军飞机共对陕西实施了 567 次轰炸，持续时间了长达 7 年又 10 月零 9 天。

轰炸陕西城镇和交通设施的日军飞机从沦陷区运城、临汾、太原、武汉、宜昌及包头、信阳机场起飞。轰炸的目标有军事设施，政府机关，实际被炸更多地则是平民住宅、厂矿、学校、文物古迹。日机轰炸陕西的目的地以地域大致可分为三类：一是河防沿线诸县的城镇、渡口及河防阵地。陕西沿黄河的潼关、朝邑、平民、大荔、合阳、韩城、宜川、延川、延长、米脂、清涧、绥德、吴堡、佳县、神木、府谷的城镇和重要渡口均遭受日机多次轰炸。二是对陇海铁路及西（安）宝（鸡）公路、西（安）兰（州）公路、长（安）（西）坪公路、汉（中）白（河）公路沿线的道路、桥梁、驿站及西安、宝鸡、咸阳、渭南、华阴、华县、蓝田、临潼、蒲城、富平、澄城、洛南、户县、周至、兴平、武功、扶风、眉县、岐山、凤翔、乾县、陵县、淳化、长武、彬县、永寿、旬邑、麟游、礼泉、三原、泾阳、铜川、耀县、洛川、宜君等城镇和黄龙设置局进行轰炸。三是对陕北、陕南主要城镇安康、汉阴、南郑、西乡、城固、榆林、定边、靖边、横山和延安、甘泉、中部（今黄陵）、吴旗、子长、志丹等 55 个县市悉数遭受日机轰炸。日机轰炸陕西的地域范围涉及关中地区大部分县和陕南、陕北榆林及陕甘宁边区的大部分县市。在整个抗战期间，陕西遭受日军飞机轰炸时间之长、范围之广，为大后方诸省所少见。陕西人民的生命及公私财产遭受了巨大的损失。

在飞机轰炸的同时，日军还对黄河沿线城镇和陇海铁路潼关段实施了长达 7 年时间的不分昼夜的多达五六万次的炮击，造成了沿河各县重大的人口伤亡和财产损失。1938 年初，日军以 5 个师团的兵力，相继向晋西北、晋西、晋东南大举进犯。与陕西隔河相望的晋南之临汾、河津、永济、芮城，晋西北、晋西之偏关、河曲、保德、兴县、临县、静乐、军渡、碛石等地被敌攻陷。日本占领军沿黄河构筑了枪炮阵地，企图以此为依托进犯陕西。陕西潼关地处陕、晋、豫三省交界，向为陕西的门户。潼关县城北临黄河，陇海铁路穿城而过，与同蒲铁路的终点风陵渡隔河相望。3 月 7 日，占领风陵渡和茅津渡的日军，向潼关县城和陇海铁路居高临下发起猛烈炮击。陇海铁路河南阌乡至潼关一段的 25 公里铁路线完全暴露在北岸敌炮火之下，陇海铁路被迫开行“闯关车”，先后有 100 余名司机和司炉被炸牺牲。停留在潼关车站的客货列车被击中，潼关县府和城中的商铺、民房亦尽数被敌炮火击中，浓烟四起。在敌炮击之下的潼关县城，顷刻间变为废墟。敌机轰炸和炮击，迫使潼关县城移置城南五里的深谷之中①。3月间，铁路工人在一次夜间抢修潼关铁路桥时，遭敌炮火袭击，16名工人殉职。抗战期间，日军不断向过往的车辆和铁路设施发起炮击，5年间，日军向潼关段运行车辆和铁路设施共发射炮弹达5400余发，击毁阌底镇至潼关一线铁路大桥7座、机车12台、车辆34辆，造成了列车脱轨3次，潼关机务段被迫迁往华阴，为避日军炮击，潼关城内17号隧道被迫展筑575米②。1938年二三月间，占领晋南永济、河津、吉县的日军则隔河炮击陕西平民、朝邑、合阳、韩城等县沿河村镇，造成了军民的重大伤亡和财产损失。

1937年10月，国民党军第二十一军团邓宝珊部驻防榆林后，与边区政府和八路军达成协守黄河防线的口头协定。经商定，吴堡县宋家川的军渡至府谷以南的贺家川间与晋西北交界地带的河防，由边区部队防守。10月底，绥德、米脂、佳县、吴堡、清涧等县河防，遂由八路军接防。企图进犯陕甘宁边区的日军把进攻重点矛头指向吴堡县宋家川。1938年2月，向晋西进犯的日军，占领军渡、碛口，隔河猛烈炮击黄河西岸村镇和宋家川、枣林坪、凉水崖、马头关、清水关等渡口以及八路军河防阵地，吴堡、佳县、府谷等县城多数房屋、窑洞被毁，绥德、米脂、佳县、吴堡和神府河防吃紧。1938年5月至1939年12月间，日军4次进攻宋家川。1938年12月，日军还对壶口上游的马头关、凉水崖、清水关八路军河防阵地发动突袭；1939年11月，日军又调集重兵合围碛口，企图强渡佳县渡口。1942年3月，日军两次以30门大炮向宋家川河防阵地猛烈轰击。1942年4月15日的炮击中，日军一日内向宋家川河防一线发射炮弹1000余发，并带有糜烂性毒气弹和毒瓦斯弹，造戌河防一线军民伤亡180余人③（其中23人为敌毒气弹所伤），击毁窑洞60孔，楼4座，房屋5间④。抗战期间，日军向陕甘宁边区河防发起进攻达78次，每次投入兵力少则2000余人，多达15000余人，且都有20门以上的重炮参与向我河防工事和村镇轰击，造成了我方重大人员伤亡和财产损失。

1938年2月28日，日军占领了与府谷隔河相望的山西保德县城，居高临下

① 陕西省银行经济研究室：陇海铁路潼宝段沿线经济调查，1942年9月，陕西省档案馆馆藏民国档案，档案号（永久）C12－205。

② 郑州铁路局史志编纂委员会：《郑州铁路志》，中国铁道出版社1998年版，第152页。

③ 雷云峰编著：《陕甘宁边区史》（抗日战争时期·上），西安地图出版社1993年版，第63页。

④ 陕甘宁边区经济史编写组、陕西省档案馆合编：《抗日时期陕甘宁边区财政经济史料摘编》（第九编，人民生活），陕西人民出版社1980年版，第299页。

用重炮轰击府谷县城。3 月 2 日凌晨，2000 余名日伪军在密集炮火掩护下强渡黄河，一度占领了府谷县城，打死打伤我军民 300 余人，烧毁城内民宅、商铺 400 余间，大批公私财物被劫。国民党军高双成部趁敌立足未稳，发起强力反攻，至下午 5 时许，赶走了入侵之敌。这是抗日战争时期，日军惟一一次践踏陕西土地。抗战期间，日军还向由东北挺进军马占山部防守的府谷县北部哈镇河防发起过大小 30 余次进攻，马占山部将士为国捐躯者达 1000 余人。

陕西榆林东邻晋西北，西经三边连接宁夏，北与伊克昭盟毗邻，是抗战时期晋、陕、内蒙（绥远）边境之间的一个中心城市。全国抗战爆发后，晋、蒙（绥）失陷，榆林成为阻止日军西进的重要屏障。抗战期间，日军和伪蒙军李守信部为实现其西进计划，向榆林方向发起进攻近百次，被守军邓宝珊部阻于榆林以北之包头淞口，使敌未能染指伊克昭盟和榆林。战斗中榆林守军伤亡达 3400 人①。

1945 年 6 月，向豫西鄂北进攻的日军，一度推进至陕西商南县以东 25 公里的河南镇坪县西坪镇，西安东南大门商洛一度告急。与鄂北豫南接壤的陕南平利、白河等县亦成为抗战前线。为阻止日军向陕南和陪都重庆进犯，第一战区、第五战区均在商洛、安康设立了前线指挥所。为迟滞日军进攻的步伐，我方被迫炸毁了安康、商洛、汉中一带的通往重庆和西安的公路设施及关口要隘。

2. 抗战时期陕西省遭受日机轰炸和炮击的人口伤亡和财产损失②

全国抗战爆发后，日军飞机即开始了对陕西省城镇的无选择性地狂轰滥炸。山西沦陷后，占领黄河东岸的日军对陕西沿黄河西岸潼关至府谷千里沿河一线的村镇、渡口实施不分昼夜的野蛮炮击。日军的铁骑还一度践踏陕西府谷县城。正面战场豫西、枣宜战役后，日军一度逼近陕西商洛、安康边境，炮击陕西洛南县三要司镇和商南县境国民党军阵地。从 1937 年 11 月日机第一次轰炸陕西起，至 1939 年 5 月的 19 个月间，潼关遭敌轰炸 59 次，西安遭敌轰炸 50 次，宝鸡 10 次，朝邑 13 次，延安 9 次，南郑（汉中）9 次，平民 7 次，大荔 7 次，其

① 王劲：《邓宝珊传》，甘肃人民出版社 2005 年版，第 188 页。

② 本书“陕西省抗日战争时期人口伤亡和财产损失综合调研报告”和“专题调研报告”所列举的陕西省抗日战争时期人口伤亡和财产损失的个案材料中的货币单位均为上报损失的法币时值。

它各地三五次不等，共计达238次，敌机共投弹3867次枚，炸死834人，炸伤885人，毁房3581间。其中西安市被炸死462人，炸伤527人，毁房1658间①。抗战期间，日机轰炸陕西，一次死伤在百人以上的市县有西安、宝鸡、汉中、安康、延安。其中遭受日机轰炸次数最多、财产损失最严重的是西安市，其遭受的一次被炸死伤在百人以上的轰炸达6次之多。日机147次轰炸西安，炸死2719人、炸伤1228人，炸毁房屋7972间。被炸死伤最严重的为安康县。1940年5月1日，日机24架轰炸安康付家河机场及机场附近五堰乡，投掷各类炸弹180枚，炸死机场附近各村平民170余人，炸伤50余人，毁民房120余间②。1940年9月3日，日机36架三次轰炸安康县城，投掷炸弹，燃烧弹、毒气弹500余枚，加以低空俯冲扫射，“安康县新旧两城，起火三十余处……死伤初谓四百余人，今又称千人之语③”。因得不到有效救治，伤口感染流脓生蛆，不少伤员事后不久便不治身亡。陕西沿黄河一线的县城、乡镇和渡口则遭到了日机轰炸和隔河炮击的双重破坏。其中以西北门户、且为晋豫陕三省咽喉，北带黄河南靠秦岭的战略要地潼关县受损最为严重。在我驻军的坚守下，日军始终未能越雷池一步，进而代之以轰炸和炮击。自1937年11月7日，日机首次轰炸，1938年3月7日从对岸风陵渡隔河炮击，八年间的连续轰击，正如潼关县政府向国府行政院报告所言：昔日繁华胜地尽成瓦砾之场，断垣残壁，满地疮痍，目不忍睹。民国三十四年八月敌寇投降后，居民无家可归，嗷嗷待哺，厥状甚惨。该县县政府报告统计，日寇对潼关县炮击52652次，飞机投弹3264枚，城乡被毁房屋5455间，以建房时的价值估算损失共计折算为1945年8月时值法币8099000000元。炸伤炸死男女358口，给死伤者遗族每户发恤金50余万元，共计发恤金达折算为1945年8月时值法币179000000元；死伤牲畜162头，按每头时价估为34万元，共计法币5508万元；构筑工事挖掘战壕占用土地价损失粮食4980石，按每石时价估为3万元，共计折算为1945年8月时值法币149400000元；又教育文化书籍仪器损失129580000元。再者该县县城建筑宏伟，古称雄关，遭受敌机炮轰，毁坏不堪，又因该县为西北门户，且为陇海铁路必经要道，亟应规复旧观，以固天险，兹拟修建城楼，修补城垣，共需折算

①《西京日报》民国二十八年六月十五日，第二版。

② 安康县政府1940年5月3日康民字第48号快邮代电，安康市汉滨区档案馆馆藏民国档案，政府类第13号卷宗。

③ 安康县政府：安康陕西省政府银行1940年9月4日第10号快邮代电，“报告安康被炸及来往平安由”，陕西省档案馆馆藏民国档案，档案号（永久）22－1－180。

为1945年8月时值法币6000000000元。以上共计损失折算为1945年8月时值法币14612062000元①。

这次调研中我们以所能查阅到的档案资料为依据，以现行政区划为单位，对各地被日军轰炸和炮击造成的直接人口伤亡和财产损失进行了汇总统计。

（1）日军飞机轰炸西安造成的直接损失②

西安，向居西北地区政治、经济、文化、军事的中心地位。抗战时期的西安，更是屏障中国大陆纵深的战略要地和连接中共中央所在地陕北的桥头堡。七七事变后不久，日军飞机即窜入西安市区上空进行侦察。1937年11月13日，日机对西安进行首次试探性轰炸。1944年12月4日，日机最后一次轰炸西安。当时的统计资料显示，仅1937年11月16日到1941年9月11日，日机轰炸西安③，就在西安市区共投掷各类炸弹2399枚，炸死849人，炸伤8912人，炸毁房屋6794间，直接损失1945年8月时值法币20949897元④。这次调研的统计结果显示，在长达七年多时间里，日机对西安市区的轰炸就达147次以上，共计出动飞机1232架次以上，投弹3657枚以上。日机轰炸西安市区及今西安市所辖郊县⑤，炸死人数在2719人以上，炸伤人数在1228人以上，毁房达7972间以上，日机轰炸所造成的直接财产损失达1945年8月时值法币125957600元⑥。

1937年11月至1944年12月的七年间，各年度西安市区和所辖各县遭日机轰炸情况和一次被炸死亡十人以上，财产损失较为严重的轰炸如下⑦：

---

① 潼关县政府：呈报本省潼关县遭受敌寇损失情形并附填报表请向敌国交涉赔偿由，1946年2月，折算损失价值均为1945年8月时值（法币），陕西省档案馆馆藏民国档案，档案号（永久）90－4－531（3）。

② 这次调研中我们未查找到1943年日机轰炸西安的档案文献。而从西安方志和当事人的相关回忆资料看，1943年日机并未停止对西安和陕西省的轰炸。

③ 仅指当时的西安市区，不含日机对今西安市所辖各县（区）的轰炸损失。

④ 陕西省社会处：《陕西省敌机空袭损失统计表》，1942年12月，陕西省档案馆馆藏民国档案，档案号（永久）C4－35。

⑤ 现西安市所辖阎良区，民国时期为陕西三原县、富平县交界处归三原县辖的一个小镇，这次调研中将阎良区的统计由三原县完成。

⑥ 以上数据是对现有档案中关于日机轰炸西安市区的统计。依陕西省档案馆馆藏民国档案［档案号（永久）C4－35］“陕西省敌机空袭损失统计表”，对1937年11月至1942年12月的敌机轰炸统计数据推断。这次调研的统计数字应是最低的损失数字。

⑦ 据《西安市志》（西安市地方志编纂委员会编，西安出版社1996年版）一书中“日军飞机轰炸西安记略”记载，1939年5月24日，日机轰炸西安，炸塌西安市西大街桥梓口防空洞，1000余名在防空洞中躲避敌机轰炸的平民被闷死。对这一特大惨案的记载未见于陕西现存的档案和文献。日机轰炸幸存者的回忆也往往语焉不详。故暂且存疑，在这次调研中不作为统计的数据。

1937 年，日军以西安西郊的飞机场为目标，出动飞机 42 架次，5 次轰炸西安。投弹 111 枚，造成 1 人轻伤，炸毁民房 28 间。

1938 年，日军出动飞机 234 架次，29 次侦察、轰炸西安人口稠密的城区。投弹 390 枚，致死 162 人，致伤 266 人，炸毁房屋 313 间。其中尤以当年 11 月的三次轰炸损失最为惨重：16 日上午 11 时 40 分，日机 13 架分两批飞至西安上空。在中正门外、火车站一带投弹 40 余枚，炸毁车皮 6 辆、路轨数段、民房 20 余间，被炸窑洞 200 平方米、死伤 40 余人。这是日机首次对市区人烟稠密地区的轰炸①。18 日 日机 19 架于上午 8 时 5 分先后分三批侵入西安市上空，在市区投弹 40 至 50 枚。据统计此次敌机轰炸市区，死伤平民 90 余人，炸毁民房 30 余间，炸毁道路 1000 平方米②。23 日，日机 20 架轰炸西安城西北隅回民居住区，投弹 80 余枚。4 座清真寺被炸毁，炸死 89 人，炸伤 180 多人，毁房屋 150 多间，炸毁道路 1500 平方米③。

1939 年是抗战以来西安遭受日机轰炸，造成人员伤亡和财产损失最惨重的一年。日机出动 446 架，44 次轰炸西安。投弹 1382 枚，人员伤亡 2346 名，炸毁房屋 3181 间。

1 月 18 日，31 架日机在市中心区人员稠密处投弹 80 余枚，死伤平民 200 余人，炸毁民房 300 余间。东大街《大公报》分馆对门 364 号鸿庆成绸缎庄后院防空地下室被炸，躲在室内的 23 人，10 余人受轻伤，13 人当场毙命④。

1 月 19 日，日机轰炸西安北广济街，炸毁房屋 29 间，房中器具俱被毁。

3 月 7 日，日机 14 架狂炸市区，死伤 600 余人，炸毁房屋 1000 余间。西安市最繁华的商业区东大街被炸区域长达 1 华里许。西京电厂在这次轰炸中被炸毁房屋和供电线路及配电设备直接损失达法币 2896. 67 元⑤。

3 月 14 日，日机 21 架轰炸西安市区，平民死伤 70 人，毁房 500 间。

3 月 15 日，日机 22 架，分两批轰炸西安，平民死伤 20 余人，毁房屋 70 余间。

5 月 7 日，日机 5 架轰炸西安，投弹 25 枚，炸伤 13 人，炸毁房屋 53 间。

6 月 30 日至 8 月 27 日，日机轰炸西安，炸死 210 人（其中回民 73 人），重

---

① 陕西省图书馆文献部：《西京日报》1938 年 11 月 17 日。

② 陕西省图书馆文献部：《西京日报》1938 年 11 月 19 日，第二版。

③ 陕西省图书馆文献部：《西京日报》1938 年 11 月 24 日，第二版。

④ 西安市政府：日机轰炸西安损失填报表,1939 年 1 月，陕西省档案馆馆藏民国档案，档案号（永久）90－2－264。

⑤ 所列损失为当时报告的法币时值。本书专题调研报告中，以法币计算的损失凡未注明法币时值者，皆同此。

伤54人（其中回民21人），轻伤24人（其中回民21人）。

9月20日，日机轰炸西安，投弹124枚，炸毁房屋183间，炸死34人，炸伤17人。

10月10日至12日，日机166架，轮番狂炸西安，投弹377枚，炸死96人，炸伤108人。

10月13日上午，日机轰炸高陵县城。炸死28人，炸伤27人，炸毁学校、商店、民房287间。四部具有重要价值的高陵县志木刻版等珍贵文物在这次轰炸全部被炸毁①。

11月25日日机轰炸西安，死亡24人，重伤25人，炸毁房屋166间。

12月12日，西安西京机器修造厂全部房屋被炸毁炸，机器材料工具等在轰炸中俱毁，直接损失值47335元②。

1940年日军飞机13次轰炸西安，炸死385人，炸伤176人，炸毁房屋1524间。

5月18日，日机轰炸西安，仅居住于西安城中东木头市的丰维淡一家报告，被炸毁房屋即达10余间。

5月19日，日机轰炸西安，炸死231人，重伤63人，轻伤29人，被炸毁房屋828间，直接财产损失350000元，发赈恤费15030元。

1941年日机29次轰炸西安。共出动飞机253架，投弹680枚，伤亡人数437人。

6月18日，日机10架分批轰炸西安，投弹数十余枚，炸死37人，重伤18人，轻伤23人，毁房462间。25日，日机7架在临潼县城区投弹2次，共投弹33枚。炸死17人，伤25人，炸毁房屋30间、震倒房屋25间③。

8月9日，日机9架轰炸西安，投弹40余枚。南院门、五味十字、梁家牌楼、土地庙十字、草厂巷、南北四府街、琉璃庙街、大小保吉巷、车家巷、横巷、南广济街、德福巷等处被炸。死亡25人，重伤12人，轻伤18人，毁房294间。

8月13日，陕西省会警察局被炸，死亡14人，重伤2人，轻伤15人，炸

---

① 高陵县政府：高陵县被炸损失报告，1939年11月，陕西省档案馆馆藏民国档案，档案号（永久）72－9－338；“日军轰炸高陵与县志木核版被毁经过”，载高陵县政协文史委编：《高陵县政协文史资料》第三辑，1986年10月内部印行。

② 指法币。本书专题调研报告中，凡未注明币种者皆指法币，当时并称为国币。

③ 临潼县政府：日机1941年6月轰炸临潼损失报告，1941年6月，临潼区档案馆馆藏档案，第1448卷。

毁房屋 268 间。

9 月 12 日，84 架日机轰炸西安，投弹 290 余枚，南院门、西大街、崇廉路、尚仁路、尚俭路、崇礼路、红埠街、陈家巷、梁府街机车站附近等 60 余处被炸。炸死 72 人，重伤 45 人，轻伤 22 人，毁房 544 间，席棚 6 间，直接损失 417000 元。当日，长安县监狱亦被炸，13 名囚犯被炸身亡，炸死骡子 9 头，重伤 1 头。陕西省第一监狱当日亦被炸，炸死 6 人，重伤 8 人，轻伤 14 人。9 月 14 日，日机轰炸西安，陕西省会警察局被炸毁房屋 22 间。

1942 年，日机 4 次轰炸西安。共出动飞机 13 架，投弹 20 枚，炸死 1 人，炸毁房屋 19 间。

1944 年，已成强弩之末的日机，仍轰炸西安 23 次。计出动飞机 119 架，投弹 780 枚，炸死炸伤 39 人，炸毁房屋 53 间。其中损失严重的轰炸为当年 4 月 25 日，日机 32 架分三批对西安的轰炸，投弹 30 余枚，死亡 3 人，伤 9 人，毁房 50 余间。

（2）日军飞机轰炸宝鸡造成的直接损失

宝鸡是通往陕、甘、川的咽喉重地。1937 年 1 月 1 日，陇海铁路西安到宝鸡段正式运营，国民政府资源委员会指导部分沿海和东、中部地区工矿开始内迁宝鸡。作为抗战物资生产、供应、集散城市，宝鸡成为日机轰炸的重要目标。

从 1939 年 1 月到 1944 年 4 月，日机 29 次轰炸宝鸡，炸死和炸伤民众和军人 2816 名，毁房 1421 间。有档案记载的一次死亡十人以上和损失惨重的轰炸有以下几次：

1939 年 1 月 19 日 11 时 40 分，日机 11 架首次轰炸宝鸡县城（今宝鸡市主城区），投弹 58 枚。当日正值宝鸡县赶集日，县城主要商贸区东关市场人头攒动，敌机向未及迅即躲避的人群投弹，炸死炸伤民众 147 名，58 间民房被炸毁。

3 月 14 日，日机 9 架轰炸宝鸡县城。投弹 48 枚，死伤 80 人，毁民房 80 间。

7 月，日机 36 架轰炸宝鸡县城，民众死伤 600 余人。

10 月 30 日，日机 11 架轰炸宝鸡县城，投弹 48 枚，民众死伤 15 人，毁房 32 间。

10 月 31 日，日机 17 架轰炸宝鸡县城，投弹 50 余枚，民众死伤 40 人，毁房 93 间。

1940 年 7 月，日机 36 架轰炸宝鸡县城，弹落市区三马路和北崖防空洞，50

余人被炸死或闷死。

8月18日，日机12架轰炸宝鸡县城，投弹40余枚，民众死伤80余人，毁房68间。

8月30日，日机36架分三批轰炸宝鸡。第一批轰炸宝鸡火车站及渭河北岸民房。第二批轰炸渭河南岸民房、商店及公用设施。第三批轰炸十里铺工业区和姜城堡军民用仓库。轰炸中日机投掷各类炸弹200余枚，民众死伤260余人，毁房260间①。宝鸡火车站被炸，周围民房及难民草舍化为废墟。斗鸡台火车站轨断道移，工合供销社及制鞋合作社等作坊被炸毁，汉中路一带被炸起火，黑烟四起。爱国人士、西北工合妇女指导员倪六因在这次轰炸中不幸遇难。其中12架日机直奔申新纱厂，申新纱厂中弹20余枚，51名工人被炸死，烧毁棉花1114包、炸毁布机63台织、布车10具、码布机和伸幅机各1台，多间厂房在这次轰炸中被炸毁，损失达法币七八十万元。西京机器修造厂被炸死2人，被炸毁汽车五金材料损失万余元②。

9月2日，日机36架再次轰炸宝鸡县城，投弹200余枚，民众死伤365人。仅申新纱厂被毁房屋就达100余间。对于八九月间日机的几次轰炸，当时宝鸡县政府向陕西省赈济会发出了立即拨给医药用品的请求："八月十八日、三十一日、九月二日共来敌机八十六架连炸三次，死伤三百六十五人。各医院治疗药品使用殆尽……本县三次炸伤人数以至一百九十四人……炸毁房屋系难民草舍或小商房屋，被炸破产居住立感困难，困苦情形殊堪怜悯。"③

1941年5月22日，日机8架轰炸宝鸡申新纱厂，投弹40余枚，造成损失100万元。

8月6日，日机27架轰炸宝鸡县城，投弹100余枚，民众死伤100余人，毁房100余间。

1941年8月，日机4次轰炸凤翔县，炸死44人，重伤2人。其中以8月22日的轰炸最为严重。这次7架日机直奔国民党军中央军官学校第七分校训练场，炸死正在训练中的学员51名（14人在医院抢救时先后死亡），重伤30人。

（3）日军飞机轰炸咸阳造成的直接损失

---

① 关于这次日机轰炸宝鸡县的死伤人数，《宝鸡县志》（宝鸡县志编辑委员会编，陕西人民出版社1996年版，第733页"防空"）的记载是共死伤2000余人。仅供研究参考，按这次调研统计的原则，未列入统计数字。

② 宝鸡县志编辑委员会编：《宝鸡县志》，陕西人民出版社1996年版，第733页。

③ 陕西省建设厅：西京、咸阳、宝鸡等地农、矿、工、商抗日时期受敌损毁报告表，1940年9月，陕西省档案馆馆藏民国档案，档案号（永久）72－9－330。

咸阳地处秦中腹地，南通巴蜀，北连陕甘宁边区，东接西安，西连甘肃，是关中地区重要的农业生产基地，战略地位十分重要。抗战期间，新修穿境而过的陇海铁路、西兰公路、西宝公路、咸榆公路，以及为西安运输煤炭而赶修的陇海铁路咸同（同官，今铜川市区）支线，使得咸阳的交通枢纽地位更加突出。一批军需民用工厂内迁，咸阳成为生产抗战军需物资的重要工业基地。当时西北地区惟一的一所高等农业院校国立西北农学院位于武功县杨陵镇。这使得咸阳也成为日机轰机轰炸的重要目标。

日机首次轰炸咸阳的时间是 1939 年 2 月 21 日。这次轰炸炸毁了长武县昭仁镇，毁房 3 间，炸毁桌凳 4 套，损失价值共法币 550 元。日机最后一次轰炸咸阳是 1944 年 9 月 12 日。当日，4 架日机轰炸咸阳县城，造成 1 死 3 伤，毁房 44 间。在长达 5 年的时间里，日机 28 次轰炸咸阳，302 人被炸死，258 人被炸伤，1675 间房屋被炸毁。日机轰炸给咸阳的学校和工商业造成了巨大的直接财产损失，国立西北农学院被炸损失折算 1945 年 8 月时值法币 467173 元，其中房屋损失折 1945 年 8 月时值法币 234871. 2 元，器具损失折 1945 年 8 月时值法币 78672. 5 元，图书损失折法币 1199 元又 39. 8 美元、英镑 36 令，其他损失折 1945 年 8 月时值法币 55530 元，员工私人财产被炸损失折 1945 年 8 月时值法币 96900 元。日机轰炸造成咸阳民营工业被炸直接财产损失折算折 1945 年 8 月时值法币 248594. 2 元，民营商业被炸直接损失折算 1945 年 8 月时值法币 43850736 元。一次死伤十人以上和损失较大的轰炸有以下几次：

1939 年 10 月 13 日，日机 9 架先后分两批轰炸咸阳县城，投弹 65 枚，炸死平民 62 人、伤 48 人，炸毁房屋 82 间。其中咸阳县城第一国民学校被毁校舍 20 间，受损桌凳、书籍、物品数件，损失法币 450000 元；咸阳县城第二国民学校被毁校舍 20 间，其他物品数件，共计损失折算法币 619000 元。

1939 年 11 月 26 日，日机 18 架飞抵咸阳县城上空，投弹 50 余枚，炸死炸伤平民 10 余人。

1940 年 3 月 29 日，日机 7 架窜抵咸阳县城上空，投弹 56 枚，炸死平民 8 人，炸伤 19 人，炸毁房屋 140 余间，炸毁县城西街保学教室及桌凳等附着物，直接财产损失折算法币 6155 元。

1940 年 3 月 30 日，日机 24 架分两批先后窜至武功县和咸阳县城。一批轰炸杨陵镇，炸毁西北农学院教职工被服等生活用品数件，直接经济损失法币 2467 元；炸死杨陵乡第五保张家岗、薄窑庄等村农民 11 人，炸伤 10 人，炸毁房屋 41 间，损失麦草、禽畜等。直接经济损失折法币 10580 元。另一批以咸阳中国机器打包厂为目标，投弹60余枚，炸毁房屋100余间，炸死平民6人，伤7人，损毁工厂原料、器械等，造成直接财产损失折法币1008340元。

5月6日，日机9架窜入咸阳上空，在火车站附近投弹数枚后，向咸阳中国打包公司投弹12枚，损毁仓库、房屋、各种原料等折算法币1000094.6元；向火车站内外投弹21枚，炸毁仓库、宿舍11间、满载棉花的火车车皮3个，炸伤平民3名；炸毁咸阳县城关镇第四、六保国民学校教室6间、教具数件，直接财产损失折算法币758330元。

5月21日，日机以位于咸阳县的中国打包公司为目标，投弹40余枚，炸毁仓库、宿舍、花房、棉花等财物，折算法币164043.84元。

5月27日，日机8架4批次轰炸咸阳县城，炸毁恒安村房屋10余间。咸阳中国打包公司棉花仓房及库内存放的棉花被炸毁，损失折算法币172800元。

6月23日，日机轰炸咸阳，炸毁咸阳工厂大厂房、锅炉房4间，粗纱纺车4部，约值法币7300元。咸阳工厂先后三次遭受日机轰炸，直接、间接损失折算法币1810874.4元。

8月2日，日机7架在咸阳县城投弹19枚，炸死平民9人、伤8人，炸毁房屋9间。

8月5日，日机轰炸西北农学院，炸毁房屋14间，毁坏窗、门、墙等教学设施数处，教学物品数件，直接经济损失折算法币57012元。

8月9日，日机轰炸咸阳县警察局第一分所，炸毁房舍3间，公私物品数件，约值大洋1085元。当日，日机5架轰炸咸阳飞机场，投弹60余枚，炸毁民房200余间，炸死、炸伤平民40余人。

8月28日，日机轰炸咸阳工厂，炸毁厂房、车间机器、原材料、家具等财物，直接财产损失折算法币85469.9元。

8月31日，日机轰炸咸阳，炸毁咸阳纺织工厂（系由武汉迁陕的湖北官布局和中国机器打包公司合组）房屋14间、织布机5部，造成直接损失折算法币24000元。轰炸造成咸阳工厂直接损失共计法币90007.9元。咸阳县私立东北学校中弹4枚，炸毁该校教室、礼堂、饭厅共11间，被炸教室内的教学器具亦俱毁，造成直接损失折算法币270650元；在咸阳县卫生院投弹1枚，炸毁房屋4间，其他财物数件，直接财产损失折算法币8000元。同日，日机轰炸长武县昭仁镇四保，炸伤平民6人；同日，日机1架还在兴平县城东郊投弹5枚，炸死农民3人、伤2人；在乾县投弹6枚，损坏民房数处，死伤平民8名。

11月30日，日机轰炸西北农学院，炸毁房屋29间，炸毁教学设施数处，书籍及生活用品等数件，直接经济损失折算法币113353.07元。

12月9日，日机4架在咸阳县城东郊外尚家村等地两次投弹27枚，炸死炸伤平民4人，毁房10余间；13时许，在咸阳工厂投弹4枚，炸毁宿舍5间，炸毁围墙、门窗、实物等数件，共值法币12000元。

1944年，日机轰炸咸阳，毁坏平民房屋174间，厂房129间，校舍69间，直接经济损失折算法币63500000元。

（4）日军飞机轰炸渭南造成的直接损失

渭南地处渭河上游、关中平原东部，东濒黄河与山西、河南毗邻，西接西安、咸阳，南倚秦岭连商洛界，北靠桥山与黄龙、铜川接壤，渭河在境内潼关县汇入黄河，为“三秦要道，八省通衢”的战略要津。抗战期间，南起潼关，北至韩城禹门口的黄河沿线，成为保卫陕西、保卫大西北的前沿阵地。日机多次轰炸了华阴、华县、渭南、韩城、蒲城、朝邑、平民、华阴、合阳、澄城、富平县和禹门口、吴王渡、芝川渡口。日军还隔河对潼关、大荔、朝邑、平民、合阳、韩城县及黄河禹门口、吴王渡、芝川等渡口和我河西防御阵地无分昼夜地进行炮击。从日机1937年11月7日第一次轰炸潼关县城，日军1938年3月7日炮击潼关县城，到1945年3月31日日机轰炸陇海铁路线上正在华县石堤河西段开行的火车，抗战八年间，日军对渭南的轰炸和炮击，造成渭南721人直接死亡，541人受伤，7人失踪，被炸毁房屋达485间。

1938年3月7日，一股日军窜抵黄河天险风陵渡。第一次从风陵渡隔河炮击潼关县城和陇海铁路潼关火车站。此后，日军在风陵渡至茅津渡间多处修建炮位，不间断地炮击潼关县城及穿越县城的陇海铁路线、西潼公路沿线机动车辆及设施。日军的炮击一直持续到了在我抗日军队反攻下败退晋南、豫西的1945年5月间。据陇海铁路局统计，日军向潼关车站和铁路线发射炮弹就达5400余发，击毁铁路大桥7座、机车12台、车辆34辆，造成列车脱轨3次。陇海路潼关车务段被迫迁移到华阴，潼关段以北则被迫修筑了防护墙，17号隧道亦被迫展筑575米。西潼公路与陇海铁路基本平行，1941年5月7日和13日，在日机轰炸和炮击下，潼关附近公路盘道被毁，侧坡上一段城墙被炸倒塌，致公路运输一度中断。完全暴露在日军炮火之下的西潼公路潼关段，行车极其危险，政府被迫征调陕东诸县民工将潼关境内一段长23.60公里的西潼公路改线，并在西潼公路东阌段修筑了全长29.76公里的东阌交通沟通，以便隐蔽行车①。

① 西安铁路分局史志编纂委员会主编：《西安铁路分局志（1905—1990）》，1997年印行，第43页。

1937年至1945年间，日军多次对潼关县城进行炮击和轰炸。日机在潼关县城投弹即达3264余枚，日军对潼关县城和陇海铁路潼关段的炮击也达52652余次。日军轰炸和炮击共炸死潼关平民358人，毁坏房屋5455间，炸死牲畜162头。潼关县县立大市场小学、县立大悲寺巷初级小学等16所学校校舍被炸毁。潼关古城南北城楼被炸毁，城内建筑亦遭严重毁坏，潼关县城被迫迁移他处。

日机对大荔县（抗战时期的大荔、朝邑、平民三县）的轰炸始于1937年12月7日，而对大荔沿河村镇的炮击则始于1938年3月5日。从1937年12月7日到1942年4月9日，日军的轰炸和炮击，炸死大荔民众121人，炸伤78人。1939年5月7日至1942年4月15日间，日军炮击和日机轰炸，炸毁朝邑县房屋312间，牲畜84头，大小车辆48辆，棉花1600斤，小麦327石，桌椅凳及日常用具3283件，衣物635件，现款600万元，全套万有文库1套，总计损失达33245600元。其中含重要文物大瓷古瓶一对、明成化瓷餐饮器具4席、楠木古书柜4组，五代陈子昂八骏马画一轴，价值无法估算。日军对大荔轰炸和炮击损失最严重的是：1938年农历正月初七，日军火炮猛烈轰击朝邑县城，一时间城内硝烟弥漫，房屋成片倒塌，财物被毁不计其数。一位妇女腹部中弹而亡，郎中黄先生一家数口被炸得残肢飞起一两丈高，血肉模糊，惨不忍睹。一时间，朝邑城中人心惶惶，商铺关门停业，百姓避祸乡下。1938年8月16日，日机5架窜犯大荔，投弹20余枚，仅大荔师范学校死伤者就达7人。1939年1月26日，日机3架投弹20余枚，朝邑县的西关、北关及南寨子、大寨子等村被炸死伤10余人，因房屋倒塌被压死者20余人，毁坏房屋100余间。1939年10月11日，日机70余架投弹136枚，大荔县被炸毁房屋205间，死亡37人，伤11人。

从1938年4月12日到1941年9月，日军对合阳的轰炸和炮击，炸死合阳平民79人，炸伤28人。1938年4月12日，日军隔河炮击，炸死合阳沿河夏阳、莘里村民6人。1939年3月5日，日机轰炸合阳县城，投弹13枚，炸毁房屋10余间。1939年3月15日，日机轰炸合阳县城，炸死1人，毁东街小学校舍10间。1939年9月27日，日机3架轰炸合阳县城，炸死8人，炸毁民房数10间。1939年11月6日，敌机3架在北街乔家巷、西街洞子巷、张家巷投弹炸死、炸伤20多人，炸毁民房数10间。1941年9月，日机2架在县城投弹2处，伤3人，毁房屋、商店多处。最为惨重的是1939年10月27日，4架日机在合阳县城后地巷、大油巷、乔家巷等处投弹60余枚，炸死57人，炸毁房屋

100余间。

据澄城商会1946年6月9日报告，抗战期间，澄城县商民被炸死28人，炸伤18人，炸毁房屋32间，砖窑5孔，直接损失1333万元。从日机轰炸的幸存者的痛苦回忆中，可知抗战时期日机对澄城县的轰炸的惨烈情形。1941年5月6日八九点钟，6架日机在澄城县城投弹29枚。旧城端正街鸿胜泰药店（3间厦房）、恒春城（1孔窑洞）、思竟成京货铺（3间厦房）被炸毁，5人因窑洞炸塌窒息而死亡。一枚炸弹落入府前街胜利饭店，躲避在院内一棵大树底下的6人当场殒命，附近墙上、树枝上沾满了人的血肉和残骸。北门内粮食集上有所粮店的一座大房全被炸毁，该店掌柜李根润的儿子李木相（男，12岁，庄头乡李家河村人）被炸死在麦囤背后，几天后才发现尸体。北横街义信公京货铺的3间门面楼房和4间厢房被炸，店员王有坤上半截身子不见了，两腿埋在土中；二掌柜景文轩被炸成一堆血肉。南街小学一座教室被炸塌两间，县府3间灶房、老爷庙3间民房、林胜魁1间门面房和福茂德药店3间门面房也被炸损或炸毁。还有北横街、端正街、府前街的街心路面，南城墙外大路等处被炸形成深坑多处。仅此次轰炸，炸死平民14人，炸伤数十人，炸毁房屋29间、窑洞1孔。

华县是日军飞机轰炸西安的必经之地，防空警报在华县不时响起，华县平原地区尤其是县城的民众一直都在惊恐之中生活。1938年10月12日到1945年4月2日，日机8次轰炸华县，炸死平民59人，炸伤47人。日机轰炸华县，还炸死了驻防华县的国民政府军10余人。日机轰炸给华县公私立中小学及华县各保国民学校所造成的直接损失1945年时值为8958010元。1938年10月12日，日机轰炸华县城，炸死3人，炸伤2人，毁房73间，桌椅等器具200余件，直接损失时值227000元。1938年农历十二月初，日机轰炸华县县城，炸死3人，毁房5间，炸毁各类物资时值286,274元。1939年3月9日，日机轰炸华县，炸毁民房8间，炸死10人，炸伤2人。10月12日，9架日机低空穿梭，密集轰炸华县县城最繁华的街道，炸死52人，炸伤40人。炸塌东城城楼和两家商号的房屋。驻守城楼的十多名军人当场被炸死。守军一位军官之妻儿亦被炸死。1940年6月24日，日机由投燃烧弹于华县城南街大壕内，伤2人，焚麦垛1个。1940年8月25日，10架日机对赤水职业学校及圪塔庙坡一带实施了轰炸。1944年4月20日，8架日机扫射华县火车站，正在站台登车的国民党军某炮兵团，被打死1人，打伤7人。1945年3月31日，日机轰炸陇海铁路一辆正在华县段行驶的火车，炸死火车司机和工役各1人，伤10余人。1945年4月2日，日机还对清明节集体扫墓的小涨滩乡民进行轰炸和扫射。

从1939年1月22日到1942年6月30日，日机对陕东行政中心渭南县进行了12次轰炸，炸死125人，炸伤138人，毁房493间。损失惨重的轰炸是：1939年1月22日，日机轰炸渭南县城，毁房50余间、炸死炸伤平民20余人。1940年3月26日、27日，日机接连轰炸渭南，炸死5人，毁渭河渡船10只，毁坏浮桥一座及铁道枕木若干。1940年4月11日，日机轰炸渭南县城，炸死5人，毁房8间。

从1938年6月到1943年3月，日机对华阴的轰炸，共炸死平民70余人，炸伤27人，炸死耕牛12头，渡船6只，运输车2辆，炸毁房屋和校舍多间。1938年6月间，日机屡次侵扰华阴沿渭河一带，炸轰渡船6只，炸死2人，还炸毁了正在渭河码头运粮的运输车2辆，炸死耕牛12头。1938年12月17日，日机轰炸华阴县城，华阴县立中山街小学12名师生被炸死，125间校舍及附着校产在这次轰炸中俱毁，直接损失达153840元。1941年1月26日，日机轰炸华阴县城，炸死平民33人，炸伤7人。1941年9月4日，日机轰炸华岳庙，炸死22人，炸伤15人，炸毁房屋270间，直接损失3872000元。1943年3月25日，日机轰炸华岳庙镇，炸死3人，华岳庙邮政局营业室、仓库被炸毁。

从1938年2月至1942年9月，日军多次对韩城县城及沿河村镇、渡口进行轰炸和炮击，炸死36人，炸伤4人，4人失踪。历史文化名城韩城的多处文物、古迹、古董被毁，被毁的历代名人字画和传世家具、器皿等更是无法计数。

抗战期间，日机对富平县和蒲城县亦有多次轰炸，因档案缺失，我们只查找到1941年蒲城县商会报告该会65间房屋被炸毁，直接损失时值7261000元的档案。

（5）日军飞机轰炸商洛造成的直接损失

商洛位于陕西省东南部，是豫鄂抗日前线的后方，抗战后期豫西战役时，则成为抗日的前线。抗战期间，日机5次轰炸商洛，多次炮击陕豫边境洛南县三要司镇。

1940年6月20日，日机轰炸和低飞扫射洛南县城，炸死5人，重伤2人，城中民房及城内东街城隍庙、岳庙、文庙等处建筑不同程度地受损。6月17日，日机在洛南低空扫射，一名妇女中弹身亡。1945年5月，占领与洛南县相邻的河南卢氏县的日军，多次炮击洛南县三要司镇。击中镇中庚岭蚕庄，该蚕庄一家的直接损失时值法币105000元。日机轰炸和日军炮击共炸死洛南县平民7人，重伤5人。造成私人直接财产损失时值16200344元。

1942年11月3日，日机轰炸商县城，32间商铺被炸毁，小摊贩的8个铺位亦被炸毁，连同货物被毁直接损失时值4406600余元。11月22日，6架日机轰炸商县县城，炸死1人，炸伤3人。

（6）日军飞机轰炸汉中造成的直接损失

汉中为陪都重庆的重要屏障和豫鄂抗日前线的战略依托，是连接西北、西南大后方的咽喉要塞和军事重镇。抗战期间，汉中是日机轰炸陕西的重要目标之一。1937年11月13日，日机第一次轰炸西安的当天，即有12架日机窜犯汉中，对汉中的军事和民用设施进行侦察。1938年3月13日，24架日机首次轰炸汉中，直至1944年10月28日，日机最后一次轰炸汉中。在长达八年时间里，日机56次轰炸汉中，炸死637人，炸伤612人，炸毁房屋2689间。1938年到1944年，南郑①（汉中市汉台区）被日机轰炸，居民财产直接损失依1948年币值计算达3553100000元。有档案记载的一次死亡10人以上和损失惨重的轰炸有以下几次：

1938年3月13日，24架日机轰炸南郑西郊机场，油库被焚，南郑西关多数民房被毁。3月14日，日机24架轰炸汉中，投掷燃烧弹烧毁民房40间。11月4日，日机26架轰炸南郑，炸死9人，炸伤10人。

1939年5月6日，日机13架轰炸南郑市，炸死9人，7男3女受伤。5月7日，日机12架轰炸南郑，炸死4人，炸伤29人。5月16日，日机15架投弹百余枚，伤亡群众百余人。5月17日，日机12架，投弹50余枚，南郑城内石灰巷中央银行仓库被炸，毁房屋56间，死伤8人。10月14日，日机轰炸南郑，炸毁二层楼房8间，平房1间。10月25日，日机35架轰炸南郑，炸死198人，炸伤182人，炸毁民房78间。10月26日，日机16架轰炸南郑城东关及城东北角，七里店、吴基庄等处，炸死列队训练的应征新兵40余人，炸伤34人，毁房百余间。

1940年5月20日，日机16架轰炸南郑东郊黄家坡及在此办学的西北医学院，投弹40余枚，炸死14人，炸伤17人。同日，日机22架轰炸南郑，炸死28人，炸伤48人。9月13日，日机轰炸南郑，仅南郑县商会被炸毁房屋达13间，直接损失1946年估值3765000元。

1941年1月31日，日机20架轰炸南郑，投弹70余枚，民房被炸数十间，

---

① 汉中市原为南郑县城区拆置。1913年，废汉中府设汉中道，南郑县属之。1928年废汉中道，南郑县直属省辖。1935年，汉中为陕西第六行政督察区，专员公署驻南郑县城。1949年12月设南郑市，南郑县移置该县之大河坎镇。1954年南郑市更名为汉中市。

炸死1人，炸伤2人。5月21日，日机40架空袭南郑，投弹80余枚，民房被炸数十间，居民伤亡30余人。5月26日，日机46架轰炸南郑，炸死8人，炸伤30人。南郑城内南大街商号被炸者有6家，其中商号“全成永”后院落弹1枚，炸毁酱缸100余个。8月29日，日机66架轰炸南郑，炸死8人，炸伤13人。12月4日，日机8架轰炸南郑，炸死10人，炸伤3人。

1942年4月14日，日机12架轰炸南郑，当时正在北教场召开教职工大会的西北大学员工，突遭日机轰炸和扫射，死伤数十人。

1943年4月21日，日机轰炸南郑，炸死炸伤数10人。10月3日，日机12架轰炸南郑，炸死炸伤数十人。

1944年4月20日，日机10架轰炸南郑，炸死10人，炸伤8人。4月21日，日机8架轰炸南郑县，炸死5人，炸伤7人。9月11日，日机4架轰炸南郑，投弹46枚，炸死3人，炸伤9人。

（7）日军飞机轰炸安康造成的直接损失

安康市东邻湖北，南屏陪都重庆，西连汉中，北接西安、商洛，素有“秦头楚尾”之称。抗战时期，穿境而过的汉白、安汉路东达武汉，西通川、甘，沿汉江水路则可行船至汉口长江航道，据此，安康成为战时辐射毗邻省区的物资集散中心和支前运兵的战略要地。自晋、豫、鄂相继沦陷后，安康更成为通往西安的要塞和陪都重庆的外围据点。日机以安康为目标进行了长达七年之久的轰炸。1939年3月至1945年6月，日机18次轰炸安康，炸死2911人，炸伤2499人，炸毁房屋2518间。仅1940年5月和9月的两次轰炸，就造成1200余人的伤亡。有档案记载的一次死亡十人以上损失惨重的轰炸有以下几次：

1940年5月1日，日机24架在安康五里机场投弹180余枚，还对正在安康城西付家河淘沙的民工进行低空扫射，致死200余人，炸伤数十人，炸毁房屋200余间。仅机场邻近的周家营村，被炸死者就达148人。

9月3日，日机36架轰炸安康，投掷普通炸弹和毒气弹200余枚，并行野蛮的抵空扫射，致死850余人，伤2300余人，炸毁房屋1000余间。仅土西门至大什字一段，掩埋的无名尸体就达100余具，陕西会馆储存的百万斤桐油中弹着火，浓烟弥漫3昼夜。

1943年2月7日，8架日军飞机轰炸安康，在郊外投弹36枚，炸死炸伤11人。

（8）日军飞机轰炸延安市和炮击延安河防村镇造成的直接损失

1938年11月20日清晨，日机7架首次轰炸延安。被炸当日，肤施县长马濯江①对被敌机炸死炸伤人数进行了粗略汇总报告，其中有名有姓被炸死者达24人，炸伤者达30人②。对日机首次轻炸延安，时任延安市长高朗亭回忆，此次日机轰炸延安，投掷各类炸弹数百枚。凤凰山麓新华书店前遇难和受伤的机关人员和学生最多。之后统计，人员伤亡100余人，牲畜被炸死百余头（匹）③。11月21日，日机再次轰炸延安城。两次轰炸，日机出动三十余架，投弹159枚。炸死炸伤军民152人，毁房392间，炸死牲口90余头，商民货物损失约值50000余元④。对这两次轰炸，陕甘宁边区医院对损失情况的初步调查结果是，两次轰炸被炸死亡人口70人，被炸伤71人（十之七八为重伤），炸毁房舍392间⑤。

此后，日军企图用轰炸征服边区军民的暴行愈演愈烈。日机对延安城的轰炸每隔十天半月都有一至二次，少则出动飞机七八架，多则达70余架。日机对延安的轰炸一直持续到1941年8月间；造成较大损失的轰炸为1938年12月12日，日机7架，投弹四五十枚，毁民房100余间；1939年3月10日，日机14架次轰炸延安，投弹70枚，炸死6人，毁房7间；1939年9月8日，敌机43架次两次轰炸延安，投弹200余枚，炸死炸伤58人，毁房150余间；1939年10月15日，日机71架次分四批轮番轰炸延安，投弹225枚，炸死炸伤25人，毁房（含窑洞）70余间，延安城变成一片火海⑥。

日机对延安城的轰炸，以平民财产受损严重。以1940年日机轰炸延安为例，陕西省参议员王季斌1947年9月呈文报告，其本族在原籍延安城房屋被炸毁计252间，直接损失时值折合1945年8月法币202500元⑦。1938年11月20日至1939年3月6日间，日机轰炸延安城，城内鄜州师范被炸直接损失达国币

① 马濯江为国民党陕西省政府任命的肤施县长。肤施县附延安府，治约为今延安宝塔区中部和北部地区，1937年2月，肤施县并入延安县。“一县双县长”是抗战初期陕甘宁边区的独特政治现象。

② 肤施县政府：肤施县被敌机轰炸死伤人数调查表，1938年11月，陕西省档案馆馆藏民国档案藏，档案号（永久）72－9－332。

③ 高朗亭：《忆日本飞机第一次轰炸延安城》，载延安市政协文史委编：《延安文史资料》第二辑，1985年8月内部印行，第131—132页。

④ 肤施县政府：肤施县被敌机轰炸死伤人数调查表，1938年11月，陕西省档案馆馆藏民国档案，档案号（永久）72－9－332。

⑤ 延安市政府：“延安市群众被炸伤亡人数及财产损失统计表”，1938年11月，陕西省档案馆馆藏民国档案，档案号（永久）2－1－1010。

⑥ 根据1938年12月15日、1938年3月17日《新中华报》，雷云峰等著《陕甘宁边区史》（西安地图出版社1993年版）的综合。

⑦ 陕西省参议员王季斌：陕西省参议会公函总第1期，1947年9月，第141页，陕西省档案馆馆藏民国档案，档案号（永久）72－9－340。

358550 元[①]。

对 1938 年 11 月 20 日至 1941 年 8 月 4 日期间，日机对延安城轰炸所造成的直接人口伤亡和财产损失，陕甘宁边区政府根据延安市公安局的调查材料及 1945 年抗日胜利后召集的延安市群众代表座谈会所得材料进行统计，对抗战中日机轰炸延安市损失的统计数据是：日机共出动飞机 240 架次，8 次侦察袭扰、7 次轰炸延安城，投弹 1170 余枚，炸死延安市居民及机关学校人员和学生 214 人，炸伤 184 人，毁公共建筑物 1176 间，过街楼 10 座，戏楼 10 座，石洞 5 座，炸毁教会建筑物基督教堂 1 座，基督教房屋 94 间，天主教房屋 75 间，炸毁群众房屋 7226 间，炸死牲口 197 头，炸毁粮食 345000 斤，其他财物被毁损失亦达 112000000 元，共计造成公私财物直接损失达 1945 年时值法币 157990000 元[②]。当时的延安市南关乡代表顾宗仁在其“要求日寇赔偿轰炸延安损失并请国内外救济机关、团体重建延安市案”中，对日机轰炸延安城损失情况的调查统计是：日机对延安城的轰炸就达 17 次，投掷各类炸弹 1690 枚，炸死 214 人，炸伤 184 人。炸毁公共房产 1176 间，民房 14452 间，石洞 5 孔。炸毁基督教堂一座，教堂房屋 94 间被毁。天主教堂一座，教堂房屋 75 间被毁。炸死牲畜 197 头，炸毁粮食 34 万余斤[③]。1947 年 3 月，国民党胡宗南部占领延安后，胡宗南所委任的延安县长袁德新曾根据国民政府统计抗战损失的指令，于 1947 年 9 月对抗战期间延安县（延安市）平民直接人口伤亡和财产损失进行过统计。结果显示从 1938 年 9 月 29 日至 1941 年 7 月 20 日，日机出动 393 架次，25 次轰炸延安，炸死 528 人，炸伤 767 人，炸毁公房 2570 间，民房7940间。炸死牲畜 974 头，日机轰炸延安所造成的直接损失 1947 年时值达法币 38 亿元。公粮布匹器具等被毁损失时值 3454 亿元。始建于北宋的延安古城垣多半被炸，损失更是难以估计[④]。但这次统计未对中共中央各机关和边区政府各机关及八路军的人员伤亡和财产损失情况进行统计。比较抗战后国共双方这两种有一定差异的统计结果，我们认为 1947 年 10 月胡宗南部延安县长袁德新依据国民政府关于抗战损失调查规定进行的统计数据较为准确。

---

① 鄜州师范学校：鄜州师范财产直接损失填报表，1939 年 3 月，陕西省档案馆馆藏民国档案，档案号（永久）90－2－264。

② 延安市公安局：抗战中敌机轰炸延安市损失统计表，1945 年 12 月，陕西省档案馆馆藏民国档案，档案号（永久）4－2－17。

③ 延安《解放日报》，1946 年 3 月 10 日，见日寇轰炸延安损失。

④（国民党）延安县政府：日寇空军轰炸延安人民损害统计表，1947 年 10 月，陕西省档案馆馆藏民国档案，档案号（永久）90－2－426。

抗战期间，日机三次轰炸洛川县城。日机轰炸造成洛川县城凤楼镇，平民被炸死25人，559间房屋被炸毁。洛川县被炸农业直接损失国币57592元，商业直接损失13980元，公共事业直接损失891220元，大华书局、德兴书局两次被炸损失共计损失27160元（其中图书被炸毁的损失就达11049元）。

宜川被日机轰炸死亡人数则达126人。其中，1939年10月至1942年4月，日军8次炮击和轰炸宜川县城及沿黄之集义镇、秋林、党湾、五里坪、甘草等地，投弹109枚，死伤126人，毁房670间，炸死大牲畜83头，直接损失时值国币341800元①。

日机于1939的10月和1940年7月两次轰炸延长县。出动飞机30架，投弹143枚，炸死15人，炸伤18人，毁房31间，石窑1孔，炸死牲口12头，毁粮2100斤，货物器具若干，共计直接损失1946年时值边币6640000元。

日机轰炸、炮击，造成延川县的被炸损失为915000元。固临县的被炸直接损失为1745000元②。

（9）日军轰炸榆林县城和炮击榆林河防村镇造成的直接损失

榆林地处陕甘宁蒙晋五省（区）交界地带。东临黄河与山西相望，北阻大漠与内蒙为邻。榆林境内商贾云集，向为西北蒙汉贸易的重要通道。山西、内蒙沦陷后，榆林成为抗战的前线。

抗战期间，日机32次轰炸榆林，多次炮击国民党军河防阵地和沿河村镇、渡口。日军对榆林的轰炸，共炸死平民140人，军人118人，重伤居民217。轰炸毁房4739间，炸沉木船87只。其中以府谷县遭日军机炮互轰损失最为惨重。府谷县被炸死者83人，被炸伤者79人，1737间房屋被炸毁。1938年3月6日，日军在猛烈炮火掩护下渡河侵入府谷县城西关，焚毁商号、民房400余间，枪杀民众38人。1940年府谷县永安镇被炸死者25人，被炸重伤7人。府谷县哈拉寨被炸死者12人，炸伤16人。1938年10月2日，日机轰炸永安镇造成直接损失时值31011084元。1939年2月10日的日机轰炸，哈拉寨直接损失时值17006.74元。1940年1月25日的轰炸，永安镇直接损失时值2145967元，哈拉寨直接损失时值281953元。1940年2月，永安镇被炸损失1928698元。永安镇被炸损失累计达8384832元③。

---

① 宜川县政府：县府雇员郝凤岐家被炸报告，1940年3月，陕西省档案馆馆藏民国档案，档案号（永久）1－3－815。黎锦熙主编：《民国宜川县志》，1946年版，见“军警志”“大事年表”，宜川县档案馆藏。

② 延属分区：抗战中敌机轰炸延长、延川、固临三县统计表，1946年3月，陕西省档案馆馆藏民国档案，档案号（永久）4－2－175。

③ 府谷县政府：《府谷民国抗战志》，1942年，内蒙古自治区巴彦淖尔盟档案馆馆藏陕西民国档案，档案号284－118－2－112。

1937年10月底，八路军接防绥德、米脂、佳县、吴堡、清涧等县河防。企图进犯陕甘宁边区的日军把进攻重点矛头指向吴堡县宋家川。1938年5月至1939年12月间，日军4次进攻宋家川。1938年12月，日军还对壶口上游的马头关、凉水崖、清水关八路军河防阵地发动突袭；1939年11月，又调集重兵合围碛口，企图强渡佳县渡口。日军出动兵力23次进犯八路军河防阵地，并以飞机和火枪对我沿河防诸县村镇、渡口进行了猛烈轰炸，造成河防一线平民伤亡达180余人（其中20余人为敌毒气弹所伤）①。

抗战期间，日军轰炸和炮击吴堡县达23次，炸死8人，炸伤7人，毁房67间，直接损失达20260元。仅1938年12月2日的轰炸，就炸伤2人，毁房3间，直接损失200元。日机2次轰炸绥德县，炸死2人。隔河用机枪扫射，打死平民4人，打伤2人，1人被日军俘虏，毁房19间，直接损失554480元。其中1939年4月18日，日机轰炸绥德县城，同心合商栈一家被炸毁房14间，直接损失552230元②。

从1938年3月到1943年12月间，日军对边区陕西境内沿河的吴堡县宋家川、旧城、冯家岔、李家沟、佳县之螅蜊峪、城内、大会坪、大头峪，绥德县县城和石岔，清涧县城及延长、延川、固临（陕甘宁边区设置的县，辖区包括今延安市宝塔区及延川县、宜川县的部分地区）、神木、府谷沿河村镇的轰炸和炮击达65次以上。据陕甘宁边区救济分会1946年统计，仅吴堡、佳县、绥德、清涧四个县民众被炸死者就达182人，炸伤542人，房屋被炸毁1939间，窑洞被炸毁1185孔，楼房7座，戏楼8座，桌凳5160件，瓷器14412件，锅1675口，毁粮336900斤，衣物18573件，牲畜272头，船只168只，纺车1979件，织布机443架，礼堂3座，木炭650000斤，142户商户被炸，直接损失法币356500000元③。

日机轰炸和炮击榆林有档案记载的一次死亡十人以上和损失惨重的轰炸为：1938年9月13日，2架日机轰炸神木县，投弹15枚，伤亡37人④。11月19日，3架日军飞机第一次轰炸榆林城，炸死15人，炸伤21人⑤。同日，2架日

---

① 雷云峰等著：《陕甘宁边区史》（抗日战争时期·上），西安地图出版社1993年版，第63页。

② 府谷县政府：民国《府谷县志》，见府谷抗战损失表，1942年，内蒙古巴彦淖尔盟档案馆藏陕西省民国档案，档案号272－113－2－100。

③ 抗战中黄河沿岸吴堡、佳县、绥德、清涧遭敌轰炸进攻损失统计表（一），1946年3月，陕西省档案馆馆藏民国档案，档案号（永久）4－2－175（2）。

④ 府谷县政府：《府谷民国抗战志》，1942年，内蒙古自治区巴彦淖尔盟档案馆馆藏陕西者民国档案，档案号284－118－2－112。

⑤ 榆林县政府：榆林县伤亡官民褒恤调查表，1938年11月，陕西省档案馆馆藏民国档案，档案号（永久）9－4－294。

机轰炸神木县，投弹 21 枚，伤亡 40 人①。12 月 19 日，5 架日机轰炸神木县，投弹 40 枚，伤亡 26 人，炸毁神木县官盐局房屋 19 间兰②。抗战期间，日机 7 次轰炸神木县，炸死炸伤 103 人，毁房 607 间，直接损失值达国币 87750 元。

1939 年 6 月 5 日，日机轰炸绥德，陕北地方银行绥德办事处直接损失时值 1797 元③。8 月 5 日，日机轰炸米脂县城，炸伤 5 人，炸死驴 1 头，炸毁房屋 30 间④。9 月 5 日，日军以大炮、飞机轰炸和机枪扫射吴堡县城及宋家川，毁房 16 间，石窑 34 孔，房和窑内器物也大部被毁。9 月 27、29 日，日机 2 次轰炸榆林城，炸死 16 人，炸伤 5 人。11 月 14 日，日机轰炸榆林城，炸死 1 人，炸伤 11 人。12 月 16 日，日机 36 架轰炸榆林城，投弹 230 余枚，炸死 8 人，炸伤 14 人⑤。

1938—1940 年间，日军 109 次轰炸和炮击府谷县城及府谷沿黄河之哈镇等村镇，炸死 83 人，炸伤 79 人，毁房 1600 间，直接损失国币 200090 元⑥。12 月 8 日，日机轰炸榆林县城，炸死 26 人，重伤 25 人⑦。

1940 年 6 月 20 日、24 日、27 日，日机连续三次轰炸佳县城及县内沿河之木头峪、屈家庄、慕家坬，伤亡军民共计 20 余人，其中平民死亡 3 人，重伤 5 人，轻伤 1 人，死者母嚎子哭，殊堪悯恻，重伤者，骨折肉飞，倍极惨酷⑧。炸毁房屋亦达数百间⑨。其中 6 月 24 日，日军对佳县黄河沿岸桃花、螅镇渡口的炮击，击毁两渡口停泊木船 42 只，直接损失时值 1940 年法币 11000 元。炸

① 神木县政府：神木官盐局遭敌机轰炸损失，1938 年 12 月，陕西省档案馆馆藏民国档案，档案号（永久）72 - 9 - 339。

② 神木县政府：本县（神木）遭受敌机轰炸调查表，1938 年 12 月，陕百省档案馆馆藏民国档案，档案号（永久）72 - 9 - 332。

③ 榆林县政府：榆林县人口伤亡调查表，1940 年 7 月，陕西省档案馆馆藏民国档案，档案号（永久）9 - 4 - 531（3）。

④ 陕西省社会处：各县市人力损失调查表，1947 年 11 月，陕西省档案馆馆藏民国档案，档案号（永久）90 - 2 - 411。

⑤ 府谷县政府：《府谷县志·抗战志》，1942 年，内蒙古自治区巴彦淖尔盟档案馆馆藏陕西省民国档案，档案号（永久）284 - 118 - 2 - 112。

⑥ 府谷县政府：抗战以来的府谷，陕西省档案馆馆藏民国档案，档案号（永久）1 - 12 - 193。关于 1940 年府谷县被炸灾况快邮代电，内蒙古自治区巴彦淖尔盟档案馆馆藏陕西民国档案，档案号 208 - 13 - 37。

⑦ 榆林县人口伤亡调查表，1940 年 7 月，陕西省档案馆馆藏民国档案，档案号（永久）90 - 4 - 531。

⑧ 佳县政府：敌机轰炸损失填报表，1940 年 7 月，内蒙古自治区巴彦淖尔盟档案馆馆藏陕西省民国档案，档案号 100 - 113 - 2。

⑨ 佳县政府：佳县 4 次遭敌轰炸损失报告表，1942 年 12 月，内蒙古内蒙古自治区巴彦淖尔盟档案馆馆藏陕西省民国档案，档案号 272 - 113 - 2 - 100。

毁佳县城房屋39间，直接损失国币18550元，其他器具被炸损失国币8382元。

1940年2月7日，10架日机轰炸府谷县哈拉寨，炸死7人，炸伤11人。

1941年春，日机炮击佳县螅镇渡口，炸毁木船18只，直接损失国币14400元。

1942年日机3次轰炸佳县，炸死1人，炸伤1人，炸毁窑洞6孔，损失时值国币1200元，炸塌县城东城墙3丈余，损失国币700元，炸死驴4头，损失1200元，炸毁芦镇渡口船30只，损失时值国币24000元。1942年2月2日，12架日机轰炸府谷县城，炸死33人，炸伤50余人；2月6日，9架日机空袭城关，炸死5人，炸伤10人。

3. 抗日战争时期日军轰炸和炮击陕西造成直接人口伤亡和财产损失统计

抗战8年期间，整个陕西省都处在了日机轰炸和炮火的威胁之下。这8年中，日机对陕西轰炸的地域遍及陇海铁路和西宝、西兰、川陕、汉白、长坪公路沿线的55个县市。日军对陕西的炮击遍及晋陕、晋豫交界处千里黄河沿线的15个县的所有村镇和渡口。日军以炸死炸伤陕西民众，摧毁物资，断绝交通，破坏生产等战争潜力作为轰炸和炮击的目的。陕西境内除河防阵地，工厂、车站、码头、铁路、公路、桥梁以外，机关、学校、宗教设施、平民住宅等也都遭受了日军炸弹的轰击。以1939年日机轰炸陕西的统计结果为例，当年日军出动飞机1273架，142次轰炸陕西省，投弹5611枚，炸死平民1499人，炸伤1599人，炸毁房屋11580间。其中对陕西省城市的轰炸为121次，出动飞机1142架；对乡镇轰炸14次，出动飞机59架。对机场轰炸3次，出动飞机46架；对交通设施轰炸4次，出动飞机26架①。由此可看出陕西人口较为集中、经济较为发达的城市和交通设施是日机轰炸的主要目标。抗战期间，日机轰炸和炮击，共计炸死陕西平民9047人，炸伤7015人，炸毁房屋43825间。其中一次性死伤在百人以上的城镇有西安、延安、宝鸡、南郑（汉中）、安康等地。

---

① 航空委员会防空监部主席民国二十八年度《全国空袭状况之检讨》，“陕西省敌机空袭损害统计表”，中央党史研究室抗日战争时期中国人口伤亡和财产损失课题调研组提供，原件藏台北“国史馆”赔偿委员会档案卷宗。

日机的轰炸和炮击，在造成陕西巨大的直接人口伤亡的同时，也造成了陕西居民财产和社会财产的巨额直接损失。根据这次调研，抗战时期陕西省直接财产损失的统计结果为：社会财产直接损失折合 1945 年 8 月时值法币 756868484806 元；居民财产直接损失共计折合 1945 年 8 月时值法币 98253032523 元。

抗战时期陕西省社会财产损失统计表①

单位：元（法币元）

经济部门 \ 类别		直接损失	间接损失	合计
工业	工业	166193429	30219471	248302771
	矿业	—	30000000	
	其他	640554	21249317	
农业	农业	1382450038	6725176281	55800827574
	林业	97076676	28124954	
	牧业	47539847780	—	
	渔业	—	—	
	其他	—	28151845	
交通	铁路	—	—	51468205729
	公路	8835893	27426222	
	航空	—	5220546497	
	水运	3944000	1958795	
	其他	46198908175	6586147	
邮政	邮政	20000000	17810	20020710
	电讯	—	2900	
	其他	—	—	
商业	商业	426129871	1443462437	1870271308
	外贸	—	—	
	其他	50000	629000	
财政	税收	—	541731	505204880408
	其他	501893100830	3311237847	
金融	银行	—	1545511700	1545511860
	钱庄	—	—	
	其他	160	—	

① 此表为这次“抗日战争时期中国人口伤亡和财产损失”课题调研所设计并要求填写的表格。表中所列币值是抗战胜利后陕西省按照国民政府行政院对抗战损失调查的要求，以 1937 年的法币时值为基准再折算为 1945 年 8 月的法币时值。

续表

经济部门 \ 类别		直接损失	间接损失	合计
文化	图书	129657100	—	129927476
	文物	1000	—	
	古迹	1550	—	
	其他	265874	1952	
教育	小学	7612828000	91204335	10006349689
	中学	1884713554	3968219	
	中专	104200000	2832850	
	大学	211	—	
	其他	199589941	107012579	
公共事业	机关	5014200	17100303795	72458168424
	团体	16388320	3826734867	
	其他	46155145872	5354581370	
其他		103023501778	279914654282	382938156060
总计		756868484806	324822137203	10816906222009

陕西省各市抗战时期财产损失统计表

单位：元（法币，1945 年 8 月时值）

市别 \ 类别	社会财产损失		居民财产损失（直接损失）	合　计
	直接损失	间接损失		
西安市	347537341	13067789682	126813749	13542140772
宝鸡市	151483700	12762279700	199869351	13113632751
咸阳市	14897882	1870355764	102873	1885356519
渭南市	755682892095	217701181060	93054032983	1066438106138
汉中市	151860360	897151736	3119396	1052131492
安康市	224923	33788505299	4865014800	38653745022
商洛市	—	42294104867	6725	42294111592
铜川市	—	33505570	224200	33729770
榆林市	1126653	1103704	399636	2629993
延安市	518461852	2406159821	3448810	2928070483
总　计	756868484806	324822137203	98253032523	1179943654532

（二）抗战时期陕西省的防空与迁移疏散损失[①]

1937 年 11 月 7 日，日机首次轰炸陕西潼关县城。13 日，日机首次轰炸陕西省会西安。1938 年 3 月 7 日，日军炮击潼关县城。1945 年 7 月 15 日，日机最后一次轰炸陕西西乡县城。抗战八年间，日机轰炸陕西城镇达 567 次[②]，炮击陕西沿河村镇10 万余次。为积极开展防空袭斗争，1937 年 8 月，陕西省开始对全省实施包括治安、交通、灯火和无线电管制。同月，陕甘宁边区在延安召开联席会议，成立了防空协会，制定了防空措施。9 月，陕西防空协会举办了首期防空情报训练班。随后，在利用本省原有线路、无线通信设施的基础上，专设了无线电总台，配备了通信兵，并架设了全长 1050 余公里的防空专用线路，各县防空监视队（防空支会会长兼任队长）还以 14 公里间隔为原则广布防空监视队哨，建立起遍布全省的防空通信情报网。陕西省各机关和民众斥巨资修筑了公有和私有防空设施 51870 处，私有防空洞面积 9049. 9 平方米，总面积达 175445 平方米的防空工事。为躲避日军的轰炸和炮击，陕西省机关、厂矿、学校和民众还被迫向关中西部和陕南的县城、乡村疏散，花费甚巨。

1. 耗费巨量人力、物力、财力修筑防空设施[③]

七七事变前，陕西只有位于西安东西门、甜水井、大莲花池、桥梓口等地的 4 处共可容纳 1600 人的防空设施。抗战爆发后，日机对陕西的侦察、轰炸和袭扰，迫使全省各级政府和民间加速修筑防空工事。1941 年，西安市政府已修筑城外防空壕 474 处（35515 米），市区防空壕 2100 处，市区地下室 1821 处，城墙防空洞 625 处。西安市私人修建的城墙防空洞、防空地下室也达 714 处。工事总面积达 149000 平方米，可容纳 298000 余人。截至 1941 年，陕西全省主要城市西安、宝鸡、咸阳、汉中、安康、铜川修建公有和私有防空设施 51870

---

① 遗憾的是这次陕西省抗战时期人口伤亡和财产损失调研中，我们未能查找到陕甘宁边区修筑防空工事的档案和文献资料。

② 这一数据为这次陕西省抗战时期人口伤亡和财产损失调研中依据现有档案所统计的数字。

③ 陕甘宁边区在边区首府延安城挖掘了数以万计的防空窑洞，但对其准确数据及用工花费情况，由于缺少档案资料支持，未能计入这次陕西抗战损失调研的统计数据之中。

处，私有防空洞面积9049.9平方米，防空工事总面积为175445平方米，可容纳350890人①。

1943年，陕西防空司令部在西安城墙10个防空便门外的护城河上修了10座便桥方便民众到城外避难，在城内增设了3160个防空洞壕，979个防空坑，可容纳12万人。另外在各防空洞外修筑土墙，防日机弹片伤人。又另设防毒气弹袭击警报鼓26处，在各洞安装了风厢式滤毒箱并以木柱加固②。工事总面积达149000平方米，可容纳298000人防空避难。其中公有的城墙防空洞高1.5—1.8米，宽1.0—3.1米，总长达5100米。修建上述防空工事的经费主要来源于募捐和向商号，民众摊派所得。修建防空工事的费用以个案为例。1937年12月24日，西安市政工程处向省建设厅报告，当年6月到11月间，全市已建成公共地下室21座，每座平均入土深度7公尺又5寸，长55公尺至125公尺，共长约1620公尺，共耗工料十万余元。其中南四府街城洞一处标书显示，耗资为10004.7元③；1940年9月陕西省政府拟建的100平方米的一处地下防空室，工程合同造价即达35250元。1942年3月，陕西省防空司令部加装西安东城139及140号防空洞防毒设备的费用支出为3930.30元④。1944年，西安市政建设委员会在城内修建防空蓄水池22个，耗资29944000元⑤。

迁建宝鸡的申新纱厂，为能在日机轰炸的威胁下继续生产，1940年1月至1941年2月间，在股东荣德生的极力倡导下，选址宝鸡长乐塬土崖地带，挖掘出了总长1793.77米的24孔窑洞，总面积达4847平方米，作为纺纱车间，安装有2万锭纱机的全套机器和细纱机1.2万锭。此项工程耗资113.3万元，被林语堂称为“中国抗战期间最伟大的奇迹”⑥。西安大华纱厂抗战期间的建筑防空设备的防空设备费为3000000元。咸阳第一、第二国民学校抗战期间的防空费支出为31000元；韩城县府统筹的防空设备费为19000000元。富平县防空费支出1070000元。神木县1937年7月至1942年12月间的防空设备费支出为

---

① 陕西省人民防空办公室编：《陕西省志·防空志》，2000年印行，第83页。

② 陕西省政府秘书处：“一年来的陕西防空”（《陕政》），1943年12月，陕西省档案馆馆藏民国档案，档案号（永久）C3-2-14。

③ 这个数据系根据陕西省人民防空办公室编《陕西省志·防空志》（2000年印行，见第83页）和民国三十一年十一月二十一日《西京日报》（见冯云升的“西安市一年来之民防设施报告”）综合的数据。

④ 陕西省防空司令部：西安市建设委员会工程处抗战损失调查表，1943年3月，西安市档案馆馆藏档案，档案号19-4-494。

⑤ 陕西省政府：“陕西省施政纲领”,1944年1月，陕西省档案馆馆藏民国档案，档案号（永久）1-12-227。

⑥ 陕西省人民防空办公室编：《陕西省志·防空志》，2000年印行，第153页。

43700 元。周至县被省政府摊派修建西安城外草场坡至李家村、韩森寨西段外防空壕，付给西安兴业公司的工程款为 1947 年时值法币 121.8 亿元。地处秦岭山中的柞水县，1937 年 7 月至 1945 年 8 月用于防空的费用也达50000000元；秦岭山中的商县，1938 年 1 月至 1945 年 6 月用于防空工事等的支出达1860万元①。依据国民政府统计局主计处对抗战以来 1937 年至 1943 年 6 月对各省上报财产损失资料汇总结果，这一时期陕西省政府所属机关防空设备费支出为 1360800 元，西京筹备委员会防空设备费支出 521.11 元②。陕西省银行 1940 年报告，1937 年 7 月至 1938 年 12 月，该行用于建防空设施费用达当时时值 6800.68③。全国抗战爆发前，陕西全省只有陕西省防空司令部在西安市修筑的 4 处公共防空地下室，每处可容纳 160 人。军事机关、工厂、商户修筑有少量防空地道。全国抗战爆发后，1937 年 8 月，陕西省政府致电西京筹备委员会："时局紧张，敌机猖狂，西京为我国防重地，一切防空设施急不容缓。"④ 要求加紧防空设施的修筑工作。随着日军飞机对咸阳、宝鸡、渭南、汉中、安康、榆林、延安的轰炸的日益剧烈和战区难民的大量涌入，迫使全省开始修筑防空避难室、防空壕、城墙里的防空洞等大量的防空设施。这些防空设施的经费来源，一为中央拨款，二为地方财政拨款，三由商户、民众摊派或募捐解决。陕西民众为此付出了大量的人力、物力和财力。陕西省警察局督促市民自凿防空壕，督促商户自筑土洞防敌空袭。规定："所需经费客主分担，并饬即日在可能范围内，自筑土洞，以免危险。"⑤ 西安、宝鸡、汉中等地相继修建了 175445 平方米，总共可容纳 35 万余人的防空工事。陕甘宁边区则依托地利优势，挖掘空洞和坑道防空工事。宝鸡十里铺中新纱厂则在宝鸡长乐塬脚下挖了总长达 1793.77米的 24 孔窑洞，安装了 2 万锭粗纱机和细纱机 1.2 万锭，成为抗战时期著名的"窑洞工厂"。

---

① 商县政府：商县等县财产损失填报表，1946 年 10 月，台北"国史馆"藏国民政府赔偿委员会档案，档案号 304－1092。

② 主计处统计局：主计处统计局财产损失统计表，中国第二历史档案馆馆藏档案，档案号 6（2）－553。

③ 陕西省政府：陕西省营业间接损失报告表，1946 年 10 月，台北"国史馆"藏国民政府赔偿委员会档案，档案号 304－1082。

④ 陕西省防空司令部：陕西省防空司令部关于防空疏散代电及省府所属机关办理疏散物资文件的文书，1937 年 8 月，陕西省档案馆馆藏民国档案，档案号（永久）1－4－65。

⑤ 陕西省图书馆文献部藏：《西京日报》1937 年 11 月 24 日，第二版。

1941 年陕西省防空工事及其容纳人数情况

城镇	公有						私有			合计	
	市区地下室（处）	市区防空壕（处）	城墙防空洞（处）	防空洞（处）	窑洞	郊外防空壕	市区地下室（处）	城墙防空洞（处）	防空洞㎡	工事总面积㎡	容纳人数（人）
西安	1821	2100	625			35515m	607	107		149000	298000
宝鸡	6	1718	25	454	330	78 处			5076.9	18761	37522
咸阳	19									2358	4716
铜川	50			20						907	1814
汉中	3								3973	4377	8754
安康	3									42	84
总计	1902	2300	650	474	330	45500	607	107	9049.9	175445	350890
备注	1. 因统计资料不全，统计数字小于实际数字； 2. 咸阳、铜川、安康地区工事系 1966 年清查出尚能使用的工事； 3. 工事容纳人数均按 1 平方米 2 人计算； 4. 西安地区工事容纳人数摘自陕防月刊 2 卷 5 期 14 页 1941 年 7 月； 5. 宝鸡私有防空洞含申新纱厂地下车间 4847 ㎡； 6. 总计中不包括防空坑道及碉堡工事。										

2. 城镇人员、工矿企业、商户、学校被迫向乡间迁移疏散①

由于我方防空力量落后，没有足够的防空火力反击日机的狂轰滥炸，防空疏散成为了减少敌机轰炸伤亡和损失的最有效措施。疏散对象包括居民、机关、学校、商铺和工矿企业。自日机轰炸陕西之始，陕西防空管理机构即号召城镇居民向农村疏散。1938 年 3 月，日机对陕西城市的狂炸，更加迫使疏散力度的进一步加大。为收容华北沦陷区流亡师生，教育部组成了国立陕西中学第一队。1000 余名师生由教育部图书馆馆长周之裳带队，从西安迁移到安康办学②。1938 年 5 月，陕西省成立了防空疏散委员会。该会向省府提出了“老幼妇孺及整个团体之难民，无留居西安之必要应早早迁移疏散”③，并增发疏散救济费的议案。建议把西安市居民特别是难民、流民，疏散到农村或移居邻近县城，请求省府拨付经费支持此项工作。为防敌空袭造成学生伤亡，1938 年 11 月 26 日，陕西省教育厅要求“中学、师范迁往安全地后继续上学，小学必要时可以停办”④。陕西省教育厅预算省立各校共需疏散费 159 万元，省政府给予了拨付。随后，陕西东部各县县立中学被疏散到了本县乡镇，如蒲城中学疏散到本县高阳镇。省立中等学校被疏散到了陕西西部之乾县、宝鸡、凤翔、眉县、陇县等地。如同州师范疏散到了凤翔县。西安、咸阳的中学、中专学校也大部向陕西陕西汉中和关中西部之周至、户县、宝鸡等地疏散。而省立医专、省立商高专等则远迁疏散到陕南之洋县、勉县。教育部饬令迁移西安的国立北平大学、北平师范大学、天津北洋工学院和北平研究院等大学和研究所组成西安临时大学。

---

① 从现有的陕西省抗战时期档案资料看，陕西从潼关至神木间千里沿河城镇的被迫疏散缘于日机轰炸和炮击及企图进攻的威胁，当时陕西省沿河各县上报材料统以疏散费计之。西北联大等高校联合办学，后又转战迁移疏散，论述中涉及的疏散费包含上述诸大学，也包括在陕办学的河南大学、山西大学和私立川至医学专科学校的转战迁移和疏散。

② 陕西省图书馆文献部藏：《西京日报》1938 年 3 月 26 日，第二版。

③ 陕西省防空司令部关于防空疏散代电及省府所属机关办理疏散物资文件的文书，1938 年 5 月，陕西省档案馆馆藏民国档案，档案号（永久）1－4－65。

④ 陕西省防空司令部关于防空疏散代电及省府所属机关办理疏散物资文件的文书，1938 年 11 月，陕西省档案馆馆藏民国档案，档案号（永久）1－4－65。

日机轰炸西安后，西安临时大学（后改名西安联合大学）被迫疏散到了陕南之南郑、城固、勉县、洋县、西乡等处艰难办学。1938 年 12 月，西安师范、西安女师、西安女中、西安私立培华女子学校亦被迫迁移至陕南西乡县办学①。1941 年 5 月 28 日，陕西省政府要求中学自当日起 20 日内完成疏散，小学自 6 月 1 日起，在 1 个月内完成疏散。西安城内的公、私立中学全部迁移疏散到了西安城南乡间办学。1942 年在安徽太和办学的国立二十一中，先迁河南镇平，1945 年初豫西沦陷，遂渡丹江迁移疏散于商南县，再迁丹风龙驹寨、商县、山阳，复又疏散于西安东面的蓝田县②。

1938 年后，国立第二十二中学、国立第七中学、私立山西太原平民中学、扶轮中学、河南第一战时中学和河南教师服务团先后迁移到汉中办学③。

抗战爆发后，平津沦陷。1937 年 9 月 10 日，教育部令“以国立北平大学、北平师范大学、天津北洋工学院和北平研究院等院校为基干，设立西安临时大学”，后改称国立西北联合大学。西安市临大分别在西安城隍庙庙后街、小南门外、北大街通济坊等处办学④。及至 1938 年 3 月，在日机轰炸的威胁下，又被迫迁移疏散到陕南汉中、城固、西乡、勉县办学。东北大学先前已于 1936 年 2 月迁至西安办学，1938 年 3 月又迁移疏散到四川三台办学。私立焦作工学院首迁西安后并入西北联合大学，再迁汉中，一度复移甘肃天水艰难办学。河南大学迁商洛，再迁西安，后又迁往宝鸡。山西大学、私立山西川至医专亦迁移至陕西宜川县柳林镇一带办学。1938 年 7 月，由北洋大学工学院、东北大学工学院、私立焦作工学院内迁组成国立西北工学院，学院设址陕西城固县。国立西北医学院 1939 年被迫由西安迁移到城固办学。由西安迁移城固的迁移费支出高达 1939 年时值 20000000 万元⑤。抗战胜利后，1946 年 9 月 14 日，教育部电告国立西北工学院，该院迁回西安的费用原核定为 45780 万元，现再增拨至 31358.4 万元⑥。

---

① 中共陕西省委党史研究室、中共汉中市委党史研究室合编：《抗日战争时期中共汉中地区党组织及其活动》，2007 年印行，第 362 页。

② 邹雅林：《八千里路云和月》，载中共中央党史研究室、中央档案馆合办：《中共党史资料》2008 年第 2 期，第 92—102 页。

③ 汉中市地方志编纂委员会编：《汉中市志》，中共中央党校出版社 1994 年版，第 632 页。

④ 陕西省图书馆文献部藏：《西京日报》1937 年 9 月 12 日，第二版。

⑤ 西北医学院：国立西北医学院建校、迁校办法等，1946 年 9 月，陕西省档案馆馆藏民国档案，档案号（永久）67 - 5 - 191.1。

⑥ 国立西北大学院：国立西北工学院复员搬迁及请款等事，1946 年 9 月，陕西省档案馆馆藏民国档案，档案号（永久）61 - 2 - 431。

西安、咸阳、宝鸡、汉中的工厂、商铺、机关也被迫有计划地向安全地带疏散。1939 年 6 月底前，西安市内有 53 个机关疏散到了西安南郊杜曲、黄良、五权、樊南等村镇办公。1941 年 5 月 28 日，陕西省政府作出了市区中小学在一个月内疏散的决议，由政府出经费组织火车、汽车、皮轮车及人力牲口等运输工具。到 1941 年 5 月，西安被疏散到农村的人口占全市人口的三分之一。1944 年 5 月，日军围攻洛阳并轰炸陕西，为尽量设法保存人力、物力，陕西省政府召开会议，决议各厂商迅速疏散，西安、宝鸡、咸阳的众多工厂被迫再次疏散到甘肃境内。陕西工业视察所迁往地处秦岭山区的凤县。因屡遭敌机轰炸，大华纱厂、西京修造厂将一部分机器迁往四川广元。省公营事业处、农业改造所被迫迁往宝鸡办公①。西北大学，西北农学院则奉命勘察新址，作了向四川的江油、广元疏散的准备。洛南等县的各级机关也被迫迁址办公②。

抗战时期，西安、宝鸡、咸阳、南郑（今汉中市汉台区）等集聚抗战有生力量的城市和重要交通线及军事要点城镇成为日机轰炸的主要目标。以受轰炸次数、面积和投弹量计，城市约占五分之四，农村约占五分之一。如 1939 年日机对陕西的轰炸，城市的被毁房屋为 11206 间，直接损失价值为 49226000 元。乡镇被毁房屋 374 间，直接损失 1122000 元。乡村较城市安全，乡村成为城市人员和各工矿、学校及战略物资疏散的方向。抗战中，日军占领山西、河南沿黄河城镇，隔河炮击陕西沿河地区，也迫使民众和各行业向后方纵深迁移疏散。1943 年 6 月豫西、鄂西北沦陷后，为保存有生力量，陕南、西安等地的重要行业及所涉及的人员，被迫再次向纵深迁移和疏散。1937 年 11 月，日机对潼关及西安轰炸后，陕西省防空司令部随即开始了对城市人员向农村迁移疏散的工作。太原、武汉失守后，沦陷区难民纷纷沿陇海铁路逃入西安、宝鸡等城市，陕西沿陇海线几个城市人口剧增，为减少无谓之伤亡，陕西省防空司令部疏导动员难民及居民向各县城和农村迁移疏散。1939 年 5 月，西安市非常时期疏散建设委员会成立。6 月，西安非常时期疏散建设委员会还对西安城四郊疏散区的房价作出砖房每间 2 元，砖厦房间 1.5 元，土房上房每间 1.5 元，土厦房每间 1 元的规定。据陕西省会警察局 1941 年 5 月 28 日估计，已有三分之一的西安市民疏散至了郊区农村。宝鸡市则于 1939 年在北面长寿沟塬坡地带挖掘窑洞

① 长安大华纱厂：长安大华纱厂财产损失填报表，1946 年 10 月，台北“国史馆”藏国民政府赔偿委员会档案，档案号 304 - 1075。

② 商南县农会：洛南县农会财产损失，1946 年 10 月，台北“国史馆”藏国民政府赔偿委员会档案，档案号 304 - 1064。

百余个，疏散安置了800余在城区蜗居的难民①。工厂、仓库及易于搬动的物资是疏散的又一重点。到1940年12月，西安的省属机关、工厂及物资、商店等亦有三分之一以上迁移疏散到了西安城南樊南、杜曲、黄良、五权等地。

在日军飞机炮火互轰下的陕东沿河各县城镇以至乡村，民众和各行业更是纷纷被迫迁移疏散（甚或逃难），最为惨烈者莫过于陕、晋、豫交界处的陕西潼关县。潼关县老县城北临黄河，南枕崇山，形势天成，该城始建于东汉建安元年，经历代扩建，堪与西安媲美。抗战前陇海铁路西通西安再连宝鸡，同蒲铁路通车到风陵渡后，潼关一时商贾林立，俨然为陕西东部的交通枢纽和商贸中心。1937年11月，日机轰炸潼关。1938年3月7日，占领风陵渡的日军又开始了对潼关城的连年隔河炮击。日军机炮互轰下的潼关，十室九废，到处断瓦残垣，触目所及一片凄惨景象。县政府被炸无法运转，以纺织为主的工商业亦无法开工，民众更无法在城中安居生活。此种情形下，县政府被迫选址在县南五里秦岭山中的苏家村建设潼关新城。民众及商贾也跻身疏散于此地。日机和炮火互轰下的平民、大荔、朝邑、韩城及宜川至神木、府谷等沿河城镇、乡村民众在政府组织下的疏散和自发地向纵深疏散，使得沿河原本繁荣的村镇一派破败景象。而到了1944年，中原战事吃紧，国民政府经济部又向陕西南郑（今汉中市）、安康、白河的厂矿发出了向四川迁移、疏散人员、物资的命令②。

迁移疏散消耗了大量的社会和民间财富。陕西韩城县疏散县城内三所学校到乡村的疏散费支出为法币40000000元，而迁移188户因房屋被炸无家可归的居民到黄龙垦区的开支为法币188000000元③（为1947年7月填报时折算为1945年8月的法币时值）。1939年10月11日，西安大华纱厂被炸损失惨重。大华纱厂根据经济部令1939年底抢运部分机器设备至四川广元办厂，此次疏散支出迁移费达法币8000000元。抗战期间，大华纱厂为疏散员工及原料和机械支出的疏散费达5000000元。1938年八九月间，申新四厂和申新五厂搬迁至宝鸡十里铺。其中申新四厂搬迁费97.85万元，申新五厂搬迁费23.51万元，累计购地款839.28万元，工程费970万元④。陕西工业试验所被炸，设备和房舍

---

① 陕西省军事志编纂委员会：《陕西省志·军事志》，陕西人民出版社2000年版，第930页。

② 经济部：经济部饬南郑、安康、白河厂矿物资抢运入川，1944年5月，陕西省档案馆馆藏民国档案，档案号（永久）72－9－310。

③ 韩城县政府：韩城县财产间接损失填报表，1947年7月，陕西省档案馆馆藏民国档案，档案号（永久）90－2－425。

④ 陕西省社会处：民营工业间接损失填报表，1946年11月，陕西省档案馆馆藏民国档案，档案号（永久）90－2－425。

俱毁，不得不迁往陕西西部秦岭山区凤县重建，迁移费一项支出达法币8832.90元①。陕西省农业改进所迁移宝鸡的迁移费为国币885600元②。国民政府主计处统计局对截至1943年12月各省上报的迁移费的汇总结果中，陕西省政府及所属机关的迁移费支出为法币2818.11元（含西京筹委会上报的迁移费572.11元）③。与此同时，即就是对秦岭山中商县、洛南、柞水等山区县城，日机也进行了多次轰炸。为躲避敌炸弹伤害，商县政府动员城中商铺迁移城外山中乡村，各商铺的迁移费支出达法币650万元（1946年4月时值）。而将老弱妇孺疏散到乡村的疏散费用支出为法币500万元（1945年10月时值）④ 洛南县农会为避敌轰炸，迁移办公的动迁费开支达150000元，疏散费开支达7856000元。上海商业储蓄银行西安分行建筑防空设备费用达52092.60元。建国银行西安分行建筑防空设备费用60000元。汇丰资本银行西安分行建筑防空设备费用90000元⑤。陕西省田赋粮食管理处对该处1944年度防空设备费60700元，紧急应变时粮食粮库券及粮棉票卷宗等疏散费用381600.05元，共计442300.05元⑥。雍兴公司蔡家坡酒精厂1945年11月30填报的战时间接损失中迁移费2489113元，防空费3420000元，疏散费756925元⑦。陕西咸阳纺织工厂1944年春因豫西吃紧奉令疏散物资，用于迁建与疏散运费达时值国币42285764元⑧。1938年春因日机对位于西安机场旁的东北大学频繁空袭，东北大学不得已迁往四川办学，校舍和迁移费损失共计银币57万元（迁移费银币7万元）。国立西北工学院中英文图书在由平津各地西迁中损失价值美金332000元，仪器损失美金320万元。私立焦作工学院战后回迁所需购置房屋、图书仪器、家具修理等各项费

---

① 大华纱厂等：大华纱厂、陕西工业实验所陕西农业改进所间接损失填报表，1946年10月，台北“国史馆”藏国民政府赔偿委员会档案，档案号304－1075。

② 洛南县农会；洛南县农会间接损失填报表，1946年10月，台北“国史馆”藏国民政府赔偿委员会档案，档案号304－1064。

③ 主计处统计局抗战损失统计，1941年1月，中国第二历史档案馆馆藏档案，档案号6（2）－553。

④ 商县商会：陕西省商县商会会员财产间接损失报告表，1946年10月，台北“国史馆”藏国民政府赔偿委员会档案，档案号304－1097。

⑤ 中央银行经济研究室：银钱业战时损失调查统计表、铁路财产间接损失、敌人罪行填报表，1945年7月，中国第二历史档案馆馆藏档案，档案号六－2742。

⑥ 陕西田粮处：陕西田赋粮食管理处损失报告表，1942年5月，中国第二历史档案馆馆藏档案，档案号83－1383。

⑦ 雍兴公司：雍兴公司财产间接损失报告表，1947年7月，中国第二历史档案馆馆藏档案，档案号825－835。

⑧ 咸阳纺织厂：纺织工业同业工会战时损失填报表，1947年7月，中国第二历史档案馆馆藏档案，档案号825－839。

用美金179万元①。而西北工学院、西北大学、西北医学院等校仅战后从汉中迁回西安的费用就高达时值法币十多亿元②。

3. 花费人力财力对民众进行防轰炸宣传教育

为增加市民防空意识，减少敌轰炸损失，筹集民间经费以弥补防空经费之不足，陕西省防空协会专门开支经费于1937年9月1日起在西安举办了防空宣传周。11月26日，西安防空司令部又组织110个宣传队深入街区、工厂，散发、张贴防空宣传品5万余份。1940年到1944年还连续举办了5届防空节。陕西省政府根据国民政府《防空法》，从1937年9月开始，在全省范围内开展了征募防空捐及防空献金活动。防空捐一般由商民负担60%，各银行、工厂、机关、学校负担20%，其他各项20%。自1937年9月起至1938年2月7日止，西安市各界防空募捐费共计181806元。其中商界61216.20元，居民20589.80元，国库拨款11万元③。防空献金主要在防空节期间筹集。由于宣传教育较为深入，1940年第一届防空节市民3万余人参加活动，5天内筹集防空献金2万余元；1941年第二届防空节筹集防空献金4万余元；1942年第三届以对居民进行防毒气弹袭击知识宣传为主；第四、第五届以防对敌空袭的松懈麻痹为主要内容。

（三）抗战时期陕西省的兵役负担

兵源是决定战争胜负的重要条件，战时兵役组训良优，尤为胜败主因。抗战时期，作为社会劳动力的最主要成员和社会财富主要创造者的壮丁人口，大量脱离社会生产劳动，服兵役和从事服务战争的活动，不但社会财富增加中缺少了他们的劳动本应增加的部分，又因壮丁人口服兵役而使从事生产劳动的人口剧减，影响了农业、工业、商业等行业正常的社会生产而再造成社会财富总

① 教育部：抗战以来学府机关、学校财产损失统计表及有关文书，1945年9月，中国第二历史档案馆馆藏档案，档案号5（2）-584。

② 西北医学院：1946年医学院等校建校预算，1946年，陕西省档案馆馆藏民国档案，档案号（永久）67-5-1911（1-4）。

③ 西安市政府：防空工程设备事项案，西安市档案馆馆藏民国档案，档案号05-960-2。

量的减少。为鼓舞士气、稳定军心，源源不断地补充因战争伤亡而减少的兵员，国家对牺牲、伤残军人的褒恤，对服役壮丁家庭的优抚，以及民众自发捐款捐物对前线军人的慰劳等，再构成对社会财富的消耗，这些也都是抗战所造成的社会财产的间接损失。

1933 年 6 月 17 日，国民政府《兵役颁行法》规定实行义务兵役制的基本原则，即每个适龄男子都有服兵役的义务。9 月 8 日首次颁行的《推行征兵制度昭告国民令》指出："东邻肆虐，侵我疆土，自非全民奋起，合力抵抗，不足以保卫国家之独立，维护民族之生存。在此非常时期，凡属兵役适龄男子，均有应征入营服兵役之义务"①。七七事变前，为统一各省的兵役行政，国民政府在湖北、湖南、江西、安徽、浙江、江苏、河南、陕西等省设立了兵役管区司令部。

七七事变爆发后，全国抗战的最初几个月，中国军队英勇抗战，伤亡惨重。至 1938 年底的一年半时间，国民党军队兵员的损失就有 1102379 人，占整个抗战时期兵员损失的三分之一②。为迅速征集大量兵员，国民政府采取了抽调、招募征兵。并行的办法，并实行了以征额配赋制为特征的义务兵役制。为保证义务兵役制的实施，国民政府采取了征额配赋制度。即规定每年的征补兵额总数，然后按照各省的人口数、现役及适龄壮丁人数和交通状况等确定各省当年应征的兵额。配给各省的兵员额，约占全省人口的 0.5%—1%，各省按照征额分三到四次征兵，完成各年度的部令征兵任务。1937 年 8 月，《全国人民动员办法》规定：在各省设立兵役管区司令部，直属于军政部，掌管所在省的人力动员、壮丁及补充兵役的征募训练，地方武装（壮丁队）的组织、训练任务。在按照管区配属原则补充兵员全国抗战的形势下，陕西为抗日前线输送了大批兵员。到 1937 年底，陕西共抽调了 50108 人补充到前方部队。1938 年 1 月陕西兵役管区司令部筹备处正式成立，辖长咸、凤邠、华潼、汉中、安石 5 个师管区，74 个县市国民兵团，8 个国民兵区队（西安市所属），873 个乡镇壮丁队，6608 个保壮丁队，专事壮丁组训征募工作③。

1937 年 11 月，国民政府军政部将八路军的募补区限定在延安、延长、甘

---

①《推行征兵制度照告国民书》，载周开庆：《四川与对日抗战》，1938 年 2 月，台北商务印书馆 1971 年版，第 239 页。

② 何应钦：《八年抗战》，台北"国防部"史政编译局 1992 年版。

③ 陕西省银行经济研究室范宝信编：《陕西省政述要》，陕西统计丛刊第六辑，1942 年 10 月，第 107 页，陕西省档案馆馆藏民国档案，档案号（永久）C4－37。

泉、塞、保安、安定等19个县。1941年11月，边区发展到29个县市。这些县市随即成为八路军的兵员补充区。陕甘宁边区实行志愿兵役制度。志愿兵役制度自觉自愿地参加人民军队，不计物质报酬，长期服役的新型兵役制度，对壮大人民军队，争取抗日战争的胜利发挥了重大重大作用。1937、1938、1940年三年内，陕甘宁边区共动员了1.3万名青壮年参加八路军，加上抗战前夕参军人数共计达3万人。1938年11月八路军防区河防吃紧，两个月内，绥、米、佳、吴四县有1300人参军。仅1939年12月这一个月内，延长、神府县的13个区，有1710人参加八路军。

1. 抗战期间陕西国民党统治区壮丁服兵役人数

（1）征丁服兵役人数

抗战时期陕西壮丁服兵役人数包括抽调、招募、征兵三个部分人数。征兵是按国民政府的配赋定额的要求征丁服役，是壮丁人口服役的主要组成部分。陕西作为抗战大后方和壮丁人口大省，抗战期间历年征兵员额占壮丁人口比例很高。从1937年7月到1945年8月，陕西国民党统治区的征兵员额为1156217人。各年征丁人数占全国征丁总数的比率也都较高。征兵人数占全省人口总数9358490人的12.35%，占全省壮丁人口的62.47%①。

1937～1945年陕西征兵人数统计表②

时　间	征兵人数	备注
1937年	50,108	自10月份开始征兵
1938年	112,372	
1939年	182,025	
1940年	183,276	
1941年	154,285	
1942年	156,904	

① 陕西省政府统计室：《陕西省政述要》第6辑，“兵役”，1945年8月，陕西省档案馆馆藏民国档案，档案号（永久）C4－37。

② 陕西省政府统计室：《统计资料汇刊》（1937年7月至1942年12月）陕西省档案馆馆藏民国档案，档案号（永久）C4－35。《陕政》第七卷，1945年7月，陕西省档案馆馆藏民国档案，档案号（永久）C3－2－16。

续表

时　间	征兵人数	备注
1943 年	92,864	
1944 年	138,264	
1945 年	86,119	9 月 3 日起停征一年
合计①	1,156,217	

国民政府规定，募兵在未设师管区地方进行。全国抗战爆发不久，陕西国民党统治区的兵役管区已按国民政府的要求成立，因而陕西国民党统治区基本无募补区。陕西人善战，“秦俗强悍，怯于私斗，勇于公战”，“骁悍喜武功，性习骑射忠勇慷慨，乐于战斗”的民风，使陕西历来都是全国重要的优质兵源基地，又以 20 世纪 20 年代末 30 年代初，陕西农村经济遭受了百年不遇的大灾害，“当兵吃粮”成为青壮年农民找一口饭吃的一条生路，各部队尤喜在陕西招募兵员。抗战军兴以来，军委会第一游击支队赵清廉部、抗日义勇军张飞生部、热河先遣军白风翔部，第二十五补训处，骑兵第四师、第六师，其兵员大都在陕西募集。上述部队经国民政府同意的募招人数粗略统计是：1937 年为 1500人，1938 年为 5000 人，1939 年为 8758 人。而陕西保安处所辖的 20 多个保安团的兵员全靠募集。位于河防战区的华潼师管区，兵站多、运输部队多，师管区除担任第十、第十七，第二十二、第二十五各配属军募补之外，过境部队也常从沿河各县招募兵员。而抗战最初几年在晋冀豫前线伤亡惨重的国民党军各部队所补充的兵员，则全都为在陕西各地所募招补充。

1943 年，滇缅战场烽火燃起，为配合盟军作战打通西南国际通道，保卫滇西门户，遂派国内劲旅组成中国远征军赴缅甸战场作战，要求各省“择其体质健壮者补充到远征军各部”，陕西军管区司令部 1943 年为远征军送出征兵员额为 3807 人，1944 年送出征兵员额为 9782 人，1945 年送出征兵员额 50000 人。陕西壮丁参加远征军者共计达 63589 人②。

1944 年 10 月，国民政府发动了 10 万知识青年从军运动，陕西学子踊跃报名者达 10284 人，经体检合格 9118 人，于 1945 年 3 月点交国民党军第二〇七师服役。参军知识青年人数约占大后方国统区知识青年从军人数的 10%③。

---

① 战时陕西征兵主要兵员地为长咸、华潼、凤邠，三个师管区各按人口万分之十五配赋。汉中、安石二师管区因壮丁体质较差，按万分之十配赋。近特区（边区）各县往往免征。

② 陕西省政府统计室：《陕西省政述要》第 6 辑，“兵役”，1944 年 10 月，陕西省档案馆馆藏民国档案，档案号（永久）C4－37。

③ 陕西省政府统计室：《陕西省政述要》第 6 辑，“兵役”，1944 年 10 月，陕西省档案馆馆藏民国档案，档案号（永久）C4－37。

为完成征集任务，按国民政府《非常时期监犯调服军役条例及管训办法》，从 1937 年 9 月到 1940 年，陕西省还共计抽调了 1330 名监犯服兵役。

（2）壮丁训练支出

抗战爆发后，陕西省政府根据国民政府军委会《社会军事训练实施纲要》和《义勇壮丁队管理规则》，制定了 18—45 岁壮丁战时服役办法，并于 1939 年 10 月在陕甘宁边区以外的 81 个县市成立了国民兵团，负责发未服役国民兵的训练。1937 年至 1939 年共训练 672910 人，1940 年训练 198797 人，1941 年训练 397712 人，1942 年 87553 人，1943 年 292166 人，1944 年 295504 人，1945 年 22897 人。对国民兵训练的经费则全由省财政支出。1937 年陕西省财政支出军务费（主要为训练壮丁的支出）法币 222543.23 元，1938 年支出 1550016.95 元，1939 年支出 3482653.46 元，1940 年支出 2697882.22 元①。从上述数字中我们可以看出，壮丁训练的开支造成了巨额的社会财产间接损失。

（3）壮丁服役所造成的社会财产损失

大量强壮劳动人员服兵役和抽丁对社会生产造成了巨大影响，土地无人耕种，耕种无法细作，成熟谷物不能及时归仓。从陕西秦岭山区服役壮丁人数较少的柞水县上报的财产间接损失的一组数字中，可见全省因服役抽丁所造成的损失的巨大。1937 年 7 月至 1945 年 8 月，陕西柞水县征调壮丁服役人数为5110 人，以每人每年偿还参加农业生产所得的最少收入计算，柞水县抗战期间，因壮丁服役所造成的生产减少达 1947 年 12 月上报时值法币 6000 亿元②。

2. 抗战时期陕西国民党统治区对抗战伤亡官兵和出征抗敌军人的褒恤、抚恤和优待

抗战期间，驰骋沙场的陕籍官兵英勇作战，不惧牺牲③。陕西省政府根据国民政府的《烈士附祠办法》《各县设立忠烈祠办法》及《抗战殉难官兵入祀

① 陕西省银行经济研究室范宝信主编：《十年来之陕西经济》，1942 年 10 月，陕西省档案馆馆藏民国档案，档案号（永久），C20－53。

② 柞水县间接损失填报表，台北“国史馆”藏国民政府赔偿委员会档案，档案号 304－1088。

③ 姚杰：《抗日战争中的第十七路军》，中国文史出版社 1997 年版，第 58 页。其中记述了 1939 年 7 月 8 日，在日军火力扫射下，上千名失去抵抗的国民党军第三十八军将士手拉手走向黄河河心，血染黄河，共赴国难的义举。

忠烈祠仪式》《国殇墓园设置办法》及《非常时期人民荣誉奖科奖状颁给条例》等，制定了《陕西省战时服役民工褒恤条例》，规定凡本省人民在战时服役伤亡，均予褒恤。陕西省政府还对阵亡官民祭慰时间作了规定。陕西国民党统治区各县普遍利用城隍庙前殿或其他庙宇改造或修建旧有之昭忠祠，先后建立了本县忠烈祠，并按照国民政府内政部函示的抗敌官兵褒恤状况调查表所列殉难官民褒恤办法，对参加抗日战争阵亡的官民，按抚恤令入祀本籍忠烈祠。如1941年，长安县将本县参战阵亡的81位将士的牌位供奉在本县忠烈祠①。忠烈祠的建设经费及举行烈士祭慰仪式的经费则由各县财政自行支付。如陕西省横山县忠烈祠是由旧文庙改建而成，共花费法币5100元，供奉本县籍抗战阵亡烈士28位，常年维持及举办仪式年均经费约为法币1200元②。洛川县忠烈祠系1944年10月由本县武庙改建而成，共花费法币891220元，经费来源为本县各乡劝募所得。宜川县忠烈祠供奉抗战阵亡将士84名③。白水县在抗日前线为国捐躯的将士有名有姓者122名，其中报陕西省政府批准的供奉于白水忠烈祠者有39人④。

全国抗战爆发后，国民政府军事委员会为抚恤抗战伤亡官兵及其遗族，特设立抚恤委员会，颁布了《抚恤委员会组织条例》和《军事委员会抚恤委员会驻省抚恤处组织规程》。陕西省政府根据《陆军平战时抚恤暂行条例》规定的标准，办理本省抗战伤亡官兵的抚恤。同时，还制定了出征抗属生活补助及临时抚恤办法。据此标准，1941年陕西省政府还报经国民政府行政院核准颁发了《战时雇员公役因公伤亡给付暂行标准》及《国民兵团员兵抚恤暂行条例》《保甲人员及民丁抚恤暂行规则》，对因战伤亡者予以抚恤。陕西长安县对在上海、山西、湖北、江苏对日作战而阵亡的81名本县籍官兵遗属发放了抚恤金。1942年，陕西省共发抚恤令1588件，实发兵恤金756155元，发临时恤金1400元。1943年，陕西宁强、礼泉、凤县、旬阳等22个县，按规定对本籍715名抗日阵亡官兵遗属核发了一次性恤金和年恤金。抗战胜利后，为抚慰陕籍阵亡、病故将士遗族，陕西省政府会同陕西省军管区司令部特制定了调查表式，通饬各县

---

① 陕西省民政厅：抗日殉难官民入祀忠烈祠，1940年，陕西省档案馆馆藏民国档案，档案号（永久）9－4－1167－2。

② 陕西省民政厅：遵电填报忠烈祠实况调查表及入祠阵亡烈士姓名表及清鉴核存转由，陕西省档案馆馆藏民国档案，档案号（永久）9－4－1171。

③ 民国《宜川县志》之“军警志”，宜川县档案馆馆藏档案，档案号旧志类。

④ 白水县志编辑委员会编：《白水县志》，西安地图出版社1989年版，见第749－753页抗日战争阵亡官兵姓名表。

填报，并呈军委会核准通令各部队及各省调查办法。到1946年底，陕西国民党统治区34个县共呈报抗战阵亡将士名单7352名，军事机关部队73个单位送来抗战阵亡将士名单3898名，共计11250名阵亡将士名单，由陕西省政府按国民政府规定的标准和办法发给其遗族一次性胜利恤金和抚慰金[①]。陕西全省1937年度至1941年度的抚恤费支出情况据资料显示为：1937年45234.37元，1938年22580.05元，1939年35472.01元，1940年48415元，1941年45176.32元。另外，1937年军事恤金10073550元，1938年军事恤金70355元，1939年为99680元[②]。

抗战期间，根据国民政府军政部颁行的《修正优待出征抗敌军人家属条例》《优待出征抗敌军人家属办法》《优待出征抗敌军人及其家属的办法条例》等，陕西省政府制定了优待委员会办事细则，饬令各县成立出征抗敌军人家属优待委员会，专门负责出征抗敌军人家属的优待工作。颁布了《优待出征抗敌军人家属条例实施细则》，规定对抗属家庭赤贫，生活不能维持，患病无力医治，死亡不能埋葬，生养子女不得善后及遭受意外灾害等情况，由保甲长呈报优待委员会查明属实后，酌量给予钱物扶助及权利保障，出征军人家属除负担法定税赋外，酌量减免各项临时捐款摊派，免服劳役，优先享受一切公益设施。出征军人因作战阵亡或重伤致残，其家属继续享受上述优待权利，至其子女成年为止，无子女者至其配偶死亡为止，无配偶及子女者，至其父母死亡为止。优待费由优待委员会按地方情况酌量募捐，不足时由县市政府负责筹集。如陕西长咸师管区的咸阳县，1939年至1943年共筹集出征壮丁家属优待费1043140元，给9567名出征壮丁家属实际发放优待金1043140元[③]。凤邠师管区的眉县

---

① 需要指出的是，这一数据只是在国民党军其他部队中牺牲的陕籍将士的名录。新中国成立后陕西市县所出版的方志和文史资料中都大量收录有抗战中以国民党军第十七路军（第四集团军）为主的“陕军”部队中陕籍将士牺牲者名录。对“陕军”抗战中伤亡的追述，在“陕军”主帅孙蔚如、赵寿山、阎揆要、李兴中等回忆中则有更多的概略数据。但调研中我们查阅国统区各县忠烈祠名录却少见“陕军”部队牺牲将士的英名。其根本原因在于1946年陕西国统区各县立忠烈祠之时，从1945年7月18日开始，“陕军”所属部队已相继回归中国人民解放军序列。出于政治立场及未填报入祀忠烈祠将士名册或未得到国民政府国防部的批复等等因素，当时的陕西省各县国民党政府，大都未将回归中国人民解放军序列的“陕军”牺牲将士及随军民夫入祀忠烈祠。又由于新中国成立后对国民党军抗战的研究一时成为“禁区”，数万计为国捐躯的“陕军”将士的英名湮没于历史。神灵哭泣，亦云惨矣。

② 陕西省政府统计室：陕西省最近六年岁出统计表，1942年，陕西省档案馆馆藏民国档案，档案号（永久）C20－53。

③ 长咸师管区：长咸师管区所属各县市出征壮丁安家费筹集及发放情形报告表，1943年，陕西省档案馆馆藏民国档案，档案号（永久）9－4－1124。

出征壮丁安家费主要由未出壮丁之富裕家户筹集。其他依法免、缓征户也要缴纳免缓役费。按出征壮丁家属情况，每丁家庭每次发放1000—1500元安家费①。1946年，陕西省政府对64个县优待出征抗敌军人家属的情况进行了统计。抗战期间，本省64个县共有抗属399843户，1139255人。截至1944年底前，各县共筹发优待金3315600元。1945年各县发放优待金101357807元，谷5624石②。

3. 抗战时期陕西国民党统治区出征壮丁人口的非正常伤亡

陕西乃抗战后方兵员大省，但由于连年征募，几近竭泽而渔。长期的战争状态和转运后方治疗的伤兵大批涌入③，使民众对出征服役产生了极度恐惧的社会心理，视当兵服役如畏途。加之负责役政的官员徇私舞弊，使役政日渐腐败，造成了出征服兵役壮丁大量的非正常伤亡。民众为逃避兵役，自伤自残者有之，举家逃亡深山老林者有之，对役政官倾家荡产行贿者有之，出钱让流民、“兵痞”顶替者亦有之。为完成征兵任务，上下勾结，强拉乱征，欺贫压弱更成为普遍现象。如西安市11个区，1943年按人口比例当年配赋的征兵员额为41517人，而采用各种手段办了免缓、禁役的就有25472人，占总数的61.3%，在上逢的催逼下，为完成征兵任务，师团管区和地方人员勾结，多方设卡，抓壮丁充数，一般百姓为逃兵役买丁充数，以致流民、乞丐、监犯都被充入出征服役壮丁队伍中凑数。如1940年麦收季节，陕西省白水县新化乡公所为完成征丁任务，竟然将在该地卖苦力收麦的10名可怜的甘肃麦客拉去顶作壮丁。1943年又将临近平民县因水灾逃难到白水的难民抓去顶作壮丁④。被征抓的新兵，动辄被责罚，军饷被扣，伙食费被贪，医疗费被截，常常衣不蔽体，食不

---

① 凤邠师管区：凤邠师管区各县壮丁安家费办理情形填报表，1943年，陕西省档案馆馆藏民国档案，档案号（永久）9－14－1124。

② 陕西省政府统计室：抗战中之陕西行政，1947年，陕西省档案馆馆藏民国档案，档案号（永久）C4－40。

③ 当时在陕西开设有多家伤兵医院。对伤兵扰民之事，当时和20世纪80年代所出版的陕西地方志，陕西各级政协文史资料中多有记述。如《兴平县志》记载，1943年前后，大批伤兵送入兴平县第七十二后方医院治疗。由于护理不周，加以物价上涨，生活水平直线下降等原因，伤兵迁怒于兴平县民，一些伤兵由是横行滋事，成为当时兴平之一大害。

④ 白水县志编辑委员会编：《白水县志》，西安地图出版社1989年版，第473页。

果腹，有病得不到救治，营中疫病流行，非正常死亡严重。如驻临潼的第三十六补训处，在1942年不到两个月的时间里死亡新兵达上千人之多，另有上百人重病卧于草垫之上奄奄一息①。1939年10月26日，15架日机轰炸汉中，炸死安石师管区近百人，炸伤数百人②。因不堪受非人折磨，寻求活命而乘机逃亡之风也蔓延兵营。1942年至1945年8月间，华潼师管区逃亡新兵达5354人。为防兵丁逃跑，在交拨开拔途中把新兵像对待牲口一样"日则绳牵，夜则禁闭"，好多人未到抗战前线即已死于非命③。1944年12月，渭南县把输往前线的新兵用绳结缚于一室之中，恰遇火灾，20余名新兵全被大火烧死④。这是战时最为典型的一次新兵伤亡事故。

这一时期，陕西民众还承担了为伤兵亡友社募捐（多为摊派）和照顾伤兵的任务，亦为当时民众的一大负担⑤。如陕西伤兵之友社1940年8月收取的上半年社费总数近5万余元⑥。

4. 抗战时期陕甘宁边区兵役及对出征军人的优抚

边区政府把优抚工作作为加强边区军事建设的重要方面，先后建立了从边区政府到县（市）、区、乡及村的优抚工作机构，制定和颁发了一系列优抚法规并在实践中不断加以丰富和完善。优抚工作的开展消耗了边区政府和人民的财富，这也是造成抗战时期陕甘宁边区间接损失的重要方面。

（1）对参战军工人员的抚恤支出

抚恤费是对直接参战的抗日军、工人员所开支的补偿费。边区政府制定的抗日军、工人员的抚恤标准是：因战因公病故，从1938年起到给其家属一次性发放抚恤金20元。对因战受伤残废及因公积劳残废，抗战初期暂定为4等，一等残废每年发30元，二等年发20元，三等年发12元，四等（指伤后须一年方

① 陕西省兵役局：《陕西兵役》月刊，1945年9月，陕西省档案馆馆藏民国档案，档案号（永久）C30－137。

② 汉中市史志办公室编：《抗战后方重镇汉中》，西北大学出版社1995年版，第118页。

③ 陕西省志军事志编纂委员会编：《陕西省志·军事志》，陕西人民出版社2000年版，见第748—760页关于国民政府兵役的记述。

④ 渭南县地方志办编：《渭南县志》，陕西人民出版社1993年版，见第6章"兵事纪略"。

⑤ 陕西省伤兵之友社：伤兵之友社宣传要点，1940年2月，陕西省档案馆馆藏民国档案，档案号（永久）1－6－43（1）。

⑥ 陕西省图书馆藏：《西京日报》1940年8月20日，第二版。

可恢复原状者)，一次性发抚恤金10元，以后这一抚恤金标准有所调整。据不完全统计，1939年到1941年间，边区共抚恤牺牲将士168名，共发恤金3900元。到1939年，边区登记在册的残废军人为3590名，其中一等残废171名，二等1132名，三等2052名，四等235名，共计发恤金51949元。以后，随着抗战的持续，享受边区抚恤的抗战军、工人数逐年有所增加。

(2) 拥军和优抗支出

边区民众为了抗战的最后胜利，自觉把拥军抗战当作自己应尽的责任和义务，积极出钱出力拥军优抗，有力地支持了前方将士的抗战。作为八路军抗战的出发点，作为狙击日军西进的屏障，边区在河防前线布设重兵，在各战略要地驻兵把守，这使得军事人口占边区人口总数的比例常年处于较高水平，与军事人口相关的军人家庭的比例也随之增加。边区政府历来非常重视对军属的社会保障工作，但由于经济落后，财力十分有限，保障水平也较低。为此，边区政府动员民众开展优抗工作，使对军属的保障水平得到了提高。代耕是边区民众优抗的一项最普遍的负担和最为出色的民间社会保障工作，这也构成了边区抗战期间接财产损失的一个独具特色的方面。全边区代耕户占抗工属总户数的54.4%，代耕面积7.8万亩，受益户户均19.8亩。以边区陕西境内延安等12县为例，抗工属占总户数的11%。全区抗属18390户，每户平均5人，则有91950人，每人平均按5垧地计，需代耕459750垧，以劳动力27人负担，每人代耕1垧半，每垧须用10天工。边区的抗属家庭一般都耕有土地，但基本是比较贫苦的农民，有的不仅耕具种子不足，甚至简直没有耕具的也有不少。为使他们的土地不会荒芜而减少生产，政府颁布了义务耕田队的组织条例，明文规定边区农民均须加入，无报酬地耕种抗属土地。关中分区有抗工属1846户，人口6001人，土地29393亩。固临代耕了39963亩，神府代耕面积10028亩。而安定县南区4365亩代耕地，只有425个农户代耕，每人年均至少完成一个月的义务工。延川、清涧两县有抗属土地12万亩，常年有17258名农民为无偿代耕。抗属最多的延安县，占总户数43%，清涧14.5%，固临、吴堡、新正约13%，享受代耕户占抗属全户的36%。

劳军拥军支出是边区民众为抗战作出的重要贡献之一。抗日期间，边区民众积极慰劳抗日前线将士，当时边区《新中华报》对此有过大量报道。如1939年11月，延安市商民捐款690元为八路将士制寒衣，神木县劳军捐款64100元，宜川县慰劳中原将士款2万元等等。1942年起开展的双拥运动更是把边区人民支持前线将士的运动推向了高潮。1943年延安县金盆区1821户群众给军队调剂川地 1710 亩；1941 年和 1942 年全区民众为前方将士捐毛袜和手套 16 万双；1943 年关中分区劳军献金 45964 元，羊 56 只，猪肉 79 斤，鸡 405 只，鸡蛋 9435 个，菜 9670 斤，鞋 355 双，总价值在 90 万元以上①；1943 年延安劳军总值为 86751 万元②；1943 年，富县全县群众劳军，送菜 3 万斤，送柴 22 万斤，献金 280000 元；甘泉民众三天做鞋 1000 双劳军③。西北局全体工作人员捐肉 1500 斤送给抗日战士；边区高等法院捐肉 300 斤，捐款 17000 元，购菜 5000 斤劳军；边区服役的犯人也捐了 5 万元劳军。

（四）抗战时期陕西省支前募捐与难民救济

全国抗战爆发以后，日军飞机轰炸和炮击的暴行，给陕西人民带来了巨大的生命财产损失，激起了全民的义愤。出征抗战前线的陕籍将领关麟征、张耀明、杜聿铭、刘玉章、胡琏、张灵甫等所部杀敌的捷报，以三秦子弟为主组成的原“陕军”④ 各部浴血疆场的事迹，无不牵动着每个人的心。抗战军兴，报国有门。政府方面、中共陕西地下党组织及陕西抗敌后援会、中华民族解放先锋队等众多的救亡团体，利用各种形式进行抗日宣传，激发了群众性抗日救亡高潮的形成。在踊跃送子弟参军上前线，出丁支前，交缴赋军粮的同时，社会各界团体和人民倾其所有开展募捐慰劳前线的抗敌将士，为前线将士送寒衣，节衣缩食捐献钱财发展空军，为到后方救治的伤兵募捐主动认购国债，节约储蓄等运动，支援全面抗战。当沦陷区难民大量涌入陕西后，为使战区难民不致流离失所，陕西人民又对战区和沦陷区难民施行慷慨救济。为反击日军侵略，陕西人民消耗了巨量的社会财富。

---

① 陕甘宁边区经济史编写组、陕西省档案馆合编：《抗日时期陕甘宁边区财政经济史料摘编》（第九编，人民生活），陕西人民出版社 1980 年版，第 515—524 页。

② 陕甘宁边区经济史编写组、陕西省档案馆合编：《抗日时期陕甘宁边区财政经济史料摘编》（第九编，人民生活），陕西人民出版社 1980 年版，第 515—524 页。

③ 陕甘宁边区经济史编写组、陕西省档案馆合编：《抗日时期陕甘宁边区财政经济史料摘编》（第九编，人民生活），陕西人民出版社 1980 年版，第 515—524 页。

④ “陕军”是对编入国民革命军序列的原陕西地方实力派所属部队的简称。

1. 抗战时期陕西国民党统治区民众的募捐概况

1937 年 7 月中旬，在政府和救亡团体的组织下，陕西省内西安、宝鸡、咸阳、南郑、三原、渭南、榆林、安康等地的民众举行了声势浩大的集会游行，表达全民抗战的决心。政府和救亡团体以“捐献一日所得”，中小学生“一日一分”运动，“一元献机运动”、“鞋袜劳军运动”等活动，因势利导，动员民众捐钱献物，支援前线将士抗日。一时间，各救亡团体和社会各界团体募捐义卖，为前线将士赶制寒衣，义务接送伤员的运动在全省各地普遍开展了起来。陕西省抗敌后援会组建了金银铜钱募集委员会，设立募捐大队，负责为前线征集麻袋、铜铁工作；还组成了慰劳团，奔赴山西、河北、河南抗战前线及本省河防阵地慰劳前线抗日将士。到 1937 年 11 月，仅西京日报社代收各界为抗战将士的捐款共计 8489.12 元，西安市各私立学校在“一日一分”运动中捐款 40.67 元。战时经研会收到的西安各界捐款共计 20226.59 元，西安各女校学生则为医院伤兵缝制了棉衣 3000 余件；陕西三原一日募得劳军款达 4000 元；截至 1937 年底，咸阳民众为抗战将士捐大洋就达 4749 元。抗战以后，国民政府在陕西各地设有数十家伤兵医院，前线伤兵陆续被送往陕西境内各后方医院救治。1938 年以后伤兵人数大增，陕西民众有钱出钱，有力出力，积极为伤兵服务。当年即成立了伤兵之友社，陕西民众积极响应，主动为该社捐钱捐物，陕西省还制定了《扩大征求伤兵之友运动捐款缴纳办法》，对个人和团体为伤兵捐钱捐物给予奖励①。1937 年 11 月，陕西省伤兵慰劳委员会筹款 1 万元购大批布匹和棉花，咸阳县抗敌后援会募捐法币 4648.55 元、棉花 12000 余斤、铁 1000 余斤、布鞋 2000 双，其他物品 100 余件；棉农购买救国公债 600 多元②。1938 年 10 月，西安市商界向抗战将士捐助的寒衣代价 10 万元，西安市民向抗战将士捐助寒衣 3 万件。同年 10 月中旬，中央、中国、交通、农民银行联合办事处西安分处，为抗战将士募捐寒衣棉背心 1 万件，价值 2 万元，每行担任 2000 余元。四行还为在长安车站筹建战地军官伤兵招待所捐款 500 元③。陕西

---

① 陕西省伤兵之友社：扩大征求伤兵之友社宣传要点，陕西省档案馆馆藏民国档案，档案号（永久）1-6-43（1）。

② 陕西省图书馆文献部藏：《西京日报》1937 年 11 月 1 日、11 月 18 日，第三版。

③ 陕西省图书馆文献部藏：《西京日报》1937 年 10 月 23 日，第三版。

耀县药王山的万居士发动男女信众为前方将士制作鞋袜、衣物近千件；淳化县居士刘洁捐银洋 100 元；陕西黎坪县殖管理局局长安汉个人为抗日捐献飞机 1 架①；中国工合西北办事处宝鸡工业合作社为前线将士承制军毯 100 万条②。

陕西省社会处曾对国统区 84 个县（含黄龙设置局）募捐和劳军的情况作过如下统计：1943 年至 1944 年，西安市开展的统一募捐活动共筹集劳军款法币 4034000 元③。1944 年 1 月至 6 月，陕西国统区各县市总共募集劳军鞋袜代金数为法币 6673568.6 元，募集鞋 28494 双、袜 21404 双④。而自 1937 年 7 月至 1942 年 6 月，共募集慰劳、暑药、寒衣等代金，捐献各金共计法币 1182600 余元，收文化劳军款法币 993974 元。为前方抗日将士募集衣物棉背心 44 万余件，军服 2000 余套，蓑衣（即龙须草所制雨衣）8000 余件，毛耳套 550 双，线袜 71932 双，布鞋 87572 双，另募集劳军猪羊肉 2200 斤，肥皂 3486 条，毛巾 3796 条，制作纪念章 3960 枚，锦旗 231 面⑤。1941 年 8 月，中国航空协会在全国开展的每人至少捐献一元钱购买飞机支援空军建设的“一元献机运动”，至 1943 年 6 月，陕西国统区 84 县共收一元献机款法币 512091 元⑥。1942 年 10 月至 1943 年 6 月，共募集滑翔机捐款 1656223 元。截至 1943 年 6 月公务员飞机捐共募集 137364 元。1937 年 9 月至 1943 年 6 月航空协会会员共募集 735450 元。抗战进入艰苦的相持阶段后，国民政府在财政困难，民力消耗殆尽情况下，为不至再增加人民负担，不得已为筹集军费开展了节约储蓄运动，发行了国家公债，陕西民众踊跃购买。1941 年 8 月至 1943 年 4 月，陕西国统区民众认购国民政府发行的战时公债法币 1029372 元，购买同盟胜利公债和美元公债共计 38000000 元。在开展节约储蓄运动中，陕西民众自 1940 年至 1943 年 6 月，主动储蓄 297187962 元。烟类劝储、实际

① 陕西省田粮处：本处关于劳军捐款与有关单位函，陕西省档案馆馆藏民国档案，档案号（永久）32－1－150。

② 中国工合西北办事处：《工合运动在西北》，民国二十九年六月出版，见承制军毯概要，陕西省档案馆馆藏民国档案，档案号（永久）C15－84。

③ 陕西省政府统计室：《陕西统计资料汇刊》（第 5 期），西安市统一募捐运动款数及百分比、“陕西各县市募集劳军鞋袜暨代金数目”，1944 年 6 月，陕西省档案馆馆藏民国档案，档案号（永久）C4－36。

④ 陕西省政府统计室：《陕西统计资料汇刊》（第 5 期），西安市统一募捐运动款数及百分比、陕西各县市募集劳军鞋袜暨代金数目，1944 年 6 月，陕西省档案馆馆藏民国档案，档案号（永久）C4－36。

⑤ 陕西省政府秘书处：《陕政》第 4 卷第 2 期，陕西省抗战以来动员概况，1943 年 8 月，陕西省档案馆馆藏民国档案，档案号（永久）C3－2－11。

⑥ 陕西省政府秘书处：《陕政》第 4 卷第 2 期，陕西省抗战以来动员概况，1943 年 8 月，陕西省档案馆馆藏民国档案，档案号（永久）C3－2－11。

储蓄11608084元[①]。

抗战期间，国家财政、军事费用大增，而国家主要税收来源的东南沿海地区相继沦陷，为举西南、西北支撑全面抗战，不得不借助国家强制力，增加赋税，发行公债，除增加旧税的征税额外，还增加了许多新税种，大大加重了民众负担。如1937年11月对戏院、电影、筵席、化妆品及特货征收战时特捐，用来弥补战时开支。陕西国统区实际征收情况是：1937年实收14.7万元，1938年实收57.9万元，1939年实收49.8万元，1940年上半年实收19.1万元，共计实收1225642.4元。1938年至1941年全省国统区共收警捐900563.3元[②]。

2. 抗战时期陕西国民党统治区救济沦陷区难民的概况

全面抗战爆发后，沦陷区人民纷纷逃来陕西。到1937年11月，沦陷区和其他地区抵达西安的难民达3000余人[③]。一路颠沛流离使入陕难民、流民多陷入饥寒交迫状况。陕西的地方士绅、宗教团体发动民众以传统的开设粥厂施粥等方式对难民、流民进行救济[④]设粥厂救济难民的成效也非常明显。澄县、华阴县、合阳、渭南四个县所设粥厂，半年内粥厂哺食难民人数达467518人。陇海路沿线所设的粥厂1942年共耗资30000000元。华阴粥厂仅新添灶具杂件即耗资35070元[⑤]。1932年陕西省设立了赈务会救济院。抗战开始后，又增设了难民救济分会；1939年，省赈务会与难民救济会合并成立陕西省振济会；1940年，全省61个县设立了振济会。抗战时期陕西各县振济会在救济战区难民方面发挥了重要作用。1937年10月至1939年6月，陕西省振济会共救济战区难民

① 陕西省政府秘书处：《陕政》第4卷第12期，1943年8月，第2—3页，陕西省档案馆馆藏民国档案，档案号（永久）C3-2-11。

② 陕西省统计室：《统计资料汇刊》第3辑，抗战五年来陕西省各种税捐收入统计表，1942年1月，陕西省档案馆馆藏民国档案，档案号（永久）C4-35。

③ 陕西省图书馆文献部藏：《西京日报》1937年10月23日，第三版。

④ 关于陕西民间对战区难民的救济，现存档案和文史资料中有大量材料记载。如在难民途经的陇海路、黄河各渡口和西安市，都有民间慈善人士所开设的数以千计的粥厂。

⑤ 陕西省民政厅：救济河南难民，陕西省档案馆馆藏民国档案，档案号（永久）90-2-810。

1137423 人①。1944 年为救济河南南阳战区来陕西的学生和公教人员 28058 人，拨款 24 万元②。针对入陕难民生病人数众多的问题，陕西省政府饬令省内各公私立医院免费为生病难民医治，同时在铁路、公路沿线还设立了若干难民救治医疗点。1939 年至 1945 年救治的难民人数计达 10 万人以上。抗战期间，各级公立医院免费救治难民人数见下表：

公立医院历年救治难民统计表③

年份	免费救治难民数（人）
1939 年	4,648
1940 年	7,136
1941 年	12,527
1942 年	14,658
1943 年	15,129
1944 年	15,928
1945 年	16,875

为救济安置逃来陕西的难民，陕西省难民救济分会在西安设立了招待所，接待救济战区难民。计大人每天发米 1 斤，小孩子半斤，加发蒸馍，另付给每人每天盐钱 1 分。日机轰炸西安后，又将难民招待所居留的 4000 名难民送往黄龙山区垦荒。1942 年，河南旱灾奇重，入陕难民数以百万计，陕西省成立了豫灾救济会，拨救济款 80 万元用于难民急救。同时，还专门开设了黄龙山、千山、黎坪、太白、渭滩、宽滩、扶眉、泾阳等垦区，安置战区难民、流民。截至 1945 年 9 月，陕西省政府用于居陕难民的救济费就达 60000000 元④。

① 国民政府主计处编，《统计月报》第 39 号，见第 19 页“赈济”，1939 年，陕西省档案馆馆藏民国档案，档案号（永久）C4－4。

② 陕西省民政厅：救济河南难民，1944 年，陕西省档案馆馆藏民国档案，档案号（永久）90－2－810。

③ 陕西省民卫生厅：抗战以来的陕西卫生事业，1942 年 3 月，陕西省档案馆馆藏民国档案，档案号（永久）C20－53。

④ 陕西省社会处：抗战以来的陕西社会史料，1942 年 3 月，陕西省档案馆馆藏民国档案，档案号（永久）C20－53。

3. 抗战时期陕甘宁边区救济难民概况

抗战期间，是边区人口流动较为频繁的时期。沦陷区和国统区河南、山西、绥远（今陕西、内蒙、山西交界地区）、甘肃、宁夏等省民众为避免日本占领军侵害和自然灾害，离乡背井，抛父弃子，携儿带女，大批流入边区。如吴堡县1936年统计人口不足3万人，1942年统计人口为33863人，1945年统计人口为39827人。在连年灾害情形下，吴堡县人口增长较快的原因是由于吴堡县东临山西沦陷区，日军占领区的民众往往渡河逃入避难。1942年4月间有6000余人逃入吴堡沿河乡间避难①。1943年冬日军在离石、临县、三交一带“扫荡”，沿河民众一夜间逃入吴堡避难者竟达3万余人。1944年春节，由黄河对岸山西逃来吴堡县的难民达792户，1707人。由内蒙古逃入靖边县城避难的蒙古族群众有138户，981人。在难民大批涌入的情况下，绥德分区为缓解人地矛盾，解决吃饭问题，向边区直属的有可垦荒地的县份移民2万余人。1937年至1945年间，边区安置移民63850户，266619万人。移、难民人口占边区1944年总人口的18.7%②。抗战期间还有大量的沦陷区的知识分子，青年学生及爱国华侨奔赴边区。如1938年5月至8月，经八路军西安办事处输送到延安学习和工作者达2283人。“延安学生总数将近万余，差不多完全经过西安”③。

（五）陕西省抗战时期的军事征用和军事工程差徭

抗战期间的陕西，以其联结西北、西南，易于据险设防的重要军事地位和军民万众一心抗击日军的行动，始终都是华北、中原抗日军民的后方基地。山西、河南、湖北的相继沦陷，逼近陕境，企图西犯的日军又把陕西推向了对日抗战的前沿。国民党陕西省政府和陕甘宁边区政府组织沿河民众在陕西境内沿

---

① 吴堡县委：“党员登记表”，1942年，吴堡县档案馆馆藏边区档案，档案号边区档案第五卷。

② 陕甘宁边区财政经济史编写组、陕西省档案馆合编：《抗日战争时期陕甘宁边区财政史料摘编》（第九编，人民生活），陕西人民出版社1980年版，第299页，第400页。

③ 中共陕西省委党史研究室编：《中国共产党在陕西》（新民主主义革命时期），陕西人民出版社1992年版，第532页。

黄河、洛河一线修筑了绵延数千里、纵横层叠的防御工事。为修筑沿河防御工事，大量良田被占用，树木被砍伐，甚或古建筑也时被拆除用作修筑工事的材料。尽管当时历经战乱和自然灾害破坏的陕西，地瘠民贫，经济落后，但陕西民众出于抗击日军侵略的爱国热情，在陕西省政府及社会团体的号召和广泛动员下，以937万人口，3692万亩耕地面积，担负起了沉重的军事工程差徭和战时征用任务。抗战期间，仅从1937年10月至1943年6月，陕西国统区征用军用民工达931596名①。参加驿运的车户和脚夫以简陋的运输工具，输运军需民用物资达100余万吨，这一时期的国统区驻陕各军事单位的车辆、骡马及背夫民夫和军粮的征用亦甚巨，总计征用胶轮车806辆，铁轮车10998轮，骡马15674匹，手推车386辆，民夫10110名②，军粮902095大包（每包200斤）③。陕西省各级政府以最大决心与努力，人民激其义奋亦竭力贡献，以最大限度的人力、物力付出，为抗战做出了重大贡献。

1. 修筑河防工事和陕南前沿工事

1938年3月7日，日军窜抵风陵渡，隔黄河炮击潼关。3月间，在日军5个师团的进攻下，黄河对岸的临汾、河津、永济、芮城、保德、离石、柳林等地相继陷入日军之手，陕西千里黄河沿线成了阻击日军西进的前沿阵地。负责陕西国统区黄河防线防御任务的国民党军邓宝珊、孙蔚如、胡宗南部，多次大量征调陕东诸县和陕北神木、府谷县民夫，按县摊派修筑工事用的圆木、条石等材料，在潼关——韩城、宜川——吴堡，府谷——神木一线沿黄河岸的军事要点和纵深要点构筑了长达千余里的纵横交错的防御工事。1944年6月豫西、豫南、鄂西相继失守，西安形势紧张，陪都重庆也有遭敌突袭之虞。国民党军再次征用陕南商洛、安康诸县民众修筑和加固秦岭防御工事，并紧急炸毁和破坏了白河、岚皋、平利、紫阳的桥涵等交通设施和关口要隘。为修筑前沿防御

① 陕西省政府秘书处：陕西省抗战以来概况，1942年12月，陕西省档案馆馆藏民国档案，档案号（永久）C3－2－11。

② 陕西省政府秘书处：抗战以来的陕西省之战时征用，1942年12月，陕西省档案馆馆藏民国档案，档案号（永久）C4－32。

③ 陕西省政府秘书处：抗战以来的陕西省之战时征用，1942年12月，陕西省档案馆馆藏民国档案，档案号（永久）C4－31。

工事，陕西民众付出了沉重的代价。举以档案文献所载的典型的几次修筑河防工事的例证如下：1938 年 7 月，白水县政府奉命征调民工 2000 余人，在洛河沿岸挖掘战壕，费时达月余①。1937 年 7 月至 1943 年间，关中东部的 10 个县共抽丁 661056 人，筑碉堡工事 231 座，1945 年 1 月至 8 月，又抽丁 17000 人，共计工作 90480 天，修碉堡、硝台 33 座②。洛南县为修筑河防工事运送圆木 58962 根，木板 119709 块。抗战期间，为运送河防工事木料和修筑河防工事在洛南共抽丁达 369843 人③。1943 年 1 月至 12 月，陕西省为修筑陕东河防工事抽丁赔累（含工事用料、民工工钱、运输费）法币 30517597 元，修筑巴山、秦岭国防工事及汉白公路赔累 20109292 元，修筑陕东和陕南前线碉堡和零星工事赔累 23866836 元。当年为修筑军事工事征拨赔累共计达法币285149481元（含征雇的民夫、车辆、牲畜，配拨草料及运费、民工食物及为修筑工事所购的电杆等）④。为修筑秦岭工事和河防工事，陕西临潼县运送木料 3143 根，木枋 1600 块，损失折合 1946 年时值法币 25350000 元⑤。韩城县与山西万荣县隔河相望，是进入关中和陕甘宁边区的门户，也是防御日军渡河西进的重要防线。1937 年 7 月至 1944 年 12 月间，抽调韩城民众修筑沿黄河防御工事达 29 次以上，造成的赔累为法币 291830211.48 元，由于战争给韩城公有财产造成的间接损失达法币 124699849409 元。1939 年河防战事紧张，为防止日军渡河后韩城县城被敌用作为进攻西安的据点，1939 年 3 月，奉军事委员会委员长蒋介石电令予以拆毁韩城城墙。这次拆毁韩城城墙，先后用工达 2140000 人/日。1946 年又奉令对该城墙予以修复，用工 2250000 人/日，拆毁和修复造成的损失总计达 1945 年 8 月时值法币 14223000000 元⑥。韩城县抗战期间为修筑河防工事的历年赔累情况为：1937 年下半年赔累法币3471893.81元，1938 年赔累 5079587.60 元，1939 年赔累 8407049.85 元，1940 年赔累 9861420 元，1941 年赔累

① 白水县志编辑委员会编：《白水县志》，西安地图出版社 1989 年版，第 11、479 页。

② 陕西省银行经济研究室范宝信编：《陕西省政述要》，1942 年 10 月，陕西省档案馆馆藏民国档案，档案号（永久）C4－37。

③ 陕西省政府秘书处：《陕政》第五卷第八期，抗战以来的洛南，1943 年 8 月，陕西省档案馆馆藏民国档案，档案号（永久）C3－2－14。

④ 陕西省政府秘书处：《陕西统计资料汇刊》第 4 期，本省三十二年（1943 年）度各县军事征发赔累统计，1944 年 6 月，陕西省档案馆馆藏民国档案，档案号（永久）C4－34。

⑤ 临潼县农会：临潼县农会财产损失填报表，1946 年 10 月，台北“国史馆”藏国民政府赔偿委员会档案，档案号 304－1065。

⑥ 韩城县政府：韩城县抗战期间各种损失统计表，1947 年 7 月，陕西省档案馆馆藏民国档案，档案号（永久）90－2－425。

20556594 元，1942 年赔累21793819. 09元，1943 年赔累 159746035. 82 元，1944 年赔累62913811. 31 元。为修筑河防工事农田被占用造成的生产减少损失 856742000 元，支应浩繁货运阻滞带来的商业盈利减少 97859000 元①。修筑河防工事的木料采伐自关中南部秦岭深山区和关中北部黄龙山区，工程动用了关中东部诸县的民力和物力（车、船、牲畜）。如 1942 年第三批河防工事计划共使用圆木 20 万根，木板 20 万片，南北二山（秦岭、黄龙山）采伐各半。对各县担任采伐和运输的人力、运输工具分配任务如下：华县每日出民工 5000 名，渭南县每日出民工6000名，华阴县每日出民工 4000 名，朝邑县（今属大荔县）每日出大车 150 辆，潼关县日出民工 333 名，澄城县日出大车 600 辆，韩城县日出大车 700 辆，合阳县日出大车 750 辆，大荔县日出大车 500 辆，白水县日出大车 500 辆，蒲城县日出大车 400 辆②。为完成第三批河防材料的运输任务，朝邑县采用乡镇按户亩各半认 67%，商户认 20%，富户认 13% 的摊派方法，作为运输材料雇用的船夫（材料沿洛河由三河口运至北阳洪段），两个月的口粮费共开支法币1080000元。而购买这批材料（主要为圆木）开支为法币 1263866 元。1943 年度为运输河防工事材料倒毙牲畜赔恤费为法币 30000 元③。

2. 征用运输工具，修建国防公路、驿运便道、军用机场，承担军需物资的运送任务

九一八事变后，国民政府为长期抗战计，加快了陕西交通建设的步伐。公路方面：1935 年 5 月，西（安）兰（州）公路通车。1936 年双十二事变后，对被破坏了的西潼公路进行了大的整修；西（安）宝（鸡）南线和北线公路，川陕公路，长（安）（安）康公路及汉（中）白（河）公路，大（荔）延（安）公路、陇（县）天（水）、洛（川）临（汾）、西（安）包（头）公路

① 韩城县政府：韩城县间接损失填报表，1947 年 7 月，陕西省档案馆馆藏民国档案，档案号（永久）90 - 2 - 425。

② 陕西省驿运处：第三批河防材料运输计划，1942 年，陕西省档案馆馆藏民国档案，档案号（永久）54 - 5 - 107。

③ 朝邑县政府：朝邑县三十一年度民众预算外负担调查表，1943 年 1 月，陕西省档案馆馆藏民国档案，档案号（永久）3 - 3 - 560。

陕西段也相继开工建设和通车。铁路方面：1935 年 1 月，陇海铁路潼（关）西（安）段正式通车，1937 年 1 月，陇海铁路西（安）宝（鸡）段正式通车。航空方面：西安机场、咸阳机场、南郑机场、绥德机场、榆林南关机场及延安机场也先后建成①。1937 年 7 月全国抗战爆发后，陕西的交通运输状况已与陕西作为抗战前沿和华北中原军民抗战的大后方，作为联结西南、西北枢纽的战略地位很不相适应。为满足战时交通运输的需要，陕西省政府按照国民政府《抗战建国纲领》的要求和部署，征调民夫和物资，参与了战时西部水陆空交通网的建设。

1938 年 3 月，占领风陵渡的日军开始不分昼夜地对潼关的隔河炮击，西潼公路与河南境内接壤的路段，暴露在日军的炮火之下，行车危险，严重影响军运。陕西省奉命修筑自潼关东南侧的东泉店，经脖子岭、望运沟、金陡关，到河南阌底镇，全长 29.76 公里的东阌交通沟。东阌交通沟蜿蜒于陕豫交界的崇山峻岭之中，在日军炮火威胁之下修建工程十分艰巨。1940 年至 1944 年间，又对其进行了三次整修，共用款法币 28 万余元。其间，还由陕西出资征用民工，对西潼公路华岳庙镇至潼关间及潼西段进行了修整，大大提高了这条重要公路的运力。

1937 年 3 月，陇海铁路西宝段正式通车，宝鸡成为关中西部重要的物资集散地。1940 年后，宝鸡东通中原和华北战场，南与川、滇相接，西北与甘、宁、绥相接，军、民用物资中转运输的任务更加繁重。1941 年，宝（鸡）平（凉）公路陕西境内宝鸡至大桥村 73 公里的公路，在省建设厅主持下，由兵工和抽调沿线民工修成通车。1939 年 9 月，全长 533.3 公里的汉中——白河公路，由省建设厅包工，征集民工修通；1939 年，省建设厅征集民工修通了全长 103 公里的（富县）史家坪——宜川公路。1941 年，由民工兵工修筑的全长 55 公里的宜川——（山西）大宁公路通车；1941 年，由民工修筑的全长 131 公里的长（安）益（门）公路的周至——益门镇段通车；1944 年 1 月，由民工修筑全长 87 公里的（洛川）永乡——（宜川）程落村公路通车；1943 年 5 月，全长 26.5 公里的大荔——（华县）敷水公路由省建设厅征集民工修通；其他由民工参与修筑的公路还有西（安）汉（中）公路，渠（县）汉（中）公路，咸（阳）榆（林）公路等。这一时期，完全由地方征集民工修筑的公路还有澄（县）赵（庄）公路、桓（村店）关（沟口）公路等多条②。仅 1939 年 12 月

① 陕西省志军事志编纂委员会编：《陕西省志·军事志》，陕西人民出版社 2000 年版，第 73—98 页。

② 陕西交通史志编委会编：《陕西省公路史》第 1 册，人民交通出版社 1988 年版，第 133—135 页。

至 1941 年 1 月，由地方政府征召修筑国防公路的筑路民工共计达 731580 人[①]。

在征用民工修建军用机场方面：1938 年 3 月 13 日，南郑十里村机场（即汉中机场）遭日机轰炸，油库被毁，航线一度中断。1939 年 3 月，国民政府征集汉中地区 9 县 6 万余民工，日夜抢修，历时 45 天，机场恢复；1938 年 5 月，征集安康地区 10 县万余民工修成安康五里机场。安康机场后来多次遭日机轰炸。1944 年，征集安康 10 个县 5 万民工日夜抢修。其间，由于日机轰炸扫射加上事故不断，民工死伤达 3000 余人[②]。1937 年 9 月，先后征集宝鸡县 60000 余名民工，在宝鸡县城北塬修建军用机场。历时 4 年，宝鸡机场完工，全部工程耗资 550 万元[③]。

在铁路建设方面，1939 年 5 月动工修建的陇海铁路宝（鸡）天（水）段，1945 年 12 月 31 日铺轨。宝天铁路全段用枕木 25 万根，其中 15 万根采伐自秦岭山中。为修建宝天铁路，陕西省征用民工 16000 人。自 1943 年 5 月，施工队伍的吃粮问题由各省自行解决，以每月 2 万劳动力计，陕西省月拨粮 3000 石。1944 年春，施工队伍增至 5 万人，陕甘两省按比率逐月拨粮。为解决西安的煤荒问题而修建的陇海铁路咸（阳）铜（关）支线，渭（南）白（水），陇（县）虢（镇）轻便运煤铁路专线，为运川货便利而修建的宝（鸡）双（石铺）轻便铁路专线，也都征用了铁路沿线的民工参与修建[④]。

在水运方面：安康县于 1938 年 6 月奉命造船 100 余艘，编成了有 1000 余船夫的两个船队，负责汉中到湖北老河口粮饷和军用品的运输任务。

在公路运输方面，为保证战时军用物资的运输任务，陕西省还成立了“陕西全省汽车总队部”，将全省的军、公、商各种汽车全部纳入军事统制之下。抗战期间，陕西省车保有量在 600 余辆左右。每天有 600 余名司乘人员昼夜奔驰在西南、西北公路上运送抗战急需物资，为抗战胜利作出了贡献[⑤]。

同时，为补充铁路、汽车运力的不足，恢复陕西驿运制，开办战时驿运。陕西省政府征调民间畜力和运输工具，修建、整治了省内的多条传统驿道，运送军糈、民用物资。1938 年国民政府迁都重庆后，西南各省人口激增，棉花需求量加大，遂要求陕西省在当年新棉登场之前，筹划组织人力运输驿站，将陕

---

① 陕西省社会处：陕西抗战以来动员概况，1943 年 8 月，陕西省档案馆馆藏民国档案，档案号（永久）C3－2。

② 陕西省志军事志编纂委员会编：《陕西省志·军事志》，陕西人民出版社 2000 年版，第 100—102 页。

③ 宝鸡市金台区志编纂委员会编：《宝鸡市金台区志》，陕西人民出版社 1993 年版，见书中“军事志”。

④ 郑州铁路局志编纂委员会编：《郑州铁路局志（1893—1991）》上册，中国铁路出版社 1998 年版，第 41—65 页。

⑤ 杨亘盛：《陕西公路运输史》第一册，人民交通出版社 1988 年版，第 89—91 页。

西及湖北、河南棉花运至西南。陕西省为完成陕棉入川任务制定了《陕西省组织战时人力运输驿站试行办法》，开办了鄂西经宁羌（宁强）到广元，豫西经宝鸡到宁羌二条驿运干线，凤翔经天水到宁羌、西安经宁陕到城固、西安经周至到洋县的三条驿运支线，当年即按人口、地亩比例征调产棉区人力、畜力，持续将棉花抢运至四川境内。1938 年 10 月广州失陷，海路交通中断；1940 年 7 月，滇缅公路亦遭封锁。汽车及汽车配件、汽车燃料难以进口，加之战争破坏，道路运输条件差而对汽车的损害加大等，陕西的汽车保有量由初时的 660 余辆下降到了 525 辆，这其中还有 1/3 的车辆无法正常行驶。1942 年陕西营运汽车年运送里程仅为 3030 公里，不及常年的 20%①。此时民间人力、畜力及运输工具成为了满足战时急需的重要力量。1939 年 6 月，陕西奉令先后对河南卢氏经五里川到洛南段陕西境内 67.5 公里的驿运进行了整修。1940 年 10 月，陕西成立了驿运管理处开办驿运业务。全省成立驿运站 44 个；经营有华（阴）——阌（底镇）、长（安）——（西）坪、长（安）——泾（川）、韩（城）——宜川、川陕 5 条驿运干线，全长 1092 公里，另有驿运联络线 5 条 434 公里，副线 2 条 421 公里，水运线一条 190 公里，总计驿运工程 2137 公里。省驿运管理处成立后，在利用原有公路，征集民间大车（胶轮、铁轮畜力车辆）运送军民用物资的同时，由省政府拨款 50 万元，征集同官（今铜川市区）、宜君、中部（今黄陵县）、洛川四个县 3070 余民工，对咸榆公路耀县至洛川段进行了整治。省政府在交通部 500 万元拨款基础上，增拨款 300 万元，征集洛川、白水两个县民工，修通了洛川经槐柏、狄家河至宜川到白水县，全长 127 公里的大车道；同时，拨款 18 万元，改善了咸（阳）榆（林）公路黄陵、刘家川开砭工程和清涧至榆林段公路行车条件。这条大车道连接咸榆和渭（南）白（水）公路，对巩固黄河防线起到了重要作用。陕、豫、鄂三省交界地带全为崇山峻岭，山大沟深，交通极为不便，这使得贯穿陕西商洛和汉中、安康的西（安）荆（紫荆关）、汉白公路难以沟通，为改善这一交通运输的“瓶颈”状况，1944 年 8 月至 11 月，陕西征集驿道途经各县的民工，修通了 5 条驮运驿道：全长 201 公里的商（县）白（河）道；全长 306 公里的长（安）康（安康）道；全长 273 公里的长（安）石（泉）道；全长 286 公里的周（至）城（固）道；全长 157.5 公里的眉（县）留（坝）道②。

① 陕西省政府秘书处：《陕政》第六卷第 5、6 期合刊，一年来的陕西驿运，1942 年，陕西省档案馆馆藏民国档案，档案号（永久）C3 -2 -33。

② 陕西省交通志编委会编：《陕西公路史》，人民交通出版社 1988 年版，第 136—175 页。

至1943年12月，陕西全省各驿运站登记的运输工具共计有胶轮大车566辆，铁轮大车1077辆，铁轮轿车255辆，人力架子车1179辆，牲畜975头（匹），木帆船80只。上述登记在册的驿运工具和畜力中有很大成分为征用的私营运输工具及农户所有的车辆、畜力。

陕西开办驿运的主要任务是为战区运送军需物资。其他承运物资中，军用和进口战略物资占65%，生活品占34%，杂项占1%。如1943年度陕西各驿运线的驿运总量为104973149吨，11932263398延吨公里。其中军运量为7254367吨，3450460672延吨公里①。足见军运任务之重。又如华阌驿运支线为第一、第二、第五战区的军事运输线，军用物资占驿运总量的90%以上，华韩线为第一战区河防部队的运输线，1942年12月至1943年6月间，沿线华县、华阴、朝邑（大荔）、合阳、韩城被征集的民夫达9000余人，铁轮大车4000多辆，所运送物资均为修筑河防工事的木材、沙子、砾石等。渭韩线和耀宜线为第二、第八战区月运军粮近万吨。为完成军用物资的运送任务，渭韩驿运线上的驿运车辆每天保持在1500辆以上；韩城至集义镇之间的驮畜每天保持在1000头（匹）左右，而在三原、中部（黄陵）、洛川各县驿运道上的驮畜每天保持在1200头（匹）。省驿运处曾给予征用的民夫、车辆、畜力以一定货币的运价补助，但因当时货币急速贬值，物价一日数涨，而运价标准不变，使得运价普遍低于运输成本。据1945年统计，陕西驿运价只抵实际运输成本的70%左右②。被征车驮入不敷出，车户、脚夫甚至连基本生活都无法维持。为保证军事急需，陕西省1944年3月将驿运改为军征，实行强行征雇。军用征车每双套牛车，载重500公斤，日行20公里，仅给运费18元，不足车户途中一餐之用，广大车户、民夫叫苦不迭。尽管如此，在各级政府组织下，自1939年开办驿运至抗战胜利，陕西国统区广大民众以简陋落后的运输工具，输运各种物资90余万吨，计7000余万吨公里，有力补充了铁路、汽车运力的不足，对解决军糈、民用物资短缺问题，发挥了极其重要的作用。

---

① 陕西省政府秘书处：《陕西省统计资料汇编》第四期，各线驿运量及延吨公里统计，1944年，陕西省档案馆馆藏民国档案，档案号（永久）C4－34。

② 陕西省交通志编委会编：《陕西公路史》，人民交通出版社1988年版，第129页。

3. 抗战时期陕西国民党统治区战时军事征用情况及其赔累损失

全面抗战刚一爆发，应战事急需，7月12日，国民政府即颁行了《军事征用法》。该法规定，“陆海空军事战事发生或将发生时，为军事上急需之需要，得依本法征用军需物资及劳力。”在规定征用民夫、房屋、粮秣的同时，对征用交通运输工具的范围规定为“乘驮用之牧畜、车辆、船只、铁道、火车、电车、航空器暨各种搬运及交通设备，均属军事征用范围”。抗战时期的陕西，东接河防，北临绥蒙，大军云集，供应浩繁。历年的军事征用，多因时间紧迫，交通困难等因素限制，大多就近取办于该军事需要之各地带，其中尤以陕西国统区关中40余县的军事征用最为繁重。而国民政府《军事征用法》的规定，各军事机关及部队征用官民所有的物资，应发给价款，但其数额与实际价格往往相差甚远，不按规定付款，强占、强买、强行拉差等情形也多有发生。如西安师范、省立高专、西北大学校舍先是被胡宗南部临时占用，尔后长期占用，校方多次交涉不予交还①。这些均导致官民巨额的赔累损失。“八年抗战征收期间，陕民如蚁负日，忍痛输将”②。而且浩繁的征用，远远超出了陕西民力所能承受的范围。就连当时的省县官员也屡次向上峰呼吁减轻负担。1938年6月，国民政府军委会也饬陕西选购健壮骡马1000匹，骡夫、鞍架、缰索附具齐全。11月又以“今后作战区多属山岳地带”，再饬陕西省在12月15日之前选购精壮骡马1000匹。对此十分浩繁的征雇，陕西实难完成。省主席蒋鼎文以“本省向非产骡马区域……精壮牲畜迭次征发殆尽”申述困难，但无济于事，对骡马的征购仍然有增无减。这种征用对陕西农业生产产生的连带损失也极为明显。陕西军事征用之浩繁及赔累损失之巨大，可从相关统计中得到反映。战前1936年统计，陕西全省共有牛、马、驴、骡等大家畜173.1万头；全面抗战爆发后，由于战争需要，民间大家畜被大量征用，大家畜的流动和超强度使用而使牲畜疫病流行，死亡增多。到1942年统计，全省大家畜数量下降到了129.4万头，比战争前减少了43.7万头。大家畜的减少，造成了农业生产畜力不足，肥料缺乏

---

① 陕西省教育厅：教育机关财产损失，1947年7月，陕西省档案馆馆藏民国档案，档案号（永久）5-2-584。

②（民国）王绍猷撰《陕西田赋沿革》，陕西省政协文史资料委员会资料室存稿。

等问题，直接影响了产量的提高。1940 年 9 月，韩城、耀县、洛川等 6 个县被雇毛驴 7000 匹，为第三十四集团军转运军粮。1941 年 4 月，大荔县政府报告本县“每日征调车厢不下四五百辆”且不能满足战时之需。因征雇太过频繁，民间大牲畜不足，第七补给司令部竟命令陕西第八、第十两个专员督察区各县以精壮民夫 3 人顶替骡马一匹。以西乡县为例，该县 1947 年 12 月报告，自 1937 年 7 月至 1945 年 8 月间，西乡县承运军粮及军事征用的水陆运输费用为法币 60533462 元，代军队购置军事材料、豆、柴、草、副食、马干差价 60051650 元，征用民夫建筑南郑和城固机场营房、伤兵驻所、难民所、碉堡等国防工事地方赔累差价达 1322289120 元①。1937 年 7 月至 1940 年 6 月间，31 个军队单位及军事机关在陕西委托陕西省政府民政厅战时常年征用的车辆、骡马、夫卒的情况是：征用胶轮车 806 辆，铁轮车 10998 辆，骡马 15674 匹，手推车 386 辆，夫卒 10110 人②。

对陕西战时征用的情况，陕西省政府秘书处曾对 1937 年 7 月至 1943 年 6 月间战时征用情况进行过粗略汇总统计（有的县及机关所报告情况较为简略，有的县迟迟未报，县以下的区域临时征用也未报告），军队及机关在陕西的战时征用概况为：征用军用民夫 931596 人，发给民夫工资 7168384 元，地方（民夫本人）赔价约 23894613 元。征雇及临时征用军用大车 115560 辆，发给资费 2889000 元，车主赔累价约 43335000 元。征雇军用骡马共1907982匹，发给主家费用 61119143 元，主家赔累约 140563800 元。征购马草 165624669 斤，马料 54316446 斤，给付马秣费 33774357 元，地方赔累 114746076 元。至 1943 年 4 月，征用各种军事材料付费 373586207 元，地方各项赔累共计 281864240 元。征购军用燃料（煤、柴）约 31012245 斤，付费 3417594 元，地方赔累约 12087790 元。1940 年至 1941 年，征购的军麦为 6568000 斤③。

从一些县的资料也可以看出当时战时民众负担的繁重。陕北靖边县地接蒙疆（绥远），人口仅 40365，耕地 47208 亩，干旱少雨，且境内十之七八为边区属地。就是此种最小最苦的县份，1942 年 9 个月内，在每月为驻军代购军粮的同时，还给榆林军粮局代购军粮 3950 包（每包发价 180 元），又奉专区饬令代

---

① 西乡县政府：西乡县财产间接损失填报表，1947 年 12 月，台北“国史馆”馆藏国民政府赔偿委员会档案，档案号 304－1088。

② 陕西省政府统计室：陕西省之战时征拨，1941 年 7 月，陕西省档案馆馆藏民国档案，档案号（永久）C4－32。

③ 陕西省政府秘书处：《陕政》第 4 卷第 12 期，陕西省抗战以来动员概况，1943 年 2 月，陕西省档案馆馆藏民国档案，档案号（永久）C3－2－11。

购军粮2400包。因此造成本县国统区内粮价猛涨，每斗由90余元涨至140元。1942年7月，靖边县又奉令派遣军运队，前往绥远之陕坝，驮运军粮一次。往返需两个多月。时值五原临河一带爆发鼠疫，当地施行交通管制，运输队停滞中途，进退不得，即此一项赔累达一万余元，全体驼户莫不叫苦连天①。而位于河防前沿的神木县为过往军队第八十六师二五八团、骑二军、挺进军、先遣军、骑七师、蒙旅独立旅的供应费用为11840000元，河防前线的临时性紧急支出为78200000元②。陕西佳县位于黄河西岸，县境群山丛错，石原土少，地极贫瘠，且交通十分不便，就是这样一个人口万余的小县，在连年荒旱，谷豆等农作物严重欠收，人民生活极感困苦情况下，也要为驻军供应军粮概莫能外。山西决死二纵队在日军“扫荡”下退守佳县谭家坪、万户峪一带，当地人口仅千余人，也要为该部队供应军粮，地方官员不得不日夜忙碌于征粮之事③。榆林县参议会报告该县1945年军粮赔累6000余万元，油炭马干费赔累3000余元，运输费赔累1000余万元。府谷县与日军占领的保德县隔河相望，相距里许，时遭日军进攻。日军欲渡河沿府谷旧长城线向西北推进，威胁甘、宁、陕数省。1938年3月2日，府谷县城一度被日军占领，日军在被国民党军高双成部击退时把府谷城付之以炬。府谷亦是晋绥抗敌军队的进攻退守之根据地，月需粮不下八九百石，上级均饬令府谷供给。府谷本县不敷此浩繁供应，只得向外县购运送缴军方。东北挺进军第二十二军常年驻守府谷，军粮马秣均在府谷地方征购，当时粮价由初时每斗36元5分，增至八九十元，后再增至一百六七十元，而所给官价却一直为16元1角5分，官价与市价相差甚远，造成赔累达三十六七万元。军粮马秣的浩繁采购，致府谷一带小米价高涨至每斗170元左右，且有钱无市，对河防稳定都产生了影响④。处于河防前线的府谷县“驻守及过往抗战部队众多，而一切军需粮秣俱由地方征购，数量浩大，本县不敷供应，不得不到本区外购买并输运给军队，运送之繁忙，民众艰苦备尝⑤”。府谷民众以市价购得谷物供给部队时以官价结算，相差甚钜，仅1942年1—3月谷

① 靖边县政府：抗战以来的靖边，1943年12月，陕西省档案馆馆藏民国档案，档案号（永久）1-12-193。

② 神木县政府：神木县抗战期间临时紧急支出调查表，1947年10月，陕西省档案馆馆藏民国档案，档案号（永久）90-2-497（附注：统计数字中不含陕甘宁边区神府区神木县部分）。

③ 佳县政府：佳县工作报告书，1940年6月，内蒙古自治区巴彦淖尔盟档案馆馆藏陕西省国民政府档案，档案号113-100-2。

④ 府谷县政府：抗战以来的府谷，1943年12月，陕西省档案馆馆藏民国档案，档案号（永久）1-12-193。

⑤ 府谷县政府：抗战以来的府谷，1943年12月，陕西省档案馆馆藏民国档案，档案号（永久）1-12-193。

物未归仓前的差价即达 36 万余元①。而位于陕西秦巴山区的紫阳县，人稠地瘠，旱涝频仍，民众常年衣不蔽体，食不果腹，在此种情况下，赋军粮的征收亦很浩繁。1941 年至 1943 年，每年平均征收赋军粮、员工警捐钱 25096.9 吨，为第五、第八战区代购大米、包谷、小麦 1224.2 吨，占全县粮食总产量的 65%，每人平均负担达 231 公斤②。位于河防前沿的平民县（今属大荔县），为加固战壕、堡垒、交通沟、警戒区河防工事，仅 1943 年度被占用的耕地达 9025.5 亩，因此造成的减产损失折小麦达 312 石有余，折时值国币 624.89 元③。同样位于河防前沿的合阳县，1940 年六七月间，每日征用 8000 余民工修筑合阳沿黄河防工事，共计征用民夫 488000 人次，致使秋种、秋管、秋收无法正常进行，秋粮损失 2000 万元以上。1944 年修筑合阳黑池镇河防工事，征用占用民夫 25000 人次，木工 2800 人次，铁匠 9702 人，征用建筑材料木板 3000 块，圆木 2000 余根，铁钉 500 余斤，石灰 8000 余斤。1937 年至 1940 年合阳共负担军麦 38150 包（每包 200 斤），1943 年代购军粮 6530 包，1945 年代购军粮 4558 包，造成地方赔累达法币 5470 万元④。

4. 陕甘宁边区人民所担负的支援河防前线任务

为抗击日军对我边区的全面进攻，边区政府组织民众义务构筑了千里河防工事、千里国防交通线和数以万计的军事设施。帮助河防部队运送病员、粮食和军需弹药粮秣是边区民众支援河防抗战的主要任务。这一任务主要由组织起来的边区自卫军和少先队担负。1937 年 11 月，日军进攻晋南，战区部队运输任务繁重，边区组织了陕西境内沿黄河各县的民夫和 10300 头牲口到山西前线担负运输任务。到 1938 年，担任这一任务的自卫军人数为 224325 人，少先队员 28089 人。1938 年春，日军进攻延长、延川河防，两个县动员了 4000 名自卫队员和 1000 多头牲口，开赴前线，还渡过黄河扰乱和钳制日军，抢运回战利品

① 府谷县政府：抗战以来的府谷，1943 年 12 月，陕西省档案馆馆藏民国档案，档案号（永久）1－12－193。

② 紫阳县志编辑委员会编：《紫阳县志》，三秦出版社 1986 年版，第 15 页。

③ 平民县政府："陕西平民县三十二年度（1943 年）河防工事占用民地减免税赋清册"，1944 年 1 月，陕西省档案馆馆藏民国档案，档案号（永久）30－1－855。

④ 合阳县参议会：合阳县临时参议会议记录，1945 年 8 月，第 36—38、134、181 页，合阳县档案馆馆藏档案，档案号 74－62。

64万余斤，并用担架抬回了全部伤员。边区政府曾就1941年人力、畜力、物力动员情况进行过统计。1941年，延安、延长、志丹、固临4个县共有劳力25000名，全年担负担架运输236000天，平均每个劳动力为9.44天。赶牲口车驮运703000天，平均每个劳动力全年担负27.72天。4个县共有驮畜1.8万余头，全年担负511000天，年均每头出战勤运输28.4天。1943年，延长县动员3409名民众修河防工事，吴堡县1148人修筑河防工事，关中分区修工事民众700余人。而绥德分区绥德、清涧、吴堡、佳县、米脂1941年至1944年6月动员民众32939人，修建沿黄工事；支援河防战事，出担架60372个，畜力31911头①。1943年，边区民众动员77418人次，畜力214645头，为部队运送军需粮秣和伤病员。1945年，边区陕西境内各县的动员情况是，动员人力36527人，324430个工；动员畜力38072头，74108个工（一个工相当于一人一日的劳动）②。

（六）抗战时期陕西省的军公粮征购和农特产品损失

粮食是战争的生命线。全面抗战爆发后，国内农业基础较好的东部富饶省份相继沦陷。陕西成为大后方的主要粮、棉产区，成为满足大批内迁人口生活及抗敌军队军糈供应的主要基地之一。根据国民政府战时粮食管制的决定，陕西省国民党统治区组建了全省各级粮食征管机构，改钱粮并征为征收实物，随赋征购、征借军粮，带征县级公粮，加征“自卫公粮”，以陕西农民的沉重负担，满足了战时粮食需求。陕甘宁边区在土地平瘠，农业生产粗放经营，靠天吃饭，区内粮食生产水平极低，正常年景也只能维持低水平的基本自给的情况下，1937年11月后以征收有土地所得税和农业所得税性质的救国公粮为主，作为保障战时粮食供给的需求。抗战时期，陕西国民党统治区保有3692万亩耕地，为支援抗战，仅1937年7月至1940年6月，全省即征拨军粮高达18041900斤③。八年抗

① 陕甘宁边区财政经济史编写组、陕西省省档案合编：《抗日战争时期陕甘宁边区财政经济史料摘编》（第九编，人民生活），陕西人民出版社1980年版，见第490页“边区各县历年来各项动员统计表”。

② 陕甘宁边区财政经济史编写组、陕西省省档案合编：《抗日战争时期陕甘宁边区财政经济史料摘编》（第九编，人民生活），陕西人民出版社1980年版，第497页。

③ 陕西省政府秘书处：陕西省统计资料汇刊，1941年7月，陕西省档案馆馆藏民国档案，档案号（永久）C4－31。

战期间，陕甘宁边区人民在自然灾害频繁的情形下，节衣缩食缴纳救国公粮达983000石。陕西人民以所付出的巨大牺牲，为抗战的最后胜利作出了重大的贡献。同时，由于战争因素，交通中断，需求量锐减，作为农业和经济收入主要来源的陕西农特产品无法输出，亦造成了战时陕西经济的巨大损失。

1. 抗战时期陕西省的粮食生产、征购和负担

（1）抗战时期陕西国民党统治区的粮食生产，征购和负担

1929年至1931年的三年间，陕西全境连续遭受大旱及瘟、蝗、霜、风灾，灾情波及全省91个县市，被灾人口1180.2万人，因灾死亡250余万人，逃荒于省外者40余万人。大灾荒之后，陕西全省人口减至897.2万人①。大灾也摧毁了陕西极为脆弱的农业基础，全省荒地增加200万亩以上。国民政府极为重视陕西的灾后恢复工作，派邵力子先生主政陕西。经陕籍人士于右仁先生的倡导和水利家李义祉先生的努力，以受益面积50万亩泾惠渠为首的“关中八惠”水利工程的相继兴修，以培养农业技术人才为主的国立西北农林专科学校（为国立西北农学院的前身）开办，改良农作物品种的得到大面积推广，陕西农业种植面积和农作物产量得到大幅度的提高。1931年至1936年，以麦、棉为主的陕西农作物年均播种面积4159.8万亩，粮食产量年均63.1亿斤。其中棉花播种面积由1931年的151.8万亩提高到了1936年的394万亩，产量由40.5万担提高到了110万担。全国抗战爆发后，国内农业基础较好的东部富饶省份相继沦陷。陕西成为大后方的主要粮、棉产区，成为满足大批内迁人口生活及抗敌军队军糈供应的主要基地之一。为适应战时农业生产发展的需要，陕西省政府在国民政府的领导下，采取了一系列保证农业增产和开垦荒地、安置难、流民的措施，这其中尽管有1938年的霜、风、雹、瘟灾，1942年的旱、风、霜、雹、水及瘟灾，1945年的大旱灾害等，农业生产仍基本处于稳定状态，有力保障了战时需要②。

---

① 陕西农牧志编委会编：《陕西省志·农牧志》，陕西人民出版社1993年版，见第146—149页关于民国时期的陕西农业。

② 陕西省政府秘书处：《陕政》第五卷第五、六期合刊，1944年1月，陕西省档案馆馆藏民国档案，档案号（永久）C3-2-30。

抗战时期陕西省主要粮食作物面积及产量表①

单位：千市亩　千市担　市斤/市亩

年份	小麦			水稻		
	种植面积	总产量	单产②	种植面积	总产量	单产
民国 26 年（1937）	13,650	9,429	60③	1,032	2,638	356
民国 27 年（1938）	14,853	28,134	189	1,090	3,236	297
民国 28 年（1939）	15,827	23,906	151	12,296		
民国 29 年（1940）	16,642	22,057	133	887		
民国 30 年（1941）	17,034	16,876	99	789		
民国 31 年（1942）	18,060	23,373	129	805	2,065	257
民国 32 年（1943）	19,777	17,982	96	850	2,115	249
民国 33 年（1944）	19,263	33,136	172	912	1,827	200
民国 34 年（1945）	19,472	18,232	94	891	2,230	250
年份	玉米			谷子		
	种植面积	总产量	单产	种植面积	总产量	单产
民国 26 年（1937）	2,877	5,251	183	3,688	5,481	149
民国 27 年（1938）	3,047	5034	174	3,363	3,879	115
民国 28 年（1939）	3,136			2,975	4,163	140
民国 29 年（1940）	2,909			2,698	3,226	120
民国 30 年（1941）	2,967			2,678	3,658	137
民国 31 年（1942）	3,080	3,970	129	2,681	2,856	107
民国 32 年（1943）	3,358	5,817	173	3,174	4,705	148
民国 33 年（1944）	3,189	4,109	129	2,953	3,075	104
民国 34 年（1945）	3,049	4,202	138	3,229	3,866	120

① 《陕西省统计资料汇刊》，民国三十四年第五辑，陕西省档案馆馆藏民国档案，档案号（永久）C31－69。

② 抗战期中，陕西省风、雹、旱、煌灾频仍，由于战争导致农业抵御自然灾害能力降低，造成了粮食产量的非正常变化和波动。小麦和水稻的种植面积也因灾害和前线战事有所波动。

③ 1937 年陕西全省遭受严重风、雹、虫、旱灾害，造成了粮食产量急剧下降。

抗战初期，陕西省按中央分配的任务在市场上以官价采购军粮军棉交送军队。由于陕西省政府采取的增加农业生产的措施取得了一定实效，抗战初期的1937年至1940年，陕西国统区的麦、稻、棉产量都维持在了一个历史较高水平。加之建仓囤粮为官方所重视，1937年7月至1940年6月，虽然陕西的军粮征购量为902095大包（每包200市斤）①，但没有对本省的粮食供应产生太大的影响。

到1940年6月，抗战已历时3年，战区不断扩大，粮食产区不断沦陷，沦陷区难民入陕就食人数大增。又因遭受旱灾，1941年陕西小麦产量仅为16878000石，而大后方粮价步入猛涨阶段，陕西完成征购军粮任务也发生了极大困难。为筹集军粮、保障战时军粮民食的供应，1941年6月，省设粮食局，县设粮政科和征购粮食监察委员会，运用行政手段加强粮食管理。1941年10月，国民政府采取了田赋征实政策。将田赋税收统归中央管理，同时征购、征借军粮，带征县级公粮。实行田赋征实后，粮食仍不够军糈民食支用，又实行了粮食征购以满足军粮供应。但粮食征购"近乎摊派"，农民无粮可供，苦不堪言。加之1942年逃入陕西境内的沦陷区民众人数已达300万人以上，这使得自身年均缺粮在200－300万市担②的陕西粮食供应的矛盾更为尖锐。

陕西省1942年开始实行随赋征购军粮的办法。陕西赋粮征购、征借分小麦、稻谷、苞谷、粟谷四种，军粮配额由中央核定，所需价款30%发给现金，70%搭发粮食粮库券。当年中央核定陕西征购军粮任务为200万市石，后又向粮食同业公会摊派军粮40万市石。对农民按每赋元征购小麦1.5市斗或稻谷2.1市斗、玉米2.3市斗、粟谷2.9市斗。1943年因国民政府财政发生极大困难，将随赋征购改为随赋征借。现金和粮食粮库券停止发放，征借的军粮分5年逐年以赋粮抵还。1944年、1945年两年的赋粮征实折合小麦2850000市石，赋粮征借1330000市石。在征借配额的基础上，又向大户加征借任务25000市石。

---

① 陕西省政府秘书处：《陕西统计资料汇刊》，1940年11月，陕西省档案馆馆藏民国档案，档案号（永久）C4－13。

② 乔启明、蒋杰：《中国人口与食粮问题》，上海中华书局1941年版，第61页。

陕西国民党统治区历年征购征借军粮统计表

（1942—1945 年）　　单位：市石

年度	粮类	中央核定配额	实际片额	完成%
1942 年	小麦	2400000	1780914	52.61
1943 年	小麦	1200000	1360914	113.40
1944 年	小麦	1580000	1435336	91.00
1945 年	小麦	1580000	783110	49.50
备　注	1. 1942 年核定配额内包括向粮食局同业公会摊派的 400000 市石；实际征购数内包括向同业公会加购的 210000 市石。 2. 1944 年核定额内包括向大户加借 250000 市石，实征借数内包括向大户加借的 204050 市石。 3. 1945 年核定额内包括向大户加借 250000 市石，实征借数内包括向大户加借 114585 市石。			

实行田赋征实后，陕西国统区（榆林、洛川、黄陵、宜川、宜君、同官、耀县、旬邑、淳化免赋或免征）的纳粮数和人民的平均负担与后方 22 省相比，纳缴赋粮占全国 22 省的 6% 以上，人均负担达 1.564 石（全国平均 0.574 石），比率是较高的，人民人均负担也是较重的。

陕西国民党统治区赋粮征起数与全国之比较

年度	全国赋粮数（千石）	本省赋粮数（千石）	本省占全国比率
1941 年	41197	2734	6.6%
1942 年	49394	3600	7.3%
1943 年	47882	3536	7.4%
1944 年	43268	3874	8.7%
1945 年	16376	1393	8.5%

陕西国民党统治区平均负担表

地别	人口数	征实收起数（品种、单位）	平均每人负担（单位）
国统区 22 省	344847363	198112000	0.574
陕西省	9678372	1513700	1.564
备注	为 1944 年人口数①和 1944 年起征数。		

① 陕西省政府统计室：《统计月刊》，1945 年第 63、64 期合刊，1945 年 6 月，陕西省档案馆馆藏民国档案，档案号（永久）C4－7。

陕西国民党统治区纳粮数占全国总数的百分比

地别	产量（石）	缴纳数折合小麦（石）	缴纳数占全国比率
国统区 15 个省	718171000	43989475	3.855%
陕西省	27638870	4430000	10.070%
备注	为 1944 年国统区 15 省和陕西纳粮数据的比较		

从表中可以看出，1944 年全国人均负担为一斗四升，而陕西省的人均负担则为四斗五升八合，是全国人均负担的 3 倍多。

陕西国民党统治区抗战期间赋粮征收情况统计表（市石）①

年度	粮类	中央核定数	实际起征数	完成百分比
1941 年	稻谷	1,000,000	998,237	99.83%
1942 年	小麦	2,600,000	2,281,226	87.74%
1943 年	小麦	3,000,000	2,278,226	86.21%
1944 年	小麦	2,850,000	2,456,996	48.20%
1945 年	小麦	2,850,000	1,375,767	65.81%

（2）抗战时期陕甘宁边区的粮食生产，征购和负担

陕甘宁边区陕西境内南部沟壑纵横，水土流失严重。北部为风沙滩地，沙海子星罗棋布。土地平瘠，农业生产粗放经营，靠天吃饭，区内粮食生产水平极低，正常年景也只能维持低水平的基本自给。“劳动英雄吴满有的地，每垧（三亩）亦仅收六斗，平均每亩可收小米一斗至一斗二升”②。而人口只有 13271 人，耕地面积达 180000 亩的佳县，就是正常年份每年粮食（以杂粮为主）需求的缺额也达 700 石之谱③。

1937 年 9 月，陕甘宁边区政府成立后随着政权体系的逐步完善，边区脱离生产的党政军人员逐步增加，加之奔赴边区学习工作的人员和初到边区必须立即施赈的难民人口的增多，特别是 1940 年以后，国民党政府调动 20 余万军队对陕甘宁边区实行军事包围和经济封锁，使得边区粮食供需的矛盾日渐尖锐。

① 陕西省银行经济研究室范宝信主编：《十年来之陕西经济》，1942 年 10 月，陕西省档案馆馆藏民国档案，档案号（永久）C12－207。

② 陕甘宁边区财政史编写组、陕西省档案馆合编：《抗日战争时期陕甘宁边区财政经济史料摘编》（第八编，生产自给），陕西人民出版社 1980 年版，第 1 页。

③ 陕西省佳县人口调节有关资料调查表，陕西省档案馆馆藏民国档案，档案号（永久）9－4－830。

以1941年为例，当年边区统计人口为136万，党、政、军脱产人口达7万余人，脱产人口占边区总人口的比例达5.37%。抗战时期，边区的军事人口的流动亦更为频繁，常年保持在3至6万人之间①。为了保障粮食供给，边区政府采取了一系列政策办法筹集粮源。初期以在区内外采购为主，1937年11月后以征收救国公粮为主。救国公粮带有土地所得税和农业所得税性质，成为保障供给的一项主要粮源。抗战期间，陕北风、雹、霜灾害频仍，作物产量大受影响，救国公粮成为抗战时期边区农民最大的一项抗战物力负担。边区80%以上的农民都承担了缴纳救国公粮的任务，这也是抗战时期边区间接财产损失的主要方面。如1941年公粮任务20万石，公草2600万斤，公粮入库超过1617石，农户负担面扩大到86.1%。延安、富县、甘泉等直属县负担人数占总人口的85%—96%②。1937年到1945年，延川县缴纳救国公粮90364.08石（28309224斤，每石300斤）③；地瘠民穷的吴堡县1941—1945年缴纳爱国公粮5311石。全边区征收救国公粮1938年收1.7万石，1939年收5.2万石，1940年收9.7万石。抗战最困难的1941年征收量达20万石，同时又发行了500万元边币的救国公债。1942年至1945年5月，共征收救国公粮63.5万石。为缴纳救国公粮，边区人民积极发展生产，倾其所有，保证了军队粮食的需求④。从下面几个表格中可推知抗战期间边区民众负担之沉重⑤。

---

① 宋金寿、李忠全：《陕甘宁边区政权建设史》，陕西人民出版社1990年版，第278—279页。

② 黄正林：《陕甘宁边区经济史》，人民出版社2006年版，第38页。

③ 陕甘宁边区财政史编写组、陕西省档案馆合编：《抗日战争时期陕甘宁边区财政经济史料摘编》（第八编，生产自给），陕西人民出版社1980年版，第434页。

④ 陕甘宁边区财政史编写组、陕西省档案馆合编：《抗日战争时期陕甘宁边区财政经济史料摘编》（第六编，财政），陕西人民出版社1980年版，见第152页“历年征收公粮的政策及执行情况”。

⑤ 所列表中数据综合自宋金寿与李忠全著《陕甘宁边区政权建设史》（陕西人民出版社1990年版）；黄正林著《陕甘宁边区经济史》（人民出版社2006年版）；陕甘宁边区财政史编写组与陕西省档案馆合编《抗日战争时期陕甘宁边区财政经济史料摘编》（陕西人民出版社1980年版，第九编，人民生活）的相关资料。

陕甘宁边区人口、土地、粮食产量与消费调查表

（1942 年）

地别	人口	人均地	共种地	亩产（斗）	共收粮（石）	人均消费（斗）	共消费（石）	余差（石）
直属县	386874	12	4642488	1. 0	464248. 8	10	386874	77374. 8 +
三边分区	105466	13. 5	1423791	0. 625	88976. 9	10	105466	16489. 1 –
绥德分区	580886	5. 4	3136784	0. 94	294857. 7	6. 0	348465. 6	53607. 9 –
关中分区	99649	6. 0	579896	2. 5	149473. 5	12. 0	119578. 8	29894. 7 +
陇东分区	322457	8. 0	2579656	2. 0	515931. 2	11. 0	3547027	161225. 5 +
总计	1495332		12380613		1513488. 1		1315087. 1	198401 +

说明：1. 陇东分区包括庆阳、合水、镇原、曲子、环县、华池。

2. 直属县绥德分区以米谷为主，关中、陇东分区以麦为主。

3. 每石以 300 斤计。

4. 余粮内应除去军政消费 150000 石。

陕甘宁边区历年公粮征收情况统计表①

（1937—1945年）

单位：亩、石

项目 年份	耕地面积	总收获量			实征占收获量的%
			计征	实征	
1937	8,626,006	1,116,381	10,000	14,197	1. 27
1938	9,894,483	1,211,192	10,000	15,955	1. 32
1939	10,076,000	1,754,285	50,000	52,251	2. 89
1940	11,742,082	1,526,471	90,000	97,354	6. 38
1941	12,132,169	1,455,860	200,000	201,617	13. 85
1942	12,413,285	1,483,683	160,000	165,369	11. 14
1943	13,387,213	1,812,215	180,000	184,123	10. 16
1944	13,387,213	1,817,221	160,000	160,000	8. 83
1945	14,256,144	1,600,000	124,000	124,000	7. 75

① 陕甘宁边区财政史编写组、陕西省档案馆合编：《抗日战争时期陕甘宁边区财政经济史料摘编》（第六编，财政），陕西人民出版社1980年版，第152页。

边区公粮人均负担（1937—1941 年）①

年份	人均负担
1937	1 升（3 斤）
1938	1 升 2 合
1939	4 升
1940	7 升
1941	1 斗 4 升 8 合

2. 抗战时期的军粮征购造成了陕西农民的巨大损失

抗战时期，陕西农民在主要劳动力壮丁大量出征前方和出丁修筑河防等国防工事的情况下，为完成赋粮任务，辛勤劳作，节衣缩衣，尽力为前线出征的壮士提供食物、衣物保障。繁重的军粮军棉征集任务，成为农民的一大沉重负担。其主要表现为：

（1）军粮征购有的未付清价款，征借大部分未归还农民

陕西从 1941 年下半年开始，按国民政府规定在征购军粮时搭发 70% 的粮库券，这一方式一直执行到 1942 年底。对发到农民手中的粮库券，国民政府承诺从第三年起，每年以粮库券面额的 1/5，分五年时间平均偿还各省田赋应征的实物，且规定粮库券利率为年息五厘，以实物计算，从还本之年利随本减。1940 年，陕西省领到粮库券小麦 999913 市石，实际向国统区 64 个县发出粮库券小麦 483623.3 市石。1942 年，陕西省国统区领到粮库券小麦 13993431.1 石，实际发出了 1047486.9 市石。两年合计，共发出粮库券小麦 2047400.9 市石②。1943 年和 1944 年两年到期应抵赋粮的粮库券，当时仅抵还赋粮 94444.5 市石。1945 年，到期应抵还的粮库券本息共计小麦 401395.54 市石，除边区周围十个县本年免征赋军粮未归还外，其余 54 个县仅归还 60% 左右，剩下 40% 左右被

① 李智勇：《陕甘宁边区政权形态与社会发展》，中国社会科学出版社 2001 年版，第 58 页。

② 陕西省政府秘书处：《统计资料汇刊》，“征购赋军粮”，1942 年 12 月，陕西省档案馆馆藏民国档案，档案号（永久）C4－35。

地方挪作他用。而 1946 年和 1947 年两年到期应还的粮库券本息共计小麦 752013 市石，而这笔到期粮库券因内战爆发根本未发给农民而再挪作他用。以此匡算，陕西征购军粮搭发的粮库券为 204 万余市石，实际返还农民的不足 50 万市石。其余 154 万市石，以每石 1946 年法币 512915 元折算，农民亏空法币 78988900000 元。而 1943 年起向陕西农民征借的军粮，到 1949 年六年间累计本息已为 6156428 市石，未等到期归还，国民党在大陆政权已宣告结束①。

（2）具有强制摊购性的军粮征购，官价与市价差距造成地方的巨额累赔

各级粮政和田赋管理机构，在征集军粮时，把粮价压得很低，而且要农民自己运粮到指定仓库。如 1939 年，第十战区向陕西关中地区 30 个县采购军麦三次，均为各县政府代购，代购价格第一次还与市价相当，第二次、第三次较市价相差 1/3 或 1/2，有的甚至差一倍以上。且人民缴粮须自运到集运站，各县都是粮农自备人畜给养，运送军粮，均未发给运费。运输需要时间，又须守候和经历百端挑剔的验收，亏损益巨。遇敌机轰炸和阴雨霉潮，其中损失由人民负担，30 个县损失达 500 万—600 万元。至于摊购不公，联保舞弊，吏胥勒索浮收，官价不能照数发足，种种弊端层出不穷②。1939 年给白水县的军屯粮任务为 2 万包，并由民众自备车辆运至三原一带，共计使用大小车辆 3000 多辆次。1944 年在白水征借军粮 20338 石，1945 年上半年运军粮 20 万包，征马草 60 万斤，征军粮 2 万石。之后再加借军粮 3248 石③。1942 年 11 月初，宝鸡县奉公拨交军麦 1 万石，运集宝鸡、虢镇两站，迟未起运，适值天雨，损失达 1 万余斤④。陕西临潼县关山镇附近的农民，按规定将配赋军粮运集车站，因没有车皮或遇收粮人员种种挑剔，守候多日不得交清，露天堆放在车站，因雨生芽，有三四寸高⑤。陕西西乡抗战损失调查委员会 1947 年 12 月报告，1937 年 7 月至 1945 年 8 月间，该县代国防部后方勤务部第九训练处、第五战区采购军米、军麦市场价与军方定价差累计为 79899019 元，代运军粮及军事征用水陆运输费为 60533462 元，收购稻谷碾成大米因稻谷成分不足或稻谷仓储损耗累赔达

① 陕西省政府统计室：《陕西省政资料摘要》，1947 年编印，陕西省档案馆馆藏民国档案，档案号（永久）C4－40。

② 侯坤宏：《粮政史料》第 6 册，台北“国史馆”1992 年版，第 43—44 页。

③ 白水县志编纂委员会编：《白水县志》，西安地图出版社 1989 年版，第 479 页“差役军征”。

④ 侯坤宏：《粮政史料》第 6 册，台北“国史馆”1992 年版，第 180 页。

⑤ 转引自张力：《足食与足兵：战时陕西省的军事动员》，载台北“国史馆”抗战胜利五十周年国际研讨会论文编辑组：《抗战胜利五十周年国际研讨会论文集》，台北“国史馆”1977 年版，第 291 页。

217350000 元[①]。陕西临潼县 1942 年至 1945 年为第八、第五战区购军麦及田赋公粮 19300 石，造成累赔 83625000 元[②]。

1940 年至 1941 年，征购的军麦为 6568000 斤[③]。从一些县的资料也可以看出当时战时民众负担的繁重。陕北靖边县地接蒙疆（绥远），人口仅 40365，耕地 47208 亩，干旱少雨，且境内十之七八为边区属地。就是此种最小最苦的县份，1942 年 9 个月内，在每月为驻军代购军粮的同时，还给榆林军粮局代购军粮 3950 包（每包发价 180 元），又奉专区饬令代购军粮 2400 包。因此造成本县国统区内粮价猛涨，每斗由 90 余元涨至 140 元。1942 年 7 月，靖边县又奉令派遣军运队，前往绥远之陕坝，驮运军粮一次。往返需两个多月。时值五原临河一带爆发鼠疫，当地施行交通管制，运输队停滞中途，进退不得，即此一项赔累达一万余元，全体驼户莫不叫苦连天[④]。而位于河防前沿的神木县为过往军队第八十六师二五八团、骑二军、挺进军、先遣军、骑七师、蒙旅独立旅的供应费用为 11840000 元，河防前线的临时性紧急支出为 78200000 元[⑤]。陕西佳县位于黄河西岸，县境群山丛错，石原土少，地极贫瘠，且交通十分不便，就是这样一个人口万余的小县，在连年荒旱，谷豆等农作物严重欠收，人民生活极感困苦情况下，也要为驻军供应军粮概莫能外。山西决死二纵队在日军扫荡下退守佳县谭家坪、万户峪一带，当地人口仅千余人，也要为该部队供应军粮，地方官员不得不日夜忙碌于征粮之事[⑥]。榆林县参议会报告该县 1945 年军粮赔累 6000 余万元，油炭马干费赔累 3000 余元，运输费赔累 1000 余万元。府谷县与日军占领的保德县隔河相望，相距里许，时遭日军进攻。日军欲渡河沿府谷旧长城线向西北推进，威胁甘、宁、陕数省。1938 年 3 月府谷县城一度被日军占领，日军在被国民党军高双成部击退时把府谷城付之以炬。府谷亦是晋绥抗

① 西乡县政府：陕西西乡县间接财产损失填表报表，1945 年 12 月，台北“国史馆”馆藏国民政府赔偿委员会档案，档案号 304－1088。

② 临潼县农会：临潼县农会抗损填报表，1945 年 12 月，台北“国史馆”馆馆藏国民政府赔偿委员会档案，档案号 304－1065。

③ 陕西省政府秘书处：《陕政》第 4 卷第 12 期，“陕西省抗战以来动员概况”，1943 年 2 月，陕西省档案馆馆藏民国档案，档案号（永久）C3－2－11。

④ 靖边县政府：抗战以来的靖边，1943 年 12 月，陕西省档案馆馆藏民国档案，档案号（永久）1－12－193。

⑤ 神木县政府：神木县抗战期间临时紧急支出调查表（附注：统计数字中不含陕甘宁边区神府区神木县部分），1947 年 10 月，陕西省档案馆馆藏民国档案，档案号（永久）90－2－497。

⑥ 佳县政府：佳县工作报告书，1940 年 6 月，内蒙古自治区巴彦淖尔盟档案馆馆藏陕西省民国档案，档案号 113－100－2。

敌军队的进攻退守之根据地，月需粮不下八九百石，上级均饬令府谷供给。府谷本县不敷此浩繁供应，只得向外县购运送缴军方。挺进军第二十二军常年驻守府谷，军粮马秣均在府谷地方征购，当时粮价由初时每斗 36 元 5 分，增至八九十元，后再增至一百六七十元，而所给官价却一直为 16 元 1 角 5 分，官价与市价相差甚远，造成赔累达三十六七万元。军粮马秣的浩繁采购，致府谷一带小米价高涨至每斗 170 元左右，且有钱无市，对河防稳定都产生了影响①。处于河防前线的府谷县“驻守及过往抗战部队众多，而一切军需粮秣俱由地方征购，数量浩大，本县不敷供应，不得不到本区外购买并输运给军队，运送之繁忙，民众艰苦备尝”②。府谷民众以市价购得谷物供给部队时以官价结算，相差甚钜，仅 1942 年 1—3 月谷物未归仓前的差价即达 36 万余元③。而位于陕西秦巴山区的紫阳县，人稠地瘠，旱涝频仍，民众常年衣不蔽体，食不果腹，在此种情况下，赋军粮的征收亦很浩繁。1941 年至 1943 年，每年平均征收赋军粮、员工警捐钱 25096. 9 吨，为第五、第八战区代购大米、苞谷、小麦 1224. 2 吨，占全县粮食总产量的 65%，每人平均负担达 231 公斤④。位于河防前沿的平民县（今属大荔县），为加固战壕、堡垒、交通沟、警戒区河防工事，仅 1943 年度被占用的耕地达 9025. 5 亩，因此造成的减产损失折小麦达 312 石有余，折时值国币 624. 89 元⑤。同样位于河防前沿的合阳县，1940 年六七月间，每日征用 8000 余民工修筑合阳沿黄河防工事，共计征用民夫 488000 人次，致使秋种、秋管、秋收无法正常进行，秋粮损失 2000 万元以上。1944 年修筑合阳黑池镇河防工事，征用苦用民夫 25000 人次，木工 2800 人次，铁匠 9702 人，征用建筑材料木板 3000 块，圆木 2000 余根，铁钉 500 余斤，石灰 8000 余斤。1937 年至 1940 年合阳共负担军麦 38150 包（每包 200 斤），1943 年代购军粮 6530 包，1945 年代购军粮 4558 包，造成地方赔累达法币 5470 万元⑥。

---

① 府谷县政府：抗战以来的府谷，1943 年 12 月，陕西省档案馆馆藏民国档案，档案号（永久）1 - 12 - 193。

② 府谷县政府：抗战以来的府谷，1943 年 12 月，陕西省档案馆馆藏民国档案，档案号（永久）1 - 12 - 193。

③ 府谷县政府：抗战以来的府谷，1943 年 12 月，陕西省档案馆馆藏民国档案，档案号（永久）1 - 12 - 193。

④ 紫阳县志办编：《紫阳县志》，三秦出版社 1986 年版，第 15 页。

⑤ 平民县政府：陕西平民县三十二年度河防工事占用民地减免税赋清册，1944 年 1 月，陕西省档案馆馆藏民国档案，档案号（永久）30 - 1 - 855。

⑥ 合阳县参议会：合阳县临时参议会议记录，1945 年 8 月，第 36—38、134、181 页，合阳县档案馆馆藏档案，档案号 74 - 62。

3. 战争因素还造成了抗战时期陕西省的粮食、棉花、皮毛、茶叶、桐油等农副特产的营业损失

陕西是一个农业省份。以地理和经济条件而言，可划分为关中、陕南、陕北三大经济区域，关中植粮棉，陕南出山货，陕北产皮毛。民国时期，关中已成为全国重要的棉花产地和输出地，所产棉花是上海、汉口、天津、郑州等大城市棉纺厂的主要原料来源。这一时期，陕北的畜牧业亦得到发展，所产皮毛远销绥、蒙。陕南各地所产桐油为当时出口的主要战略物资，茶叶、木耳、烟叶等土特产则以良好的品质远销海外，如产地陕南紫阳县为标志的木耳就以每斤值白银70两的价格畅销海外。而外商对紫阳等陕南各县所产茶叶“买茶装篦，邑民利之”。因此，土特产品的商品量大增成为陕南农民收入的主要来源①。

全面抗战爆发后，陕棉的主销地东部诸省先后沦陷，纺织业遭遇重创，加之交通中断，需求量大减。1937 年 10 月以后，陕棉大量滞销，战争爆发时，棉花所值由战前的每担45 元降至每担24 元。1937 年当年陕西棉花总产量 120 万担，总计损失达 25200000 元②。受战争因素影响，传统的棉花销路亦大受影响。自清朝光绪初期以后，每到棉花出产季节，常能见到关中棉区各县青壮男子成群结队挑着棉花经汉中进入四川进行销售。抗战时期，青壮年大量从军和服徭役，除了驿道上奉令驮棉入川者外，再未见此种景象。陕东一带向来有经黄河水路运棉入晋、豫、绥的传统，日军占领山西绥远后，隔河炮击，黄河水运中断，渡船尽毁，民间销棉的渠道从此堵塞，商贩故意压价，提升收棉等级标准，棉农损失十分严重。东部大批农业富饶区相继沦入敌手后，陕西所产棉花成为国统区纺织厂的主要原料。战区人民大量内迁，对棉花的需求日益增大。国民政府在推广优良棉花品种，引导民众加大棉花种植面积的同时，为稳定大后方经济社会，对棉花实行了低价统构政策，特别是对陕棉实行管制的《存棉登记暂行办法》，使得棉花收购价格一再被压低，1938 年当年陕西棉农收入比常年减少 1/3。而 1941 年下半年实行田赋征实后，棉农出卖棉花，买进粮食缴

---

① 参见（民国）宋伯鲁：《续修陕西通志稿》，三秦出版社 2000 年版。

② 陕西省建设厅：“陕西民国二十六年棉花一项因战损失”，1938 年 8 月，陕西省档案馆馆藏民国档案，档案号（永久）72－9－331。

纳田赋。卖出买进，几经市场环节，积年辛苦所赚无几①。

皮毛（特别是羊毛）为陕北的主要输出品，也是陕西经济的一个重要收入来源。七七事变前，陕北皮毛先汇集榆林、神木、安边等处，然后再输往绥远之包头、山西大同、天津等地。战前陕北经营皮毛事业的商号量达40余家，1936年仅输出羊毛一项达3165980斤，价值546136.5元。晋绥沦陷后，津、晋绥交通阻滞，陕北皮毛大量积压，价格一落千丈。1937年，陕北出境羊毛降至628461斤，价值为116564.95元。包头沦陷后，陕北各商号存放在包头的皮毛又遭日军强迫收买。以榆林白羊毛为例，战前每百市斤70余元，而日军强买价值则为伪蒙疆伪钞48.75元。榆林羊绒战前每百市斤200—300元，日军强买价格为124.85元。榆林驼毛抗战前每百市斤值200余元，日军强买时价格伪蒙疆钞167.75元②。

桐油是中国特产，被称为“中华民族的血汁”，是被广泛用于军事领域的重要战略物资，也是我国重要的出口换汇产品。陕南汉中、安康所产桐油向以品质优良为外商所钟爱。战前，陕南桐油主要沿汉江水陆路从湖北老河口、汉中销往国外。抗战初期交通阻滞，货品积压，桐油价格一度出现了暴跌。1936年陕南桐油对外贸易量为7000000斤，每百斤值48元，总值3360000元。至1937年，因抗战爆发，桐油贸易量降至4000000斤，每百斤值降至16元，总值降为640000元。1938年开通了经四川到云南再经滇缅公路销国外，运输成本大为增加，当年陕南桐油出口贸易增加至7100000斤，每百斤价值却仍为16元，总值1136000元，其中的巨额亏损显而易见③。茶叶、木耳亦为陕南的重要商品，汉口沦陷后，一大销路断绝，货物积压，价格随之大跌。以陕西紫阳县为例，全县有3048户农户有茶山，年产茶四五十万斤，岁入达银元6万元以上，是紫阳换取粮食的主要山货。该县杨家坝一处茶市即养活了平民800余口④。紫阳茶叶战前十分之三外销老河口及鄂西各县。战时这一销路断绝造成损失约为12—15万斤。以战前每百斤47元计，所造成销量减少带来的损失约在564—

---

① 陕西省政府秘书处：“抗战以来陕棉价格变迁之研究”，1942年10月，陕西省档案馆馆藏民国档案，档案号（永久）3-2-43。

② 陕西省银行经济研究室范宝信主编：《十年来之陕西经济》，第四章“特产”，1942年10月，陕西省档案馆馆藏民国档案，档案号（永久）C20-53。

③ 陕西省银行经济研究室范宝信主编：《十年来之陕西经济》，第四章，“特产”，1942年10月，陕西省档案馆馆藏民国档案，档案号（永久）C20-53。

④ 紫阳县志编辑委员会编：《紫阳县志》，三秦出版社1989年版，第269页。

705 万元[1]。

因销路断绝，陕西土特产加工业歇业也不在少数。如西安加工的猪、羊肠衣等粗加工的畜产品，战前有常驻机构专营此事，经上海、北京、天津出口欧美各国；战后因陇海路中断无法输出，西安的肠衣工厂被迫无奈停产。原经西安销往省外的五味子、大黄等中药材及陶器、猪鬃等土特产销量也大减，商业营业额较战前大为减少[2]。1940 年 9 月 3 日，安康城遭受 36 架日机轰炸，损失惨重。陕南药材、山货的主经销商江西帮药材商号张协平于 1940 年 9 月 3 日和次年 6 月 12 日、23 日三次被炸，元气大伤，几乎倒闭。安康各县所产药材无法外输，农民损失（收入减少为主）巨大。1944 年 4 月老河口失守后，汉江船舶停航，导致上行货绝源而涨价，下行货无出路而跌价，市场萧条。抗战初期商运繁盛的安康港如霜后萧木，一片凄凉[3]。

（汤彦宜执笔）

---

① 陕西省银行经济研究室范宝信主编：《十年来之陕西经济》，第四章，“特产”，1942 年 10 月，陕西省档案馆馆藏民国档案，档案号（永久）C20－53。

② 西安市政府：陕西西安市特产品调查表，1945 年 12 月，台北“国史馆”馆藏国民政府赔偿委员会档案，档案号 304－1077。

③ 陕西航运志编纂委员会编：《陕西省志 · 航运志》，陕西人民出版社 1996 年版，第 160 页。

三、资　　料[①]

（一）档案资料

1. 人口伤亡

（1）1938年11月29日行政院服务团团员吴宣汉、马光生报告1938年榆林县被炸及抚恤情况

报告民国二十七年十一月二十九日于榆林

一、榆林急振业于本月（十一月）二十八日办竣。

二、总计被炸死亡十五名、重伤九名、轻伤十二名、毁房二十三户。

三、遵照规定：死亡每名发给振款贰拾元，重伤者每名发给拾伍元，轻伤者每名发给拾元，毁房者每户发给伍元。

四、实发振款陆佰柒拾元整。

五、榆林自被炸后，居民多避乡间，调查手续颇为困难，以致时日稍有迟延。

六、除将各项表册呈报外，并将此次查放详情披露于陕北日报，以昭公允。

七、决于本月（十一月）三十日首途赴神木。

右呈特派员何

行政院服务团团员　吴宣汉

服务员　马光生

（陕西省档案馆藏，档案号72－9－331）

① a：以下收录的档案文献资料，凡标题上后缀的括号之内的时间，均系编者根据档案文献资料内容补充；b：所收录资料中涉及财产损失的货币统计数据，凡未标明币种者均为法币（亦称为国币），凡未标明货币单位者均以“元”为单位。特此说明。

（2）华阴县人口伤亡调查表（1939 年 1 月 26 日）

事件：日机轰炸

日期：二十八年一月二十六日

地点：华岳庙

姓名	性别	职业	年龄	最高学历	伤或亡	费用（国币元）		证件
						医药	葬埋	
任廷臣	男	8	17	3	3		150	
柴志和	男	8	18	3	3		150	
王中礼	男	8	21	3	3		150	
苏保全	男	4	17		3		150	
王公敏	男	8	17	3	3		150	
陈仰修	男	8	18	3	3		150	
雷伯仲	男	8	18	3	3		150	
候建民	男	8	19	3	3		150	
陈光义	男	4	24	3	3		150	
赵朝稳	男	4	20	3	3		150	
吉永谦	男	4	22	3	3		150	
张晢娃	男	4	25		3		150	
孟昭堂	男	6	24	2	3		150	
屈　壮	男	4	25	△	3		150 元	
赵桂芳	男	4	23	△	3		150 元	
康志勤	男	8	15	3	3		150 元	
王复喜	男	8	13	3	已	50 元		
董占成	男	6	23	2	3		150 元	
屈有生	男	4	27	3	寅	50 元		

续表

姓　名	性别	职　　业	年龄	最高学历	伤或亡	费用（国币元）		证　　件
						医　药	葬　埋	
王墨炭	男	4	29	△	已	50元		
王世坤	男	6	26	2	寅	50元		
邢来团	男	4	27	3	3		150元	
雷锡田	男	6	31	2	已		50元	
张定邦	男	6	30	2	3		150元	
郗　升	男	4	32	△	寅	50元		
李金良	男	6	22	2	3		150元	
杨昌子	男	4	20	△	3		150元	
戴和德	男	4	35	△	3		150元	
张赵氏	女	4	28	△	已	50元		
牛三定	男	4	25	△	3		150元	
段孟民	女	4	21	△	3		150元	
孟广孝	男	6	25	2	3		150元	
王中定	男	4	27	△	3		150元	
张王民	女	4	19	△	3		150元	
郭定和	男	4	24	△	3		150元	
陈　景	男	4	26	△	3		150元	
王思锡	男	4	29	△	3		150元	
张务本	男	4	34	△	3		150元	

直辖机关学校团体或事业　华阴县政府　　填报者：华阴县长何莱臣　　通信处：华阴县政府

［陕西省档案馆藏，档案号 90－4－531（3）］

（3）咸阳市二十八年　　月　　日被炸振恤登记表（1939 年 10 月）

受害人				损害情形					振恤	领款人签			证明人签	领款人签	备注
姓名	性别	年龄	住址	死	伤重	伤轻	住所被毁间数	财产损失估计	款额	姓名	住址	与受害人之关系	章或指印	章或指印	
钱培信	男	三〇	中山街二一〇号	死					三〇	钱兴杰	中山街二一〇号	□兄			
钱三计	男	二二	仝右	死			四	一〇〇〇	三〇	钱兴杰	中山街二一〇号	□兄			
张　俊	男	五一	仪凤西街四五号	死					三〇	张张氏	仪凤西街四五号□				
赵　勉	男	二七	中山街一二二号	死					三〇	任笑春	中山街一六二号	表兄			第七游动工厂任笑春代
苟老六	男	四〇	礼泉人	死					三〇	张纯熙	永绥街八号	表兄			礼泉客人张纯熙代领表兄
郭老四	男	四〇	中山街二二〇号	死					三〇	义兴泰	中山街二二〇号	伙友			
宁　勤	女	二	仪凤西街三〇号	死					三〇	宁延寿	仪凤西街三〇号	父			
陈朱氏	女	一六	太白庙巷三号	死					三〇	陈兴顺	太白庙巷三号	丈夫			
贾子信	男	一八	中山街二一〇号		伤重				二〇	贾子信	中山街二一〇号	本人			
朱冯氏	女	二六	中山街一七八号		重伤				二〇	朱金魁	中山街一七八号	父			
李文俊	男	四四	中山街一六三号		重伤				二〇	李文俊	中山街一六三号	本人			
焦得胜	男		清泰街		重伤				二〇	张鹏展	中山街一五五号	妹夫			
王玉栋	男	五〇	西宁街三号		重伤		五	一五〇〇	二〇	王玉栋	西宁街三号	本人			

续表

受害人				损害情形					振恤	领款人签			证明人签	领款人签	备注
姓名	性别	年龄	住址	死	伤重	伤轻	住所被毁间数	财产损失估计	款额	姓名	住址	与受害人之关系	章或指印	章或指印	
张梅娃	女	二	仪凤西街三〇号		重伤				二〇	张同升	仪凤西街三〇号	父			
宁桂娃	女	二二	仪凤西街三〇号		重伤				二〇	宁过年	仪凤西街三〇号	弟			
卢王氏	女	四〇	仪凤西街三〇号		重伤				二〇	卢秦荣	仪凤西街三〇号	丈夫			
周梦林	男	三〇	太白庙巷四号		重伤				二〇	周麦琴	太白庙四号	父			
陶玉清	女	二〇	中山街一七八号			轻伤			一〇	陶张氏	中山街一七八号	母			
韩店娃	男	二〇	中山街一九一号			轻伤			一〇	韩店娃	中山街一九一号	本人			
韩同挂	男	二三	中山街一九一号			轻伤			一〇	韩同娃	中山街一九一号	本人			
严史氏	女	三二	中山街一六三号			轻伤			一〇	严主保	中山街一六三号	丈夫			
梁国仓	男	四五	清泰街二〇号			轻伤	三	三〇〇	一〇	梁国仓	清泰街二〇号	本人			
张玉才	男	六七	仪凤西街三三号			轻伤	二	五〇〇	一〇	张玉才	仪凤西街三三号	本人			
张遂朝	男	六〇	仪凤西街三三号			轻伤			一〇	张遂朝	仪凤西街三三号	本人			
张卢氏	女	二二	仪凤西街三〇号			轻伤			一〇	张同升	仪凤西街三号	丈夫			
王天禄	男	四九	仪凤西街一七号			轻伤	六	六〇〇	一〇	王天禄	仪凤西街一七号	本人			
袁张氏	女	五一	仪凤西街一二号			轻伤			一〇	袁文义	仪凤西街一二号	丈夫			

（咸阳市档案馆藏，档案号 M1－9）

（4）大荔县1939年1月被炸损失情况

（1939年2月15日）

大荔县政府呈报该县二十七年底以前未受敌人摧毁，及本年一月份所受敌机摧毁情形，附赍调查表，请核转，令准汇报，并饬将所受损失，估价列表呈厅以凭核转由。

大荔县县长聂雨润本年二月十五日呈报该县上年底〔1938〕以前受敌〔轰炸情况〕

大荔县1939年1月16日人口伤亡调查表（一）

姓名	年龄	籍贯	职业	毁房	伤亡	附
秦家	五八	大荔	风匣匠	三间		中冯乡第一、二、三、九各保毁房五十间，死三人。十九医院毁房五间，受伤七人，死亡一人，并卖柴夫一人。东街女校毁房十二间，轻伤七人，死二人。三德学校轻伤八人，死三人，毁房二十八间。太极学校围墙十二〔丈〕，受伤六人。
雷丰申	三二	大荔	丐房	四间		
王水平	五八	大荔	小生意	三间		
张江海	五二	大荔	住家	四间		
赵孟舒	三七	合阳	住家	一间		
邱怀庆	三二	河南	京货担	五间	炸死	
崔连家	七	大荔	家道稍可		炸死	
崔雷氏	二八	大荔	仝上		炸死	
卖柴民夫	□	仝上			炸死	
方卿	三二	河南			炸死	
柴平候	六三	大荔			受伤	
马金龙	三一	山东			头臂炸伤	
杨立兴	四一	山西			头部炸伤	
朱兴华	二八	汉中			仝上	
赵得余	三一	南京			躲朝炸伤	
蒋全山	二六	南京			压伤	

大荔县1939年1月16日人口伤亡调查表（二）

姓　名	年龄	籍贯	职　　业	毁房	伤　　亡	附
陈学富	二四	仝上			右大腿骨折	
杨子道	三〇	朝邑			炸死	
惠运堂	一九	仝上			炸死	
萧月爱	一〇	大荔			被墙塌死	
张竹纹	一六	大荔			头脚部损伤甚重	
尚二润	一二	山东			被墙塌死	
孙秀荣	一五	河南			仝上	
李荫华	一〇	大荔			头部受伤	
马玉秀	一〇	仝上			仝上	
古　梅	八	广东			头部轻伤	
陈文英	一〇	大荔			仝上	
路红梅	一二	仝上			仝上	
张光照	二五	仝上			手足两部受伤	
熊照生	一四	河南			腿部受伤	
李景贤	一六	大荔			额部受伤	
秦续武	一四	仝上			仝上	
董广生	一五	仝上			手部受伤	

大荔县1939年1月16日人口伤亡调查表（三）

姓　名	年龄	籍贯	职　　业	毁房	伤　　亡	附
贺点魁	一六	仝上			腕部受伤	
元更保	一七	蒲城			头脑受伤	
贾永春	一三	大荔			仝上	
张蔚桂	一三	澄县			臂部受伤	
牛章清	一六	朝邑			仝上	
赵天佑	一二	大荔			仝上	
游振生	一三	仝上			面部受伤	
苏金山	一三	平民			腕部受伤	
张世英	一五	大荔			腰部受伤	
袁峰孝	一〇	蒲城			面部受伤	

（陕西省档案馆藏，档案号72－9－332）

(5) 宝鸡县政府呈为遵令另行填送本年一月份被敌机空袭所受损害调查表请鉴核由（1939年3月）

案奉钧厅二十八年二月二十五日第二零四号指令，发还本年一月份被敌机空袭所受损失调查表，饬将毁坏建筑物另行调查估计价值列表呈厅以凭核转。等因。奉此遵即另行调查估计价值填列调查表，理合备文呈请钧厅鉴核分别存转

谨呈陕西省建设厅厅长孙

附呈调查表二份

宝鸡县县长王奉瑞

宝鸡县被敌空军空袭所受损害调查表

民国二十八年三月七日

地点	空袭日期	警报时刻	进袭机数	投掷弹数		受伤人数	死亡人数	失踪人数	建筑物毁坏情形（估计价值约表）	车辆轮船毁坏情形	救护情形	击落敌机架数	解除警报时刻
				伤害弹数	虚掷弹数								
宝鸡县城关东门内外	一月十九日	上午十一时	十一架	五拾枚		六十六名	三十一名		倒塌民房商房五十八间每间平均约值一百五十元共约值八千七百元		警报解除后当即派遣县政府全体职员及防护团员分别抬埋救护		十二点

填表机关　宝鸡县政府　　主管长官县长王奉瑞

（陕西省档案馆藏，档案号72－9－332）

（6）陕西省平民县人口伤亡调查表（1939 年 1 月—3 月）

陕西省平民县人口伤亡调查表

事件：敌机轰炸

日期：二十八年一月十五日

地点：自新乡西郝家庄

姓　名	性别	职　业	年龄	最高学历	伤或亡	费用（国币元）		证　件
						医　药	葬　埋	
谢窝子	男	农	47			亡		300
谢毂毂	男	农	35		伤	亡	5000	500
郝羊娃	男	农	36	高小毕业	伤	亡	5410	340
洪马昌	男	农	33	初中毕业	伤	亡	280	120
樊陈氏	女	人事服务	34		亡		245	
樊秀珍	女	纺织	18	初中毕业	伤	亡	304	200

平民县县长李定志填报

陕西省平民县人口伤亡调查表

事件：敌机轰炸

日期：二十八年二月十九日

地点：博爱乡富民村新立庄

姓名	性别	职业	年龄	最高学历	伤或亡	费用（国币元）		证件
						医药	葬埋	
范张氏	女		47		伤	120		
范史氏	女		64		伤	379		
黄贾氏	女		43		伤	106		
黄陈氏	女		32		伤	485		
苗文红	男	农	42		伤	160		
吕张氏	女		32		亡		178	

平民县县长李定志填报

陕西省平民县人口伤亡调查表

事件：敌机轰炸

日期：二十八年二月二十二日

地点：博爱乡新立庄

姓　名	性别	职　　业	年龄	最高学历	伤或亡	费用（国币元）		证　　件
						医　药	葬　埋	
刘克昌	男	农	56		亡		120	
张　德	男	学	11		亡		18	
苗光红	男	农	30		伤		259	
刘李氏	女		54		亡		200	
韩许氏	女		45		亡		70	
韩孟氏	女		22		亡		89	
韩范氏	女		25		亡		39	
韩小女	女		2		亡		3	
范永振	男		3		伤	28		

平民县县长李定志填报

［陕西省档案馆藏，档案号90－4－531（3）］

陕西省平民县人口伤亡调查表

事件：敌机轰炸

日期：二十八年二月二十五日

地点：博爱乡上下八户村

姓　名	性别	职　业	年龄	最高学历	伤或亡	费用（国币元）		证　件
						医　药	葬　埋	
王金银	男	农	40		亡		123 元	
李　成	男	农	30		伤	82 元		
于文中	男	农	38		伤	248 元		
梁老三	男	农	30		亡	474 元	100 元	

平民县县长李定志填报

陕西省平民县人口伤亡调查表

事件：敌机轰炸

日期：二十八年三月五日

地点：自新乡西郝家庄

姓名	性别	职业	年龄	最高学历	伤或亡	费用（国币元）		证件
						医药	葬埋	
谢鸡子	男	农	48		亡		135	
谢然然	女	农	9		亡		24	
樊杨氏	女	农	33		亡		170	
樊存香	女		12		亡		48	
郝羊羔	男		10		亡		252	
洪满昌	男		8		亡		75	
谢张氏	女	农	39		毁坏一臂	238		
谢卻卻	女	农	18		伤	442		
樊　存	女		13		伤	115		
樊存姐	女		3		伤	312		
辛尚氏	女	农	69		腿伤	45		
辛侯氏	女	农	47		背伤	225		

平民县县长李定志填报

「陕西省档案馆藏，档案号 90－4－531（3）」

（7）神木县政府据呈为遵令查明本县遭受敌机摧毁情形，列表呈报，请核备，令准存候汇办由（1939年3月）

本年三月八日呈乙件为遵令查明本县遭受敌机摧毁情形，列表呈报，由鉴核备查。呈暨附表均悉。准予存候汇办、仰即知照。

神木县县长顾宝安

此令。

中华民国二十八年三月

原呈乙件附表二份

陕西省神木县敌机空袭损伤调查表

空袭年月日	敌机架数	投弹数量	伤亡人数	房屋炸毁数	备考	附记
二十七年九月十三日	二架	十五枚	三十七人	八十四间	并散发荒谬传单	一、被毁房屋价值平均每间约二百元。 二、炸死人数约占全数三分之一。
十一月十九日	三架	二十一枚	四十人	二百二十间		
十二月十七日	一架	八枚	无	二十五间		
十二月十九日	五架	四十枚	二十六人	二百五十八间		
合计	十架	八十四枚	一百零三人	五百八十七间		

（陕西省档案馆藏，档案号172－9－332）

（8）宝鸡县政府为具报三月十四日被敌机空袭所受损害情形由（1939年3月15日）

陕西省建设厅厅长孙钧鉴：本县于三月十四日上午十一时半有敌机九架来袭，在西门外纸房头，东门外铁道南北，世爷婆庙，东关坡，狄家坡等处共投弹四十三枚，伤人十名，死六名，失踪一名，毁房三十余间，当督饬各机关团体分别抬埋救护以资善后，除分电外，理合列表报请鉴核。宝鸡县长王奉瑞。叩删印。

中华民国二十八年三月十五日

（陕西省档案馆藏，档案号72－9－332）

（9）西安市被炸伤亡及给恤情形（1939年8月28日）

查本年六月三十日敌机滥炸本市，伤亡民众除例恤外，复奉省政府主席蒋特给救济金五千元，除回胞三千元已发交青年服务团发放外，下余二千元遵令应分别抚恤其他被难民众。兹按照已发恤款登记表，截至八月二十七日止，计死亡二百一十人除回胞七十三人已领优恤不计外，下余一百三十七人，每人拟给优恤十三元，共壹千柒百捌拾壹元。重伤五十四人，除回胞二十一人不计外，下余三十三人，每人拟给六元，共壹百九十八元。轻伤二十四人，除回胞二人不计外，每人拟给三元，共陆拾陆元。以上共计贰千零四十五元，除奉发二千元外，其不敷之四十五元拟由救济费内开支。如蒙俯准明日即派张华亭、韩厚田二人携票会同该管警察局及当地保甲长跟同发票仍来喇嘛寺领款。附责名册三本签请核示。再查青年服务团所发优恤死者每名十九元三角，重伤十二元，轻伤八元。本处亦应分别给恤以昭公允，合并陈明。

总务组　　呈

八月廿八日

（陕西省档案馆藏，档案号90－3－13）

（10）陇海铁路工会长安分会呈报1939年10月10日被炸伤亡情况

（公函字第60号　笺函75）

顷据陇海铁路工会长安分会函呈，以据该路工友机务工人段至振、刘进贤张明月、宋沅，车务工人李庆云、靳月溪等六人面称，本月十日敌机轰炸西安各工人眷属避于中家村扶轮小校后土洞内，不幸投弹两枚落于洞上，将各眷属大小共计十三名均被炸死，附送姓名表恳请照章给恤。等情；据此，当经派员会同警察局朱督察员前往该地查询属实，相应抄送伤亡姓名表希即查照分别发票以凭领恤为荷。

此致　调查组舒组长

附抄送调查死亡姓名表一张

被炸死亡眷属姓名单

呈报工人姓名	报告人与被炸死命眷属之关系及年龄	考　备
宋　沅	母　宋洪氏　五十六岁 妻　柴氏　二五 女　五岁 子　二岁	现住陇海铁路工房十六号
李庆云	母　臧　氏　七十四岁	陇海工房十七号
靳月溪	妻　张　氏　三十一岁 大女　五岁 小女　二岁	陇海工房二十六号
段玉振	母　朱　氏　五十四岁	陇海工房十九号
刘进贤	妻　陈　氏　卅五岁 子　二岁 女　五岁	陇海工房二十一号
张明月	母　李　氏　四十六岁	

奉派调查陇海铁路工人段玉振、宋沅等眷属十三口，于十月十日敌机轰炸本市时被炸死命查明给恤一案，谨遵于本月十八日会同警察局朱督察员前往车站实地调查，当经路该路工会派员领导至中家村扶轮小学土洞地方查勘情形。敌机于是日计投下炸弹二枚于该洞上，洞塌人毙，惨情属实。除将该被难死者各家属召集查询外，谨将调查情形具报。可否循例给恤，理合签请鉴核。

附呈被炸花名清单壹纸

职　吕　刚

汪慕鲁

督察员　朱耀明

谨将奉派调查陇海铁路工人家属被炸伤亡情形花名列后

被炸者姓名	籍贯	年龄	性别	被炸者家属	伤亡情形	备　考
宋洪氏	河南	五六	女	子宋沅	炸毙	住陇海工房十六号
宋柴氏	仝上	二五	女	夫宋沅	炸死	仝上
宋小妮	仝上	五	女	父宋沅	炸毙	仝
宋小玉	仝上	二	男	父宋沅	炸毙	仝
李臧氏	仝上	七四	女	子李庆云	炸毙	住陇海工房十七号
靳张氏	仝上	三五	女	夫靳月溪	炸毙	住陇海工房二十六号
靳大女	仝上	七	女	父靳月溪	炸毙	仝上
靳小妮	仝上	二	女	父靳月溪	炸毙	仝上
段朱氏	河南	五四	女	子段玉振	炸毙	住陇海工房十九号
刘陈氏	仝上	三五	女	夫刘进贤	炸毙	住陇海工房二十一号
张李氏	仝上	四六	女	子张明月	炸毙	住陇海工房二十一号
刘大龙	仝上	二	男	父刘进贤	炸毙	住陇海工房二十一号
刘大妮	仝上	五	女	父刘进贤	炸毙	仝上

以上共计被炸毙难民壹拾叁口

谨呈鉴核

（陕西省档案馆藏，档案号 90－3－13）

（11）陕西省民政厅呈报1939年10月10日、11日西安市被炸伤亡情况

案准民政厅虞代电送省会警察局，调查西安市十月十、十一两日被敌机袭炸损害各表，请查核给恤。等由。准此。查所送死伤调查表核与贵组所报尚有遗漏，相应照抄被炸姓名表，送请查函后查属实，希即发票以凭领恤为荷。

此致 调查组舒组长

附送被炸姓名表一份

10日、11日被炸死亡情况

姓名	性别	年龄	住址	被炸月日	死伤情形		抚恤款数	家属关系人	备考
贺升	男	七四		十月十日		轻伤			
罗德玉	男	五三		十月十日		轻伤			以上第三分局查报
□氏	女	四四		十月十日	死				
乔海山	男	三八		十月十日		轻伤			
朱围英	男	三〇		十月十日		轻伤			
贺氏	女	二六		十月十日		重伤			
徐先春	女	二一		十月十日	死				
陈马氏	女	二八		十月十日	死				
陈四女	女	一八		十月十日	死				
刘陈氏	女	二四		十月十日	死				
郝秀山	男	二七		十月十日	死				
郝富氏	女	二〇		十月十日		重伤			
陈何氏	女	三二		十月十日		重伤			
陈会林	女	七		十月十日	死				
陈会女	女	一〇		十月十日	死				
早玉杰	女	二〇		十月十日		轻伤			
□学德	男	三七		十月十日		轻伤			
黄齐氏	女	六〇		十月十日	死				

续表

姓名	性别	年龄	住址	被炸月日	死伤情形		抚恤款数	家属关系人	备考
黄齐立夫	男	六〇		十月十日	死				
冯　明	男	八三		十月十日	死				
冯宝英	女	一		十月十日	死				
冯英娃	女	五		十月十日	死				
唐胡氏	女	三八		十月十日	死				
唐随荣	男	四		十月十日	死				
唐王氏	女	四五		十月十日	死				
唐毓贤	女	一八		十月十日	死				
王张氏	女	三八		十月十日		重伤			
□□□	男	五八		十月十日		重伤			
□□□	男	二八		十月十日	死				
□□□	女	八		十月十日	死				
□□□	女	三五		十月十日		轻伤			
□□□	女	二七		十月十日		轻伤			
□□□	女	五		十月十日		轻伤			以上第四分局查报
□□□	男	七八		十月十一日		轻伤			
□□□	男	五九		十月十一日		轻伤			以上第一分局查报

（陕西省档案馆藏，档案号90－3－6）

（12）长安大华纺织厂呈报1939年10月11日被炸伤亡（1939年11月4日）

敬复者：顷奉贵处公函略开上月十一日敝厂被敌机袭炸，承嘱将被炸伤亡人数函复以便按例给恤。等因。准此，兹将被炸伤亡人数姓名列表函送希即查照为荷。此致　西安空袭紧急救济联合办事处

大华纱厂事务科启　十一月四日

兹将被炸死伤姓名列后　二十八年十月十一日下午二时被炸

姓　名	年龄	职务	伤　害　部　分	伤　　死
张清水	十五岁	甲细工人		死
董三保	十七岁	乙细工人		死
张景书	十八岁	乙整工人		死
仲　某		乙细工人		死
宋芳林	十九岁	甲整工人		死
无名氏				死
窦万俊	十八岁	甲摇工人		死
王计春	十八岁	乙布工人		死
杨桂心	十七岁	乙细工人		死
李文明	十七岁	乙细工人		死
乔维珍	十八岁	乙细工人		死
何新荣	二十岁	乙细工人		死
辛翠山		大厨房		死
姚珍珠	二十三岁	乙织带工人	头腿部	伤
姚　顺	二十七岁	仝	右腿部	伤
李凤海	二十八岁	常日班	手部	伤
合　计				十六人

（陕西省档案馆藏，档案号90－3－6）

(13) 第十战区陕西省咸阳县动员委员会呈报本县城关被敌机轰炸情形请予救济由 (1939年11月)

民国二十八年十一月发

查本县于上月十三日晨七时许，突来敌机九架，先后分两批窜入本县市上空盘旋窥视，旋即在城内外投弹轰炸，事后调查，城关共计投弹六十五枚，被炸死难男女同胞六十二人，受伤四十八人，炸毁房屋八十二间，损失财产约壹万七千二百三十余元，惨痛之状，实难观睹，兹将被炸死难受伤男女同胞及损毁房屋与损失财产各项，缮造清册，理合随文赍请钧处鉴核，酌予救济，以恤下情，实为德便!

谨呈西安空袭紧急救济联合办事处

附赍：咸阳县市十月十三日被敌机空袭损害清册一份

第十战区陕西省咸阳县动员委员会主任委员潘元

副主任委员杜得霖

(陕西省档案馆藏，档案号64-1-55)

（14）咸阳县城关区域联保空袭损害调查表（1939 年 10 月）

二十八年十月份

受害人				损害情形					领恤人姓名关系
姓　名	性别	年龄	住　　址	死	重伤	轻伤	住所被毁间数	财产损失估计（元）	
程芳兰	男	四六	中山街门牌 352 号				五	约千余元	
张养元	男	五二	仝 364				一〇	约三千余元	
白峰斌	男	二一	仝	死					张养元系白峰斌刘春生之经理
刘春生	男	二三	仝		重				
王遂章	男	三一	仝			轻			
李希文	男	一九	仝			轻			
范仓州	男	五四	仝	死			一	约三千元	
刘甲寅	男	三[illegible]	仝			轻			
翟兴然	男	四六	东明街 31 号		重		一	约二百余元	本人住址同上
潘振海	男	二〇	48 号	死					马振清系潘振海之经理住址详上
赵明静	男	一四	49	死					刘年娃系赵明静经理住址详上
关福堂	男	四三	50		重				赵保安系关福堂之经理住址详上
任常泰	男	四〇	51	死				约贰仟余元	咸阳公膏发售所住址详上
王德胜	男	四〇	17			轻	九	约贰仟余元	
王邹氏	女	三八	仝			轻			

续表

受害人				损害情形					领恤人姓名关系
姓名	性别	年龄	住址	死	重伤	轻伤	住所被毁间数	财产损失估计（元）	
王荣花	女	一	仝		重				王德胜系王荣花之父常相之经理住址详上
常相	男	二四	仝		重				
李占魁	男	六〇	仝11			轻	二	约二百元	
李杨氏	女	五〇	仝	死					李占魁系李杨氏之夫住址详上
温德有	男	六〇	仝69				一		
邢振华	男	二五	五九后方医院第一分院7院			轻	二		
王德功	男	一九	仝	死					系住院伤兵五九后方医院第一分院转
亢子忠	男	二〇	仝			轻			
张贾民	女	四五	果子市	死				约四百元	张力堂系张贾氏之子张建文张三义之兄王银龙之经理住址详上
张建文	男	三〇	仝	死					
张三义	男	一七	仝	死					
史邦平	男	三六	仝			轻			
王银龙	男	六六	仝	死					
王彦堂	男	四八	市场仝		重				
王春才	男	一三	仝	死			棚一	约六十元	王彦堂系王春才永娃之父王石氏之夫现住市场十四号
王永娃	男	三	仝	死					

续表

受害人				损害情形					领恤人姓名关系
姓　名	性别	年龄	住　址	死	重伤	轻伤	住所被毁间数	财产损失估计（元）	
王石氏	女	三二	仝	死					
张　忠	男	五七			重		一		张德禄系张忠张卢氏之子现住市场七十二号内
张卢氏	女	四三	仝		重		棚一	约一百元	
张德禄	男	一五	仝			轻			
李国勋	男	四七	市场 5		重		棚一	约九十元	本人现住市场六十八号
崔登禄	男	六〇	8				一		
陈纪才	男	四〇	仝	死			棚一	约八十元	崔登禄系陈季才之经理住址详上
李成新	男	五〇	仝	死					
吴文喜	男	三〇	中山街 224			轻	四	约二百元	
戴文春	男	二四	仝 225	死					戴志宽系戴文春之叔父住址详上
陈荣桂	男	二五	仝	轻					
□□□			仝 137				四		
南光照	男	四八	139				四	约三百元	
李天保	男	五六	247				一		
□主恭	男	四〇	中山街 540			轻			
□逢玉	男	七							

（咸阳市档案馆藏，档案号 M1－9）

(15) 1939年11月14日榆林县被炸损失电报

电报　电报拨榆林被炸振款五百元由　榆林被炸

重庆：据本区调查专员骆柏心电称：榆林于成寒下午被敌机两架轰炸死一孩、伤十一人、损房三十余栋。等情。除拨款伍百元令本所干事黄若霖前往查振外，电请鉴核备查。3062戌巧

（内蒙古自治区巴彦淖尔盟档案馆藏，档案号217－113－2－46）

（16）陕西省榆林县人口伤亡调查表（1940 年 7 月 25 日）

事件：轰炸

日期：二十八年十二月八日

地点：爱国镇

填送日期：二十九年七月二十五日

姓　名	性别	职　业	年龄	最高学历	伤或亡	费用（国币元）	
						医　药	葬　埋
刘周氏	女	（8）	五五	无	（2 子）	120	
黄逢新	男	（4）	二三	小学	（2 子）	150	
白隋果	男	（4）	五二	（4）	（2 丑）	80	
刘瑞祥	男	（5）	三一	小学	（2 丑）	60	

调查者爱国镇镇长王恺

事件：轰炸

日期：二十八年十二月八日

地点：爱国镇

填送日期：二十九年七月二十五日

姓　名	性别	职　业	年龄	最高学历	伤或亡	费用（国币元）	
						医　药	葬　埋
牛梁氏	女	（8）	七三	无	（3）		
张福奴	女	（8）	一六	无	（3）		
李九如	女	（8）	二五	无	（3）		
李二奴	女	（8）	一五	无	（3）		
康翠翠	女	（8）	一九	无	（3）		
苏张氏	女	（8）	三三	无	（3）		
苏彩芹	女	（8）	一八	无	（3）		
张三老虎	女	（8）	三一	无	（3）		
徐高氏	女	（8）	五一	无	（2 丑）	30	
黄永成	男	（3）	三〇	小学	（3）		
白保林	男	（3）	五六	（4）	（3）		
王五女	女	（8）	一九	无	（3）		
姚讨户	男	（3）	五一	（4）	（2 子）	120	

调查者爱国镇镇长王恺

事件：轰炸

日期：二十八年十二月八日

地点：爱国镇

填送日期：二十九年七月二十五日

姓　名	性别	职　业	年龄	最高学历	伤或亡	费用（国币元）	
						医　药	葬　埋
张天祥	男	（8）	二五	小学	（3）	100	
党小虎	男	（3）	六一	（4）	（3）	113	
郭疤三	男	（2）	二七	小学	（3）	80	
蒲周氏	女	（8）	五〇	无	（2子）	70	

调查者爱国镇镇长王恺

事件：轰炸

日期：二十八年十二月八日

地点：爱国镇

填送日期：二十九年七月二十五日

姓　名	性别	职　业	年龄	最高学历	伤或亡	费用（国币元）	
						医　药	葬　埋
王三鸿	男	（3）	五〇	（4）	（1）	20	
奚德义	男	（1）	二二	小学	（3）		

调查者爱国镇镇长王恺

事件：轰炸

日期：二十八年十二月八日

地点：爱国镇

填送日期：二十九年七月二十五日

姓　名	性别	职　业	年龄	最高学历	伤或亡	费用（国币元）	
						医　药	葬　埋
张九昌	男	（1）	二八	小学	（7）	50	
蒋狗旦	男	（3）	二六	小学	（1）	40	
杜秀臣	男	（8）	四六	（4）	（7）	30	
屈逢春	男	（8）	五六	（4）	（7）	30	

调查者爱国镇镇长王恺

事件：轰炸

日期：二十八年十二月八日

地点：爱国镇

填送日期：二十九年七月二十五日

姓　名	性别	职　业	年龄	最高学历	伤或亡	费用（国币元）	
						医　药	葬　埋
郭子秀	男	(4)	四三	(4)	(3)		240
刘养萱	男	(4)	四二	(4)	(3)		500
刘瑞雪	男	(8)	七	小学	(3)		500
张润月	男	(3)	三五	小学	(3)		120
张刘成	男	(4)	五〇	(4)	(3)		90
张白锁	男	(3)	四〇	(4)	(3)		150
纪　才	男	(1)	三四	△	(2 子)	130	
孙一栋	男	(1)	六五	△	(2 子)	120	
高普浪	男	(3)	三四	(4)	(1)	50	
王招喜	男	(8)	一二	小学	(1)	20	

调查者忠通镇镇长张拱辰

事件：轰炸

日期：二十八年十二月八日

地点：爱国镇

填送日期：二十九年七月二十五日

姓　名	性别	职　业	年龄	最高学历	伤或亡	费用（国币元）	
						医　药	葬　埋
郭马锁	男	(3)	三七	(4)	(3)		170
王　柱	男	(3)	四二	(4)	(2 子)	50	

调查者忠通镇镇长张拱辰

事件：轰炸

日期：二十八年十二月八日

地点：爱国镇

填送日期：二十九年七月二十五日

姓　名	性别	职　业	年龄	最高学历	伤或亡	费用（国币元）	
						医　药	葬　埋
强张氏	女	（8）	四〇	无	（3）		110
高福才	男	（8）	四四	（4）	（2 丑）	45	
班　祥	男	（3）	四二	△	（2 丑）	60	
米二奴	男	（3）	四三	△	（3）		120
张　元	男	（4）	四九	（4）	（3）		130
井谦海	男	（4）	二八	小学	（3）	150	
黄　玉	男	（4）	一五	小学	（7）	20	
高　成	男	（7）	四一	（4）	1	150	
黄　成	男	（3）	一一	△	（1）	150	
杨国栋	男	（8）	七二	（4）	（2 子）	300	
白　宽	男	（8）	六三	（4）	（2 子）	55	
刘拴子	男	（4）	二四	小学	（2 丑）	70	

调查者忠通镇镇长张拱辰

［陕西省档案馆藏，档案号 90－4－531（3）］

（17）吴堡县政府呈为转报敌机大炮轰炸本县治城及宋家川一带被灾情况调查表请核发振款救济由（1939年9月）

查自上月二十九日起，中阳、离石敌军大举西犯，连日敌机三架、五架、十余架不等，更番轰炸宋家川，幸防护得宜，未受损失。迨本月五日，敌军陷我军渡，是日拂晓，以飞机大炮机枪，密集击射本县治城及宋家川一带，达一小时之久，虽民众幸于击射前之一小时，遵照县府先日之命令，充分办到空室清野，民众幸无死伤，然房屋不无毁坏，殊堪痛愤！当经令饬各该管联保详为调查被灾情况，列表具报以凭救济在案，兹据各该乡保先后表报前来，复经详查无异，理合将被灾日期，连同灾况调查表，一并备文转呈伏祈。

（内蒙古自治区巴彦淖尔盟档案馆藏，档案号205－113－34－2）

(18) 吴堡县贵和乡联保被倭寇大炮机枪射击灾况调查表（1939年9月12日）

民国二十八年九月十二日

调查者联保主任张同行

受灾户主姓名　年龄　住址　损失概况

保　甲　户　伤亡人口数　死伤牲口数　炸毁房屋　其他财产被毁数　备考

慕生喜　二十四　一　　九　　七　死伤驴一头

附注

一、本表死亡之户系由县府征调为河防部队在宋家川搬运军品□□□货时被军渡山头敌炮击毙，业由县府给恤洋伍拾元正合并陈明。

吴堡县政府呈为会报查放敌机炸毁房屋振款竣事，特附赍振票及振票存根请鉴核备查由。

（内蒙古自治区巴彦淖尔盟档案馆藏，档案号202－113－34－2）

(19)(吴堡县政府)呈为会报查被敌机炸毁房屋折款竣事附来振票存根请鉴核备查由(1939年7月)

案奉钧所本年七月十八日第三九三号午巧代电内开：二区专署转来本月佳电敬悉。除令王助理员依照前定死亡二十元，重伤十五元，轻伤十元，房屋每户五元之办法查放外，希即查照会同办理具报。等因。奉此助理员遵即于本月二十三日到县，会晤县长当就前报被炸房屋之宋运启，宋启田，宋丕华，宋仲昭，李珍勋，王鸿儒，薛昭銮，王国均，王永忠等九户逐一会勘，按户填发振票。间复据崇治乡联保主任及宋家川联保主任先后报称：崇治乡联保第一保居民王国显，宋家川联保第二保居民马祥麟，马聚来三户之房屋，曾被敌机投弹炸毁，尔时疏忽漏报，合再补报，恳请勘查救济。等情。

据此，复经勘查属实，当以灾况一律应予给恤以广救济，而宏钧所德意。于是同时填发振票领取振款，除每户填发仁字振票一张，共十二张，合计国币陆拾元。遵令暂由平粜款挪借散放外，理合将收回振票连同振票存根具文一并会呈赍请鉴核备查。

(内蒙古自治区巴彦淖尔盟档案馆藏，档案号224－113－53－2)

（20）吴堡县崇治乡联保被敌机轰炸大炮机枪射击灾况调查表（1939 年 6 月 16 日）

调查者　主任王桂霖　指导员　田庆盈　　　　二十八年六月十六日

受灾户主姓名	年龄	住址			损失概况				备考
		保	甲	户	伤亡人口数	死伤牲口数	炸毁房屋	其他财产被毁数	
李珍勋	五六	一	二	二			石窑一孔		
王鸿儒	六八	一	一	一三			石窑一孔		
薛昭銮	四三	一	二	三			石窑五孔		
王国均	五七	一	一	四			石窑一孔		
王永忠	六〇	一	一	一			石窑一孔		
附注	一、本表全系吴堡县城内住房 二、被灾日期均系本年六月五日								

（内蒙古自治区巴彦淖尔盟档案馆藏，档案号 224－53－2－113）

（21）吴堡县宋家川联保被敌机轰炸大炮机枪射击灾况调查表（1939 年 6 月 16 日）

民国二十八年六月十六日
调查者　主任宋运海
指导员　李崇纲

受灾户主姓名	年龄	住址			损失概况				备考
		保	甲	户	伤亡人口数	死伤牲口数	炸毁房屋	其他财产被毁数	
宋运启	四七	一	三	七			一孔		
宋启田	三二	一	六	二			墙一□		
宋丕华	四七	一	九	二		小猪一口	一孔		
宋仲昭	五九	一	一二	四			一孔		
高大富	四八	二	七	二			大醋一缸		
附注	一、受灾共计五户窑三孔墙一□小猪一口 二、被灾日期系本年六月五日								

（内蒙古自治区巴彦淖尔盟档案馆藏，档案号 224－53－2－113）

（22）吴堡县贵和乡联保被倭寇大炮机枪射击灾况调查表（1939 年 9 月 12 日）

民国二十八年九月十二日

调查者联保主任　张同行

受灾户主姓名	年龄	住址			损失概况				备考
		保	甲	户	伤亡人口数	死伤牲口数	炸毁房屋	其他财产被毁数	
慕生喜	二十四	一	九	七		死伤驴一头			
附注	一、本表死亡之户系由县府征调为河防部队在宋家川搬运军品□□□货时被军渡山头敌炮击毙，业由县府给恤洋伍拾元正合并陈明。								

（内蒙古自治区巴彦淖尔盟档案馆藏，档案号 224－53－2－113）

（23）安康县政府报告五月三日被炸损失（1940年5月3日）

安康县政府快邮代电汇民字第48号

中华民国廿九年五月三日

事由：为限期□□执行强迫疏散由

五堰乡长览，前以敌机对我未设防城市滥肆轰炸，为□□损害，保全实力，迭经本府抄发各项疏散办法，令饬各单位负责咎饬强迫疏散并经布告人民自动疏散各在案。而人民亦未遭轰炸，不明利害。各单位又多延后不负责任，故数月来人口货物之疏散无形搁置。本月一日晨敌机廿四架轰炸本县付家河飞机场，投弹百八十余枚，机场附近各村被炸死平民百七十余人，伤五十余，毁民房百二十余间。罹此空前惨祸，疏散一节，亟应积极办理。除分电外特再重申前令，电仰该乡长遵照前颁各项疏散办法及历次疏建委员会会议纪录，切实执行强迫疏散并鸣锣通知限七日内将疏散结果具报。事关空防，万勿，延徇。是为至至与县长黄若霖。江康民

（安康市汉滨区档案馆藏，档案号旧政权类13号卷）

（24）咸阳县五月二十一日惨遭敌机狂炸死伤人数调查表（1940年5月21日）

被害者姓名	性别	年龄	籍贯	住址		炸伤情形			备考
				街巷	门牌	轻	重	死	
范俊义	男	二三	陕西澄城	东明街				死	五九后方医院第一分院看护兵
王拴美	仝	二五	耀县	仝			重		仝
李　盖	仝	一九	咸阳	仝			重		仝
林中侨	仝	二六	仝	仝			重		仝
刘平山	仝	二二	汉中	仝		轻			伤兵仝
周荣山	仝	三八	四川林水	仝			重		仝
闫玉龄	仝	三〇	河南开封	仝		轻			仝
王新亮	仝	二八	河南尉氏	中山街				死	五九后方医院第四分院伤兵
许德成	仝	三二	遂平	仝			重		仝
杨兴法	仝	二八	陕西白河	仝			重		仝
金文林	仝	三〇	山东曹县	仝			重		仝
万金山	仝	四〇					重		
李张氏	女	三八	仝	仝	仝		重		
李□子	仝	一四	仝	仝		轻			
朱□□	男	二〇		第四街	二七	轻			
王克勤	仝	六〇	华县			轻			

续表

被害者姓名	性别	年龄	籍贯	住址		炸伤情形			备考
				街巷	门牌	轻	重	死	
杜产学	仝	一六	鹿县	六三				死	
张修桂	仝	二二	仝	仝	仝			死	
苟王氏	女	三八	咸阳	市场	三三		重		
董生福	男	四四	仝	二三				死	
罗修理	仝	二五	河南汜水	中山街	三四一	轻			
边中龙	仝	五二	咸阳石村			轻			
唐平平	仝	二〇	长安	北平街	一五		重		
郑彦林	仝	二八	咸阳窑店			轻			
王登科	仝	四二	咸阳	马店	八				
桑　坤	仝	四九	仝	北平街	一〇二		重		
郭杨氏	女	五五	仝	中山街	三一			死	
郭赵氏	仝	四五	仝	仝				死	
郭黄氏	女	二二	仝	仝	仝			死	
郭小儿	男	一	仝	仝	仝			死	
黄关体	男	五二	商县	仪凤街	一〇			死	
周来龙	仝	三〇	江西同〔铜〕陵	仝			重		
周克盛	仝	三〇	安徽孟城	仝			重		

续表

被害者姓名	性别	年龄	籍贯	住址		炸伤情形			备考
				街巷	门牌	轻	重	死	
余顺兴	仝	四二	四川德阳	仝			重		
王兰亭	仝	二〇	陕西商南	仝			重		
刘明阳	仝	二一	河南焦作	仝		轻			
杨松亭	仝	二五	河南	仝		轻			
牛子升	仝	五二	山西荣河	北平街	三〇			死	
符中贤	仝	二四	陕西礼泉	仝	二四			死	
刘元才	仝	三八	扶风	市场	五〇			死	
张吉英	仝	二二	渭南	北平街	一八	轻			
高士杰	仝	二八	河南开封	市场	一八			死	
杜德记	仝	二五	甘肃官店	东关	二三	轻			
李富臣	仝	四八	陕西咸阳县	六				死	
李张氏	女	三八	仝	仝	仝		重		

（咸阳市档案馆藏，档案号 M1－11－22）

（25）榆林县民国二十九年六月三日被炸振恤登记表（1940 年 6 月 3 日）

受害人				损害情形					振恤款额（元）	领款人			证明人签章或指印	领款人签章或指印
姓名	性别	年龄	住址	死	重伤	轻伤	住所被炸间数	财产损失估计（元）		姓名	住址	与受害人之关系		
杨国栋	男	七一	城内十保六甲		腿部		房三间	三〇〇	二〇					
白　宽	男	六三	城内十二保三甲		头部				二〇					
强张氏	女	三七	城内一保五甲	二十八年十二月十六日					三〇	强朱拴		丈夫		
刘瑞祥	男	三〇	城内七保九甲		足部		房三间	三〇〇	二〇					
白随果	男	五一	城内七保八甲		腿部		房三间	三〇〇	二〇					
黄连新	男	一四	城内七保二甲	二十八年十二月十六日					三〇	黄焕成	城内七保二甲	父		
刘周氏	女	三二	城内六保十四甲		背部		房二间	一五〇	二〇					
高福才	男	四三	城内五保十四甲		腿部				二〇					
吴怀桂	男		城内八保		臂部				二〇					
班　祥	男	四一	城内七保四甲		腰部				二〇					
马福应	男	三四	榆林赵家庄	二十八年十二月十六日					三〇	马秦氏		妻		
张喜娃	男	一六	榆林南三沟		眼部				二〇					

续表

受害人				损害情形					振恤款额（元）	领款人			证明人签章或指印	领款人签章或指印
姓名	性别	年龄	住址	死	重伤	轻伤	住所被炸间数	财产损失估计（元）		姓名	住址	与受害人之关系		
万　羔	男	四二	榆林三岔湾	二十八年十二月十六日					三〇	万招招		儿		
万付果	男	六一	榆林三岔湾	同					三〇	万许氏		妻		
张　元	男	四八	榆林七保	同					三〇	张黄氏		妻		
米二奴	男	四一	榆林七保	同					三〇	米成亮		父		
高　成	男	四〇	榆林七保		腿部				二〇					

［陕西省档案馆藏，档案号90－4－531（2）］

（26）武功县杨陵乡呈报1940年9月30日被炸伤亡情况（1940年9月30日）

为呈赍调查敌机轰炸农村人畜伤亡财产损失请鉴核备转而资赈济由

窃查本乡第五保所属张家岗、薄窑庄等处接近农学院，曾于本月三十日上午十时许被敌机轰炸。该处所有人畜死伤、财产损失并财产损失约值金额分别列表，理合随文呈赍。恭请钧府鉴核备查以凭转报而资振济谨呈

县长田

附呈调查表一份

杨陵乡乡长张云峰呈

中华民国二十九年九月三十日

武功县杨陵乡第五保农学院附近各村敌机轰炸死伤损失报告表

被灾人姓名	性别	籍贯	住址	死伤区别	牧畜伤毙	财　产　损　失	约值金额	备　考
刘炳煊	男	本籍	张家岗第五保	死		厦房五间器具全毁麦草八仟斤	二〇〇〇元	两岁女孩又受重伤
张水平	男	仝	仝	死				
张生财	男	仝	仝			麦草七千斤	一〇〇元	
刘仓珍	男	仝	仝	死		麦草玖万玖百斤	三〇〇元	
侯治平	男	仝	仝	伤		麦草一万玖百斤	三〇〇	
侯治中	男	仝	仝	伤				
刘战心	女	仝	仝	伤				
袁高旗	男	仝	仝	伤		麦草伍仟斤	七五元	
刘　山	男	本籍	张家岗第五保	后背伤				皮匠
刘步月	男	仝	仝			楼房震碎厦房五间门窗全无麦草壹万八仟斤	五〇〇元	
张四和	男	仝	仝			房震破二间半麦草八仟斤	二〇〇元	
张生和	男	仝	仝			麦草八仟斤	一二〇元	
刘炳秀	男	仝	仝			麦草壹万斤	一五〇元	
刘炳哲	男	仝	仝			麦草壹万斤	一五〇元	
刘炳玉	男	仝	仝			麦草两万斤	二八五元	
刘炳焕	男	仝	仝			麦草二万斤	三〇〇元	
刘炳烈	男	仝	仝			楼房后詹震坏麦草二万斤	三五〇元	

续表

被灾人姓名	性别	籍贯	住址	死伤区别	牧畜伤毙	财　产　损　失	约值金额	备　考
孟振荣	男	仝	仝			麦草二万斤	三〇〇元	
孟振祥	男	仝	仝			麦草伍仟斤	八〇元	
孟拴管	男	仝	仝			麦草伍仟斤	八〇元	
刘世俊	男	仝	仝			厦房两间麦草伍仟斤	一二五元	
候振要	男	仝	仝			厦房两间食粮器具全无麦草三仟斤	一一〇〇元	
张忠信	男	仝	仝			厦房伍间器具全无麦草三仟斤	五〇〇元	
张志忠	男	仝	仝			麦草壹万斤	一五〇元	
刘步魁	男	仝	仝			房陆间半麦草伍仟斤	三七〇元	
刘步勋	男	仝	仝			麦草七仟斤	一〇五元	
何生金	男	仝	仝			麦草伍仟斤	七五元	
徐志义	男	仝	仝			麦草四仟斤	六〇元	
刘炳汉	男	仝	仝			麦草伍仟斤	七五元	
刘步太	男	仝	仝		猪一头	厦房三间麦草三仟斤	一五〇元	
刘步洪	男	仝	仝			房三间麦草三仟斤	一五〇元	
张世禄	男	仝	罗家底第七保	死	驴一头		三〇〇元	
刘金魁	男	仝	仝	伤				
党　十	男	仝	落阳村第八保	仝				
刘彦彦	男	仝	仝	死		麦草三仟斤	五〇元	

续表

被灾人姓名	性别	籍贯	住址	死伤区别	牧畜伤毙	财　产　损　失	约值金额	备　考
孟文官	男	仝	仝	死				
王木匠	男	临潼		死				
刘金奎	男	咸阳		死				
陈全印	男	本籍	簿垚庄第五保	伤		麦草伍仟斤	七五元	
陈全海	男	仝	仝			麦草七仟斤	一〇五元	
陈彦海	男	仝	仝	伤		房二间器具全无	二〇〇元	
陈郭氏	女	仝	仝	死				
段　明	男	仝	仝			房屋损坏器具全损	一五〇元	
陈志玉	男	仝	仝			房二间毁麦草二万四仟斤器具全损坏	五〇〇元	
陈英魁	男	仝	仝			房两间焚毁麦草二万斤器具全毁	六五〇元	
陈云西	男	仝	仝			麦草两万斤	三〇〇元	
陈济海	男	仝	仝			麦草二万斤一间房屋损	四〇〇元	
陈堆金	男	仝	仝					
陈李氏	女	本籍	卜垚庄第五保	伤				

（武功县档案馆藏，档案号24－1－807）

（27）1940 年 9 月 18 日敌机轰炸安康县意大利教堂，炸死巴南初主教等 4 人的情况报告（1940 年 9 月 24 日）

案准安康天主堂本年九月十八日公函内开：敬覆者：顷准贵署行字第一三二号来函，为将敝堂被炸损害详情见后以便转呈等由准此，□将各情表列如下：

（一）人口死伤表

姓名	性别	年龄	籍贯	职别	伤 害 情 况	备注
巴南初	男	56	意国	主教	胸腹部受重伤查时惨死	
齐镒泉	男	40	户县	会计	房塌压死	
王光耀	男	24	安康	□□□□三年级学生	房塌压死	
王明学	男	46	安康	教友	全身炸成碎块惨死	
毕行嘉	男	30	江苏	主任医师	伤几长寸许	
方楼旗	男	16	安康	（教友）安康中学学生	破片炸伤左手指	
唐昌寿	男	16	安康	教父	房塌压伤	
郭世秆	男	16	安康	同上	同上	
马神父	男	36	安康	教父	同上	

（二）财产损失表

品 名	数 量	最 后 估 价	备考
房屋	三二间	二四〇〇〇元	
玻璃	五五二张	五五二〇元	
药品及医疗器械	二〇〇〇〇元		
各色用具	一三〇〇〇元		
食粮及	一九〇〇〇元		
总计财产损失	八〇三二〇元		

计炸死巴主教等四人，伤马神父等五人，损失财产至少当在国币八万元以上，财产之损失，犹可重建，人才之损失，则永难补偿，言念及此，痛愤易极。相应函复即希查照备转是荷。等由。

准此查。安康县城于本月三日遭敌机轰炸，该堂主教巴南初等殉难一案，前经电报钧府并函该堂将被炸损害详情查明示复各在案。兹准前由，经查属实，理合呈请鉴核转报。

谨呈陕西省政府主席蒋
附原图一纸

陕西第五区行政督察专员杭毅
中华民国二十九年九月二十四日
（陕西省档案馆藏，档案号1－4－68）

（28）抗战以来各省后方〔咸阳县城〕人口死亡财产损失调查表

（1939年7月1日—1941年2月底）

（自民国28年7月1日起至30年2月底止）

省别	县市别	死亡人数							物资损失											备注
		总计	1—20岁		21—45岁		46—以上岁		土地		地面作物		屋宇		器具		振品			
			男	女	男	女	男	女	面积	价值	农产物	价值	间数	价值	数量	价值	种类	数量	价值	
陕西省	咸阳县城市	六七名	一一名	二〇名	二九名	五名	二名	无	无	无	无	无	三七七间	一三五七九三〇元	桌四百五十张价20元，椅五百一十对16元，凳二百零五条5元，柜三百六十个20元，其他三千五百件（约值18850元）	五万四千二百三十五元	恤金		五千七百九十元	

（咸阳市档案馆藏，档案号M10－1－2）

（29）西安空袭紧急救济联合办事处填造三十年三月八日被炸损害调查表（1941 年 3 月）

姓　名	年龄	性别	籍贯	住　址	职业	死伤情形			房屋被炸间数	家属称谓及姓名	备　考
						死亡	重伤	轻伤			
郭张氏	二四	女	河南	大皮院甲字七七号	难民	一			三间	郭铁善之妻	
曹　义	五六	男	长安	北乡	农		一				此人是乡下人到城里卖棉花
省立医院				西华门公一号	医院	一			八间		此人因死亡已无面目无从着手调查姓名
贺生春	五〇	男	长安	小保吉巷五十二号	商			一	二间	妻贺氏	二区三联一保
何来祥	四七	男	长安	小保吉巷五十三号	商			一	四间	妻何陈氏	仝
张仁权	三八	男	长安	小车家巷四十三号	闲				三间		二区三联五保
李少卿	四七	男	山西	大车家巷九号	商				一间		仝
沈用利	三八	男	江苏	横巷一八号	商				一间		仝
王孟氏	二六	女	洛南	仝	闲				九间		仝
朱广有	二一	男	安徽	大保吉巷一号	兵					主人梁仲苏	二区三联二保
闻谋广	三四	男	湖北	仝	商				二间		仝
周西山	六二	男	长安	大保吉巷四号	闲				四间		仝
翁林昌	六二	男	长安	大保吉巷三号	商				七间		仝
潘有堂	一五	男	蓝田	西大街二一号	商			一	一间	杨智礼之学徒	
黄俊杰	二三	男	蓝田	西大街一五四	商	一			二间	杨子和之学徒	

续表

姓名	年龄	性别	籍贯	住址	职业	死伤情形			房屋被炸间数	家属称谓及姓名	备考
						死亡	重伤	轻伤			
高徒信				西大街二四四号					三间		
霍登如				西大街二一八号					三间		
刘玉山				西大街四八八号					二间		
田玉氏				西大街四八七号					二间		
贾杰如				西大街四八九号					二间		
赵子明				西大街一七八号					二间		
郭子荣				西大街一七七号					一间		
陶吉庆	二九	男	河南	崇礼路八号	收破烂				草房一间		
徐金贵	三六	男	河南	崇礼路七号	卖水果				草房一间		
杜崇喜	四〇	男	河南	崇礼路九号	理发				木房一间		
谢鸿鹤	三六	男	河南	崇礼路十号	理发				铁棚一间		
崔诒桐	六一	男	河南	崇礼路十一号	卖纸烟				草房一间		
崔盛华	三五	男	河南	崇礼路十二号	木匠				草房一间		
马平蓝	三一	男	长安	麦苋街二五号	商						二联九保十四甲
马云九	五九	男	长安	麦苋街二六号	商				二间		仝

（陕西省档案馆藏，档案号 90－3－33）

（30）西安空袭紧急救济联合办事处报告 1941年5月被炸情形

（1）填送本市三十年五月份遭受空袭损害伤亡人数报告表请查核转由。

（2）本支代电填赍本市本年五月份遭受空袭损害伤亡人数报告表请鉴核查由。

（3）填赍本市本年五月份遭受空袭损害伤亡人数报告表请鉴核由。

陕西省西安市三十年度五月份遭受空袭伤亡人数报告表

被炸月日	被炸地点	伤亡人数			备考
		死亡	重伤	轻伤	
五月六日	尚仁路、新城坊、六合村及车站、枫树口、郭上村、大华纱厂等处	一七	八	七	
五月十八日	迎祥观、化览巷、北院门、西羊市、竹笆市、西大街、正学街、车家巷、湘子庙、北牛市、木头市、粉巷、书院门、城隍庙后街、警察局东西巷、郭签士巷、麦苋街、二府街、王家巷、莲花池、大小皮院、红埠街、北广济街、南院门等四十余处	二四	一二	一八	
五月二十六日	玄风桥、东三四道巷、东羊市、金家巷、庒新巷、崇义路、东新巷、豆府巷、面王巷等处	一七	一五	一	
说明	一、查三十年五月奉振济委员会俭渝乙代电修正空袭紧急救济办法第三条甲乙丙各项之规定，死亡每名六十元，重伤四十元，轻伤十五元，已遵照分别给恤。 二、财产损失仅房屋一项仍照向例不分房主与房客，当时确在该屋居住全毁者每户三十元，炸毁者每户二十元，震毁者每户十元分别给恤。 三、查表列伤亡人数与原报稍有不符，系经一再详查，按照已发恤票数目填列。五月六日内有江北兵站统监部监护团士兵伤亡二十一名，因名册未到尚未具领，余均照发。十八日尚有未领恤款票十五张（计死亡四张重伤二张轻伤七张房屋二张），二十六日尚有未领恤款票二十张（计死亡三张重伤六张轻伤三张房屋八张），已分别函催并布告限期具领合并注明。				

（陕西省档案馆藏，档案号90－3－24）

（31）敌机轰炸本市〔西安市〕人民死伤调查表（1941 年 5 月）

姓名	年龄	性别	籍贯	住址	职业	被炸月日	死伤情形			房屋间数	家属称谓及姓名	备考
							死亡	重伤	轻伤			
贾张氏	四〇	女	河北	八道巷二号	难民	五月七日			头部炸伤		夫贾元智	
东羊市七号八号之间										一一		此处曾落一弹无死伤
东羊市五号及七道巷一号										一一		系七道巷中间炸弹震毁无死伤
刘子英	二二	男	陕西华阴	崇廉路西段二十二号	雇工	五月七日		头部		一	耿宗耿之雇工	房主耿宗发
杨忠财	二〇	男	陕西	仝	仝	仝			右脚		张羽甫之雇工	
王蒋氏	三五	女	江苏	尚德路后门五号		仝			头部		王树伯之妻	铁路工人
任张氏	三〇	女	长安	仝		仝			头部		任可长之妻	仝
王刘氏	七〇	女	江苏	仝		仝			头部		王树伯之母	仝
马学科	一九	男	长安	西京招待所	杂役	仝			臂部		经理张光纶	
交通银行				六合新村一四号		五月七日				震毁一		
何柱国	四二	男	广西	崇耻路西段二十三号	军	仝				二		
				尚德路		仝				四		

续表

姓名	年龄	性别	籍贯	住址	职业	被炸月日	死伤情形			房屋间数	家属称谓及姓名	备考
							死亡	重伤	轻伤			
				尚德路九号		仝				三		
朱长清	三八	男	河北	尚仁路四七号	商	仝				三		
杨春华	三五	男	天津	四八号	仝	仝				三		
王康云	三七	男	山西	四九号	仝	仝				一		
胡义山	二四	男	山东	一二一号	仝	仝				一		
李恩先	二〇	男	河南	仝	仝	仝				二		
祁文瑞	四〇	男	山西	仝	仝	仝				一		
李龙海	四三	男	河南	仝	仝	仝				一		

总字9号

阅送本月七日敌机轰炸死伤调查表请查照振抚以资救济由

依例给恤

已由调查组给据领恤九、廿四

（陕西省档案馆藏，档案号90－3－7）

(32) 本月五月巧日敌机侵入本市（西安）上空在二五六七九十等区滥施轰炸损害情形（1941年5月18日）

陕西省政府重庆2163钧鉴：本月巧日上午九时余，敌机十八（18）架侵入本市上空，在二、五、六、七、九、十各区滥施轰炸，共投弹一百零六（106）枚，计死亡十九（19）人，轻重伤三十（30）余人，毁房四百（400）余间，除再详查依例给恤并分报外，理合电请鉴核。西安空袭紧急救济联合办事处主任委员王〇〇。叩辰巧印。

三十年五月十八日敌机伤害报告表

（陕西省档案馆藏，档案号90－3－24）

（33）〔咸阳县〕城关镇第一二三四保五月二十一日被炸情形调查表（1941 年 5 月 21 日）

三十年五月二十一日

被炸姓名	年龄	死	伤	住址	被炸房屋间数及投弹数	损失财产数	备考
闫玉林	三〇		重	五九后方医院一分院			
周荣山	三六		重	仝上			
刘平山	二二		重	仝上			
李　芪	一九		重	仝上			
林忠乔	二五		重	仝上			
王双美	三二		重	仝上			
范俊义	三〇	死		仝上			
范柏亭	五四			第一保十一甲	厦房拾壹间投弹二枚		
张登州	二三	死		第二保十五甲九户	在马王庙巷被炸		
宝森春	一六	死		仝上	仝上		
邢成治				第二保十七甲	门房共拾壹间投弹壹枚	驴一匹	又炸吕祖庙公房二间
董生福	四四	死		第二保十九甲			在花店巷南口被炸
朱绪绪	二二		重	第二保十九甲			在谭道巷南口被炸
冯孝德	二七			第二保十二甲	门房叁间厦房四间投弹一枚		
水振元	五〇			仝上		骡驴炸死各一小麦十一□□□□	

续表

被炸姓名	年龄	死	伤	住址	被炸房屋间数及投弹数	损失财产数	备考
□□□□	六二		重	仝上			
田生林	五七			第十二保十一甲	头门楼及大车二辆炸坏投弹二枚		
李辅臣	四八	死		第二保十甲一户	厦房三间投弹二枚		
李张氏	四五		重	仝上			李辅臣之妻
李稳平	十三		轻	仝上			李辅臣之女
来玉亮				第二保十四甲	庭房三间投弹一枚	炸醋四十瓮	
张世昌				仝上	庭房二间投弹一枚	炸醋八瓮	
张兴治				第二保二十甲	厦房三间投弹一枚		
任德杰				第二保三甲	庭房壹间投弹一枚		
张　德	四九	死		第四保七甲	厦房三间投弹一枚		
桑　坤	五〇		重	仝上			
唐平平			重	第四保八甲			在花店巷被炸
段秉义	一七		重	仝上			仝上
贾寅功	四〇			第四保一甲	房三间投弹一枚		
王　璋				第四保第八甲	房三间		
瑞生合号				仝上	房九间投弹二枚		
同丰和号				第四保第八甲	房三间		

续表

被炸姓名	年龄	死	伤	住址	被炸房屋间数 及 投 弹 数	损失财产数	备　　考
刘天才	三五	死		第四保四甲	投弹一枚		
高世杰		死		仝上			
牛子升	五二	死		第四保十二甲			在花店巷被炸
符忠贤	二四	死		仝上			
志龙合号				第四保八甲	厦房三间投弹一枚		
王周氏	三九	死		第四保三甲			在马王庙巷被炸
北卫保学				第四保七甲	大房二十四间投弹叁枚		
邮政发重班				第一保	投弹一枚		
郑家巷				第二保十甲	投弹一枚		
果子市				第二保十九甲	投弹一枚		未炸
花店巷				第二保一甲	投弹一枚		
杜得记			重	第一保甲			财政部盐务局一〇一队车户
共计	拾壹名	十四名		房玫拾贰间 投弹二十六枚	驴二　骡一 法币一千六百元 醋四十八瓮		

镇长靳舒翼

（咸阳市档案馆藏，档案号 M1－1122）

（34）本市（西安）六月十八日被敌机十架在二、三、六、七、十区滥施轰炸损害情形（1941 年 6 月 18 日）

重庆 2163 钧鉴：查本市六月十八日被敌机袭炸已于皓日电报在案，兹经详查共计：死亡（37）人，轻重伤（41）人，毁房（462）间，除依例分别给恤，另行表报外，理合电请鉴核。西安空袭紧急救济联合办事处主任委员王〇〇。叩午冬印。

代电字第 33 号

陕西省政府振济委员会第五救济区钧公鉴：查本市六月十八日被敌机袭炸已于皓日电报在案，兹经详查共计死亡三十七人，重伤十八人，轻伤二十三人毁房四百六十二间。除依例给恤并分报外，理合相应电请鉴核查恤为荷。西安空袭紧急救济联合办事处主任委员王〇〇叩。

奉派调查六月十八日下午一时廿五分敌机十架，侵入西安市空轰炸损害情形及被炸区域受灾大致情形先行呈报，至于伤害人民房屋数目，详细继续调查清楚再为详细造册具报，兹将损害地点、死亡人数及房屋大约数目分析报告于后。

（一）被炸区域夏家什字、柴家什字、西大街、骆驼巷、第二试验小学校、牌楼巷、神器库、西门外机场、报恩寺、冰窖巷、甜水井、洒金桥、隍庙后街、大学习巷、西仓、东道院、西道院、警局总局、警局东巷、北广济街、西羊市、北大街、西华门、大皮院、迎祥观共计二十五处

（二）共投弹七十余枚未炸二枚

（三）死伤四十余人

（四）房屋四百余间

职　张华亭　韩厚田　朱　明　李炳勋　呈

民国三十年六月十八日下午七时　报告

（陕西省档案馆藏，档案号 90－3－24）

（35）陕西省西安市三十年度六月份遭受空袭伤亡人数报告表（1941 年 6 月）

被炸月日	被炸地点	伤亡人数			备考
		死亡	重伤	轻伤	
六月二日	北关正街		1		投手榴弹一枚
六月十八日	夏家什字、柴家什字、西大街、骆驼巷、二实小学、牌楼巷、神器库巷、西门外机场、报恩寺、冰窖巷、甜水井、酒金桥、隍庙后街、大学习巷、西仓、东西道院、警察局、公安巷、北广济街、西羊市、北大街、西华门、大皮院、迎祥观等廿五处	37	18	23	
说明	一、本表死伤人数均遵振济委员会本年四月俭渝乙代电修正空袭紧急救济办法第三条甲乙丙各项之规定，死亡每名六十元，重伤四十元，轻伤十五元，分别给恤。 二、此次被炸房屋四百六十二间，仍照向例不分房主房客，以当时确在该房居住者为限。全毁每户三十元，炸毁每户二十元，震毁每户十元，已分别给恤。				

（陕西省档案馆藏，档案号 90－3－24）

（36）咸阳县八月二日遭敌机狂炸损失调查表（1941 年 8 月 2 日）

民国卅年八月二日

名称	姓名	性别	年龄	籍贯	住址		炸伤情形			毁物品数量	房屋间数	投弹损失		备考
					街巷	门牌	轻	重	死			数目	估计	
	赵五	男	五七	咸阳	谭道巷	3		重						
	王李氏	女	七二	咸阳	同 1			重						
	王常氏	女	三八	山东	市场	68			死					
	焦王氏	女	三八	河南	市场	12			死					
	温德荣	男	六九	咸阳		二保二甲一户			死					
太和生	卫培成	男	四九	礼泉					死					
	张连升	男	三一	咸阳				重						由沣桥乡来此
	王德娃	男	四〇	咸阳	新庄				死					
	王许氏	女	三二	咸阳	东道巷	31		重						
通兴邦	董新德	男	四六	礼泉	北街		轻							
	张德邦	男	四九	礼泉	北街				死					
晋盛东	雷振德	男	四二	蓝田	北街				死					
咸阳工厂	王子和	男	一六	河南					死			二枚		
仝	王三	男	一四	河南					死					

续表

名称	姓名	性别	年龄	籍贯	住址		炸伤情形			毁物品数量	房屋间数	投弹损失		备考
					街巷	门牌	轻	重	死			数目	估计	
仝	董文学	男	一五	河南				重						
	白俊祥	男	四二	咸阳	西道巷	32		重						
打包厂	西矿地											四枚		
南门外	河中											三枚		
西关外	矿野地											二枚		
仪凤东街						卅一九号				猪四头	四间	二枚	二仟伍百元	
三生粟行					北街							一枚		
东门外	二烈士墓											一枚		
东道巷	南口											三枚		
同盛魁	丁相	男	二三	蓝田	中山街			重				一枚		
共计一七九		猪四头				四间				十九枚		二仟伍百元		
附记	赵五、王李氏、王德娃、王氏等四人□方乘火车到咸，空袭时躲避谭道巷口中弹，除王德娃身死外，其余均因当时神志不清调查未详，容另具报。													

（咸阳市档案馆藏，档案号 M1－1122）

（37）陕西省会警察局敌机轰炸损害报告表（1941 年 8 月）

三十年八月十三日上午三时四十五分空袭警报五时二十分敌机十八架侵入市空于六时二十分解除警报

地　　点	投弹枚数		死亡人数	受伤人数		炸毁房屋间数	备　　考
	已炸	未炸		重伤	轻伤		
西华门	一					四	
后宰门七号	一		二		一	一五	
后宰门二十号	一		一			三	
力行中学	一		一				在空地
后宰门十四号	一						
后宰门被服厂	二		二			一〇	
后宰门二十四号	一					二	
北大街西京日报造纸厂	一	一					
北大街棚字三十号	三					三	系燃烧弹
北大街三二六号	一					五	
北大街新华日报社	一					四	
通济中坊二十五号	一						投空地
崇礼路西段马路中心	一				一		
新民中学内	三						投空地
新城北门外省府仓库	一				一	二	

续表

地点	投弹枚数		死亡人数	受伤人数		炸毁房屋间数	备考
	已炸	未炸		重伤	轻伤		
新城内	三						投空地
新城坊十二号	二				三		投空地
动员指挥部	一			一		二	
崇廉路什字特务连内	一					一	
药王洞空地	二						
药王洞九号	一					三	
药王洞十号	一					一	
居易巷	一					三	
雷神庙街十八号	四		三		一	一二	
曹家巷内马路上	二						
东九府街什字	二					一二	
梁府街十六号	一		一			一二	炸死骡子十二头
梁府街十四号	一			一		二	
梁府街二十一号	一					二	
第一监狱东北角	二						围墙二段
二府园内空地	一						
澄华巷二三号	一				一		
莲花池一号	一						

续表

地点	投弹枚数		死亡人数	受伤人数		炸毁房屋间数	备考
	已炸	未炸		重伤	轻伤		
小莲花池五号	一						
莲花池门口	一						
主家巷四十一至四十二号	二		三			一〇	
王家巷十七号	一					一二	
王家巷二十二号	一					三	
王家巷二十六号	一					六	
二府街四号	一					八	
二府街四十六号						五	震毁
八家巷七号	一					八	
大华纱厂东南空地	二						投空地
电灯公司东五百公尺外空地	二						投空地
合计	六一	一	一三	二	七	一五〇	

（陕西省档案馆藏，档案号 64 - 1 - 176）

（38）陕西省平民县人口伤亡调查表（1941年8月）

事件：敌炮轰炸
日期：三十年八月十九日
地点：县城外及仁和乡属豫安村

姓　名	性别	职　　业	年龄	最高学历	伤或亡	费用（国币元）		证　　件
						医　药	葬　埋	
阴世荣	男	农	56	初小毕业	伤	18000		
马长有	男	农	47		伤	7000		
张继魁	男	农	44		伤亡	12000	7000	
张小丑	男	学	18	初中	伤亡	2000	5000	
张怀娃	男	农	32	高小毕业	伤亡	24000	4000	
赵狗旦	男	商	42	高小毕业	伤亡	14000	5000	
孙振乾	男	农	32		伤一臂	24300		
孙丙乾	男	商	24		伤胸部及头部	38200		
赵秀兰	女	学	18	初中	伤亡	200	5000	
赵玉兰	女	学	17	初中	伤亡	4000	8000	
李王氏	女	人事服务	59		亡		12000	
朱马氏	女	人事服务	48		伤亡	14000	14000	
牛朱氏	女	纺	24		伤亡	4600	8000	
张李氏	女		58		伤亡	24600	20000	
马西胜	男	商	47	高小毕业	亡		24000	

平民县县长李定志填报

［陕西省档案馆藏，档案号90－4－531（3）］

（39）〔兴平县〕奉电饬即调查敌人罪行事件等因电请鉴核由（1941年8月）

陕西省政府主席祝钧鉴：案奉陕西省第十区行政督察专员兼保安司令公署察二建字第一八九二号已真代电内开，奉陕西省政府三十四年秘法字第三一九号辰江代电转奉行政院代电以调查敌人罪行事件，迭经饬办。值此非常时期，如不迅予调查，他日事过境迁，证据消灭，势必无搜集，饬迅遵办，等因。除分行外，合行电仰遵照迅速调查填表迳呈省政府核转，勿延为要。等因。奉此查本县于三十年度八月间敌机一架在县城东郊外投弹五枚，炸死农夫三人，受伤二人，业经填具轰炸报告表于同年八月二十一日以军字第一五一五号呈报钧府备查在案。嗣后敌人在本县境内尚未发生罪行事件，奉电前因谨电请鉴核备查为祷。

代理兴平县县长高翔翎。叩已皓府秘印。

（陕西省档案馆藏，档案号1－12－27）

（40）凤翔县政府查报敌人罪行调查表情形（1941 年 8 月）

西安陕西省政府主席祝钧鉴：上年十一月二十四日府秘法第（9838）号训令暨附颁表式均奉悉。查本县境内并无德意日三国罪行情形，惟于民国三十年八月二十八日上午八时，有日机二十七架由甘肃境内侵入本县上空，在城内及城郊投弹九十余枚，并以机枪扫射，死亡人民十二人，受伤人民十二人，财物损失约计拾余万元。至奉填调查表及具结格式所规定均与上项损失事实两相不符，无法填报，理合将日机轰炸情形一并电复鉴核备查。

凤翔县县长潘。元叩子筱县民印。

（陕西省档案馆藏，档案号 1－12－26）

(41) 电送三十一日敌机炸乾（县）损毁民房数处死伤平民八名（1941 年 8 月 31 日）

总行钧鉴：抗战四载，警报遍地，此间虽有时间，敌机均为经过，查今日（卅一）早七时又发警报至十二时敌机经过数次，旋复一架由北返回，高翔市空，先以机枪下射，继而投弹六枚，内有二枚未爆，损毁民房数处，死伤平民八名，为乾县抗战于兹第一次之空袭损失也，至午后六时始解除警报，敝处平安，理合具电奉达，敬请台鉴为何！

乾处叩申东

（陕西省档案馆藏，档案号 22－1－179）

（42）西安空袭紧急救济联合办事处填赍本市本年八月份遭受空袭伤亡人数报告表请鉴核查照由（1941年）

代电字第59号

振济委员会陕西省政府主席熊，振济委员会第五救济区钧公鉴：查本市六月份遭受空袭伤亡人数报告表业经电呈送在案。查八月份本市遭受敌机袭炸四次，兹将伤亡人数依式填具报告表除分报外，理合相应电请鉴核查照。

西安空袭紧急救济联合办事处主任委员王〇〇叩申元总印

陕西省西安市三十年度八月份遭受空袭伤亡人数报告表

被炸月日	被炸地点	伤亡人数			备考
		死亡	重伤	轻伤	
八月九日	南院门、五味什字、梁家牌楼、土地庙什字、草厂巷、南北四府街、琉璃庙街、大小保吉巷、车家巷、横巷、南广济街、德福巷等处	二五	一二	一八	毁房二九四间
八月十三日	东西九府街、梁府街、雷神庙街、药王洞、澄华巷、居易巷、王家巷、八家巷、莲花池街、二府街、北大街、后宰门、通济坊、革命公园等处	一六	四	九	毁房二二一间
八月二十九日	北院门、西华门、大皮院、麦苋街等处	无	无		毁房八间
八月三十一日	北大街、新民街、九府街、红埠街、教场门、二府街、麦苋街、狮子庙街、八家巷、小皮院、土车巷街等处	五	一	四	毁房八九间

（陕西省档案馆藏，档案号90－3－23）

（43）陕西省长武县人口伤亡调查表（1941 年 8 月 31 日）

事件：日机轰炸
日期：30 年 8 月 31 日
地点：长武县昭仁镇第四保

姓　名	性别	职　　业	年龄	最高学历	伤或亡	费用（国币元）		证　　件
						医　药	葬　埋	
崔之升	男	农	64		伤	不详		
崔元元	男	学生	11	小学肄业	伤	不详		
连贾氏	女	人事服务	44		伤			
连志忠	男	小卖	55		伤			
戴鱼氏	女	人事服务	30		伤			
马秦氏	女	仝上	33		伤			

填报机关长武县政府

（陕西省档案馆藏，档案号 90－2－525）

（44）华阴县人口伤亡调查表（1941 年 9 月 4 日）

事件：日机轰炸
日期：三十年九月四日
地点：华岳庙

姓　名	性别	职　　业	年龄	最高学历	伤或亡	费用（国币元）		证　　件
						医　药	葬　埋	
刘方印	男	4	48	△	3		300 元	
刘吉成	男	4	35	3	1	80 元		
宋希沟	男	4	47	△	1	50 元		
杨公让	男	4	47	△	2（丑）	90 元		
刘景生	男	4	50	△	3		300 元	
张无伦	男	4	50	△	3		300 元	
杜仁仙	男	4	17	3	3		300 元	
程三合	男	4	20	3	3		300 元	
杨元弟	男	4	26	3	1	60 元		
胥一成	男	4	16	3	1	50 元		
于丙云	男	3	56	△	1	70 元		
钟福孝	男	4	60	△	3		300 元	
王　二	男	4	24	3	1	40 元		
白葛春	男	4	45	△	2（子）	80 元		
赵新发	男	4	17	3	2（子）	90 元		
郝振坤	男	4	57	△	3		300 元	
吴　石	男	4	18	3	2（丑）	80 元		
刘运娃	男	3	16	3	3		300 元	

续表

姓名	性别	职业	年龄	最高学历	伤或亡	费用（国币元）		证件
						医药	葬埋	
刘老二	男	3	20	3	3		300 元	
严怀亮	男	6	36	3	1	30 元		
李文德	男	6	37	3	1	30 元		
吴振声	男	4	43	3	1	40 元		
罗　庆	男	3	15	3	3		300 元	
司居义	男	1	62	3	3		300 元	
司凤英	女	8	26	3	1	40 元		
史韩氏	女	8	46	△	3		300 元	
史　凤	女	△14	3	3		100 元		
孙杨氏	女	8	21	3	3		300 元	
李福香	女	9	8	3	3		200 元	
李王氏	女	8	40	△	1	50 元		
△	男	△	△	△	3		200 元	
△	男	△	△	△	3		200 元	
△	男	△	△	△	3		200 元	
△	男	△	△	△	3		200 元	

直辖机关学校团体或事业　华阴县政府　　填报者：华阴县长何莱臣　　通信处：华阴县政府

［陕西省档案馆藏，档案号 90－4－531（3）］

(45) 长安法院被炸人犯伤亡情形 (1941 年 9 月)

敬启者：

查本月十二日敌机袭击市空，敝所已遭落弹三枚，计被炸死押犯拾叁名，重伤捌名，轻伤贰拾陆名，(内有本所看守贰名)。致房屋被毁拾叁间。当时情状颇惨理合依照贵处颁定之空袭死伤条例被难者发给掩埋死亡及医疗金等费，兹分别检同死亡轻重被难犯人统计表册，相应商请贵处查明，俯准按年发给以资救济实为公便为荷!

此致西安空袭紧急救济联合办事处

附送统计表册各壹份（启九、一二）（编者注：原档中无被炸死人员名单）

（陕西省档案馆藏，档案号 64－1－35）

（46）陕西长安法院看守所民国三十年九月十二日被炸人犯受弹伤姓名清册（1941 年 9 月）

姓　名	性　别	年　龄	籍　贯	
任三刚	男	三二	高陵	
汪林娃	男	二一	洛南	
左傅法	男	二二	黄龙山	
铁金山	男	二六	河南	
陈朝娃	男	一九	临潼	
贾　荣	男	二二	仝上	
李　禄	男	四八	河北	
刘生华	男	二四	长安	以上八名均系重伤
王涛仁	男	三八	安徽	
郝振英	男	三二	白水	
鲁良青	男	二三	咸阳	
刘金奎	男	二七	周至	
刘老二	男	三八	潼关	重
樊永禄	男	三四	河南	重
林天才	男	三三	临潼	
张天福	男	二四	蒲城	
王牛娃	男	三九	临潼	重
徐维藩	男	三〇	辽宁	
马保福	男	二八	河南	
刘薛焕	男	二六	澄县	
吴印娃	男	二三	蒲城	
同华亭	男	二六	仝上	
杨建中	男	三二	澄县	
杨毓秀	男	三一	周至	
陈守义	男	五〇	河南	
刘树堂	男	三〇	河北	
熊子德	男	四七	泾阳	

续表

姓　名	性　别	年　龄	籍　贯	
王续祖	男	二六	华县	
李九子	男	四七	白水	
邢自喜	男	三三	长安	
董金茂	男	四一	临潼	
高振海	男	二六	周至	以上二十四名均系轻伤　重
董居仁	男	二五	安康	
郭德禄	男	三五	华县	以上二名系本所看守

（陕西省档案馆藏，档案号64－1－175）

（47）陕西第一监狱民国三十年九月十二日被炸人犯受弹伤姓名清册（1941 年 9 月）

姓　名	性　别	年　龄	籍　　贯	
杨梓材	男	三四	陕西宝鸡	
宁国璋	男	二三	陕西长安	
梁贡瓒	男	三七	甘肃榆中	
孙尚才	男	二七	河北新唐	
于祖安	男	二一	河南西平	
左治安	男	三二	河南漯河	
刘得山	男	四六	长安	
谢华章	男	二八	湖北京山	以上均系重伤八名
杜克义	男	二五	山西苗城	
王国彦	男	二二	河南陕县	
周　岱	男	二三	长安	
杨福全	男	二七	河南偃师	
王桂昌	男	二九	河南新乡	
刘海生	男	二四	陕西朝邑	
宋汉臣	男	二六	河北武清	
刘中亚	男	三三	河南	
陈光武	男	二五	河南洛阳	
李占鳌	男	五五	华县	
李得福	男	三五	河南	
武麟昭	男	三七	山西河津	以上均系轻伤十二名
李魁莘	男	二七	周至	
张增荣	男	二五	乾县	
殷睿川	男	二四	乾县	以上三名系本监看守均系重伤

为证明事，本监于上月十二日被炸，受伤人犯，兹经列册函请贵处给予抚恤费在案。惟查，当时本监被炸最惨，只顾押犯。东园防他，有看守张增荣、李魁莘二名在东园第一单人壕戒护，二壕落弹被震耳镜流血。四壕又有看守殷睿川躲避不料，事后调查惟殷睿川伤势过重脑部受伤尚未痊愈。已将上项情形业经呈报陕西高等法院转报司法行政部备查有案。此种事实□□

（陕西省档案馆藏，档案号 64－1－175）

（48）陕西省敌机空袭损失统计表（1937 年 11 月—1942 年 12 月）

民国二十六年十一月至民国三十一年十二月

（军防 1）

年 月 别	地点	次数	架数	投弹数（枚）	房屋损失（间）	伤亡人数 伤	伤亡人数 亡	备 考
二十六年	小计	5	50	114	160	18	42	
	西安	4	38	93	160	3		
十一月至十二月	外县	1	12	21		15	42	
二十七年	小计	87	554	1,988	1,159	347	232	
	西安	22	262	647	276	281	163	
一月至十二月	外县	65	292	1,341	883	66	69	
二十八年	小计	3,372,236	5,190	10,204	1,282	1,268		
	安西	55	437	1,318	3,636	402	446	
一月至十二月	外县	282	1,799	3,872	6,568	880	822	
二十九年	小计	268	1,296	2,269	5,337	957	1,064	
	西安	23	101	388	1,493	292	327	
一月至十二月	外县	265	1,195	1,881	3,844	665	737	
三十年	小计	368	1,797	3,605	6,921	835	681	
	西安	26	206	734	2,189	227	150	
一月至十二月	外县	342	1,591	2,871	4,732	608	531	
三十一年	小计	328	453	617	427	28	13	
	西安	10	18	82				
一月至十二月	外县	318	435	589	427	27	13	
	小计	1,413	6,386	13,783	24,208	3,467	3,300	
总 计	西安	140	1,062	3,208	7,754	1,206	1,086	
	外隔	1,273	5,324	10,575	16,454	2,261	2,214	

（陕西省档案馆藏，档案号 C47－35）

（49）1944 年 10 月 3 日南郑县被炸情形

序次	类别		十月三日晚敌机八架分九批侵扰南郑机场投弹八次后逸去
1	损害地点		西关外龙江乡乡塘附近南关外上水渡附近新民乡东西郭家营
2	损害时间		本晚十时三十五分至十二时止
3	投弹数量及高度		投弹百余枚外轻磅炸弹二箱照明弹数枚敌机飞行高度约一千公尺
4	炸弹种类及数量		二十公斤炸弹百余枚轻磅炸弹约二箱照明弹数枚
5	土质		硬土
6	被炸处漏斗室		漏斗口约二公尺左右
7	偏离轰炸目标及破片最远度		破片距离约三十公尺
8	震倒建筑物间数		无
9	炸毁建筑物间数		西关外龙江乡乡塘附近烧草房一间草摊二个
10	毒化范围		无
	死伤人畜原因	人	乡塘炸死女人二个（一姓廖一姓毛）南关外上水渡附近炸死军人一名新民乡炸死灾民雷显章一名
		畜	乡塘炸死猪二口驴一头
		人	乡塘炸死老百姓一名南关外上水渡炸伤一名

（陕西省档案馆藏，档案号 1－4－69）

（50）令礼泉县为拉运军麦伤亡民夫给恤
（1939年12月）

钧会总字第五零六号训令节开：

据该县呈报拉运军麦压毙民夫吴犬娃，压伤民夫李文桂。等情。请酌发棺殓医药等费一案，经转请军事委员会核示，奉指令准给吴犬娃一次恤金一百元，埋葬费十伍元，重伤民夫李文桂一次恤金四十元，轻伤李邦显、李项娃各给十元，饬遵照取据，呈会具领。等因。奉此，遵即票传压毙民夫吴犬娃家属及轻重伤民夫李文桂，李邦显等到案，分别按数取具领据，理合具文赍请钧会鉴核俯赐核发，以凭转给，实为公便。

谨呈军事委员会第十战区购粮委员会主任委员蒋

计呈赍李文桂等领据五纸。

礼泉县县长张扶农

（陕西省档案馆藏，档案号19－2－12）

(51) 陕西凤翔县政府快邮代电：呈报流亡人力与动员人力损失调查表（1947年6月）

西安陕西省政府主席祝钧鉴钧：府本年政府社一文字第一五三七号代电奉悉，自应遵办。惟查本县除于抗战期间未曾沦陷，所有奉颁被敌劫掠儿童人数调查表及人民被敌征服劳役调查表敬请免予造报外，兹填具本县流亡人力损失调查表及动员人力损失调查表各二份敬电赍请鉴核备转。凤翔县县长张源西叩己。翔府社印。计呈禀流亡人力损失调查表及动员人力损失调查表各二份

陕西凤翔县动员人力损失调查表

（民国三十六年月日填报）

民国三十六年六月　日填报

年	月	日	征集常备兵役		参加地方自卫组织		参加防护团		合计		损失工资计算标准
			人数	损失工资数	人数	损失工资数	人数	损失工资数	人数	损失工资数	
二十六	七	二十五	300	129600	2150	77400 元	2500	30000	4950	237000	
二十七	一	五	2979	1286928	4300	154800	350	21000000	7314	22441728	
二十八	二	一	2925	1263590	3500	126000			6425	1389590	
二十九	三	二	296	12782	2000	12000			2276	199272	
三十	七	十五	2763	1293616	2500	90000			5263	1373676	
三十一	一	八	2431	10501923	3100	111600			5531	1161780	
三十二	九	四	3415	1375280	2500	90000			5915	1465280	
三十三	一	六	4182	1806624	1500	54000			5682	1860624	
三十四	二	二	1962	847524	2500	4500000			4462	5347524	
合计			24917	918122624	2405	5282800			48967	97098140	

说明：（一）表列征集常备兵役数系以二十六年抗战开始起至三十四年八月份止历次征调人数填列。

（二）表列参加地方自卫组织人数按抗战期间本县组训地方各种训练及自卫组织人数填列。

（三）表列参加防护团人数系由二十六年七月份至三十六年八月份止训练各种人数。

（四）损失工资计算标准常备兵役损失工资数系按本县二十六年七月份工资计算，每人自征集日期计算三年工资。参加地方自卫组织人数损失工资数系按二十六年七月份工资以三月计算。最后一批 2500 人按三十四年八月份工资计算，参加防护团损失工资数系按二十六年七月份工资每期训练六个月每日二小时每人按一月计算。最后一批 350 人系按三十四年八月份工资计算。

（陕西省档案馆藏，档案号 9－3－243）

（52）〔宁陕县〕抗战期间征用民工及日人强征民力伤亡人数目调查表（1937 年 7 月—1945 年 8 月）

县市别	征用民工伤亡数			日人强征民工伤亡数		
	征用数	伤数	亡数	强征数	伤数	亡数
宁陕县	五六七九八人	二五二人	三七四人			

（陕西省档案馆藏，档案号 9－3－243）

（53）1939年安康疫情报告（1939年5月）

长安统监卢：安康近□来时疫流行□速，平均每E约死亡六七十人……。

（安康市汉滨区档案馆藏，档案号民国军事类4号卷）

（54）安康区特种工程死亡员工烈士事迹表

（1945 年 5 月）

安康陕西省第五行政督察专员许鉴：本午江电，俯填报特工死亡员工刘天等九十九名烈士事迹表。等因。本此，查此案经府民字第 85 号辰□代电呈在案，前因理会电请鉴核备查。

张县长　王□□电即□□

（汉阴县档案馆藏，档案号 32－832）

（55）陕西省汉阴县扩修安康机场殉职员工忠烈事迹调查表（1945 年 5 月）

职　别	姓　名	年龄	籍贯	住　　址	死亡年月及原因		事　迹	备考
					年月日	原因		
民工	黄高荣	五七	汉阴中铜	三保二甲七户	三十四年五月十五日	飞机失事炸弹爆炸而死	抢修机场奋不顾身	
民工	王蜡生	一九	汉阴中铜	三保四甲二户	三十四年五月十五日	仝上	仝上	
民工	付义兴	四五	汉阴中铜	三保五甲八户	三十四年五月十五日	仝上	仝上	
民工	钟五堂	四七	汉阴中铜	三保六甲九户	三十四年五月十五日	仝上	仝上	
民工	吴代法	二一	汉阴中铜	三保七甲三户	三十四年五月十五日	仝上	仝上	
民工	马德益	二九	汉阴中铜	三保四甲九户	三十四年五月十五日	仝上	仝上	
民工	刘启云	三二	汉阴中铜	三保六甲十户	三十四年五月十五日	仝上	仝上	
民工	余启明	四二	汉阴中铜	三保七甲九户	三十四年五月十五日	仝上	仝上	
民工	郭永隆	四二	汉阴中铜	四保七户二户	三十四年五月十五日	仝上	努力生产精勤不懈	
民工	周明怀	三八	汉阴中铜	四保四甲十一户	三十四年五月十五日	仝上	仝上	

续表

职别	姓名	年龄	籍贯	住址	死亡年月及原因		事迹	备考
					年月日	原因		
民工	钟余友	四三	汉阴中铜	四保五甲八户	三十四年五月十五日	仝上	仝上	
民工	刘洋清	三七	汉阴中铜	四保五甲七户	三十四年五月十五日	仝上	仝上	
民工	王长娃	二四	汉阴中铜	四保六甲七户	三十四年五月十五日	仝上	仝上	
民工	吴国瑶	二〇	汉阴中铜	四保八甲九户	三十四年五月十五日	仝上	仝上	
民工	乔应荣	五四	汉阴中铜	四保七甲二户	三十四年五月十五日	仝上	仝上	
民工	吴国新	二二	汉阴中铜	四保八甲六户	三十四年五月十五日	仝上	仝上	
民工	周光详	三〇	汉阴中铜	四保四甲五户	三十四年五月十五日	仝上	仝上	
民工	吴孝福	四四	汉阴中铜	四保三甲五户	三十四年五月十五日	仝上	仝上	
民工	冯昌才	三八	汉阴中铜	四保六甲四户	三十四年五月十五日	仝上	仝上	
民工	张先升	四二	汉阴中铜	六保七甲五户	三十四年五月十五日	仝上	仝上	
民工	王兴水	二四	汉阴中铜	六保五甲六户	三十四年五月十五日	仝上	仝上	

续表

职　别	姓　名	年龄	籍贯	住　　址	死亡年月及原因		事　迹	备考
					年月日	原因		
民工	王友贵	二七	汉阴中铜	六保七甲五户	三十四年 五月十五日	仝上	仝上	
民工	邓在春	三二	汉阴中铜	六保六甲十户	三十四年 五月十五日	仝上	仝右	
民工	刘自全	三七	汉阴中铜	六保八甲七户	三十四年 五月十五日	仝上	仝上	
民工	柯香才	三八	汉阴中铜	六保七甲十户	三十四年 五月十五日	仝上	仝上	
民工	冯廷禄	四〇	汉阴中铜	六保八甲一四户	三十四年 五月十五日	仝上	仝上	
民工	尹太炳	四一	汉阴中铜	六保十甲一三户	三十四年 五月十五日	仝上	仝上	
民工	汪贤良	四二	汉阴中铜	六保七甲十四户	三十四年 五月十五日	仝上	仝上	

（汉阴县档案馆藏，档案号 32－823）

2. 财产损失

（1）宝鸡县被敌空军空袭所受损害调查表（1939 年 3 月 7 日）

民国二十八年三月七日填

地点	空袭日期 警报时刻	进袭机数	投掷弹数 伤害弹数	投掷弹数 虚掷弹数	受伤人数	死亡人数	失踪人数	建筑物毁坏情形（估计价值约数）	车辆轮船毁坏情形	救护情形	击落敌机架数	解除警报时刻	备考
宝鸡县城关东门内外	一月十九日 上午十一时	十一架	五十枚		六十六名	三十一名		倒塌民房商房五十八间每间平均约值一百五十元共约值八千七百元		警报解除后当即派遣县政府全体职员及防护团员分别抬埋救护			

宝鸡县政府　主管长官　县长王奉瑞

（陕西省档案馆藏，档案号 72－9－338）

（2）韩城县公有财产直接损失汇报表（1947 年 7 月）

案件：为恐被敌利用转奉委座二十八年马午令一元勤电拆除
日期：二十八年三月拆毁三十五年至三十六年修筑
地址：本县金城镇
填报者：韩城县政府　填报日期：三十六年七月　日

分类	损失时价值（国币元）	重要物品项目及其数量
共计	14,223,000,000 元	
建筑物(城墙)	4,830,000,000 元	砖三千万个每个一百五十元瓦六万页每页一百元柱架四根每根三十万元椽一千五百根每根一万元
石灰	5,000,000,000 元	石灰五千万斤每斤一百元
人工	3,900,000,000 元	拆城时需用人工 140000 工修城时需用人工 250000 工每工计一万元
器具	491,500,000 元	掀 5000 个橛 4800 个笼 300 对
大小钉子	1,500,000 元	大小钉子 150 斤每斤一万元

（陕西省档案馆藏，档案号 90－2－425）

（3）洛川县政府呈为遵令呈报本县本年元月二十一日遭受敌机轰炸损失情形表请鉴核汇转由（1939 年）

案奉钧厅第一九九号训令以奉“经济部令饬迅就所管范围以内在二十七年年底以前所受敌人摧毁各项损失详情分类查明列报并嗣后随时具报以凭汇转”等因；奉此，查本县二十七年份尚无损失应免呈报外，所有本年元月二十一日被敌机轰炸，遭受损失情形，理合据实列表随文附呈，请乞鉴核汇转！

谨呈陕西省建设厅厅长孙

呈赍调查表一份

兼洛川县县长钟相毓

陕西省洛川县凤楼镇县城内战时农业损失报告表

第一次报告自二十八年一月二十一日至二十八年三月二十二日

农村人口		人数＼原因		空袭	军事	杀害	火灾	水灾	其他	合计	人数＼原因	空袭	军事	火灾	水灾	其他	合计	人数＼原因		空袭	军事	火灾	水灾	其他	合计	附注
原有	男1606	死亡	男	1							受伤							迁徙	男	105						
	女1141		女	1															女	214						
	童338		童																童							

类别＼原因＼量值		空袭 数量	空袭 价值	军事 数量	军事 价值	火灾 数量	火灾 价值	水灾 数量	水灾 价值	抢劫 数量	抢劫 价值	其他 数量	其他 价值	合计 数量	合计 价值
房屋		43间	1720元												
家具财物	农具		260元												
	家具		300元												
	杂物		450元												
	饰物		100元												
	钱币		512元												
	其他														
作物	稻作														
	麦作														
	玉米														
	高粱														
	大豆														
	棉花														
	其他														
存粮	米														
	壳														
	麦														
	玉米														
	高粱														
	大豆														
	其他														
牲畜	水牛														
	黄牛		25元												
	马														
	骡														
	猪														
	羊														
其他			65元												

填报机关洛川县政府　　填报者兼洛川县县长钟相毓　　填报日期二十八年　月　日

（陕西省档案馆藏，档案号72－9－332）

（4）宝鸡县1940年8月18日、31日、9月2日三次被炸情形报告

为本县被炸三次，牲畜、房屋、物品损失及受伤人数甚多，拟请发给医药救济等款并电会请核示由。

陕西省振济会主任委员蒋钧鉴：委员奉令来宝，即会同县长次第赴被炸地点视察损害情形及死伤人数，现正分别发款急振。容俟处理完后再将专案报核。惟查本县于八月十八日、卅一日、九月二日共来敌机十六架，连炸三次，死伤三百六十五人，各医院治疗药品使用殆尽，亟电补充。炸毁房屋物品及死伤牲畜损失甚重，亦应分别予以救济，以免流离失所。兹将请求各点分陈于及（一）本县三次炸伤人数多至一百九十四人，免费治疗医院只有县立卫生院一处，而该院医药费月仅三百元，此次空袭后该院尽量治疗已将药品使用殆尽。即负伤未愈二人饬仍有多数不断按所换药医治。其他医院组织简单，资本有限。政府虽于被炸之后刻伤紧急治疗，继则以药品昂贵、缺乏不堪长期费免被支应，不得已而闭门。本县地方经济困难无法筹款核给补充，拟请核给本县卫生院医药费一千五百元，其他各医院五百元以资补充药品而便救治。（二）炸毁房屋系难民草舍或小商房屋，被炸破产居住立感困难，惨苦情形殊堪怜悯，本应依修正空袭紧急救济相法第六条之规定，觅地收容按日发给口食，但本县地处交通要点，三十里以内各部队留守处仓库修械所驻扎遍地，并无空房收容。即每名日给养二角不足碗饭之需，遑言救济。且此种款项无处筹发，以地方情形特殊，拟请仍照未修正前之原空袭紧急救济相法第六条房屋被炸救济办法，恳即拨款救济（富有商民不济）。（三）炸伤牲畜、物品多系贫民，纷纷请求救济，但无明文规定，拟请另行规定救济相法以示体恤。以上所请是否有当，谨会电请鉴核，俯赐照准为祈。查恤委员高仲明，宝鸡县长王。查仝叩真印。

此系照电投稿查出之伤亡人数

月日	炸死	炸伤	合计	
八月十八	44	35	79	
卅一	113	144	257	
九日六	14	15	29	
	171	194	365	

（陕西省档案馆藏，档案号民1-1-22）

(5) 陕西省农业改进所直接、间接损失汇报表
(1939 年 11 月—1940 年 9 月)

案奉钧厅二十八年十一月十日建一字第一一三六号训令节开转奉：陕西省政府二十八年十月二十七日府秘二字第一二四八六号训令转奉　行政院二十八年十月二日吕字第一一九六四号训令，饬将二十八年六月底以前所受直接或间接抗战损失，快速追查补报。嗣后如遇损失，务须即时查报，毋稍延误，等因；奉此，查本所上年十一月奉令将重要文件派员移地保管，计旅费一百五十八元七角，运仪器种籽大荔至西安计九元五角，共计一百六十八元二角，复查本所西安林场于本年九月二十日敌机空袭本市，投弹九枚于该场革命公园苗圃，并炸毁房屋五间，经修理费需洋二百四十元，树苗一万四千八百三十四株，每株平均以价三分计洋四百四十五元零二分共计六百八十五元零二分，以上直接间接之损失，两共计捌佰伍拾叁元贰角贰分奉令前因，理合按照奉颁表式填报二份，一并备赍请鉴核汇转，谨呈陕西省建设厅厅长孙

附呈直接间接汇报表各一份

陕西省农业改进所兼所长孙绍宗副所长沈文辅

(陕西省档案馆藏，档案号 72 - 9 - 339)

（6）抗战时期各地工厂遭受敌人损毁情形报告表（1940 年 5 月 20 日）

厂名	厂址	公司或商号	资本	工厂登记号数	遭受损毁年月日及遭受何种损毁	损毁概况	遭受损毁前每日平均生产能力	遭受损毁后厂内制造情形	预计复工时日	附注（损失概况）
西京机器修造厂	陕西省西安崇孝路公字一号	工厂	十二万元	陕西省建设厅商字十号	本年五月十九日被敌机轰炸将厂舍器材器具文具及各机关待修汽车多数炸毁	一厂舍全部炸毁者十七间局部损伤者一一六间共计损失五千七百九十八元 二器材共损失五千四百二十九元 三器具文具共损失九百四十三元四角 四待修汽车全部炸毁者四辆局部炸毁者二十五辆共计损失一万一千八百七十五元五角此项损失仅系本厂之修理工料费因系代人修理至汽车原价尚未计入在内 总计共损失国币二万四千零四十五元九角	每日平均生产约值五百元	因机器未受损失故生产能力尚未减少	被炸后第二日复工	一厂舍全部炸毁者包括办公室厂长室东厂棚大厨房机器部库房修理部机器部厕所及围墙局部损伤者厨工宿舍职员宿舍补带部电器部修理部库房工人宿舍图书馆仓库茶炉工匠饭厅小厨房动务室材料库油库机器厂管理室锉工部翻沙部化铁炉木工部锻工部西厂棚 二器材包括鼓风机汽车生铁活塞料铅活塞料涨圈料子活塞轴料汽缸套料涨圈模子全厂电线紫铜皮 三器具文具包括办公用桌椅电话机桌灯及日用器具文具包括纸张账簿单据 四汽车全部炸毁者福特卡车别克座车朋驰柴油卡车爱塞斯座车各一辆局部炸伤者福特卡车一辆万国卡车二辆福特座车五辆雪佛兰卡车三辆雪佛兰座车二辆司华百克卡车一辆朋驰卡车一辆道济卡车五辆霍许指挥车一辆别克座车二辆瑞欧卡车一辆顺风座车一辆

中华民国二十九年五月二十日

（陕西省档案馆藏，档案号 72－9－330）

（7）抗战时期各地工厂遭受敌人损毁情形报告表（1939 年 3 月）

厂名	厂址	公司或商号	资本	工厂登记号数	遭受损毁年月日及遭受何种损毁	损毁概况	遭受损毁前每日平均生产能力	遭受损毁后厂内制造情形	预计复工时日	附注（损失概况）
秦昌火柴公司	陕西华县城内	股份有限公司	国币六万元	实业部设字第六零七号华县县政府华字第一号	本年〔1939年〕三月十四日敌机西安被轰炸毁及火柴汽管暖子等物又去年八月在广州购氯酸钾一百桶自广州失陷后此物概无音讯	本厂在西安东大街所赁栈房内存火柴五百四十箱暖汽管子二百一十余丈被敌机轰炸火柴全数要焚燃均值洋二万二千一百四十元暖汽管子被烧毁者约在三分之一以上值洋二千三百余元又去年托重庆德发药房驻广州庄客在上海代购氯酸钾一百桶故前后汇至广州价款及运费共一万元除用过七千三百余元外尚存粤中央信托局二千六百余元逮该货运至广州尚未及转运广州即行失陷而此项氯酸钾百桶即再无音讯中央信托局所存之二千六百余元全无从收取总计以上损失共达三万四千四百四十元	前述损毁一在广州一在西安故本厂工作不受影响每日平均可生产火柴七十小箱	本公司虽未因损毁而减低生产能力但以邻延战区时虞危险为求安全计已呈准经济部工矿调整处在宝鸡迁建新厂现在一面在本厂尚留一部份机器暂仍工作一面已迁移一部份机料在宝鸡新厂正行按装今在宝鸡已用去迁建费三万余元无可谓因战事而多费用者	预计本厂两个月后即完全停止工作全部迁移宝鸡而宝鸡新厂则拟于一个月后即提前复工	一、各地工厂不幸遭受敌人损毁应逐次随时填表呈报转部 二、厂址务须详细填载其在各省者并应将所在地之省名及县名或市名填列 三、公司或商号栏其系公司组织者应填公司名称及何种公司其系商号者应填独资或合伙 四、资本一栏系填原有资本以便与损毁比较其资本损失者应呈请减资注册其无法恢复不能交易者应呈请解散或废止注册 五、工厂登记号数栏其已登记者应填明号数未登记者应载明未登记字样 六、损毁概况应将遭受损毁实况如厂屋原部机与资品原料及其他设备等之损毁程度与价值以国币元为单位并员工伤亡等逐项分别详细填列 七、遭受损毁后制造情形应将工作情形分别详细填列如仍旧全部开工小部分停工大部分停工完全停顿等应载明何部分停工及停工之原因与救济恢复开工之办法

（陕西省档案馆藏，档案号 72－9－333）

(8) 佳县电报敌机轰炸及炮击本县伤亡损失情形请拨款救济由（1940年6月）

榆林第六救济区特派员何钧鉴：敬电悉。本月哿日遭敌机五架由晋至属县城内掷弹二十余枚，死民人一名、伤一名，炸毁房屋十余间，学校大教室七间，房舍七间。敬日上午八时敌步骑约二千余由山西曲谷镇沿河进抵克虎寨，当时发现敌机三架盘空侦察，向县城发炮三百余发，死民妇一人，伤一人。有晨，一部向山后稍退，一部约千人沿河南开向木头峪村，发炮百余发，民众死三人，由山西临县之开阳沟退去。下午二时敌机一架沿河侦察未投弹。感日上午七时，由晋来敌机四架在县城投弹三十余枚，死一人，伤三人，炸毁民房甚多，损失甚重，详数查明再报。谨此电闻佳县县长董瑞麟。俭印

(代电复：该县被炸前准艳电已派助理员前往振恤矣希即查照)

（陕西省档案馆藏，档案号1－6－34）

(9) 佳县汇报被炸情形及振恤情况（1940年）

会报查属县被炸灾民振恤费情形并赍振恤花名等表七种暨正副印领各一份请存转由

窃助理员肇起遵于七月□驰抵佳县，会晤县长瑞麟，当即亲往被炸各户详查受伤轻重，分别发给振恤费，一一慰问。旋于七月十六日召集桃花渡口船夫、水工在县府发放给养费并予讲中央振恤灾黎之德意及人民对于国家应尽之义务。二十日会同县派保甲巡回导员张国栋前往螅镇及木头峪查放被炸船夫给养费。七月二十五日回县处理完竣。计振恤被炸死亡三人、重伤五人。桃花螅镇两渡口船只被炸毁三十六只，□生活之船工水夫二百三十人，共发放振恤费国币陆百柒拾肆元，理合填造被炸振恤登记表二份，实放振款监放纪录六份，被炸振恤费实放一览表二份，甘结八份、振票及存根各三本，连同正副印领一并备文赍请鉴核存转。再属县木头峪渡口船只系调集桃花渡，被炸船工水夫集中桃花渡管理，合并声明。谨呈振济委员会第六救济区特派员何　代行委员马

附呈　正副印领各一份　被炸振恤表二份　实放振款暨纪录六份　甘结八份被炸振恤费实放一览表二份　振票及存根各三本

助理员殷肇起

佳县县长董瑞麟

（陕西省档案馆藏，档案号1－6－34）

（10）1940 年西安市道路被炸损失统计表

街名	门牌	被炸日期	被炸情形	开工日期	完工日期	水道
东大街	296	三月七日	9. ×0. 25 ×0. 6	三．七	三．二二	
东大街	516	三月七日	29. ×0. 26 ×0. 6	三．七	三．二二	
东大街	551	三月七日	30. ×0. 25 ×0. 6	三．七	三．二一	
东大街	594	三月七日	11. ×0. 25 ×0. 6	三．七	三．一九	
东大街	565	三月十四日	69 ×0. 25 ×0. 6	三．一五	三．二八	
尚德路	2	三月十四日	20. ×0. 8 ×0. 8	三．七	三．二三	
北大街	25	三月十四日	4. ×0. 3 ×0. 3	三．一五	四．二	
北院门	105	三月十四日	5. ×0. 3 ×0. 3	三．一五	四．	
大有巷	3	三月十四日	5 ×0. 3 ×0. 3	四．三	四．八	
尚德路	3	五月七日	25. ×0. 8 ×0. 8	五．七	五．二五	
崇礼路交通银行北边		五月七日	12. ×0. 2 ×0. 2	五．七	五．一四	
马厂子街	20	八月十七日	5. ×0. 3 ×0. 3	八．二四	八．三一	
民政厂门		五月七日	5. ×0. 3 ×0. 3	七一五	七．二〇	
南院门图书馆门前		五月七日	6. 5 ×0. 3 ×0. 3	六．四	六．玖	

（陕西省档案馆藏，档案号 90－2－264）

(11) 1941 年 8 月 9 日西京医院被炸直接财产损失

案据本部救护大队长杨鹤庆呈称：

“案据本队第二中队（即西京医院）报称，查本院于八月九日被敌机轰炸及损失救护队物品，业经呈报在案，所有炸毁暨燃烧本院产业兹已清理竣事，理合将损失各物造册随文一并赍请鉴核备查，并就设法救济以维艰窘为祷。此上等情附损失清册一本，据此查该队所称各节，情堪恻悯，理合据情并抄同原赍清册一本备文呈请鉴核能报救济以示体恤实为德便”等情。附损失清册乙本，据此，相应抄同原照函，请查照予以救济为荷！此致西安市空袭紧急救济联合办事处

附册乙本

西京医院五味什字街分院本年八月九日被敌机轰炸损失器物清册

品名	数量	备考
两层大楼	一二间	药库在内燃烧损失各药不易详细清理约值价洋壹万余元
厨房	六间	炸毁无余
走廊	七间	炸毁不堪
铁床	四付	
木箱子	五扣	
方桌	八张	
柜子	二个	
条桌	四张	
椅子	七对	
煤炉子	五个	
玻璃	一〇二块	
门窗	一〇合	
小元桌	二张	
睡椅	四付	
火盆	二一座	
被子	一〇床	
痰盂	八个	
布单子	八个	
木床	七付	
铁锅	三口	
案板	二页	
瓦缸	五个	
磁缸	四个	
蒸笼	二套	
粗磁碗	二〇〇个	
细磁碟	四〇个	
电灯头	一二个	

附注：查以上所列全系本院炸毁物品至第二救护队被□□□

（陕西省档案馆藏，档案号 90－3－23）

（12）陕西省会警察局敌机轰炸损害报告表（1941年9月）

三十年九月十二日上午八时十分空袭警报，八时四十分敌机八十四架，分三批侵入市空，于九时四十五分解除警报。

地　　点	投弹枚数		死亡人数	受伤人数		炸毁房屋间数	备　考
	已炸	未炸		重伤	轻伤		
南院门七六至七七院	一					六	
民政厅门街公字四号						五	系棚房
仝八号	一						
仝三号	一						
西大街六六七号	一					二	
警察局东巷六号	一					一	
化觉巷七三号	一					三	
仝一一号	一					七	
西A市三八至三九号	一					六	
仝四二号	一					三	
大皮院三二号	一					三	
仝三至六号	一					六	燃烧
盐店街公字四号	一				三		
东北城墙一七九至一八〇号两防空洞口之间	一		三	八	二		
崇廉路东段三五号二		一	一		八		

续表

地　　点	投弹枚数		死亡人数	受伤人数		炸毁房屋间数	备　考
	已炸	未炸		重伤	轻伤		
仝西段五一号	一						
仝西段一五号	一						炸死骡子一匹
保康里七号门前	一		一			四	
长安车站后院	三					六	
长安车站旁环城马路	一		一	一			
尚仁路一号酒精厂院内	五						
中国银行门前	一						系燃烧弹
仝后面空地	一						
尚俭路崇廉路什字	一						
北岭公司院内	一					四	
尚俭路崇耻路什字	一						
崇悌路空地	二						
革命公园	一						
新城北门内空地	二						
新西街五号	一						
崇礼路一九号旁边	一						

续表

地点	投弹枚数		死亡人数	受伤人数		炸毁房屋间数	备考
	已炸	未炸		重伤	轻伤		
尚平路一二号	一					一	
六合新村一七号	四	六					
崇耻路二一号	一					三	
崇礼路四五号	一						
仝五七号	一					三	
新城坊三至四号	二					三	
新城坊城墙上	二						
新城坊一〇至一一号	三					七	
四浩庄九号	一						
北大街公字六号	一						
六谷庄一五号门前	一						
七贤庄五号	一	三	二				
崇廉路三〇号	一					二	
六谷庄一至二号	二					一	
崇廉路二三号	一						
六谷庄一二号	二					三	
成仁巷东边	一						

续表

地　　点	投弹枚数		死亡人数	受伤人数		炸毁房屋间数	备　考
	已炸	未炸		重伤	轻伤		
红埠街三九号	一		二				
雷神庙街二六号	一					三	
曹家巷一三至一四号	二					五	
老关庙街七至八号	二					五	
王家巷三二号	一					一五	
仝二一号	一						
仝三〇号	一					二	
仝一六号	一					三	
狮子庙三五至三六号	一					六	
糖房街二七号	一					三	
梁府街二七号	一					一三	
仝三四号	一					七	
仝公三号	一	四					
陈家巷七号	二			一		七	
仝一〇号	二					一〇	
许士庙四四至四六号	二					六	
仝丙四〇号	二					六	

续表

地　　点	投弹枚数		死亡人数	受伤人数		炸毁房屋间数	备　考
	已炸	未炸		重伤	轻伤		
仝三九号	一					二	
仝三六号	一					三	
仝五四号	一					一	
二王巷六号	一					三	
土车巷八号	一		三			一	
土车巷东段	一						
车九府街五八号	二					七	
仝九号	一					四	
仝四一号	一					二	
西九府街一一号	一					二	
莲湖公园	八	□	□				
仝四六号	一					三	
仝公三号	一					三	
仝五四号	一	一	一	一			
红埠街三四号	一					二	
大莲花池四九号	一					三	
仝五二号	一					四	

续表

地　　点	投弹枚数		死亡人数	受伤人数		炸毁房屋间数	备　考
	已炸	未炸		重伤	轻伤		
仝五三号	一					四	
仝七号	一					四	
莲湖巷二号	三					一〇	
仝甲三号	三					震毁	
仝七号	一					四	
仝一四至一五号	二					五	
仝一七号	一					四	
仝三四至三五号	一					二	
仝二八号	一					六	
仝二三号	一					一	
二府园一三至一四号	一					一一	
仝二一号	一					三	
教场门三九号	一					二	
二府街一五至一九号	一					五	
小皮院四五号	一					七	
仝二八号	一					四	
澄华巷四号与甲四号	二					七	

续表

地　　点	投弹枚数		死亡人数	受伤人数		炸毁房屋间数	备　考
	已炸	未炸		重伤	轻伤		
药王洞二八号	一		三	一		七	
雷神庙街二至一二号	二					六	
马神庙巷三八号	三					六	
仝甲一一号	一						
西仓八四号	一					三	
仝六五号	一					一五	
仝五五月号	一					四	
仝公字一号	四					二	
郭签士巷八号	一					二	
仝一八号	一					一	
仝三二号	一					四	
仝四四号	一					二	
桃胡巷一五号	一					一	
仝一八号	一					二	
老关庙街九号	一					一〇	
仝二〇号	一					一	
酒金桥六一号	一					一〇	

续表

地　　点	投弹枚数		死亡人数	受伤人数		炸毁房屋间数	备　考
	已炸	未炸		重伤	轻伤		
仝一一号	一					四	
仝二五号	一					四	
老关庙街公二号	一					二	
仝战干医院门前	二					一	
仝第三桑园	一	一	四	一			
北教场操场	七			一			
马神庙巷口	一			一			
仝	一二		一				一
仝一五至一七号	二		一			一〇	
仝二〇号	一					三	
仝二九至三一号	三		一			一〇	
中正门西小街四八号	一		一			一	
仝五一号	一					一	
仝八〇号						一	震毁
中正门外西边城壕	一〇		二		五	四	
东站南角外		一					
东站南角内		一					

续表

地点	投弹枚数		死亡人数	受伤人数		炸毁房屋间数	备考
	已炸	未炸		重伤	轻伤		
中正门外东边城壕	八		六	一四	五		
车站	一二						
站台西	五	一		二			
第三站台	一八					一〇	
儿童教养院	二	一	一				
自强路五一号	二						
仝四九号	一			二			
复兴路二二七号	二		四			三	
仝一六五号	一			二		一	系A房户炸死骡子八头伤一头
仝后空地	六		三	一	一		
交通银行仓库	三			一			系燃烧弹
黄金庙一九六师仓库	一					二	
小铁道南边	五						
华峰公司	一						
合计	二五〇	八	三六	四二	一三	四六九	

（陕西省档案馆藏，档案号64－1－175）

（13）西北农学院第三次被敌轰炸财产损失报告表
（1947年7月）

房屋财产损失报告表（表式3）

事件：日机轰炸

日期：三十年十一月三十日

地点：国立西北农学院

填送日期：36年7月21日

损失项目	单位	数量	价值（国币元）
毁西五宿舍房	间	2	2,000元
毁东一宿舍屋檐	方	1	500元
毁高职厕所	间	3	4,500元
毁女生宿舍房檐	间	23	3,450元
毁女生宿舍木门	堂	4	480元
毁女生宿舍天花板	方丈	1	120元
毁女生宿舍窗帘布	尺	235	470元
毁乙字四号房玻璃	块	29	290元
毁大楼六十二号教室砖墙	方丈	1.5	1,500元
毁六十二号教室窗帘布	尺	196	392元
毁六十二号教室窗扇	面	10	1,000元
毁六十二号教室黑板	面	1	500元
毁六十二号教室隔墙	堵	1	400元
毁六十二号教室木门	堂	1	120元
毁七十四号教室隔墙	堵	1.5	1,200元
毁七十四号教室花玻璃	块	1	15元
毁大楼大礼堂窗扇	面	24	2,400元
毁大楼大礼堂墙	方丈	4	4,000元
毁大楼大礼堂窗布	尺	336	672元

说明：

1. 即发生损失之事件如日机轰炸、如日军进攻等。

2. 即发生之期如某年月日或某年月日至某年月日。

3. 即发生之点如某市某县某镇某村等。

4. 包括一切动产（如衣服什物财帛舟车等）及不动产（如房屋田园矿产等）所有损失逐项填明。

5. 如为机关学校及国省市县营事业则由主办队员署名并加盖该机关学校等之印信，私人则由本人人民团体则由其理事签名盖章。

6. 如受损失者为机关学校及国省市县事业则可不必由该管保长等加盖。

房屋财产损失报告表（表式3）

事件：日机轰炸

日期：三十年十一月三十日

地点：国立西北农学院

填送日期：36 年 7 月 21 日

损失项目	单位	数量	价值（国币元）
毁大礼堂隔墙	堵	9	7,200 元
毁大礼堂木门	堂	6	1,400 元
毁大礼堂花玻璃	块	9	135 元
毁大楼七十七号教室玻璃	块	9	135 元
毁大楼七十七号教室隔墙	堵	1	800 元
毁三楼 75 号教室隔墙	堵	1	800 元
毁三楼 75 号教室木门	堂	1	240 元
毁三楼 75 号教室玻璃	块	7	105 元
毁二楼 55 号教室隔墙	堵	2	1,600 元
毁二楼 55 号教室木门	堂	2	480 元
毁二楼 55 号教室窗帘布	尺	72	144 元
毁二楼 51 号教室大门	堂	2	480 元
毁二楼 54 号教室隔墙	堵	[illegible]	800 元
毁二楼 54 号教室玻璃	块	2	30 元
毁二楼 54 号教室窗帘布	尺	28	56 元
毁二楼 53 号教室大门	堂	1	240 元
毁二楼 53 号教室玻璃	块	2	30 元
毁二楼 53 号教室窗帘布	尺	84	168 元
毁五十二号教室窗帘布	尺	42	840 元

说明：

1. 即发生损失之事件如日机轰炸、如日军进攻等。

2. 即发生之期如某年月日或某年月日至某年月日。

3. 即发生之点如某市某县某镇某村等。

4. 包括一切动产（如衣服什物财帛舟车等）及不动产（如房屋田园矿产等）所有损失逐项填明。

5. 如为机关学校及国省市县营事业则由主办队员署名并加盖该机关学校等之印信，私人则由本人人民团体则由其理事签名盖章。

6. 如受损失者为机关学校及国省市县事业则可不必由该管保长等加盖。

房屋财产损失报告表（表式3）

事件：日机轰炸

日期：三十年十一月三十日

地点：国立西北农学院

填送日期：36 年 7 月 21 日

损失项目	单位	数量	价值（国币元）
毁一楼走廊隔墙	堵	1.5	1,200 元
毁一楼 28 号教室隔墙	堵	3	2,400 元
毁一楼 28 号教室玻璃	块	1	15 元
毁一楼 28 号教室木门	堂	1	240 元
毁一楼 28 号教室窗帘布	尺	42	84 元
毁一楼 27 号教室隔墙	堵	1	800 元
毁一楼 27 号教室木门	堂	1	240 元
毁一楼 27 号教室窗帘布	尺	28	56 元
毁一楼 26 号教室隔墙	堵	1.5	1,200 元
毁一楼 26 号教室木门	堂	1	240 元
毁一楼 26 号教室玻璃	块	5	75 元
毁一楼 26 号教室窗帘布	尺	42	84 元
毁一楼 29 号教室玻璃	块	4	60 元
毁一楼西廊隔墙	堵	3	2,400 元
毁一楼办公室玻璃	块	6	90 元
毁西南窑木门	堂	1	240 元
毁西南窑窗玻璃	块	36	360 元
毁大楼北窗玻璃	块	59	590 元
毁大楼南窗玻璃	块	56	580 元

说明：

1. 即发生损失之事件如日机轰炸、如日军进攻等。

2. 即发生之期如某年月日或某年月日至某年月日。

3. 即发生之点如某市某县某镇某村等。

4. 包括一切动产（如衣服什物财帛舟车等）及不动产（如房屋田园矿产等）所有损失逐项填明。

5. 如为机关学校及国省市县营事业则由主办队员署名并加盖该机关学校等之印信，私人则由本人人民团体则由其理事签名盖章。

6. 如受损失者为机关学校及国省市县事业则可不必由该管保长等加盖。

房屋财产损失报告表（表式3）

事件：日机轰炸

日期：三十年十一月三十日

地点：国立西北农学院

填送日期：36年7月21日

损失项目	单位	数量	价值（国币元）
毁一楼北窗帘布	尺	90	180元
毁一楼南窗帘布	尺	84	168元
合计	50,994元	（348）	

说明：

1. 即发生损失之事件如日机轰炸、如日军进攻等。

2. 即发生之期如某年月日或某年月日至某年月日。

3. 即发生之点如某市某县某镇某村等。

4. 包括一切动产（如衣服什物财帛舟车等）及不动产（如房屋田园矿产等）所有损失逐项填明。

5. 如为机关学校及国省市县营事业则由主办队员署名并加盖该机关学校等之印信，私人则由本人人民团体则由其理事签名盖章。

6. 如受损失者为机关学校及国省市县事业则可不必由该管保长等加盖。

仪器财产损失报告表（表式3）

事件：日机轰炸

日期：三十年十一月三十日

地点：国立西北农学院

填送日期：36 年 7 月 21 日

损失项目	单位	数量	价值（国币元）
广口瓶 500cc	只	19	36 元
烧杯 250ee	只	2	4.5 元
烧杯 150ee	只	2	4 元
白广口瓶 250ee	只	5	20 元
试管 15×15mm	只	5	7.5 元
体温表	支	1	69.5 元
比重瓶 50ee	只	2	30 元
标本瓶 32×9em	只	6	130 元
标本瓶 9×18em	只	3	32 元
标本瓶 9×16em	只	3	20 元
尖底种子瓶	只	44	1,000 元
园底种子瓶	只	27	500 元
培养皿 10em	套	3	10 元
烧杯 600ee	只	5	15.98 元
烧杯 400ee	只	5	12.5 元
漏斗 10cm	只	1	3 元
漏斗 6cm	只	1	1 元
白细口瓶 250ee	只	2	7.6 元
温度计 400ee	只	1	35.8 元

说明：

1. 即发生损失之事件如日机轰炸、如日军进攻等。

2. 即发生之期如某年月日或某年月日至某年月日。

3. 即发生之点如某市某县某镇某村等。

4. 包括一切动产（如衣服什物财帛舟车等）及不动产（如房屋田园矿产等）所有损失逐项填明。

5. 如为机关学校及国省市县营事业则由主办队员署名并加盖该机关学校等之印信，私人则由本人人民团体则由其理事签名盖章。

6. 如受损失者为机关学校及国省市县事业则可不必由该管保长等加盖。

仪器财产损失报告表（表式3）

事件：日机轰炸

日期：三十年十一月三十日

地点：国立西北农学院

填送日期：36年7月21日

损失项目	单位	数量	价值（国币元）
白细口瓶150ee	只	2	3元
广口瓶250ee	只	10	25元
广口瓶1000ee	只	2	10元
酒瓶	只	5	2.5元
过滤杯	只	5	40元
冷凝管外管	个	8	300元
吸管	个	2	30元
滴管	支	17	50元
磨口玻筒	个	15	280元
培养皿	套	3	10元
表面皿	只	50	80元
玻研钵	套	10	200元
铜筛子	套	1	132元
白细口瓶	只	20	18元
曲颈瓶	只	10	400元
温度计200e	支	1	25元
比重表	支	1	28.5元
坩锅	个	2	13元
滴管架	个	5	85元

说明：

1. 即发生损失之事件如日机轰炸、如日军进攻等。

2. 即发生之期如某年月日或某年月日至某年月日。

3. 即发生之点如某市某县某镇某村等。

4. 包括一切动产（如衣服什物财帛舟车等）及不动产（如房屋田园矿产等）所有损失逐项填明。

5. 如为机关学校及国省市县营事业则由主办队员署名并加盖该机关学校等之印信，私人则由本人人民团体则由其理事签名盖章。

6. 如受损失者为机关学校及国省市县事业则可不必由该管保长等加盖。

仪器财产损失报告表（表式3）

事件：日机轰炸

日期：三十年十一月三十日

地点：国立西北农学院

填送日期：36年7月21日

损失项目	单位	数量	价值（国币元）
漏斗	个	18	35元
蒸发器皿	个	7	70.85元
磁钵	个	4	30元
过滤瓶	个	3	25元
称瓶	个	3	24元
放水瓶	个	3	65元
小广口瓶	个	6	20元
平底烧瓶	个	4	20元
圆底烧瓶	个	13	30元
温度计400e	支	1	30
温度计360e	支	1	36元
水埚	个	5	200元
冷凝器	个	5	360元
滴定管	支	5	240元
大漏斗	支	2	5元
磁漏斗	支	3	21元
烧杯	支	15	45元
干燥器	个	1	60元
小蒸发皿	套	10	70元

说明：

1. 即发生损失之事件如日机轰炸、如日军进攻等。

2. 即发生之期如某年月日或某年月日至某年月日。

3. 即发生之点如某市某县某镇某村等。

4. 包括一切动产（如衣服什物财帛舟车等）及不动产（如房屋田园矿产等）所有损失逐项填明。

5. 如为机关学校及国省市县营事业则由主办队员署名并加盖该机关学校等之印信，私人则由本人人民团体则由其理事签名盖章。

6. 如受损失者为机关学校及国省市县事业则可不必由该管保长等加盖。

仪器财产损失报告表（表式3）

事件：日机轰炸

日期：三十年十一月三十日

地点：国立西北农学院

填送日期：36年7月21日

损失项目	单位	数量	价值（国币元）
广口瓶	个	19	130元
大蒸发皿	个	6	65元
小口瓶	个	1	3元
量筒100ee	支	2	36元
标本瓶	个	1	10元
酒精灯	个	10	20元
试管	个	23	35元
三角瓶	个	5	18元
标本溶液瓶	个	1	12元
玻管	条	6	18元
坩锅	个	1	15元
U形管	个	1	8元
洗涤瓶	个	2	10元
酒精灯	个	4	8元（林研室）
烧杯	个	5	15元（林研室）
曲颈瓶	个	1	14元（林研室）
广口瓶	个	8	40元（林研室）
蒸溜瓶	个	2	30元（林研室）
平底烧瓶	个	1	8元（林研室）

说明：

1. 即发生损失之事件如日机轰炸、如日军进攻等。

2. 即发生之期如某年月日或某年月日至某年月日。

3. 即发生之点如某市某县某镇某村等。

4. 包括一切动产（如衣服什物财帛舟车等）及不动产（如房屋田园矿产等）所有损失逐项填明。

5. 如为机关学校及国省市县营事业则由主办队员署名并加盖该机关学校等之印信，私人则由本人人民团体则由其理事签名盖章。

6. 如受损失者为机关学校及国省市县事业则可不必由该管保长等加盖。

仪器财产损失报告表（表式3）

事件：日机轰炸

日期：三十年十一月三十日

地点：国立西北农学院

填送日期：36年7月21日

损失项目	单位	数量	价值（国币元）
研钵	个	1	5元
洗瓶	个	1	30元
干燥箱	个	1	45元
三角瓶	个	1	36元
大漏斗	个	1	12元
大玻瓶	个	1	8元
大蒸发皿	个	2	28元
冷凝器	个	1	36元
湿箱养培器	个	4	150元（植病系）
漏斗	个	8	40元（植病系）
烧杯	个	9	27元（植病系）
载玻璃	盒	5	30元（植病系）
广口瓶	个	181	600元（植病系）
放水瓶	个	3	24元（植病系）
白细口瓶	个	12	36.5元（植病系）
蒸发皿	个	5	10元（植病系）
结晶皿	个	5	30元（植病系）
纪尼发酵器	个	24	300元（植病系）
烧杯	个	7	21元（植病系）

说明：

1. 即发生损失之事件如日机轰炸、如日军进攻等。

2. 即发生之期如某年月日或某年月日至某年月日。

3. 即发生之点如某市某县某镇某村等。

4. 包括一切动产（如衣服什物财帛舟车等）及不动产（如房屋田园矿产等）所有损失逐项填明。

5. 如为机关学校及国省市县营事业则由主办队员署名并加盖该机关学校等之印信，私人则由本人人民团体则由其理事签名盖章。

6. 如受损失者为机关学校及国省市县事业则可不必由该管保长等加盖。

仪器财产损失报告表（表式3）

事件：日机轰炸

日期：三十年十一月三十日

地点：国立西北农学院

填送日期：36年7月21日

损失项目	单位	数量	价值（国币元）
酒精灯	个	7	14元
盖玻璃	盒	4	450元
放水瓶	个	1	30元
标本瓶	个	12	300元
方标本瓶	个	17	320元
黄细口瓶	个	2	56元
过滤瓶	个	5	40元
量瓶	个	5	55元
双口瓶	个	9	72.5元
培养皿	套	25	36.84元
结晶皿B	付	10	45元
量筒	个	5	20元
标本管	个	370	295元
玻管	个	58	8元
试管	个	233	385元
玻钟罩	个	2	100元
玻缸	个	2	130元
园底烧瓶	个	5	15.8元
黄口细瓶	个	15	55.5元

说明：

1. 即发生损失之事件如日机轰炸、如日军进攻等。

2. 即发生之期如某年月日或某年月日至某年月日。

3. 即发生之点如某市某县某镇某村等。

4. 包括一切动产（如衣服什物财帛舟车等）及不动产（如房屋田园矿产等）所有损失逐项填明。

5. 如为机关学校及国省市县营事业则由主办队员署名并加盖该机关学校等之印信，私人则由本人人民团体则由其理事签名盖章。

6. 如受损失者为机关学校及国省市县事业则可不必由该管保长等加盖。

仪器财产损失报告表（表式3）

事件：日机轰炸

日期：三十年十一月三十日

地点：国立西北农学院

填送日期：36 年 7 月 21 日

损失项目	单位	数量	价值（国币元）
白细口瓶	个	6	260 元
黄细口瓶	个	10	100 元
曲尖镊	个	2	10 元
皮套扩大镜	个	1	150 元
呼吸炭酸器	个	2	36 元
			（556 元）
合　　计			10,006.33

说明：

1. 即发生损失之事件如日机轰炸、如日军进攻等。

2. 即发生之期如某年月日或某年月日至某年月日。

3. 即发生之点如某市某县某镇某村等。

4. 包括一切动产（如衣服什物财帛舟车等）及不动产（如房屋田园矿产等）所有损失逐项填明。

5. 如为机关学校及国省市县营事业则由主办队员署名并加盖该机关学校等之印信，私人则由本人人民团体则由其理事签名盖章。

6. 如受损失者为机关学校及国省市县事业则可不必由该管保长等加盖。

家具财产损失报告表（表式3）

事件：日机轰炸

日期：11 月

地点：国立西北农学院

填送日期：36 年 7 月 20 日

损失项目	单位	数量	价值（国币元）
礼堂铁椅	把	131	6550 元
礼堂铁椅	把	53	2650 元
校训匾额	面	1	150 元
肖像镜框	只	3	138 元
党国旗	面	4	88 元
钢琴	架	1	12500 元
钢琴套	个	1	85 元
黑板代架	付	1	90 元
化装门扇	件	5	150 元
衣架	只	2	34 元
茶几	只	2	60 元 4 角
方桌	张	2	140 元
痰盂	只	2	16 元
讲台	个	6	2720 元
叫人铃	个	1	6 元
酒壶	个	1	3 元
三头洋铁灯	只	2	12 元
大墩子	只	3	9 元
小　计			25,401 元 4 角

说明：

1. 即发生损失之事件如日机轰炸、如日军进攻等。

2. 即发生之期如某年月日或某年月日至某年月日。

3. 即发生之点如某市某县某镇某村等。

4. 包括一切动产（如衣服什物财帛舟车等）及不动产（如房屋田园矿产等）所有损失逐项填明。

5. 如为机关学校及国省市县营事业则由主办队员署名并加盖该机关学校等之印信，私人则由本人人民团体则由其理事签名盖章。

6. 如受损失者为机关学校及国省市县事业则可不必由该管保长等加盖。

家具财产损失报告表（表式3）

事件：日机轰炸

日期：11 月

地点：国立西北农学院

填送日期：36 年 7 月 20 日

损失项目	单位	数量	价值（国币元）
大墩盖	只	3	6 元
细饭碗	个	5	25 元
细碟子	个	6	48 元
花盆	个	8	8 元
灰幕布	条	8	360 元
红缎幕	条	2	500 元
黑幕布	条	2	288 元
课椅	把	9	317 元
小圆桌	张	1	110 元
办公桌	张	2	144 元
二抽桌	张	4	246 元
大沙发	只	1	350 元
电灯泡	只	86	1720 元
磁茶壶	把	16	32 元
火盆	个	5	100 元
火盆架	个	5	65 元
茶壶	把	2	50 元
合计			29,779 元 4 角

说明：

1. 即发生损失之事件如日机轰炸、如日军进攻等。

2. 即发生之期如某年月日或某年月日至某年月日。

3. 即发生之点如某市某县某镇某村等。

4. 包括一切动产（如衣服什物财帛舟车等）及不动产（如房屋田园矿产等）所有损失逐项填明。

5. 如为机关学校及国省市县营事业则由主办队员署名并加盖该机关学校等之印信，私人则由本人人民团体则由其理事签名盖章。

6. 如受损失者为机关学校及国省市县事业则可不必由该管保长等加盖。

家具财产损失报告表（表式3）

事件：日机轰炸

日期：11月

地点：国立西北农学院

填送日期：36年7月20日

损失项目	单位	数量	价值（国币元）
铜锁	把	4	16元
圆凳	只	15	225元
玻璃杯	只	6	45元
靠椅	把	6	192元
步枪子弹	粒	23	23元
子弹带	条	1	10.50元
军帽	顶	1	5元
木粪桶	只	6	193.80元
铁铣	把	2	12元
铁水钩	只	2	10元
木粪钓	只	1	10元5角
洋铁灯	只	7	14元
木灯架	只	1	3元
水担	条	3	30元
小凳	只	11	187元
书架	只	3	130元
木床	张	3	192元
小计			31,059.20元

说明：

1. 即发生损失之事件如日机轰炸、如日军进攻等。

2. 即发生之期如某年月日或某年月日至某年月日。

3. 即发生之点如某市某县某镇某村等。

4. 包括一切动产（如衣服什物财帛舟车等）及不动产（如房屋田园矿产等）所有损失逐项填明。

5. 如为机关学校及国省市县营事业则由主办队员署名并加盖该机关学校等之印信，私人则由本人人民团体则由其理事签名盖章。

6. 如受损失者为机关学校及国省市县事业则可不必由该管保长等加盖。

家具财产损失报告表（表式3）

事件：日机轰炸

日期：11 **月**

地点：国立西北农学院

填送日期：36 **年** 7 **月** 20 **日**

损失项目	单位	数量	价值（国币元）
试验桌	张	4	444 元
课堂椅	把	39	1560 元
长课桌	张	37	2294 元
长板凳	张	20	590 元
讲台桌	张	2	220 元
固定黑板	块	4	240 元
小课桌	张	7	280 元
条桌	张	2	160 元
课堂长桌	张	5	300 元
课铁椅	把	1	82 元
凳子	条	2	40 元
试验桌	张	1	100 元
脸盆架	只	1	5 元
衣架	只	1	17 元
二抽书桌	张	1	61.50 元
墨盒	只	4	22 元
铁锁	把	4	12 元
合计			37,476.70 元

说明：

1. 即发生损失之事件如日机轰炸、如日军进攻等。

2. 即发生之期如某年月日或某年月日至某年月日。

3. 即发生之点如某市某县某镇某村等。

4. 包括一切动产（如衣服什物财帛舟车等）及不动产（如房屋田园矿产等）所有损失逐项填明。

5. 如为机关学校及国省市县营事业则由主办队员署名并加盖该机关学校等之印信，私人则由本人人民团体则由其理事签名盖章。

6. 如受损失者为机关学校及国省市县事业则可不必由该管保长等加盖。

家具财产损失报告表（表式3）

事件：日机轰炸

日期：11月

地点：国立西北农学院

填送日期：36年7月20日

损失项目	单位	数量	价值（国币元）
窗帘	付	2	48元
洋铁壶	把	2	10元
水箱架	个	1	80元
簸箕	个	4	2元
竹筐	个	1	10元
保温箱	个	1	700元
温箱火炉	个	1	240元
洋磁饭桶	个	4	120元
铁盒开关	个	50	500元
电开关	个	80	640元
电灯罩	个	120	600元
18号皮线	码	100	2000元
灯口	个	70	400元
暖汽炉片	片	17	2500元
1寸水管	条	10	30元
6分水管	条	20	50元
4寸生铁管	条	20	150元
小计			45,556.70元

说明：

1. 即发生损失之事件如日机轰炸、如日军进攻等。

2. 即发生之期如某年月日或某年月日至某年月日。

3. 即发生之点如某市某县某镇某村等。

4. 包括一切动产（如衣服什物财帛舟车等）及不动产（如房屋田园矿产等）所有损失逐项填明。

5. 如为机关学校及国省市县营事业则由主办队员署名并加盖该机关学校等之印信，私人则由本人人民团体则由其理事签名盖章。

6. 如受损失者为机关学校及国省市县事业则可不必由该管保长等加盖。

家具财产损失报告表（表式3）

事件：日机轰炸

日期：11 月

地点：国立西北农学院

填送日期：36 年 7 月 20 日

损失项目	单位	数量	价值（国币元）
一寸开关	个	40	800 元
铜把锁	把	7	2210 元
门窗插锁	付	105	1220 元
4 寸活页	付	120	660 元
6 寸活页	付	45	315 元
乒乓球网	张	2	48 元
乒乓球台	张	1	230 元
总合计			51,039.76 元

（陕西省档案馆藏，档案号 84－3－817）

（14）抗战时期各地工厂遭受敌人损毁情形报告表（1941 年 12 月 25 日）

厂名	厂址	公司或商号	资本	工厂登记号数	遭受损毁年月日及遭受何种损毁	损毁概况	遭受损毁前每日平均生产能力	遭受损毁后厂内制造情形	预计复工时日	附注
长安大华纺织厂	西安中正门外	大华纺织股份有限公司	六百万元	工字第七二号	三十年十二月二日遭受敌机轰炸	炸毁棉花库房一所，原造价一万六千余元，现值约为二十余万元。焚毁棉花一千九百五十五包，共重四十七万三千二百斤，计值一百七十九万八千一百六十元。延烧未装布机四百二十台之零件及其准备机器，原价十二万六千余元，现值约为三百余万。损失机器油十一桶，计值三万二千元。又炸死工友一名	每日平均产纱十包，布六百疋	厂内工作暂不感受若何影响，惟布机之重要零件全部火为灰烬，不能增开，实为此次最巨之损失	被炸后暂停二日即行复工。	

三十年十二月二十五日　填表人　大华纺织厂

（陕西省档案馆藏，档案号 72－9－330）

（15）咸阳中国打包公司呈报本公司五月六日、十一日、廿七日、六月廿三日轰炸情形及损失报告表伏祈鉴核备案由（1941年7月28日）

据报该公司被炸情形，附赍损失报告表，请核备。等情。查赍表不合，殊难核转，拟抄发抗战时期各地工厂遭受敌人损毁情形报告表，批饬依照填赍二份，以凭转部，可否？请核示。

窃查本公司于五月六日、十一日、廿七日、及六月廿三日，连遭敌机猛袭四次，每次均投弹甚多，所有拣花房屋，存料仓库，职员宿舍，工警厨房，围垣墙壁，花木水池，先后全经被炸摧毁无遗，东倒西塌，一片瓦砾。共计焚烧棉花约逾一千余包，以及机器间、原动部亦全遭炸毁。机器部份损失甚重，现虽进行修理，但复工尚属无期，厥状之惨，不忍目睹。历次损失统计壹百八十余万元。差幸员工均属平安，所有每次被炸经过情形，损失确实数目理合缮造报告表各二份，并附历次投弹地点图一份随文呈赍，伏祈鉴核，备案实为公便。谨呈陕西省政府主席熊

咸阳中国机器打包公司谨呈

中华民国三十年七月　二十八日

（陕西省档案馆藏，档案号72－9－330）

（16）抗战时期各地工厂遭受敌机损坏情形报告表（1939 年 3 月—1941 年 11 月）

厂名	厂址	遭受损毁年月日及遭受何种损毁	损毁概况	遭受损毁前每日平均生产能力	遭受损毁后厂内制造情形	预计复工时日	附注
长安大华纺织厂	西安市车站迤北	民国二十八年十月十一日及三十年十一月一日为日机轰炸烧毁	纺纱机棉花、纺纱厂房、花纱机物料及大小房屋等共值国币壹仟捌百四拾捌万壹仟壹百六十元并伤工友五名死工友十二名	每日约制棉布一千六百疋棉纱二十五包	因纱厂全毁布厂亦无法开工完全停顿	现在清理机器如能使用或可勉开一部惟持日难以预计	
西安西京机器修造厂	西安崇孝路公字一号	民国二十八年十二月十一日被敌机轰炸将机器厂全部房屋炸毁所有机器材料工具等亦被炸坏大半铸锻工部办公室宿舍等处屋顶门窗均被震坏	机器、工具、零件、机器厂房等共值国币肆万柒千叁百叁拾伍元	每日修理车辆及制造零件约值伍百元	除一半员工修理机器家具等物外其余仍照常工作	于本年十一月中旬将被机器装修完毕复工	
西安西京机器修造厂	仝上	民国二十九年五月十九日被敌机轰炸将厂舍器材器具文具及各机关待修汽车多数炸毁	厂舍、器材、器具、文具、待修汽车总共损失国币贰万肆千零肆拾伍元玖角	每日平均约生产值伍百元	因机器未受损失故生产能力尚未减少	被炸后第二日复工	
西安西京机器修造厂宝鸡材料库	宝鸡姜城堡	民国二十九年八月卅一日敌机肆虐狂炸宝鸡姜城堡一带本库院内落弹二枚	汽车、房舍等约共损失国币陆千陆百伍拾元				

续表

厂名	厂址	遭受损毁年月日及遭受何种损毁	损毁概况	遭受损毁前每日平均生产能力	遭受损毁后厂内制造情形	预计复工时日	附注
西京电厂	西京市中正门外火车站东	民国二十八年三月七、十四日四月二、三日五月七日九月二十日十月十、十一日均被本厂线路被炸	木杆、铜线、铅线、路灯、跑泡、皮线、干线及各项物料等总共值国币柒仟贰百零零叁角肆分			被炸线路约三五日内可以修复	
陕西省纺纱改进处暨长安纺纱训练所	西安梁府街公字六号	民国二十八年十月十日遭受敌机轰炸		机件、工具、用具、文具、原料与成品等约总值国币柒百贰拾柒元贰角	本月十五迁移至西安东北乡马旗寨旧庙仍旧工作		
咸阳中国机器打包厂	咸阳北关	民国二十九年八月三十日敌机轰炸本厂共投燃烧弹及炸弹约六十余枚，当即数处起火，损失颇重幸员工平安	机器零件物资等总共约值国币肆拾叁万叁仟零玖拾元	已于本月十日试行打包丨四日起开始修理约一个月后可以复工			
申新第四纺纱厂宝鸡分厂	宝鸡斗鸡台	民国三十年五月二十二日敌机轰炸后方生产机关	财产损失约估计国币壹百壹拾肆万肆仟伍百壹拾捌元陆角壹分并亡一人伤一人				

续表

厂名	厂址	遭受损毁年月日及遭受何种损毁	损毁概况	遭受损毁前每日平均生产能力	遭受损毁后厂内制造情形	预计复工时日	附注
咸阳工厂	咸阳北关外中国打包公司内	民国三十年五月六日二十七日六月二十三日及八月二十八日三十一日十二月九日连遭敌机轰炸	机器、酒精、粗纱车房屋等约总共值国币壹百玖拾壹万贰仟玖百肆拾伍元叁角	每日可出七件	每日可出五件	业已局部复工其余在修配中	
小多制革厂	西安正学街廿八号	民国卅年五月十八日敌机投燃烧弹两枚炸弹乙枚	烧毁房屋制成熟皮子鞍子桌案衣箱等约共值国币伍万壹仟贰百伍拾伍元并死亡工人一人负伤二人	每日出熟皮子五十片军用乘鞍一十五盘军士皮带一千五百条	炸后除制革部误事正顿工作外厂址已迁移城外其余各种军需照常工作	制革部预计七月一日即可复工	

（陕西省档案馆藏，档案号72－9－330）

（17）大荔县财产直接损失报告表（1942年3月14日）

填送日期 35年3月14日

损失年月日	事件	地点	损失项目	购置年月	单位	数量	价值（国币元）		证件
							购置时价值	损失时价值	
31年3月26日	日机轰炸	城内县庙前	安间房	20年2月	间	5	5,000	30,000	
31年3月26日	日机轰炸	城内县庙前	厦房	20年2月	间	6	6,000	36,000	
31年3月26日	日机轰炸	城内县庙前	门窗	31年1月	件	20	4,000	4,000	
31年3月26日	日机轰炸	城内县庙前	被子	31年1月	条	10	3,000	3,000	
31年3月26日	日机轰炸	城内县庙前	铜脸盆	31年1月	个	121	12,100	12,100	
31年3月26日	日机轰炸	城内县庙前	牙膏牙发盥口盂	31年1月	个	121	6,000	6,000	

直辖机关学校团体或事业名称:大荔县冯翊镇公所　受损失者姓名　大荔地方行政干部训练所(县庙前6号)

填报者姓名吴南山　服务处所与所任职务大荔县县长　与受损失者之关系　通讯地址县政府

［陕西省档案馆藏,档案号90－4－531(1)］

（18）渭南县政府呈赍本县战时受敌破坏损失报告表请鉴核由
（1938 年 12 月—1943 年 1 月）

案奉钧府社建统字第三七六一号代电，饬将抗战斯中本县受敌破坏情况有关资料迅予搜集报府以凭核查。等因。奉此遵将各项有关资料统计填造完竣，理合备文赍请鉴核

谨呈　陕西省政府主席祝

附赍

渭南县战时受敌破坏损失报告表一份

渭南县县长潘元

渭南县战事破坏数字记载表

破坏年月	被破坏者	破坏数额	街巷门牌号数
二十七年十二月	张炳	街房三间	中山大街 215 号
二十七年十二月	秦进才	厦房四间	城南秦家岭 1 号
三十年九年〔月〕	班玉田	门房三间厦房两间	北井巷 13 号
三十三年五月	李生俊	街房三间厦房六间	西关大街 2142 号
三十年四月	郭吉安	门房五间厦房四间	西关大街 370 号
三十三年五月	刘景鸿	街房三间厦房六间	西关大街 241 号
三十年四月	郑芳亭	前房三间厦房一间	西关大街 383 号
二十九年一月	王福祥	街房两间厦房三间	中山大街 79 号
三十一年十一月	张彦玉	街房三间厦房六间腰房三间	中山大街 81 号
三十年十一月	刘志俊	街房二间厦房六间	中山大街 51 号
三十年四月	李万坤	街房三间厦房六间	西关大街 456 号
二十七年十二月	张玉秀	全部损毁	仓后巷 9 号
二十七年十二月	吴侯氏	全部破坏	中山大街 220 号
三十年六月	杨团娃	街房三间厦房六间	西关大街 361 号
三十年七月	杨春景	厦房一间	芋园巷 9 号
三十年七月	杨宝珍	房舍尽毁	芋园巷 6 号
三十年七月	杨维王	门房四间	芋园巷 12 号

续表

破坏年月	被破坏者	破坏数额	街巷门牌号数
三十年七月	杨忠安	腰房八间	芋园巷 10 号
三十年四月	南打包公司	楼房二十四间仓房三十间	西关大街 257 号
三十二年一月	北打包公司	厦房二十间机器二架	城关镇十三保
备注	1. 本表系据警察局历年登记汇编 2. 战期中本县公有建筑及桥梁道路等并无破坏无法列入		

县长□□　统计主任□□□　填表员□□□

（陕西省档案馆藏，档案号 72 –9 –344）

（19）安康县战时工矿电商破坏损失调查表（1946 年 1 月）

民国三十五年元月　日制

类别	单位	数量	人数	单价	复价	备考
民生公司房舍	间	50		1,000,000	50,000.00	
桐油	担	20,000		110,000	2200,000,000	民生公司内存被炸
五味什子	担	1,000		70,000	70,000,000	
丝麻	担	1,000		90,000	90,000,000	
民房	间	2,000		1,000,000	2,000,000,000	
电杆	根	24		8,000	192,000	
四心木担	根	95		1,800	171,000	
川心钉	斤	95		1,300	123,500	
隔电子	个	380		2,000	760,000	
撑角	个	97		400	155,000	
十二号丝	斤	960		5,000	4,700,000	
十六号丝	斤	150		6,000	900,000	
八号丝	斤	35		4,500	157,500	
二十门总机	部	1		800,000	800,000	
单机	部	3		240,000	720,000	
工资			200	1,600	320,000	

续表

类别	单位	数量	人数	单价	复价	备考
平整路基	公立方	2175340	1098	2,400	2,635,200	
土方	公立方	3787500	30300	2,400	12,120,000	
路基滚压	公尺	365890	2440	2,400	5,856,000	
担运碎石	公立方	301859	13583	2,440	32,599,200	
棰碎石	公立方	301859	15095	2,400	36,223,200	
铺碎石	公立方	301859	301859	2,400	724,461,600	
担运黄土	公立方	302	906	2,400	2,714,400	
担运沙子	公立方	403	1813	2,400	4,351,200	
碎石滚压	公尺	365890	2440	2,400	5,866,000	
路面滚压	公尺	365890	2440	2,400	5,586,000	
拆炸坏钟楼鼓楼大小南门	处	4	1440	2,400	3,456,000	
整砌路栏石	公尺	731780	2400	2,400	5,997,600	
砌墙土墙	公立方	2916		2,400	127,022,400	
协助匠工砌挡土墙	公立方	26463	105352	2,400	254,044,800	
整理人行道	公尺	731,780	3717	2,400	17,560,800	
合计					5,719,813,600	

（陕西省档案馆藏，档案号 72－9－344）

（20）西北工学院呈为遵令具报廿八年六月前七月后间接直接损失报告表单新所鉴核分别案转由（1939年11月）

案奉钧部廿八年八月统壹五字第二零陆贰叁号，暨同年十月廿八日第二六一五一号训令，以调查抗战损失，检发表式四种及抗战损失查报须知，饬补送廿八年六月底以前直接间接损失报告表单，其廿八年七月以后，如有损失，并须随时或按期报告，各等因。尊此，遂查抗战发生以后，本院奉令并组成立，计开支迁移费四万三千一百廿五元，系廿八年六月以前之间接损失。又奉电构筑防空设备，请准垫发防空经费五千元，系廿八年七月以后之间接损失。又据本院南郑办事处报称十月卅日，敌机空袭南郑，该处全被炸毁，计公有器具损失，价值约五拾四元六角伍分。私有器具损失，价值约壹佰五十八元一角，共计贰佰壹拾贰元七角五分，系廿八年七月以后之直接损失。本令前因，理合分别填具报告表单，备文合并呈报，恳祈鉴核分别汇转，定为公便！

谨呈　教育部长陈

中华民国二十八年十一月　日

（陕西省档案馆藏，档案号61－2－62）

(21) 神木县政府为电赍本县抗战期间临时紧急支出调查表请转报由（1939 年 11 月）

西安陕西省政府主席祝钧鉴：本年九月漏日府社一文字第一五九六号申支代电暨附表均奉悉。遵即依照奉颁表式将本县抗战期间临时紧急支出等项查填完竣，理合检同调查表二份随电赍请鉴核转报为祷。神木县县长马骑叩。西支县军印。附赍调查表二份。

神木县间接损失调查表

机关名称	支用年度	防空费	迁移费	救济费	抚恤费	优待出征军人家属费	军队过往供应	其他临时紧急支出	合计
神木县政府	二十八年	1,000,000 元	140,000 元					2,400,000 元	3,540,000
	二十九年	2,750,000 元		240,000 元				4,000,000 元	6,990,000
	三十年	6,700,000 元							6,700,000
陆军第八十六师第二五八团	二十八年				3,500,000 元	4,500,000 元		6,450,000 元	14,450,000
	二十九年	350,000 元				2,400,000 元	1,100,000 元		7,000,000
骑二军	二十八年				250,000 元		3,200,000 元		3,450,000
	二十九年					5,000,000 元		3,150,000 元	8,150,000
挺进军	二十九年					3,700,000 元	4,200,000 元	2,460,000 元	10,360,000
先遣军	二十九年							1,620,000 元	1,620,000
骑七师	二十八年				3,200,000 元		2,000,000 元	3,200,000 元	8,400,000
蒙旗独立旅	二十九年				3,150,000 元		3,140,000 元	1,250,000 元	7,540,000
总计									78,200,000
说明:表内各项支出均以各该年度当时物价指数估计填列									

（陕西省档案馆藏，档案号 90－2－447）

（22）呈报本县（汉阴县）遵令破坏县道情形由
（1940 年 11 月 19 日）

安康专员杭钧鉴：九月十三日七时战作字第二号命令奉悉，并经置覆在案。兹于九月十五日午后七时召集有关各乡镇长齐集县府，指示破坏办法，完成日期及应破坏各路线，佥以钧署命令，表列各路线以外各县道均为南北行人便道，为完成要求计，似应一律破坏。现决定将下列各路一律破坏（一）由云门经白火石塘至溪王城之人行大道。（二）由涧池经前家扒至堰坪之人行大道。（三）由涧池经欢喜岭至堰坪大道至汉江边之人行大道。（四）由蒲溪经小垭子至河亚城之大道。（五）由双乳至凤凰山南（六）由涧池、蒲溪、双乳、洪月河至麦子铺人行之大道。（七）由平梁经饶台峡至汉阳坪之人行大道。（八）由平梁经妈妈楼至堰坪之人行大道。（九）由高梁经火烧庵至汉阳坪之人行大道。（十）由高梁、平梁经铁瓦店至汉阳坪之人行大道。（十一）由县城南经铁甲楼至堰坪之大道。（十二）由县城南凤凰至堰坪所辖第一保黄龙洞之人行道。（十三）由下家沟经堰坪、茨沟至漩窝之人行道。以上各道正发令乡镇长征集民工星夜破坏，统限于九月底以前完全破除。俟破坏完毕，另行绘书呈抵办理，合将本县破坏原路情形及应破坏各路线一并电告签核备查。县长王〇〇叩。删一印。

汉阴县交通破坏第三分区每日实征民工人数报告表

实征民工数目	一餐数目	全餐数目	工作地域	携带器具	备考
一百九十七名		一百九十七名	天至湾至漩涡	全系农具	
附注	一、大队长一中队长二分队长六 二、民工一百九十七名				

汉阴县交通破坏第四分区工程验收报告表

道路名称	工　　段	某点状况及破坏方法	破坏程度	某点状况及破坏方法	破坏程度
由汉阴坪经平口河通西乡县道	由平口河通西乡石泉之总路	土地庙在山腹部成坡形，用土工破坏	宽约一丈五尺深约二丈倾斜七十五度	庙坪附近在山腹部成坡形，用土工破坏	宽约二丈五尺深约三丈倾斜七十五度。
附记	二十九日开工				

交工人六训处三团二营六连连长罗得璋　验收人汉阴县汉阳乡乡长吴凤章　中华民国二十九年十一月十九日

汉阴县交通破坏第四分区工程验收报告表

道路名称	工　　段	某点状况及破坏方法	破坏程度	某点状况及破坏方法	破坏程度
由汉阳坪经平口河至石泉县道	由平口河至铜车坝、空树垭工段	空树垭通石泉、西乡县道在山之腹部成坡形，用土工破坏	宽约四丈深约二丈倾斜七十至八十度	庙坪西端在山腹部坡形用土工破坏	宽约三丈五至四丈深约一丈八尺倾斜七五至八十度
附记	二十九日开工				

交工人六训处三团二营六连连长罗得璋　验收人汉阴县汉阳乡乡长吴凤章　中华民国二十九年十一月十九日

汉阴县交通破坏第四分区工程验收报告表

道路名称	工　段	某点状况及破坏方法	破坏程度	某点状况及破坏方法	破坏程度
由汉阳坪经何家河、平口河至石泉、西乡县道	由平口河至何家河之路线	石门坎在山之麓部成坡形，用土工及爆破法。宽约四丈深约三丈倾斜约七十度	石子崖在山之麓部成崖形，用土工破坏法。宽约三丈五尺深约三丈倾斜约七十五度		
附记	二十九日开工				

交工人六训处三团二营六连连长罗得璋　验收人汉阴县汉阳乡乡长吴凤章　中华民国二十九年十一月十九日

汉阴县交通破坏第四分区工程验收报告表

道路名称	工　段	某点状况及破坏方法	破坏程度	某点状况及破坏方法	破坏程度
由平口河经康家沟至汉阳坪	由太山庙经斗嘴子至下马台	太山庙前至斗嘴子山路崎岖，只可通行步兵，若一切断使一般徒手人多行数里之遥，切断崖	将斗嘴子前端用土石工切断，宽及路幅，山腹同，长五公尺深五公尺之断崖	由斗嘴子至下马台中有通石泉界藕席沟之要道，而该路又为山石零乱。切宽四公尺、长七公尺、深八公尺之断崖	
附记	二十九日开工				

交工人六训处三团二营六连连长罗得璋　验收人汉阴县汉阳乡乡长吴凤章　中华民国二十九年十一月十九日

汉阴县交通破坏第四分区工程验收报告表

道路名称	工　段	某点状况及破坏方法	破坏程度	某点状况及破坏方法	破坏程度
由汉阳坪经平口河、何家河、王西乡、石泉之县道	由平口河至何家河之马家梁之工段	马家梁在山腹部成倾斜形，用土工破坏	宽三丈九尺深二丈二尺倾斜七十五至八十度	耕田湾在山腹部隘路成沟形，用土工破坏	宽四丈深二丈倾斜八十度
附记	二十九日开工				

交工人六训处三团二营六连连长罗得璋　验收人汉阴县汉阳乡乡长吴凤章　中华民国二十九年十一月十九日

汉阴县交通破坏第四分区工程验收报告表

道路名称	工　段	某点状况及破坏方法	破坏程度	某点状况及破坏方法	破坏程度
由汉阳坪经何家河平口河至石泉西乡之道	由平口河经何家河至二道桥之路	堰头上在山腹部成坡形用，用土工破坏	宽约四丈深约三丈倾斜约七十五度	乔家坟在山腹部成坡形，用土工破坏。	宽约三丈深约四丈倾斜约七十五度
附记	二十九日开工				

交工人六训处三团二营六连连长罗得璋　验收人汉阴县汉阳乡乡长吴凤章　中华民国二十九年十一月十九日

汉阴县交通破坏第四分区工程验收报告表

道路名称	工　段	某点状况及破坏方法	破坏程度	某点状况及破坏方法	破坏程度
由汉阳坪经二道桥何家河、平口河至西乡石泉之县道	由何家河经二道桥至侯家坪之道	石垭子在山之腹部成断崖形,用土工及爆破方法	宽约三丈八尺至四丈深二丈五尺倾斜八十度	背脊崖在山之腹部成断崖形,用土工破坏	宽约四丈二尺深三丈倾斜八十五度
附记	二十九日开工				

交工人六训处三团二营六连连长罗得璋　验收人汉阴县汉阳乡乡长吴凤章

中华民国二十九年十一月十九日

汉阴县交通破坏第四分区工程验收报告表

道路名称	工　段	某点状况及破坏方法	破坏程度	某点状况及破坏方法	破坏程度
由汉阳坪经二道桥、何家河、平口河至西乡石泉县道	由二道桥经五里坝通汉阳坪之路	送八仙在山之麓部成隘路形,用土工破坏	宽三丈深约五丈倾斜约八十五度	滴水崖系由平口河直达汉阳坪之路,先用土工破坏以爆破成断崖形	宽约一丈五尺深约三丈倾斜八十五度
附记	二十九日开工				

交工人六训处三团二营六连连长罗得璋　验收人汉阴县汉阳乡乡长吴凤章

中华民国二十九年十一月十九日

(汉阴县档案馆藏,档案号民国政权类32－382)

（23）潘运舫等13人关于救济潼关难民的提案（1940年）

潘参议员运舫等十三人提：迅速救济潼关难民以免被敌利用案

原提案第八十三号

理由：潼关地处交通要点，自二十七年晋南沦陷后，迭被敌炮敌机袭击轰炸，城内房屋多成废墟，本地人民无处安身，逃来难民如鲫，均皆露宿，风餐啼饥，号寒凄惨之状罄竹难书。但该县地居三省要冲，毗邻战区，敌人屡次设法收买人心，以充当汉奸密报军情，破坏河防影响抗战，异常重要。我政府若不速拨巨款，救济此一般无衣无食之难民，设法安插使此一般流离失所之难民得以安居，庆生惟恐将被敌人利用，不特增强敌人攻击河防之力量，而且亦损失我们抗战之实力。爰特提出“速拨巨款救济潼关难民以免被敌利用”案敬请公决。

办法：1. 咨请省政府酌减该县人民负担，并拨款先行急赈以安民心。

2. 咨请省政转饬振济会，拟具救济该县难民之根本办法，送省府分别施行，办理救济。

本案经大会决议：咨请省府依案办理呈复奉令准省参议会函送提案，救济潼关难民一案办理情形请鉴核由。

案奉钧府二十九年四月十四日府民三字第一四一一号训令以准陕西省临时参议会函送第八十三号提案。救济潼关难民一案，饬即查核拟办，具复察夺。等因到会。查潼关接近战区，迭被敌炮轰击，人民流离，情状至惨，自应筹划有效办法，根本救济，当经电请振济委员会第五救济区查核办理在案，兹准二十九年四月第一六八八号有代电复称：

“查潼关战灾急振，前据人民代表张子麟，灾民代表李霖泉等请振，到区当经据情转请并奉振济委员会电准拨发急振参〔叁〕千元。亦已通知代表李霖泉等具领各在案。惟迄逾月余尚未来区，请领准电，前因相应电复即希查照办理为荷。”等因。准此，除令潼关县长转饬该代表等知照外，所有办理情形，理合具文呈请钧府鉴核。谨呈。

陕西省政府兼陕西省振济会主任委员蒋鼎文

（陕西省档案馆藏，档案号17－6－1726）

（24）麟游县财产间接损失汇报表（1946年9月）

（自二十六年八月十八日至三十年九月三日）

填报日期三十五年九月　日

分　类	实际价值共计	摘　要　说　明
共计	7,174,100元	
迁移费	无	
防空设备费	5,878,360元	历年防空设备及防空机构经费食粮合计数如左
疏散费	无	因战区关系豫省人民纷纷来麟初到县时即发动捐募食粮米面按口发给并按难民实际情形酌发安家食粮合计食粮约值国币如左数
救济费	1,295,740元	
抚恤费	无	
生产减少	无	
盈利减少	无	

麟游县县长田方正

（陕西省档案馆藏，档案号90－2－425）

（25）咸阳县财产间接损失汇报表
（1945年11月2日）

机关名称：陕西省咸阳示范县政府

事件：日机轰炸

日期：30年5月6日至30年9月4日

地点：咸阳县城内

填送日期　34年十一月二日填送

分类	数（单位国币元）额
共计	76500元
迁移费	23500元
防空设备费	37000元
疏散费	800元
救济费	1200元
抚恤费	20000元

附单据4纸　汇报者咸阳示范县县长王○○

（咸阳市档案馆藏，档案号M6－36）

（26）长咸师管区所属各县市出征壮丁安家费筹集及发放情形报告表（一）

（1939 年—1943 年）

县别	年别	筹集金额	发放人数	发放金额	备考
咸阳县	二十八年	九七二九〇	三二四二	九七二九〇	
	二十九年	九二二五〇	一八四五	九二二五〇	
	三十年	二四五二〇〇	二四五二	二四五二〇〇	
	三十一年	二七三六〇〇	九一二	二七三六〇〇	
	三十二年	三三四八〇〇	一一六一	三三四八〇〇	本年一月至十一月份止合计如上数
	合计	一〇四三一四〇	九五六七	一〇四三一四〇	
临潼县	三十年	五七三〇〇	二八六五	五七三〇〇	
	三十一年	一五八一〇〇	三一六一	一五八一〇〇	
	三十二年	三九三〇〇〇	三九三〇	三九三〇〇〇	
	合计	六〇八四〇〇	九九五七	六〇八四〇〇	
三原县	二十七年	九〇〇	四五	九〇〇	按贫苦户每名发 20 元
	二十八年	一八三〇	六一	一八三〇	按贫苦户每名发 30 元
	二十九年	五四〇〇	一〇八	五四〇〇	按贫苦户每名发 50 元
	三十年	二七二〇〇	一三六	二七二〇〇	按贫苦户每名发 200 元
	三十一年	二三一五〇〇	四六三	二三一五〇〇	按贫苦户每名发 500 元
	三十二年	六九七五〇〇	一三九五	六九七五〇〇	按贫苦户每名发 5000 元
	合计	九六四三三〇	二二〇八	九六四三三〇	

（陕西省档案馆藏，档案号 9－4－1124）

（27）陕西平民县三十二年度各乡战壕堡垒交通沟警戒区等项占用民地减免赋税清册（1943年）

乡镇名称	花户名称	减免原因	免赋面积	减免成数	原征额数			减免实数			备考
					国币数	折征实物		国币数	折征实物		
						种类	数量		种类	数量	
	王文坤	战壕及交通沟	二〇〇	全数减免	二〇	小麦	一〇〇	二〇	小麦	一〇〇	
	刘万成	战壕及交通沟	二〇〇	全数减免	二〇	小麦	一〇〇	二〇	小麦	一〇〇	
	元同文	战壕及交通沟	二〇〇	全数减免	二〇	小麦	一〇〇	二〇	小麦	一〇〇	
	段福盛	战壕及交通沟	二〇〇	全数减免	二〇	小麦	一〇〇	二〇	小麦	一〇〇	
	周化吉	战壕及交通沟	二〇〇	全数减免	二〇	小麦	一〇〇	二〇	小麦	一〇〇	
	段福寿	战壕及交通沟	二〇〇	全数减免	二〇	小麦	一〇〇	二〇	小麦	一〇〇	
	段克信	战壕及交通沟	二〇〇	全数减免	二〇	小麦	一〇〇	二〇	小麦	一〇〇	
	米文太	战壕及交通沟	一〇〇	全数减免	一〇	小麦	〇五〇	一〇	小麦	〇五〇	
	王俊清	战壕及交通沟	一〇〇	全数减免	一〇	小麦	〇五〇	一〇	小麦	〇五〇	

续表

乡镇名称	花户名称	减免原因	免赋面积	减免成数	原征额数					减免实数					备考
					国币数		折征实物			国币数		折征实物			
							种类	数量				种类	数量		
	常福胜	战壕及交通沟	一〇〇	全数减免		一〇	小麦		〇五〇		一〇	小麦		〇五〇	
	王学文	战壕及交通沟	一〇〇	全数减免		一〇	小麦		〇五〇		一〇	小麦		〇五〇	
	徐龙五	战壕及交通沟	一〇〇	全数减免		一〇	小麦		〇五〇		一〇	小麦		〇五〇	
	杨景祥	战壕及交通沟	一〇〇	全数减免		一〇	小麦		〇五〇		一〇	小麦		〇五〇	
	陈福堂	战壕及交通沟	一〇〇	全数减免		一〇	小麦		〇五〇		一〇	小麦		〇五〇	
	朱文江	战壕及交通沟	一〇〇	全数减免		一〇	小麦		〇五〇		一〇	小麦		〇五〇	
	张成禄	战壕及交通沟	一〇〇	全数减免		一〇	小麦		〇五〇		一〇	小麦		〇五〇	
	王鸿彦	战壕及交通沟	一〇〇	全数减免		一〇	小麦		〇五〇		一〇	小麦		〇五〇	
	金德步	战壕及交通沟	一〇〇	全数减免		一〇	小麦		〇五〇		一〇	小麦		〇五〇	
	高金来	战壕及交通沟	一〇〇	全数减免		一〇	小麦		〇五〇		一〇	小麦		〇五〇	

续表

乡镇名称	花户名称	减免原因	免赋面积	减免成数	原征额数					减免实数					备考
					国币数		折征实物			国币数		折征实物			
							种类	数量				种类	数量		
	孔庆忠	战壕及交通沟	一〇〇	全数减免		一〇	小麦		〇五〇		一〇	小麦		〇五〇	
	宋兴才	战壕及交通沟	一〇〇	全数减免		一〇	小麦		〇五〇		一〇	小麦		〇五〇	
	段长安	战壕及交通沟	一〇〇	全数减免		一〇	小麦		〇五〇		一〇	小麦		〇五〇	
小计		战壕及交通沟	五一〇〇	全数减免		五一〇	小麦		二五五〇		五一〇	小麦		二五五〇	
全乡合计		战壕及交通沟	四六五〇〇	全数减免		四七六二	小麦		二三八一〇		四七六二	小麦		二三八一〇	
博爱乡	刘振声	战壕占地	六〇〇	全数减免		五三	小麦		二六五		五三			二六五	拟自三十二年度起请豁免粮赋三年
小计			六〇〇	全数减免		五三	小麦		二六五		五三	小麦		二六五	
全乡合计			六〇〇	全数减免		五三	小麦		二六五		五三	小麦		二六五	
全县总计			九〇二五□五〇	全数减免		六二四元八九			三一二元四四五		六二四元八九	小麦		三一二石四四五	

（陕西省档案馆藏，档案号30－1－855）

（28）朝邑县三十一年度至三十四年度民众预算外负担调查表

（一）征用民夫调查表（1946 年 1 月）

三十五年一月　日

案由	民夫名额	工作特日	发款机关或部队	实发工资	应需价款	差额	差额处理	备考
三十一年度奉省府专署明文或地方各部队驻军函件修筑防河工事及修路等工作	25,083 名		驻县征用部队	未发	1,254,150 元	1,254,150 元	由民众负担	表列民夫机内系以工作日期计算因工作日期不等故专填每工以 50 元计如表列数
三十二年同上	13,805 名		同上	未发	699,350 元	699,350 元	同上	由同上差价工资不一故未填
三十三年仝上	24,946 名		驻军及地方政府机关	未发	373,740 元	373,740 元	同上	由同上每名以 150 元计如表列数
三十四年奉令渭河搭桥及曳船兴修筑洛惠渠等工作	129,000 名	同上		未发	25,800,000 元	25,800,000 元	同上	由同上每名以二百元计算如表列数
合计	192,804				28,127,240 元	28,127,240 元		

（陕西省档案馆藏，档案号 3－3－560）

(29) 陕西省农会呈平利县巴山交通网修复工程用费

(1946年1月16日)

陕西省农会呈　陕农一部字第一〇二九号　民国三十五年元月十十六日

事由　为呈赍平利县巴山山脉交通网估计修复工程用费表一份请核转由。

案据平利县农会理事长王禹皋呈称：查大巴山山脉西起甘陇东抵三峡，为川陕鄂之边区，向属军事窜扰根据地。缘抗战军兴，国府早察敌寇西犯阴谋，先行安定边区秩序。为保卫首都计，于民二九年即派工兵部队破坏大巴山山脉交通网。我县农民在此情况下，出钱出力均能竭力协助完成破坏任务，效果所致竟使敌寇陷于泥淖，首都方克巩若金汤。破坏工作辙底，凡本县通卫之天险隘路等要道及沟河之铁石桥梁，如数炸毁无一幸存，留自后交通断绝，不惟山货无法输出，即土人往来时有坠岩落水之惨死事件发生，兹幸敌寇败降，战事终结，则建国之计，首重恢复交通。所有本县辖境因抗战破坏之交通，按照县境时值物价估计修复工程用费，需洋壹拾陆万肆仟叁佰柒拾五万九千五佰圆整。理合摘要列表一份备文呈报钧会，祈予详核层转中央，近饬敌国赔偿损失以资恢复交通，实为公德两便。等情。附估计修复工程用费表一份，据此除指令再补赍三份补报外，理合检同该用费表一份备文呈赍。钧处鉴核准予层转俾资赔偿以便修复为祷！

谨呈陕西省社会处处长陈

计呈赍：平利县估计修复工程用费表一份

陕西省农会理事长晁虎丞

（陕西省档案馆藏，档案号90－2－525）

（30）陕西省县市各项抗战损失统计（1947年7月）

民国27年7月—34年8月

名称别 / 县市别	共计	机关团体财产直接损失	民营事业财产直接损失（工业部分）	民营事业财产直接损失（商业部分）	县市机关团体财产间接损失	民营事业财产间接损失
共计	201,850,399元	23,448,400元	1,575,100元	88,659,099元	49,047,800元	39,100,000元
西京市	28,594,609元	23,464,950元	1,540,000元	469,459元	2,700,000元	400,000元
长武	18,550元	3,450元	15,100元			
华阴	4,549,440元			4,549,440元		
高陵	159,440,000元			83,440.00元	37,300,000元	38,700,000元
麟游	7,174,100元				7,174,100元	
平利	1,786,000元				1,786,000元	
神木	87,700元				87,700元	

（陕西省档案馆藏，档案号90－2－264）

（31）韩城县财产间接损失汇报表（1947 年 7 月）

二十七年七月七日至三十四年九月　日

填报者:韩城县政府　　填报日期　民国三十六年七月　日

分类	实际价值共计	摘要	说明
共计	1,246,998,494.09 元		
迁移费	188,000,000 元	迁移 188 户由韩城移黄龙区垦荒	因房屋被炸无家可归
防空设备费	19,000,000 元	电话机 5 个救火机 1 架防空洞 21 处	因县府统筹设备
疏散费	40,000,000 元	疏散学校三处	由城内移至乡村当时修建费在内
救济费	1,004,494.09 元	省库支出 1,001,819.59 元地方捐集 2,674.5元	系由 28 至 34 年省紧急赈款与地方捐集
抚恤费	44,400,000 元	死亡 69 人重伤 23 人轻伤 53 人	死亡每人五十万元重伤者每人二十万元轻伤每人十万元
生产减少	856,742,000 元	壮丁出征与沿河被工事占用	在战前生产额每亩小麦七斗战时实际生产额每亩五斗
盈利减少	97,852,000 元	支应浩繁道路阻滞	依照趋势推算每年纯利减少

（陕西省档案馆藏，档案号 90－2－425）

（32）陕西省韩城县农矿工商受日寇摧毁情形调查表
（1938年9月5日）

案奉钧厅训令第一二四九号略开：

“以奉　省政府代电准经济部电为主办抗战年鉴嘱查报资料一案，仰该县长迅将该县农矿工商所受摧毁情形及其数量分别查明，详细列表呈厅以凭核转，此令”。等因，奉此，遵即转饬建设助理员遵办。去后．兹据该员造送日寇摧毁情形调查表，请核转等情。据此当经县长覆核无异，理合检同原表具文呈赍，恭敬请鉴核。谨呈陕西省建设厅厅长雷

中华民国二十七年九月五日

陕西省韩城县林矿工商受日寇摧毁情形调查表

名称	数量	摧毁情形
煤	四千万斤	本县治城西北各山产煤丰富，自抗战军兴，黄河封锁，所采之煤，无法运售，各煤业即均停业，主人间接受振济，恐慌之状态，不堪笔述。
棉花	一百万斤	本县向称产棉区域，每年均由水路运至各商埠发售，现时受日寇威胁，黄河水运停止，农人生活无法维持，虽低价出售大商任其笼断（垄断），经济之损失，难以估计。
说明	查工商业各项名称，较为复杂，实难逐项列表，其被摧毁之数量，无法调查，无论直接间接受损摧毁之情形，实与表列棉煤大同小异，特此声明。	

（陕西省档案馆藏，档案号70－9－331）

（33）交通公路总局七分区公路工程管理局关于租车予西北工学院情况（1946年）

交通公路总局七分区公路工程管理局快邮代电：为贵校租车迁运图书、仪器特予优待按三等品计收运费，人员照客运租车计费，希查函由。

西北工学院公鉴：永字第1243公函敬悉。贵校租车迁运宝鸡。所需车辆，届时自当分批筹调供用。查全体员生二千人，每车按267人客运租车，加计费行李390公斤，以77车计算，约需运费叁仟贰百贰拾万元。至图书、仪器乙百吨，可格外优待改按货运三等品计费，计34车共约需壹仟伍百壹十伍万元，连同由汉中放城固暨汉宝返程空驶费肆仟五百余元。合计全部运空费共约需玖仟贰百肆拾肆余元。相应先行电复，仰希查阅办理见复为荷！交通部公路总局第七区公路工程管理局。

（陕西省档案馆藏，档案号61－2－431）

(34) 平利县战时征用情况报告（节选）
(1937年7月—1945年8月)

二　征运

二十五年全县各乡镇择险要处建筑碉楼，计征工数千，历时数月。抗战军兴征发频仍，尤其我县划入第五战区，属于军事征运之负担更重。计二十七年抢修汉白公路，该路经县境八十余公里，统由民工担任修筑，是年征工三千余人，历时八月。二十八年修筑安康飞机场，征工千余，历时四月。三十二年修筑狗脊关国防工事，征工四百名，历时五月。三十三年修筑县城附近国防工事，征工二百人，历时三月。三十四年扩修安康飞机场，征工五千人，历时三月。又自田赋征实后，接年须征用民夫运输军赋粮出境以供军食。兹将历年运输军赋粮数列后：三十三年度运交安康第五聚库大米肆拾贰万肆千柒百捌拾叁市斤（折合伍千陆百陆拾叁市石七斗七七合）。运交安康第六服务库大米壹拾叁万贰千零贰拾玖市斤（折合壹千柒百陆拾市石零叁斗八升贰合）；三十四年度运安康田粮处大米贰拾柒万肆千壹百贰拾五市斤（折合叁千陆百壹拾柒市石壹斗叁升贰合）。

历年征用民夫，除两次修筑飞机场由军委会工程处发工食外，其余各项征调所需临时费用，多由人民自行负担或由县财委会统筹（如国防用款之类）。关于运输军粮，省处虽发运费但其数甚微。抢修公路桥梁暨国防工事两项所征用民间材料（树木）从未给价。此外，历年代购军粮定价与市价悬殊。计三十年代购军粮包谷六千大包，马粮苞谷贰万肆千市斤；三十一年代购军麦贰百市石；三十二年代鄂购未贰拾八万五千叁百斤，代购马粮五万市斤；三十三年代一战区购麦八百大包；三十四年五战区购米五百五十大包，赔累极大。三十三年又奉令摊筹各项差价数百万元。统计自抗战以来，迄现在本县历年所推各项用款暨差价赔累，种种征运损失，若以现时币制计算当在数十百亿。

（陕西省档案馆藏，档案号9-4-830）

（35）白河县遵令填具抗战期间临时紧急支出调查表

（1947年7月）

陕西省政府主席祝钧鉴案奉钧府本年九月府社一文字第二五九六号代电，以转发抗战期间临时紧急支出调查表式一份。仰从速查报，等因。奉此，遵即依式查填二份，随电赍请鉴核备查。白河县长黄家麟。申陷民社叩。

附调查表二份

白河县财产间接损失报告表

分类	实际价值共计	摘要说明
征发差价	8566763元	
支应差运	451060元	
补给副食马干	1120000元	
代鄂购粮运输及八战区购粮	496818元	
购药各项彷御工事	49625483元以上五项系由二十八年起至三十三年底赔累数	
支应差运	19046410元三十四年一月至十月赔累数	
联运鄂粮	43912200元	奉五战区兵站总监部及五专署电饬办理
修筑国防工事	1158200元	八九军司令部函商办理者
核桃木枪托	7888964	奉五区专署电饬办理
白龙竹电杆	33388300元	
第三支部木板	1120000元	奉五区专署代电及准后勤部三支部函修补木船用
补给马干	7932799元	三十四年一至十月补给边境部队赔累数
一战区购粮差价	4550000元	奉五区专署代电饬办
均口国防木料	18041430元	奉五战区长官部电饬办理
烧柴	18000000元	五战区各机关部队及眷属转进白河时赔累数
合计	215298407元	以上为有案可稽之赔累数其无形损失不计在内

（陕西省档案馆藏，档案号90－2－447）

（二）文献资料

1. 人口伤亡

（1）空袭纪略（1939年—1940年）

洛川县

二十八年一月二十日，敌机七架，侵入本城上空，投弹四十余枚，伤亡军民十八人，毁房屋一百三十六间。同年十月十六日，敌机十七架，投炸弹百余枚，伤亡民众五人，毁房屋三百三十五间。二十九年四月二日，敌机十架，投弹五十七枚，伤亡民众二人，毁房屋八十八间。凡此创巨痛深之痕迹，迄今犹存。

飞机场　西北剿匪总部成立后，以陕北情形特殊，二十四年冬，于县东门外之安民村建筑飞机场，为航空第十一站，面积约七百四十亩，除官地外，共用民地六百八十一亩一分八厘五毫，按年由航空委员会给予租金四千四百九十五元八角二分，交县转发各地主。现场筑有护场碉堡二十座。二十九年秋，奉令征集民工，予以破坏，土地悉还原主，航空站亦撤去。

［余正东纂修、黎锦熙校订：《洛川县志》（1944年），第十六卷“空袭纪略”，1947年西安泰华印刷厂承印，洛川县档案馆藏］

(2) 1939年至1942年日军轰炸宜川情形

二十八年（一九三九）　十月十日，敌机炸县城及集义镇。并全县十二联保为九联保（内雷多河以北而联保仍未收回，实七联保）。奉令建修县乡仓。富宜公路成。宜桑公路成。

二十九年（一九四〇）　三月二十五日，敌机炸城关。五月，阎司令长官自桑柏东渡进驻。陕北延绥甘富事变，人民多逃至县。奉令实施新县制。县始专设司法录事。改全县九联保为九乡（实七乡），共辖四十三保。县党部始成立。各同业公会成立。县府接办民生纺织工厂。始募设育婴堂。

三十年（一九四一）　敌机两次炸县城、秋林及集义镇。奉令召开保民大会及户长会议，实行民选保长。田赋始改征实物。洛宜公路成（三十三年加宽）。设忠烈祠于城隍庙内，纪念抗战烈士。国立山西大学自三原移设秋林。县设三区联立洛川中学宜川分校，旋改为县立初级中学。

三十一年（一九四二）　敌机炸县城、党家湾、五里坪、甘草村，凡四次。田赋管理处评定全县地价。始复由财政部陕西监务局设立分卡，征收监税。收容豫灾难民六千五百余口。设英王镇农场开垦。韩宜公路成。始组设驿运站（三十三年改称运输站）。始设无线电台于电报局内。三民主义青年团山西支团宜川分团部正式成立。始设中山教育馆，遵令统办特种教育，全县中心及国民学校概冠“中山”。

自抗战军兴，太原失守后，宜川毗邻敌区，迭遭敌机滥肆轰炸；自二十八年十月至三十一日四月，先后被炸八次，计死伤人一百二十六名，损失房屋畜物等为数甚巨。

宜川县二十八年至三十一年被日机轰炸情形统计表

敌机空袭损害情形										
（年度）	（次数）	（着重地点）	（掷弹枚数）	（月日）	（人）	（畜）	（房屋）	（货物）	（畜物总值）	（附注）
二十八年	一	县城，集义镇	一〇〇枚	十月十日	五三名	驴二〇头	五一五间		五一，三〇〇元	上项价格系以当时市价估计
二十九年	一	城关附近	二五	三月二十五日	四三	骡七驴一一	六〇		三二，五〇〇	
三十年	二	县城，秋林，集义镇	四五	八月九日 十月二十七日	一二	骡三驴七	二八	玉麦豆等二十五石	三四，〇〇〇	
三十一年	四	县城，党家湾，五里坪，甘草	三九	二月十九日 三月二十五日 四月廿六七日	一八	骡一五 驴二〇	六七		二二四，〇〇〇	
合计	八		二〇九		一二六	八三头	六七〇		三四一，八〇〇	

［余正东纂修、黎锦熙校订：《宜川县志》（1944 年），第二卷“大事年表”，1947 年西安泰华印刷厂承印，宜川县档案馆藏］

(3) 敌机昨袭省垣被我机截击遁去在西南郊投弹千余枚死平民三人被伤八人（1938年3月9日）

敌机十九架昨（八）日下午二时一刻。由晋窜入陕境，至朝邑后，分西南两批，向省垣飞行。西安防空部据报，除发出警报，严为戒备外，我空军亦起飞迎击。敌机一批七架，沿陇海路进犯。一批十二架，经蒲城、富平、三原、泾阳、咸阳来犯。敌机抵达西安上空时，我高射枪炮密集射击，敌机仅在西南外投弹十余枚，炸毁民房十余间，平民死三人，伤八人，已送往医院疗治，余无损失。至三时敌机分东北两路逸去，东行敌机十余架，经渭南时与我机十余架在渭南华县之间发生激烈空战，达十余分钟，敌势不支，狼狈分途遁去，至三时四十分解除警报。(中央社)

（《西京日报》民国二十七年三月九日，第二版）

(4) 本市昨又遭空袭敌机十九架分三批窜入市空在市区东南北隅滥施轰炸（1938 年 11 月 19 日）

敌机十九架、昨（十八）晨七时半由晋窜入陕境平民县属之大庆关后，省防空司令部即通饬关中各县严为戒备。七时三十五分，本市发生警报，实行交通管制，敌机经朝邑、大荔、渭南、临潼、高陵、三原等地，于八时零五分先后分三批窜入本市上空。时阴云密布，我高射炮队于敌机至上空窥伺时，即猛烈射击，敌机仅在市区东南东北两隅滥施投弹四五十枚，即向东北逸去，至八时五十五分解除警报。事后中央社记者前往被炸区域视察，省府亦派员前往慰问被难平民家属。计东南城墙边投弹五枚，炸死及土崖震塌压死者二十余人，伤六人。内有十一二岁之小学生一名，后脑炸去毙命。民房五间，开通巷二十六、六十六、五十九等号各落弹一枚，死四人，伤九人，炸毁房屋三十余间。东号巷口落弹四枚，二枚未炸，死四人，伤二人，并炸死骡子一头，房屋三间。圪塔寺四号院内落弹二枚，炸毁汽车三辆，幸未伤人。孝忠里落弹一枚，伤一人。南城墙外空野亦落弹一枚，无伤害。东大街七、九号门前马路旁落弹一枚，八十二号院内落弹一枚，仅仅炸毁房屋三间。东北隅广仁医院，崇孝路十三号落弹一枚，死二人，伤三人。西京招待所南边落弹二枚，死四人，伤七人。革命公园及新城附近落弹二十余枚，死平民十余人，伤二十余人。统计此次敌机滥施轰炸市区，死伤我平民九十余人，炸毁民房三十余间，灾区断臂折足，血肉横飞，其状之惨，成为空前仅有。至炸伤平民，已由救护队分送各医院救治，其已被难死命之同胞，均由其家属友好成殓，无人认领者，亦已分别掩埋。

（《西京日报》民国二十七年十一月十九日，第二版）

(5) 敌机昨袭本市在市区滥施轰炸投弹八十余枚毫无目标灾区四十余处损伤惨重（1939 年 1 月 19 日）

敌机三十一架昨（十八）日上午十二时零五分由晋窜陕，敌机抵平民上空时，我防空监视哨即飞报省防空司令部发出警报，确为戒备。旋敌机经平民、大荔、渭南、高陵、临潼等处分两批西窜，于十二时五十分先后侵入本市上空，我高射枪炮即猛烈射击。敌机在市中心区人口稠密处滥肆狂炸，毫无目标，投弹八十余枚后，向东北逸去，下午一时二十五分解除警报，中央社记者事后前往被灾区域视察，灾区之广，达四十余处，为状惨重，死伤平民达二百余人，炸毁民房三百余间。最惨重者为东大街大公报分馆对门三六四号鸿庆成绸缎庄后院地下室气眼，适落一弹，即在地下室门爆炸，该室全被震塌，室内共有二十余人，除十余人受微伤外，有十三人被压毙命。迄晚六时，仍由第一分局及防护队派员百余人挖掘中。遇难者均系该号之伙友及中西药房之经理及伙友。兹将被灾区域志后：香米园、城隍庙后街、新寺巷二十四号、□□□址、大麦市街、小学习巷坟园、南广济街六号、裕隆号、迎祥观巷口、城隍庙门口东边、盐店街东口廿八号、仁义和号、德福巷十号、挂面营、南院门、中牛市巷、大皮院、□□□、东大街、北院门、鼓楼什字、北大街、郭签士巷、二王巷、许士庙街、红埠街、粉巷、南院门市场厕所后边、骡马市、安居巷口、大吉厂二十五号、长安学巷、咸宁学巷、西仓门前，南城门外亦投弹数枚。又昨（十八）日十时十五分敌机三架、在平民县城上空，窥视片刻、即向东逸去。（中央社）

（《西京日报》民国二十八年一月十九日，第二版）

(6) 敌机昨狂炸本市在南院门等处投弹五十二枚英籍基督教谈道所亦遭轰炸（1939年4月3日）

敌机七架、昨日（二日）下午一时十分经平民、大荔、华县、临潼，于三时侵入市区，经我高射枪炮猛烈射击，敌机未敢低飞，仓皇在南院门北大街等处投弹五十二枚，向东北逸去，内有七枚未炸、并投燃烧弹两枚，北大街八十一及三百四十五号起火，经消防队迅速扑救，至五时许始熄，房屋十余间，已被焚燃殆尽。西京工商日报社中院亦落三弹，拼字房全被震毁，该报即日宣告停刊。俟发理俊事，即经常出版。该社同人均平安无恙。南院门英籍中华基督教谈道所亦遭轰炸。此次敌机恣意狂炸市区、市民均能迅速疏散安全所在，故被灾区域虽逾十余处、但损失甚微。据调查所得，死伤无辜平民十余人、烧毁□□□。被按区域□□□卢进士巷十二、十九、二十二、三十二号，大车家巷北口及永安公寓，西大街五十四及六四三号，竹笆市二十号、一一八号，五岳庙门十六号，牛市巷十号及十一号，牛市巷内，马坊门华北饭店中院，通济南坊二十三及二十四号，西华门三号，粮道巷十八、十九、二十四、三十等号，北大街一一二号及北大街幼雅园北边。又据防空司令部消息，昨（二日）晨九时四十分，敌机一架，在潼关城郊窥视一周逸去，下午一时十五分，发现敌机七架，至大荔朝邑三河口一带窥视后逸去。

工商报社毁房甚多

西京工商报社前于元月十八日曾遭轰炸，塬洞被毁，受伤员工四，死工友一，幸机器铅字无恙、故经积极整理、仍能继续办报。昨（二）日敌机空袭，该社又落三弹，毁房十五间，所有机器房、排字房、铸字房等均成瓦砾，幸社内员工事先躲避，未曾受伤、现□□□，一刻排字房、一□该社后门、该社排字房大半被毁、并死排字工友杜治皋一人、该社被炸此为第三次、足见敌对我文化机关损毁之□□。(中央社)

（《西京日报》民国二十八年四月三日，第二版）

（7）敌机十七架昨又惨炸本市城东南角内外空野落弹甚多过渭南时在巴邑镇投弹一枚（1939 年 4 月 4 日）

敌机十七架、昨（三日）又狂袭西安市区，上午九时零五分敌机经平民县上空发现，向西窜扰、经朝邑、大荔、蒲城、固市、渭南、高陵、泾阳、咸阳东折，于九时五十五分窜抵，由西北方面窜入本市。一批五架、一批十二架，投弹四十五枚，于十时十分向东逸去，掠过渭南时，并在该县巴邑镇投弹一枚，弹落空地，毫无损失。此次轰炸共计炸毁及震塌民房一百二十余间，平民死七人，伤者三十余人。城东南角内外落弹虽多，但为空野，农房稀少，故损失甚微。兹将被灾区志后：东南城角内外及仁寿里九号、丰埠里七、八两号、效忠里、玄风桥士坑内，东关南大街六十及七十六号许十庙街十五、二十五、三十六、三十三、三十九等号、马神庙九号、老关庙十八号、北教场东西两边、西村内后院、麦苋街三十八号。(中央社)

（《西京日报》民国二十八年四月四日，第二版）

（8）抗战以来敌机袭陕统计　我们要索还这笔巨大血债

（1939年6月15日）

□□□□□□敌机袭扰的地方达四十处，□□□自陕西初遭轰炸的时间二十六年十一月起，到今年五月为止，共计十九个月，潼关空袭五十八次，西安五十次，宝鸡十次，朝邑十三次，其它〔各县〕均是三次五次不等，共计二百三十八次，敌机袭扰的架次以西安为多，共为四百六十四架，其次为潼关，共为二百七十一架。统算起来，在十九个月里，敌机袭扰各地二百三十八次，总计敌机在各地投弹总数为三千八百六十七枚，全省各地死亡总数为八百三十四人，受伤总数为一百八十五人。就西京一市来说，十九个月中同胞死者四百六十二人，伤者五百二十七人，占全省二分之一以上。房屋损毁，全省共计一千六百五十八间，残暴的敌人对我们欠下了一笔同样巨大的血债。（中央社）

（《西京日报》民国二十八年六月十五日，第二版）

(9) 敌机三十七架昨袭本市（1940 年 7 月 25 日）

死伤平民二百余人，炸毁民房五百余间。

（《西京日报》民国二十九年七月二十五日，第二版）

（10）敌机昨袭陕蓉侵入本市上空投燃烧弹四枚蓉空发生激战击落敌机两架（1940 年 7 月 25 日）

敌机五架，于昨（二十四）日六时三十五分起至下午五时四十五分止，分次由晋窜扰本省各县。防空司令部曾发出三次警报戒备。尝有敌机三架，曾分三次乘隙侵入市空，一架在本市难民区投燃烧弹两枚，伤平民四人，曾有难民所住之草房被弹着火，经警局消防队努力扑灭，计焚烧草屋六十余间。又上午十一时三十五分，发现敌机三十七架，经陕入川，过潼关时在车站附近投弹两枚，我毫无损失。敌机袭蓉时、遭我空军袭击，发生激烈空战。

（《西京日报》民国二十九年七月二十五日，第二版）

（11）又是一笔血债！（1940 年 9 月 21 日）

敌机昨袭扰本市，毁民房百余间，死伤三十余人。两架分途飞南郑、平凉等地窥视。

（《西京日报》民国二十九年九月二十一日，第二版）

2. 财产损失

(1) 陕西省抗战以来动员概况(1937 年 8 月—1940 年 4 月)

征办机关	日期	征用类别				
		胶轮车	铁轮车	骡马	夫卒	手推车
合计		806	10998	15674	10110	386
后方勤务部	26.8	330	250	1610	750	
后方勤务部	26.12	99		99	99	
后方勤务部	27.1		600	1200	600	
后方勤务部	27.2	66		132	66	
后方勤务部	27.3		400	800	400	
开封第二二兵站分监部	27.5			31	31	
第十七军团兵站支部	27.5		30	60	30	
西安行营运输处	27.5	306		612	306	
后方勤务部	27.5			500	500	
后方勤务部	27.5			5000	500	
西安行营运输处	27.5				158	126
后方勤务部	27.6			500	500	
西安行营运输处	27.7				90	70
第三十一军团	27.8		60	100	160	
后方勤务部	27.10			770	700	
第十七军团兵站支部	27.10			60		
第四十六师	27.10			80		170
后方勤务部	27.17			1000	1000	
第四十六师	27.12	5		60	60	
炮兵第五旅	28.4			200		
运输处	28.6			360	360	

续表

征办机关	日期	征用类别				
		胶轮车	铁轮车	骡马	夫卒	手推车
第十战区	28. 10		2500	5000	2500	
第三十一分区	28. 10		100	200	100	
第十战区购粮委员会	28. 11		200	400	200	
陕西省动员委员会	28. 12		700	1400	700	
第一战区兵站统监部	29. 1		200			
陕西监务办事处	29. 1		1800			
军政部军医署办事处	25. 2		8			
第三集团军总司令部	29. 4		20			
陕西省政府	29. 4		6000			
陆军第十二军	29. 4		30			

（编者注：表中日期为民国纪年；选自陕西省政府统计室编：《统计资料汇刊》，1941年7月出版）

（陕西省档案馆藏，档案号 C4－32）

(2) 陕西省抗战以来动员概况（1937 年 7 月—1945 年 8 月）

抗战以来，本省各级政府对于各部门动员之推进，实具最大决心与努力，人民激其义奋亦能竭力供献，惟以地多硗瘠（耕地仅三千六百九十二万余亩），而动员范围，又甚广泛，事实所限，关于人力、物力、财力、供需调节，或未能达到理想要求，其各县及他项机关呈报，亦有详略迟速，而县以下各项征发尚多报告未齐，兹自二十六年抗战，迄三十二年六月，就省府有案可稽者，分类简述如左。

一、关于征用人力者

甲、壮丁：自二十六年十月，至三十二年六月，共征八十六万八千八百四十一名。(约占全省壮丁百分之五十八分七强，志愿兵在外）。

乙、民工：(1）筑路，自二十八年十二月，至三十年十一月，共征七十三万一千五百八十名。(2）修渠，自三十年十一月至三十二年五月共征一百三十三万三千四百六十一名（各次各项包工在外）

丙、民夫：自二十六年七月，至三十二年四月，征雇军用民夫共九十三万一千五百九十六名。（发价约七，一六八，三八四元，地方赔价约二三，八九四，六一三元）。

二、关于征用物力者

甲、车辆：自二十六年七月，至三十二年六月，征雇及临时支应军用大车，共一十一万五千五百六十辆。（发价约二，八八九，〇〇〇元，地方赔价约四三，三三五，〇〇〇元）

乙、骡马：自二十六年七月，至三十二年六月，征购及征雇军用骡马等共一百九十万零七千九百八十二头。(发价约六一，一一九，一四三元，地方赔价约一四〇，五六三，八〇〇元)。

丙、牲畜：自二十六年七月，至三十二年六月，征雇及支应军用驴牛等共八万零六十一头。(发价约三，二八二，〇四七元，地方赔价约五八，三一五，一〇三元)。

丁、马秣：自二十六年七月，至三十二年六月，征购（1）草共一万六千五百六十二万四千六百六十九斤。(2）料共五千四百三十一万六千四百四十六斤。(两共发价约三三，七七四，三五七元，地方赔价约一一四，七四六，〇七六元)。

戊、材料：自二十六年七月，至三十二年四月，征用各项军事材料共价三万七千三百五十八万六千二百零七元。（发价约八一，七二一，九六七元，地方赔价二九一，八六四，二四〇元）。

己、燃料：自二十六年七月，至三十二年四月，征购军用燃料，共三千一百零一万二千二百四十五斤。（发价约三，四一七，五九四元、地方赔价一二，〇八七，九七〇元）。

三、关于征用财力者

甲、军麦：自二十九年至三十年年底，共征购四百二十三万二千八百四十四包（每包二百斤）。

乙、田赋征实：（1）三十年下期征购额共九十二万四千九百四十二市石，实收七十九万七千八百六十九市石。（约百分之八十六强）（2）三十一年征购额共四百六十万市石，实收三百五十三万五千九百八十六市石。（约百分之七十六强）。

丙、公债：（1）战时公债派额一千万元，自三十年八月，至三十二年四月，实收一千万零二万九千三百七十二元。（2）同盟胜利公债，派额五千万元，美金公债派额二百五十万元，全国币五千万元，共一万万元，截至本年五月，共收三千八百余万元。

丁、储蓄：（1）节约劝储，四次派额共二万九千五百万元，自二十九年至三十二年六月，共收二万九千七百一十八万七千九百六十二元。（2）烟类劝储，（无额）自三十一年九月至三十二年六月，实收一千一百六十万零八千零八十四元。

戊、飞机捐：（1）会员捐，三届派额共九十万元，自二十六年九月，至三十二年六月，实收七十三万五千四百五十元。（2）一元献机捐，派额五百万元，自三十年八月，至三十二年六月，实收五百一十二万零九十一元。（3）滑翔机捐，认额一百五十万元，自三十一年十月，至三十二年六月，实收一百六十五万六千二百二十三元。（4）公务员飞机捐，自二十六年四月，至三十二年大月，实收一十三万七千三百六十四元。

己、慰劳金：自二十七年，至三十一年六月，募集慰劳及暑药寒衣等代金，与捐献各金，共一百一十八万二千六百余元。又文化劳军，截至三十二年六月，实收九十九万三千九百七十四元。

庚、慰劳品：自二十七年，至三十一年六月，募来（1）衣物，为棉背心四十四万余件，军服二千余套，旧衣八千件，毛耳套五百五十双，线袜七万一千零三十二双，布鞋八万七千五百七十二双。（2）食用品，为猪羊肉二千二百斤，酱菜五百斤，饼干八百七十四包，纸烟三千六百八十一盒，肥皂三千四百八十六条，毛巾五万三千七百九十六条。(3) 荣誉品，为纪念章三千九百六十枚，锦旗二百三十一面。

四、关于组织者

甲、新县制：本省九十二县，除特区神木等十八县外，(1) 自二十九年十一月，至三十一年六月，为实施第一期，计一等安康，南郑，渭南，临潼，长安。二等榆林，大荔，凤翔，咸阳，华县，兴平，宝鸡，城固，西乡，富平，泾阳。(三等) 洛川，商县，彬县，华阴，武功，褒城，勉县，三原，共二十四县。(2) 自三十年一月，至三十一年八月，为第二期，计一等蒲城，二等户县，周至，韩城，合阳，蓝田，洋县，三等扶风，凤山，乾县，朝邑，澄城，陇县。四等眉县，礼泉，长武，耀县，白水，高陵。五等永寿，同官，中部，共二十二县。(3) 自三十年五月，至三十一年十二月，为第三期，计三等洛南，汉阴，四等镇安，旬阳，略阳，宁强，宜川，五等凤县，商南，山阳，白河，平利，紫阳，石泉，旬邑，潼关，千阳，宜君，六等留坝，柞水，镇坪，岚皋，宁陕，镇巴，佛坪，平民，淳化，麟游，共二十八县。

乙、保甲：截至三十一年十二月，全省 (1) 乡镇九百六十九。(2) 保七千二百零三。(3) 甲一十四万三千五百六十三。(4) 户二百万零六千六百九十六。(5) 人口九百三十七万零二。(6) 壮丁一百四十七万九千六百六十二。(绥德，肤施，清涧，延长，延川，安塞，安定，保安，吴堡，富县，甘泉，十一县除外)。

丙、国民兵：截至三十一年十二月，全省 (1) 兵团五十三。(2) 乡镇队七百一十七。(3) 保队五千四百九十五。(4) 甲班一十七万零七百零八。(5) 预备队 (以乡镇为单位，乡镇长兼队长)。(6) 自卫队辖三分队之中队十六，辖二分队之中队三十一，独立分队二十六，共七十三队。

丁、人民团体：截至三十二年六月，省县市各级职业，自由职业，社会等团体五百三十八。

五、关于训练者

甲、壮丁：自二十七年一月至三十二年三月，共训一百五十五万零六百三十一名。

乙、公务员：(1) 自二十八年四月至三十二年三月，派赴中央训练团及中央人事训练班受训者，一百九十二名。(2) 自三十年一月至三十二年五月，军事委员会战干第四团，由省府委托代训各县乡镇长干事等三百六十名，省地方行政干部训练团，调训及考训各县政府，各县训练所干部，与会计，统计，合作，金融等人员，共一千九百七十三名。（3）自三十年十二月至三十二年五月，各县训练所调训乡镇长，及中心国民等校校长，教员，保甲长，自卫队长，班长等，共四万五千九百零六名。

丙、社会人员：自三十年七月，至三十二年六月，共训人民团体职员二百二十名，会员一万五千名。

丁、学生：自二十六年至三十一年十一月，各级学校受军训者，一百四十八校，男生三万零四百四十四名，女生三千三百零五名，共三万三千七百四十九名。

六、关于教育文化者

甲、高等教育：截至三十一学年度，（1）省立医□□专各一，私立药专一，学生共四百七十四人，教职员一百四十三人。（2）国内专科以上学校领有公费奖学金津贴及实金等陕籍肄学生，共四百二十四人。

乙、中等教育：自二十六年至三十一学年度：中学及师范职业等学校，省立三十二，县立五十九，私立四十八，共七百三十九校，九百四十三班，学生四万四千五百一十二人。教职员三千一百三十人。

丙、国民教育：自二十九年至三十一学年度，中心学校一千零五十九，国民学校一万二千零八十二，公私立小学一百三十九，省立小学校及附设短小班等三十六，共一万三千九百一十六校，三万七千九百九十八班，学生一百一十九万三千四百九十二人。（学龄儿童已入学者占百分之五十二，失学民众已入学者占百分之五十九分八）教职员二万六千七百一十三人。

丁、社会教育：自三十年至十一学年度，民众教育馆七十四。图书馆四十，公共体育场三十九，巡回歌咏戏剧队十四，收音机装设机关一百零一。电化教育服务一处。

戊、特种教育：自三十年至三十一学年度，实施县份二十四，学生一十七万七千六百八十七人。

乙、各报社：截至三十二年六月，西京市日报社八，通讯社二，出版社九，杂志社二十。

七、关于生产者

甲、推广良种田亩：（1）小麦自二十八年至三十一年，推广面积一百五十七万四千一百五十亩。（2）水稻，自二十九年至三十一年，推广面积四万一千一百五十九亩。（3）杂粮，自二十九年至三十一年，推广面积五十二万五千八百五十二亩。(4) 棉花自二十五年至三十一年，推广面积三百六十三万三千二百六十七亩。(推广绿肥及利用休闲地等在外)。

乙、增加粮棉产量：(1) 小麦，自三十年至三十一年，增三十八万九千六百市石。(2) 水稻，三十一年增二万零四百五十四市石。(3) 马铃薯，三十一年增三十五万三千七百六十八市石。(4) 棉花，三十一年增十万九千零九十九市担。

丙、育苗造林：(1) 农业改进所所属各林场处自二十六年至三十一年，育苗二千四百七十五万八千九百二十三株，造林五百一一七万九千零三株。(2) 各县自二十六年至三十一年，育苗六百零九万三千八百八十九株，造林一千四百三十万零五千九百零四株。

丁、垦殖：(1) 黄龙山、黎坪两垦区（国营），自二十八年八月至三十二年六月，共垦四十五万亩。(2) 千山垦区（省营及第一、第八战区、本省保安处千山垦牧合作社所营）。自二十九年一月，至三十二年六月，共五万九千亩。(3) 渭滩，宽滩，太白山，扶眉等垦区（第八战区、本省保安处及垦殖生产合作社，扶眉集体农场所管），自二十七年一月至三十二年六月，共垦十九万二千三百亩（以上共垦民六五八四七人，垦兵无确数）。(4) 武功、洛川、镇坪、南郑、各县自垦者，截止三十年年底共一万三千五百九十八亩。

戊、地籍整理：(1) 土地测量，自二十六年至三十二年六月，已完成者，高陵，武功，扶风，三原，泾阳，平民，六个县，省会，咸阳，宝鸡，凤翔，南郑，临潼，城固，渭南，大荔，九城市，朝邑等五十六县城，岳镇等三十二镇市，共测五百六十五万九千市亩。(2) 土地登记，自二十八年六月，至三十三年六月，已完成者，高陵，武功，扶风，三原，四全县，省会等九城市、(同前) 又五十一城镇，共登五百一十七万八千亩。

己、水利：(1) 修渠。现已完成者有泾惠、渭惠、梅惠、汉惠、褒惠、黑惠、织女七渠、灌田一百八十八万亩。农产小麦及稻谷，可达二、五七〇、〇〇〇市石，棉花三八五、〇〇〇市担。现正兴修者、有丰惠、甘惠、定惠、洛惠、渭惠、涝惠、六渠，同时积极筹备兴修者，有牧惠、云惠、清惠、宁惠、四渠，完成后共可灌田一百一十余万亩，共约三百余万亩。(2) 坚井，自三十一年四月，至三十二年三月，凿成自流井五眼，水车井二十二眼，约灌溉八百一十亩。(每眼灌三十亩)

庚、工业：自抗战至三十二年三月，除省营造纸试验所外，其各工厂为经济部核准登记者，以纺织业一百零四家为最多，其次则机器铁工业五十六家，化学业十五家，制革业十二家，面粉业十家，连同其他各业，共二百三十八家，资本总额六千六百四十三万余元，动力总和六千九百三十二马力。(战前七十二家，资本总额一千八百一十三万，动力总和一千四百二十九马力)。

辛、省营企业公司：(1) 资本，自二十九年年底成立，原定二千万元，至三十二年六月，实收省县公股一千六百八十六万九千元。(2) 事业，独资者，水泥厂，每日产量一百二十桶（每桶一百七十公斤)。陶瓷部，产壶碗杯盘等十九种。化学工厂，产肥皂烧碱及各种教育用品，染织工厂，产毛棉丝织各品，月可三千六百码左右，机器年可产动力机及工作机七十二吨，科学仪器二百套，永寿平遥煤矿，日可产煤五十吨，造纸厂可制新闻纸及各公文簿记等纸，神碱厂，倾始接收，磨面设备，现正筹设水力磨盘。合资者西北电池厂，裕华实业公司，陕西冶铁公司，新中实业公司，华西建设公司，中国西京制药厂。

壬、矿冶：抗战以还，煤矿公司现已成立者八十家，铁矿十八家，砂金二十六家，硫黄二家，火粘土六家，商营各矿，日可产煤二千余吨，月可产砂金五百两，年可产铁三千一百余吨。省府与陇海路局合办之同官煤矿，年可产煤十二万吨。

癸、合作：自二十六年至三十二年六月，专营社八千零九十八，县联社十，区联社八，乡镇保社一千一百八十三，其社九千二百九十九，社员七十三万八千三百八十七，股金二千三百八十四万五千零六十四元，贷出款一万七千八百七十二万四千七百七十一元。合作金库二十。

八、关于金融者

甲、省银行：原有资本五百万元，股份官四民一，三十一年又增加五百万元。截至三十一年十二月底，各种存款共四千三百五十六万四千八百二十八元，各种放款，共二千二百四十二万二千六百七十九元，汇款共六万七千三百八十万零四千八百一十九元。发行省钞五百零五万元。

乙、县银行：截至三十二年三月，已成立者五十县，资本额最低者十五万元，最高者一百万元，约共二千万元，三十一年存款总量一万二千九百八十二万八千七百余元，放款总量一万二千二百六十八万八千七百余元，投资小规模生产运销事业一百九十七万四千余元。

丙、其他银行：截至三十二年六月在省县一百一十一（资本总额待查)。钱庄六十九，资本总额二百三十七万七千四百一十二元。

九、关于粮政者

甲、粮商登记：各县市截至三十二年六月，报经核准者，购销商六百九十六家，加工商二百一十七家。报尚未核准者，购销商及加工商共五百八十二家。

乙、粮食调查：三十一年（1）种植总面积，（包括夏秋两季），约五千二百四十五万二千五百七十六市亩，收获总数量，（副食品折抵在内）约四千一百五十六万一千一百一十三市石。（2）消费总数量，（包括征购，民食，饲料，酒，及代鄂赈粮一十九万九千石，代豫赈粮三十三万余市石）约四千四百二十三万五千二百八十九市石。（约不敷二百六十余万市石）

丙、仓库：（1）旧仓，省县共二百四十七，军粮仓四，容量约可七十三万五千三百九十市石。（2）拟建新仓三百零七，容量约可九十三万九千九百九十七石。（3）已在各县市派员管理者，九十一仓，七十四分仓。

丁、积谷：截至三十一年十月，各县共积小麦二十三万三千一百九十市石，粟谷一十八万四千五百四十市石，共四十一万七千七百三十市石。

十、关于限价者

甲、机构：自二十八年六月至二十九年六月，由省动员委员会主持。复先后增设敌货调查委员会及食粮运销委员会。二十九年七月以后，由建设厅主持。其间又设战时物价调整委员会，或将粮食部份划归粮政局管理。三十一年二月设物资管制委员会。同年九月撤销，十一月由建设厅组织物价及工资评定委员会，三十二年一月。复由省政府增设物资管制会议。

乙、方法：三十一年十一月以前，关于统制物资，取缔物价，登发记商品，检查囤积各法规，亦颇完备，惟以情况复杂，成绩 终鲜。三十一年十一月，实行限价，各货均照市价八折，并筹设平价商店。三十一年一月，又依照中央规定，以上年十一月三十日市价为标准，择定货物四十余种，全面施行以后，物资顿形缺乏，物价暗涨不已，旋奉中央规定限价物品为食盐、粮、煤焦等八类，其他物品，则为议价或限价，限价地域为西安、宝鸡、南郑，渭南，安康五处。但物资逃匿，黑市仍不免狂涨，又于四月二十日，将以上物价重加调整，稍予增高，一面检查囤积，惩罚违反限价者，适遇本省夏麦歉收又届田赋征军公粮期间，人民与有存粮不售商家，不免互相观望，市面物资供需，仍难平衡，且各县执行限价议价亦未能配合转机，是以施行限政，尚未获有若何优良成绩。

丙、违反限价案件：自三十一年十二月，至三十二年五月，保安处第五科受理各案，已科刑金者，计达反日用品限价四十二案。违反工资限价二案，妨害物资管理二案，囤积居奇四案。尚待讯判者，违反日用品限价二十六案，囤积居奇四案。

十一、关于交通者

甲、公路：除西长（西安至长武）凤汉宁（凤县至三宁镇）汉白（汉中至白河）三线共一千一百八十八公里，改属□□外，其省道截至三十二年六月，已筑者，西潼（西安至潼关），西凤（西安至凤翔），西朝（西安至朝邑），长坪（西安至陕豫界之西坪镇），凤陇（凤翔至马鹿镇），渭韩（渭南至韩城），西眉（西安至眉县），咸榆（咸阳至榆林），绥末（绥德至宋家川），富宜（富县至宜川），清望（清涧至望瑶堡），渭白（渭南至白水），原渭（三原至渭南），潼大（潼关至大荔），凤虢（凤翔至虢镇），蒲澄（蒲城至澄城），大合（大荔至合阳），关华（沙渠村至代子营），富龙（富平至龙□），褒武（褒城至武乡镇），烈阳（烈金续至阳平关），东关沟（东升店至第一关），实宝平（宝鸡至平凉），韩宜（韩城至宜川），及长安近郊之风景路，西南（西安至南五台），西午（西安至子午镇）共二十六线，长三千一百一十四公里。

乙、电话：截至三十二年六月，县际联络线，一万零六百五十四华里，县环境线一万一千九百一十八华里。交换机一百三十六部，单话机九百四十四部。凡三百里内，均可直接通话。

丙、驿运：自二十九年十月至三十二年六月，已辟之路线，为华内，长坪，长泾，渭韩，耀宜五线，共长二千零三十六公里。又灞渭，华渭，三渭，咸耀，韩宜五联络线，共长四百七十六公里。共运用铁轮车二十万零四千八百一十九辆，胶轮车四万七千零八十三辆，架子车二十七万二千六百四十五辆，手推车二万三千五百七十九辆，驮兽四十三万八千七百五十五头，木船三千零六十一只，运输三千八百七十七万三千五百四十八延吨公里。

十二、关于卫生者

甲、机构：自二十六年至三十二年六月，卫生处直属卫生机关十三，（如卫生试验所卫生事务所等）各县卫生院三十八，城镇卫生所二十五，乡镇卫生所五，县巡回卫生队一。

乙、医院：自二十八年七月，至三十二年六月，西京市公私立医院三十四，外县八。

丙、医师：自二十八年六月至三十二年六月，已登记中医师，西京市三百六十一人，外县三十九人，西医师西京市一百三十七人，外县三十九人。

丁、药商：（1）药店药房，自二十八年十月，至三十二年六月，已登记中药店：西京市二百七十三，外县三百零三，西药房西京七十一，外县九。（2）

制药厂，自二十八年七月，至三十二年五月，西京市五。

十三、关于保卫者

甲、保安队：自抗战至三十二年六月，本省保安团队，历经整编，现有指挥部二，团十三，独立大队一，特务大队一，官兵二万二千四百七十六员。

乙、警察：截至三十二年六月，省会黄龙山、红岩寺警察局各一，县警察局二十四；县警佐室五十五，全省警官八百三十七名，警长九百零七名，警士八千三百八十五名。

十四、关于防空者

甲、情报：本省现有情报所，及无线电台，通讯排，警报组，各一，情报分所四，预备情报所二，防空监视队七十一，专任兼任独立各监视哨，共二百五十八，专任官佐二百八十名，兼任官佐二百九十三名，专任士兵一千一百三十三名，兼任士兵四百六十五名。

乙、组训：自二十八年至三十一年十一月，（1）组训步机枪高射部队者八十二县。（2）组训攻击伞兵部队者六十七县。（3）训练防空情报人员二百四十人。（4）训练军警击空人员防毒一千七百一十四人。

丙、防护救护：自二十八年六月，至三十年四月，（1）成立防护团者四十六县市，其人数最多者，南郑一千九百零五名，西安一千零六十名，最少者佛坪三十八名，共一万二千四百二十七名。（2）西京市成立救护大队一，中队十一，救护医院十一，医疗所十八，（由省卫生处及西安公私各医院所担任，其各县则由各卫生院（所）担任）。

丁、防空设备：西京市现有公共地下室二十处，城壕防空洞八百余处，城郊防空壕四千五百二十处，约容纳二千九百余人。

戊、空袭损失：自二十六年十一月至三十一年十二月，敌机空袭一千四百一十三次，官民死者三千三百人，受伤三千四百六十二人，房屋被毁二万四千二百零八间。

（陕西省档案馆藏，档案号 C3－2－11）

(3) 电奉支代复饬查报农商损失一案兹先将上年棉价损失列表填报请签核由（1938年8月31日）

查前电所饬查报农矿工商各业所受日寇摧毁情形及其数量，系指直接被日寇摧毁者而言，来电所报上年棉价损失，殊有未合，兹将原表发还，仰即迅将本省农矿工商各业直接受日寇摧毁情形，及其数量详查具报，以凭核为要。

陕西省政府主席蒋钧鉴：案奉钧府本年八月支日府建一代电，内示以准经济部江电，现办抗战年鉴，饬将本省农矿工商各业，所受日寇摧毁情形及其数量，迅即查明报府以凭核转。等因。本厅除分令各县限期查报，一俟报即行汇报外，查上年本省棉价因战事损失为数颇巨，理应先行造表，查请签核。附表一纸。

陕西省二十六年份棉花一项因受战事影响价值跌落损失表

当年出产担数	每担价值	总计价值	战事爆发后每担价值	总共损失
一百二十万担	四十五元	五千四百万元	二十四元	二千五百廿万元

（陕西省建设厅：“奉支代电饰查农商损失一案”，1938年8月31日，陕西省档案馆藏，档案号72－9－331）

（4）陕西洛南县间接财产损失调查表（1939 年 1 月）

种类	摧毁情况	摧毁数目	摧毁价值	备考
核桃	向由本县运至天津出口二十七年受战事影响无法运销	三十担	九万元	每担计洋三十元
皮革	仝前	六千斤	三千元	每斤计洋五元
漆	向系运销河北山东各地二十七年因战事影响无法输运	一千担	一万二千元	每斤计洋一元
木耳	仝前	四千斤	四千元	每斤计洋一元
总计				洋十万零九千元

（陕西省建设厅："洛南县间接财产损失调查表"，1939 年 1 月，陕西省档案馆藏，档案号 72－9－333）

（5）长咸师管区所属各县市出征壮丁安家费筹集及发放情形报告表（1943 年 4 月）

县别年别		筹集金额	发放人数	发放金额	备考
咸阳县	二十八年	九七二九〇	三二四二	九七二九〇	
	二十九年	九二二五〇	一八四五	九二二五〇	
	三十年	二四五二〇〇	二四五二	二四五二〇〇	
	三十一年	二七三六〇〇	九一二	二七三六〇〇	
	三十二年	三三四八〇〇	一一六一	三三四八〇〇	本年一月至十一月份止合计如上数
	合计	一〇四三一四〇	九五六七	一〇四三一四〇	
临潼县	三十年	五七三〇〇	二八六五	五七三〇〇	
	三十一年	一五八一〇〇	三一六一	一五八一〇〇	
	三十二年	三九三〇〇〇	三九三〇	三九三〇〇〇	
	合计	六〇八四〇〇	九九五七	六〇八四〇〇	
三原县	二十七年	九〇〇	四五	九〇〇	按贫苦户每名发 20 元
	二十八年	一八三〇	六一	一八三〇	按贫苦户每名发 30 元
	二十九年	五四〇〇	一〇八	五四〇〇	按贫苦户每名发 50 元
	三十年	二七二〇〇	一三六	二七二〇〇	按贫苦户每名发 200 元
	三十一年	二三一五〇〇	四六三	二三一五〇〇	按贫苦户每名发 500 元
	三十二年	六九七五〇〇	一三九五	六九七五〇〇	按贫苦户每名发 5000 元
	合计	九六四三三〇	二二〇八	九六四三三〇	

续表

县别年别		筹集金额	发放人数	发放金额	备考
兴平县	二十七年	一一二三六〇	一四〇四五	一一二三六〇	上项安家费均系由乡保优委员遇新兵出征时酌情筹发
	二十八年	二三〇三二五	一五三五五	二三〇三二五	
	二十九年	三八六八七五	一五四七五	三八六八七五	
	三十年	五四六七五〇	一二一五〇	五四六七五〇	
	三十一年	三四〇二〇〇〇	一二一五〇	三四〇二〇〇〇	
	三十二年	三六四八七五〇	一六四二五	三六四八七五〇	
	合计	八三二七〇六〇	八五六〇〇	八三二七〇六〇	
蓝田县	该县未列表呈报，仅于文内叙明，“查本县各乡镇对于出征壮丁安家费，向由该管保甲长按照出征人家庭经济状况，由本保内各免缓役户及殷实绅农之家凑集粮款，酌予补助以维持其家庭生活为原则”等语。				
泾阳县	该县未列表呈报，仅于文内叙明，“查本县对于应征壮丁安家费之办理，系视应征壮丁家庭贫富情形而定，普通由一千元至二千元”等语。				
耀县	据该县呈报，查本年度因呈奉令准缓征，对壮丁安家费并未举办。				
西京市	据省警局呈报三十二年度本市壮丁安家费系由西京市兵役协会负责筹措已迳函该会将办理情形见复另案陈报惟迄今尚未具报				

（陕西省政府秘书处：“长咸师管区壮丁安家费发放报告表”，1943 年 4 月，陕西省档案馆藏，档案号 90 - 4 - 1124）

（6）陕西省三十一年度各县赋粮军粮征购总额已征数量及已征起百分数（1942 年）

资料时点　截至十二月二十八日止（财行 9）

县别	实应征额(元)	粮类	征购粮额(市石)			已征起赋军粮共数（麦包）	已征起百分数
			合计	赋粮	军粮		
长安	739,854.61	小麦	295,941.843	134,963.652	110,978.191	233,893.293	79.03
咸阳	330,288.50	小麦	88,115.490	55,072.125	22,043.275	73,629.000	83.56
临潼	504,172.01	小麦	201,668.805	126,043.003	75,625.802	135,244.767	67.06
泾阳	311,127.34	小麦	124,450.933	77,731.835	46,669.101	94,039.453	76.41
富平	456,325.20	小麦	182,570.080	114,081.300	60,438.780	121,685.256	66.66
三原	257,933.47	小麦	103,175.389	64.484.618	38,690.771	65,051.916	63.05
户县	234,337.97	小麦	93,755.189	58,596.993	35,158.196	67,718.434	72.23
兴平	210,593.87	小麦	84,239.549	52,640.718	34,589.331	61,092.485	★72.81
高陵	169,345.32	小麦	67,788.323	42,333.445	25,491.373	423,005.562	64.96
扶风	195,552.94	小麦	78,221.176	48,888.285	29,332.941	65,611.000	83.80
凤翔	304,014.94	小麦	121,605.532	76,003.520	45,602.102	102,265.873	84.09
周至	318,246.08	小麦	127,293.432	79,561.520	47,736.912	73,426.761	57.56
宝鸡	224,378.03	小麦	89,751.252	56,094.520	33,656.712	76.393.950	85.12
岐山	196,581.88	小麦	78,632.752	49,245.470	29,437.232	62,976.672	80.09
眉县	188,727.70	小麦	55,491.030	34,681.925	20,809.155	44,375.195	79.96

续表

县别	实应征额(元)	粮类	征购粮额(市石)			已征起赋军粮共数(麦包)	已征起百分数
			合计	赋粮	军粮		
武功	188,506.67	小麦	75,402.669	47,126.663	23,276.001	60,781.702	80.60
千阳	29,923.96	小麦	11,971.534	7,432.240	4,489.341	11,062.076	92.40
麟游	9,430.00	小麦	3,792.000	2,370.000	1,422.000	3,774.020	99.52
大荔	200,205.50	小麦	80,032.200	50,051.375	30,030.825	68,495.900	85.42
渭南	522,923.78	小麦	209,169.512	130,730.325	78,433.537	140,141.725	66.99
华县	205,145.08	小麦	82,053.032	51,286.270	30,771.762	61,973.077	75.52
华阴	145,489.28	麦	58,195.712	36,372.320	21,823.392	50,410.849	86.62
潼关	44,488.46	麦	17,795.384	11,122.115	6,678.269	10,428.298	58.61
蒲城	560,532.89	麦	224,214.757	140,134.223	84,080.584	116,646.276	52.03
合阳	253,262.29	麦	101,304.917	63,315.573	37.989.344	79,816.437	78.79
朝邑	161,839.78	麦	64,735.912	40,459.945	24,275.967	54,494.249	85.72
韩城	196,077.56	麦	78,431.024	49,019.390	29,411.634	53.706.682	68.47
白水	138,701.44	麦	55,430,576	34,675.360	20,805.216	45,283.000	81.61
澄城	232,142.40	麦	92,856.997	58,035.623	34,821.374	75,927.040	81.98
平民	27,354.88	麦	10,941.952	6,838.720	4,103.232	——	——
彬县	69,894.22	麦	27,957.688	17,473.555	10,434.133	27,792.343	99.39
乾县	274,266.00	麦	109,706.400	68,566.500	41,139.900	91,230.353	83.16

续表

县别	实应征额(元)	粮类	征购粮额(市石)			已征起赋军粮共数(麦包)	已征起百分数
			合计	赋粮	军粮		
耀县	68,087.66	麦	27,235.064	17,021.915	10,213.149	22,411.105	82.28
礼泉	275,123.00	麦	110,051.200	68,782.000	41,269.200	89,860.800	81.65
长武	49,620.32	麦	19,848.128	12,405.080	7,443.048	19,848.123	100.00
永寿	49,476.50	麦	19,790.600	12,369.125	7,421.475	19,790.60	100.00
旬邑	41,049.92	麦	16,419.968	10,262.480	6,157.483	16,280.000	99.14
淳化	30,402.12	麦	15,760.843	9,850.530	5,910.318	14,295.724	90.70
蓝田	225,139.44	麦	90,055.776	56,284.860	33,770.916	76,569.616	85.20
陇县	52,746.84	麦	21,003.736	13,136.710	7,912.026	17,554.123	83.11
同官	22,616.66	麦	9,946.664	5,654.165	3,392.499	8,784.020	97.09
宜君	13,741.68	麦	5,496.672	3,435.420	2,061.252	5,495.614	98.16
中部	17,866.24	麦	7,146.496	4,466.550	2,679.936	7,060.972	89.81
洛川	59,427.56	麦	23,771.024	14,856.880	8,914.134	23,299.208	98.02
南郑	212,257.11	稻	118,863.982	74,239.989	44,578.993	102,378.000	86.13
城固	184,964.91	稻	103,580.350	64,737.719	33,842.631	77,726.000	75.03
西乡	132,285.64	稻	60,379.958	34,399.974	25,979.984	52.327.911	86.66
洋县	153,164.61	稻	88,572.182	55,357.614	33,214.568	57,465.000	64.87
勉县	102,783.76	稻	57,653.906	35.974.316	21,534.590	39,840.000	69.21

续表

县别	实应征额(元)	粮类	征购粮额(市石)			已征起赋军粮共数（麦包）	已征起百分数
			合计	赋粮	军粮		
褒城	149,711.90	稻	83,838.664	52,399.165	31,439.499	194.000	0.23
留坝	7,950.83	稻	4,452.466	2,782.791	1,669.675	4,019.374	8.84
安康	219,032.23	稻	122,686.050	76,678.781	46,007.269	54,071.000	44.07
汉阴	81,242.42	稻	45,495.755	28,431.847	17,060.903	34,702.128	76.27
石泉	67,754.66	稻	37,942.610	23,714.131	14,228.479	19,899.649	52.44
商县	39,122.19	稻	21,903.427	13,692.767	8,215.660	16,129.218	73.62
镇安	43,309.56	包	21,085.705	18,189.595	9,960.969	稻 228.156 包 504.784	★1.39
柞水	6,895.50	包	4,482.075	2,896.110	1,535.965	稻 1,456.400 包 1,865.400	★47.01
商南	4,878.58	包	3,171.077	2,049.004	1,122.073	3,406.00	107.40
略阳	18,880.87	包	12,272.565	7,920.965	4,342.600	稻谷 8,495.247	69.22
凤县	56,422.62	包	36,674.703	23,697.500	12,977.203	619.000	1.63
白河	50,460.51	包	32,799.331	21,193.414	11,605.917	5,996.000	18.27
洛南	78,574.85	包	51,073.653	33,001.437	13,072.216	麦 1,445.289 包 44,400.000	★7.85
岚皋	23,210.66	包	15,086.920	9,743.477	5,333.452	14,786.000	98.01
旬阳	42,800.03	包	27,820.052	17,976.034	9,844.018	14,998.000	55.07

续表

县别	实应征额(元)	粮类	征购粮额(市石)			已征起赋军粮共数(麦包)	已征起百分数
			合计	赋粮	军粮		
山阳	41,163.72	包	26,753.418	17,283.762	9,467.656	983.899	3.43
榆林	25,668.29	粟	21,047.998	13,604.194	7,443.804	69.942	0.33
米脂	29,943.00	粟	24,553.260	15,869.790	8,683.470	127.365	0.51
宜川	28,700.10	粟	28,534.082	16,211.053	8,323.029	5,210.000	22.14
宁强	46,370.61	稻	12,685.328	7,928.330	4,756.993	14,169.422	111.69
		包	15,416.856	9,961.661	5,455.195	11,010.774	78.54
镇巴	46,370.61	稻	45,315.896	28,322.435	16,998.461	33,500.000	73.92
		包	6,405.727	4,139.085	2,266.642	4,374.000	68.28
佛坪	1,497.62	稻	654.450	499.031	245.419	614.369	96.96
		包	218.824	138.163	75.661	72.559	33.94
紫阳	72,854.13	稻	8,405.337	1,200.336	7,205.001	9,491.000	112.91
		包	25,053.938	16,188.731	8,865.257	4,978.000	19.37
宁陕	37,829.11	稻	7,479.380	4,674.613	2,804.767	4,040.475	50.40
		包	15,907.496	10,278.689	5,623.807	3,719.000	23.38
镇坪	8,533.33	稻	1,438.640	899.150	539.490	949.789	66.01
		包	3,896.317	2,517.620	1,378.697	718.203	18.43

续表

县别	实应征额(元)	粮类	征购粮额(市石)			已征起赋军粮共数(麦包)	已征起百分数
			合计	赋粮	军粮		
平利	28,518.16	稻	7,985.084	4,990.677	2,994.407	2,942.000	36.76
		包	9,263.899	5,988.812	3,279.587	6000	0.64
		麦	34,624,342,15	21,640,214,46	12,984,127,69	25,960,338,78	74.93
		稻	843,951.465	530,594.666	318,356.799	609,640.138	71.81
合计	10,748,721.24	包	414,449.974	303,183,059	111,266.915	72,805.619	17.56
		粟	69,135.340	44,635.037	24,450.303	5,407.307	7.82
混合共计			46,949,709,94	29,424,842,08	17,524,867,86	32,838,869,42	69.94
总折合小麦			42,723,087,72	26,747,593,47	15,975,494,31	30,677,528,63	71.80
附注	(1)本表所列数字系财政部陕西省田赋管理处根据各县电报而来。 (2)表中各种粮食折合比列,以小麦为标准,其比例为稻谷每斗折合小麦七升;包谷每斗折合小麦五,升八合三勺;粟谷每斗折合小麦四斗六升七勺。 (3)已征起百分数项下,凡有“★”者,系将其稻谷,包谷等按折合比例折算成小麦后求出。 (4)凡超过100.00之百分数,恐系该县所报电码不清所致如有错误,待下期汇刊出版时再行更正。 (5)平民县因遭黄灾,故其已征起赋军粮数暂付缺如。						

[陕西省政府统计室编:《统计资料汇刊》(第三辑),1942年12月出版,陕西省档案馆藏,档案号C4-35-1]

(7)军事征发本省三十二年度各县军事征发赔累统计(1943 年)

月别	种类	赔累数
总计		285,149,481
一月至六月配拨各县草料	15,619,825	
一月至六月各县支应差运	162,228,977	
一月至十二月征雇民夫车畜	6,604,826	
一月至十二月征发燃料铺草制麦粉及营房材料	25,646,165	
一月至十二月陕东河防工事	30,517,597	
一月至十二月巴山秦岭汉白路国防工事	20,109,232	
一月至十二月修筑碉堡	20,234,190	
一月至十二月零星工事	3,632,646	
一月至十二月征购电杆	656,300	

附注:(一)一月至六月之草料差运各县多未报齐,表中仅就报数日填列之。

(二)陕北特区情形特殊,均无配拨支应赔累数字。

[陕西省政府统计室编:《统计资料汇刊》(第四辑),1943 年 12 月出版,陕西省档案馆藏,档案号 C4－34]

（8）陕西省历年征购军粮统计表（财行10）（1939年—1941年）

		28年			29年						30年		
											二百万包		
	合计	战区前方三个月屯粮	后方六个月总库屯粮	陕北屯粮三万包	续购陕北屯粮八万包	代驻陕军粮局购粮	救济陕南及屯改购小麦	代军政部购粮	二十九年度一年屯粮	五个月给养	小麦	大米	包谷
合计	2422844	161550	409090	30000	80000	80000	100350	660000	226954	685000	1500000	145000	15000
长安	273181	8400	44150	——	——	——	10000	31000	9450	42860	127321	——	——
临潼	187930	6600	22200	——	——	2000	4000	26000	7350	32680	87150	——	——
咸阳	139060	8400	14230	——	——	——	9000	18000	6000	24220	59210	——	——
泾阳	136715	5000	19450	——	5000	——	——	18000	7000	24220	58045	——	——
富平	215650	8400	12950	10800	15000	——	——	30000	8229	35570	94701	——	——
户县	119720	5600	12800	——	——	——	6000	20000	4620	19820	50880	——	——
蓝田	118522	——	16410	——	——	——	5000	26000	4200	18600	48312	——	——
兴平	155148	8400	14420	——	——	——	11000	25000	5880	25450	64998	——	——
三原	125057	5600	5000	7800	8500	——		20600	4800	21280	52077	——	——
高陵	74268	4500	6250	——	——	——	4250	11000	3180	14100	30988	——	——
耀县	27809	——	——	7200	4000	——	——	9000	450	1830	5329	——	——
凤翔	169378	7000	14950	——	——	——	8000	21000	6600	28330	83498		
周至	153714	5600	17000	——	8000	——	——	22000	6000	25390	69724	——	——
宝鸡	151337	6600	15730	——	——	——	7000	19000	15322	22860	64825	——	——

续表

		28年			29年						30年		
	合计	战区前方三个月屯粮	后方六个月总库屯粮	陕北屯粮三万包	续购陕北屯粮八万包	代驻陕军粮局购粮	救济陕南及屯改购小麦	代军政部购粮	二十九年度一年屯粮	五个月给养	二百万包		
											小麦	大米	包谷
扶风	150437	7000	12310	——	13000	——	——	23000	6300	26620	62257	——	——
陇县	59013	——	8600	——	——	——	7000	10000	2100	9690	21623	——	——
岐山	141457	7000	12310	——	5500	——	7500	21000	5625	24220	58302	——	——
武功	143319	7000	13200	——	10000	——	——	21000	6000	24220	61899	——	——
眉县	103510	8400	8400	——	6000	——	——	17000	4330	18910	40420	——	——
合阳	39878	——	3500	——	——	——	5000	8000	1578	7240	14530	——	——
渭南	200362	8350	25450	——	——	8000	——	21000	6600	23570	104332	——	——
蒲城	199927	11900	37340	——	——	10000	——	29000	23320	32680	55687	——	——
华县	49370	8310	——	——	——	4000	——	7000	1500	6070	22500	——	——
大荔	66099	——	——	——	——	4000	——	10000	10000	12080	30019	——	——
合阳	84679	——	——	——	——	7000	——	13000	12000	14520	38159	——	——
韩城	31866	——	——	——	——	——	——	10000	1500	6070	14296	——	——
华阴	20192	——	——	——	——	——	——	9000	750	3030	7412	——	——
朝邑	20809	——	——	——	——	——	——	6000	2500	3030	9279	——	——
澄城	82928	5600	——	——	——	9000	——	10000	11000	13310	34018	——	——
白水	89149	——	10960	——	——	10000	——	18000	9510	14490	26189	——	——
彬县	55586	——	5270	——	——	7000	——	10000	2250	9100	21966	——	——

续表

		28年			29年						30年		
											二百万包		
	合计	战区前方三个月屯粮	后方六个月总库屯粮	陕北屯粮三万包	续购陕北屯粮八万包	代驻陕军粮局购粮	救济陕南及屯改购小麦	代军政部购粮	二十九年度一年屯粮	五个月给养	小麦	大米	包谷
乾县	158071	8300	26100	——	——	——	10000	28000	4630	21760	59281	——	——
礼泉	95944	5600	11050	——	——	——	6500	14000	3507	16630	38363	——	——
长武	49636	——	——3910	——	——	5000	——	10000	1950	7830	19946	——	——
永寿	50013	4000	7330	——	——	5000	——	10000	1812	8460	13411	——	——
南郑	47590	——	——	——	——	——	——	6000	2500	3030	11060	25000	——
城固	37590	——	——	——	——	——	——	2000	2500	3030	11060	19000	——
西乡	34670	——	——	——	——	——	——	4000	2200	2690	9780	16000	——
洋县	22840	——	——	——	——	——	——	500	800	980	2560	18000	——
勉县	21160	——	——	——	——	——	——	2500	1000	1220	4440	8000	8000
褒城	20660	——	——	——	——	——	——	2000	1000	1220	6000	6000	6000
宁强	1200	——		——	——	——	——	——	——	——	6000	6000	6000
略阳	3000	——	——	——	——	——	——	——	——	——	——	3000	3000
凤县	2395	——	——	——	——	——	——	——	——	——	2395	——	——
镇巴	8600	——	——	——	——	——	——	——	——	——	——	——	8000
佛坪	500	——	——	——	——	——	——	——	——	——	——	——	500
留坝	1000	——	——	——	——	——	——	——	——	——	——	——	1000
安康	28790	——	——	——	——	——	——	4006	2930	5860	16000	——	

续表

		28年			29年						30年		
	合计	战区前方三个月屯粮	后方六个月总库屯粮	陕北屯粮三万包	续购陕北屯粮八万包	代驻陕军粮局购粮	救济陕南及屯改购小麦	代军政部购粮	二十九年度一年屯粮	五个月给养	二百万包		
											小麦	大米	包谷
汉阴	23660	——	——	——	——	——	——	2000	1000	1220	4440	10000	5000
旬阳	7170	——	——	——	——	——	——	500	——	490	2180	200	200
白河	6390	——	——	——	——	——	——	500	——	490	400	2500	2500
平利	6000	——	——	——	——	——	——	——	——	——	——	——	6000
紫阳	13170	——	——	——	——	——	——	500	——	490	2180	10000	——
石泉	10670	——	——	——	——	——	——	500	400	490	1780	7500	——
岚皋	4000	——	——	——	——	——	——	——	——	——	——	——	4000
宁陕	2000	——	——	——	——	——	——	——	——	——	——	1000	1000
商县	9047	——	——	——	——	——	——	2000	——	1220	5827	——	——
洛南	6443	——	——	——	——	——	——	——	880	1220	4343	——	——
镇安	4000	——	——	——	——	——	——	——	——	——	——	2000	2000
洛川	11599	——	——	——	——	——	——	5000	597	730	3718	——	——
中部	10045	——	——	——	——	——	——	800	960	1608	——	——	
宜君	7368	——	——	——	——	4000	——	1000	188	2980	3288	——	——
同官	28848	——	——	4200	4000	——	——	10000	3450	14100	46655	——	——
西京市商会	76205	——	——	——	——	——							
淳化	4800	——	3820	——	1000	——							

附注:(1)本省购办军粮系自二十八年开始。
(2)三十一年度军粮改随赋代征,故未列入本表。
(3)二十八九两年,所购军粮,均系小麦。
(4)单位包,小麦每包200市斤,大米每包127市斤,包谷每包200市斤。

「陕西省政府统计室编:《统计资料汇刊》(第五辑),1944年7月出版,陕西省档案馆馆藏,档案号C4－35－3)

（9）陕西省之战时征业（征购军粮）（1937 年 7 月—1940 年 6 月）

县名	合计	五月屯粮	六月屯粮	第三期收粮	陕北粮	第一次	第二次
合计	902095	162556	409090	260230	30000	20005	13200
大荔	12400	8400		4000			
朝邑	3500	3500					
华阴	5600	5600					
华县	12300	8300		4000			
渭南	41800	8350	25450	8000			
蒲城	65740	8400	37340	20000			
临潼	33800	5600	22200	6000			
高陵	15000	4500	6250	4250			
三原	27900	6600	6000	8500	7800		
富平	47150	8400	12950	15000	10800		
泾阳	28450	4000	19450	8000			
咸阳	31630	8400	14230	9000			
眉县	22400	8000	8400	6000			
扶风	32310	7000	12310	13000			
岐山	32310	7000	12310	13000			
凤翔	29950	7000	14950	8000			

续表

县名	合计	五月屯粮	六月屯粮	第三期收粮	陕北粮	第一次	第二次
宝鸡	29330	6600	15720	7000			
周至	30600	5600	17000	8000			
户县	25400	6600	12800	6000			
兴平	33820	8400	14420	11000			
礼泉	23150	5600	11050	6500			
乾县	44400	8300	26100	10000			
永寿	16330	4000	7330	5000			
长安	62550	8400	44150	10000			
武功	30200	7000	13200	10000			
长武	9912	3910	6000				
彬县	12270	5270	7000				
淳化	8820	7820	1000				
白水	20960	10960	1000				
陇县	15600	8600	7000				
千阳	8500	3500	5000				
蓝田	21410	16410	5000				
同官	8200	4000	4200				
耀县	11200	4000	7200				

续表

县名	合计	五月屯粮	六月屯粮	第三期收粮	陕北粮	第一次	第二次
澄城	6000	6000					
合阳	4000	4000					
中部	4000	4000					
汉中	33200	20000	13200				
西乡	5					5	

附注:1. 本表系根据七七事变至二十九年六月底各机关委记本府民政厅征购军粮数目填列。
2. 本表所用单位为大包,每一大包重二百市斤。

(陕西省政府统计室编:《统计资料汇刊》,1940 年 7 月出版,陕西省档案馆藏,档案号 C4 - 31 - 2)

（10）陕西省各县市募集劳军鞋袜暨代金数目（1937 年 7 月—1944 年 6 月）

截至民国三十三年六月底止

县市别	代金数	鞋数	袜数
总计	6673568.60	28947	21404
西安市	723372	50	——
南郑	435.400	——	——
洛南	369800	——	——
渭南	266.810	390	300
洋县	26485040	——	——
旬阳	234200		
扶风	203600		
褒城	201500	——	——
乾县	179000	——	——
勉县	169300	——	——
大荔	166900	——	——
宁强	165120	——	——
商县	150000	——	——
陇县	144800	——	——
紫阳	136000	213	——
安康	135930	980	621
凤翔	131200	——	——

续表

县市别	代金数	鞋数	袜数
岐山	122600	54	39
礼泉	119470	372	272
同官	105000	——	——
镇安	101700	——	——
白水	100400	——	——
富平	9980120	——	——
武功	99100	——	——
石泉	97500	——	——
澄城	94600	——	——
韩城	90100	——	——
户县	90000	——	——
眉县	88800	——	——
洛川	86800	——	——
略阳	2700	——	——
兴平	81000	——	——
平利	80000	——	——
宁陕	72200	——	——
长武	70975	——	——
永寿	61175	61	56
汉阴	60700	——	——
西乡	60000	——	——

续表

县市别	代金数	鞋数	袜数
宝鸡	55770	2769	2548
岚皋	50000	——	——
蒲城	50000	——	——
山阳	42000	——	——
商南	40090	——	——
高陵	38920	——	——
蓝田	37050	753	293
长安	35000	45	40
华阴	33800	259	259
黄陵	38600	——	——
耀县	32600	——	——
凤县	32300	——	——
留坝	32100	——	——
白河	30000	——	——
城固	30000	——	——
镇巴	30000	——	——
周至	23900	——	——
千阳	17400	381	——
镇坪	14500	——	——
靖边	14000	——	——
潼关	12575	436	370

续表

县市别	代金数	鞋数	袜数
临潼	12035	1421	872
佛坪	10100	——	——
三原	10000	——	——
淳化	6115	586	597
麟游	4000	——	——
柞水	3400	——	——
神木	——	4145	4198
旬邑	——	3000	——
华县	——	2168	2398
府谷	——	1149	1149
朝邑	——	1709	1709
彬县	——	1170	1170
黄龙设治局	——	77	68
咸阳	——	1955	1847
泾阳	——	1000	400
榆林	——	1600	——
合阳	——	1739	1739
横山	——	464	464

资料来源:根据陕西省社会处供给之资料编制

[陕西省政府统计室编:《统计资料汇刊》(第五辑),1944 年 7 月出版,陕西省档案馆藏;档案号 C31 - 69 - 3]

(11) 教部决定在陕设立临时大学救济失学青年来陕学生教厅登记竣事插班借读办法业经决定（1938 年 4 月 16 日）

陕省教育厅昨（三十一）日奉教部电令，决定在西安筹设临时大学，饬即克日觅定校址，以便派员前往筹备。又来陕借读学生，教厅会奉教部令饬办理登记，至昨（三十一）日截止，登记者已达六百余人。中央社记者昨（三十一）日午赴教厅访晤周厅长伯敏，询以各地来陕学生借读办法，据谈各省来陕借读学生，现已登记竣事，小学生一百六十余人，中学生三百八十余人，大学生一百九十四人。借读办法，小学生分发省垣各小学及长安县立小学插班借读。高初中学生分派各公私立学校插班借读，至无法插班各生，刻正设法中。大学学生因其科系繁杂借读颇感困难，现由本厅商得东北大学同意，凡该校所有科系，即可设法借读，西北农林专校亦已专函商洽，尚未见覆。总之来陕借读学生，本省在可能范围内依其原有班次插班借读，务使不因战事而失学云。又该厅以借读办法决定，拟自九月二日起至四月止，凡已登记学生到厅领取大学证件前往派定各校报到，其手续未完备者，应在此三日内办理完毕，以便指定学校借读。

甘青宁等省旅京沪平津学生近来西返抵陕者已达五百余人，兹以生活困难，无法维持，日内联名呈请三省当局，予以救济。(中央社)

（《西京日报》民国二十七四月十六日，第二版）

（12）各校奉令迁移疏散计划决定（1938 年 11 月 24 日）

敌机近日屡扰本市，市区人口在积极疏散，以免无谓牺牲。各学校及文化机构亦亟应迁移，兹闻教育厅对于各学校疏散已有统筹计划，除指定地点令各学校迁移外，学生即随校前往、并自备四个月用费，以后如万一不幸。沦陷地学生伙食，政府自当统筹救济。如有不能随校迁移之学生，应列表呈报设法组织战时服务队，以利抗战工作云云。

（《西京日报》民国二十七年十一月二十四日，第二版）

（13）西安女师学生分批迁移每次均有职员率领

（1938 年 11 月 25 日）

省立西安女师自奉令迁移后，已派员将校址勘定。自本月二十日起，每隔一日，由教职员率领一部学生搭乘火车前往，刻仍在继续登记分批出发中。至西路各县学生，已函令速赴指定地点集合，以便定期徒步入山。如能设法直达目的地者，该处派有专员负责收容。因系女生，故该校长骆子休安排异常周到。（中央社）

（《西京日报》民国二十七年十一月二十五日，第二版）

（14）本市民众向西迁移省令西路各县照料避免风餐露宿之苦（1938年11月25日）

省府以自敌机近来在西安市区屡次滥施轰炸后，本市居民及战区逃陕难民，扶老携幼、纷纷向西迁移疏期、情形至为惨惨。时值天气寒冷，沿途饮食住宿□均堪顾虑，特饬西路各县将本省难民救济分会前设之大小各站及招待所按照需要，切实□□扩展，以供避难民众休止，避免风餐露宿之苦，并派视察员伯森会同沿途各县府派员详为视察指导，期臻安善。

（《西京日报》民国二十七年十一月二十五日，第二版）

（15）省会人口疏散办法（1938 年 11 月 26 日）

本省《省会人口疏散办法》，业饬民政厅修正妥当，兹特公布如下：（一）省会人口之疏散，以离开省会为原则，最好至长安以西各县，但须离疏散铁道线南北各五十里以外。（二）疏散之次序，应尽老弱妇孺先行，壮丁后行。其无职业之壮丁，得编队入伍。前项疏散之时日，由省会警察局公布，并按户通知。（三）疏散之交通工具，除由人民自备，并以步行为原则外，得由铁路局加开疏散车，并由沿途县政府予以协助。（四）搭乘疏散车之人民，每人携带行李，不得超过二十公斤。（五）疏散至各县之赤贫人民，应由各县政府按照难民收容办法办理。（六）人民之疏散，于必要时，得由省会警察局强制执行。（七）本办法自核准公布之日施行。（中央社）

（《西京日报》民国二十七年十一月二十六日，第二版）

（16）本省中等学校向安全地带迁移小学教师指定地点办理登记周厅长谈疏散经过极为详尽（1938 年 11 月 30 日）

陕省教育厅长周伯敏以敌机近来屡次滥施狂炸省市，为中等学校上课安全问题，特对中央社记者发表谈话，略谓敌机近来屡次狂炸省垣，我无辜平民惨遇伤害者为数甚众，政府为保全抗战实力，避免无谓牺牲起见，曾布告市民疏散距离交通线较远之处，以资安全。而本市学校林立，难免不为敌机轰炸目标，政府为使青年学业，不因敌机窜扰而中断。对于安全上课问题详尽策划，决定迁往某地上课□能继续深造。现中等学校学生均已次第迁往安全地带。小学学生因年龄过幼，恐不能随学校移动，拟于必要时通令解散。小学教师当即指定地点办理登记，另组战时工作服务团，推进□教、义教等工作。至于中等学校学生随校迁移者，每人自备四个月之费用。如籍属沦陷区域，家庭不能接济，政府当统筹救济，决不使青年学子流离失所。凡不能随校迁移而原借读外县各中学师范者，已通令外县各中等学校尽量收容。如愿参加战时工作，可自向三民主义青年团西京招待所（高中内）登记，一切费用概由该所供给。近据各中等学校呈报随校迁移学生，均编队由教师率领出发。中有因回家筹措用费而未及随队出发、已饬即派往宝鸡□中。除由各校派员招待所外，本人亦派员协助办理运送事宜，最短期内，均可到达指定地点，安全继续上课。（中央社）

（《西京日报》民国二十七年十一月三十日，第二版）

(17) 凤阳难民二百余人先后到陕救济分会设所收容

(1938 年 2 月 18 日)

陕西救济难民分会与扶轮社合办之难民浴室，昨（十）日开幕。内容分男女两部，设备完善，每日上午九时起至下午五时止。各所难民轮流沐浴。又安徽凤阳逃陕难民二百余人，于前昨两日到达，已由该会在东木头市设所收容。(中央社)

(《西京日报》民国二十七年二月十八日，第二版)

（18）省令陕南各县照料过境难民慈善团体筹商救济晋省难民

（1938年3月6日）

省府以战区来陕难民，近有继续向西迁移情事，徒步跋涉，辗转多日，风餐露宿，备极艰苦，昨特令饬宝鸡、凤县、褒城、留坝、南郑等县，遇有难民过境，应即筹备住所米粥开水等项，设站照料，妥为救济。（中央社）

本省各慈善团体以晋省战区难民纷纷来陕，兹为妥筹救济计，定下周内开会商讨一切，并拟择定适当地址，设所收容，一面分向各界广为劝募捐款，以资救济。

（《西京日报》民国二十七年三月六日，第二版）

(19) 移殖战区难民开垦黄龙山荒地垦殖经费决向农行贷借李象九即前往筹备一切（1938年3月14日）

移殖战区难民开垦黄龙山事，陕省府曾令民建两厅拟定详细计划，并委派李象九为黄龙山垦荒筹备处主任，刻正策划垦殖事宜。中央社记者以移殖战区难民垦荒，关系根本救济难民及增加食粮生产，甚为重要，为明了近来策划筹备情形，昨（十日）特分别访晤民建两厅负责人员。据谈，移殖难民开垦黄龙山，业经拟定计划，刻正积极准备，垦殖经费规定六十五万元，决向农民银行贷款。详细办法，两厅即各派科长一人定今（十一）日向此间农行西安分行接洽。至于殖民人数，定为一万五千人。除本省现有战区难民外，徐州某行政区督察专员特介绍大批难民即行来陕。筹备主任李象九，月前亲往垦区视察，地方情形，极为良好，故移殖开垦事宜，省府决于本月内开始办理，李主任日内即赴垦区，筹备设处办理一切云。

非常时期难民救济委员会陕西分会，前以陕省各界难民救济会自动撤销，函请救济分会派员接收各种文件，特于昨（十）日派总务股长赵景岐前往接收云。

山西留陕难民会，系晋省逃陕难民自救之唯一组织。成立以来，业已月余。对于会员生活之救济，未来出路之筹划，及参加抗敌后援工作，进行已著成绩，该会为唤起各界同胞，扩大抗敌宣传起见，特组织话剧团，定期本月十三、十四、十五、三日，假山西会馆剧台，举行第一次公演。所采剧本，均为富有抗敌意识，激发民气之国防创作。预料演出之日，必能轰动全城。该会为使各界人士，明了会中工作状况计，于昨（十日）日下午三时，在山西会馆，招待本市新闻界，有所具体报告，届时到本市各报社通讯社记者十余人，由该会负责人杨茂春、聂文郁、杨昭审、鸣祺、王桥等在座招待，首由杨茂春报告招待新闻界义意，次由杨昭审报告该会工作状况，并望新闻界予以协助后，继由各报记者相继发言，对于该会工作，贡献意见甚多。至五时许，始告尽欢而散云。

（《西京日报》民国二十七年三月十四日，第二版）

（20）宝鸡至南郑难民站设立办法登记难民发给口粮备炊具席棚等设置（1938年3月14日）

非常时期难民救济委员会陕西分会，制定宝鸡至南郑疏散难民设站办法，兹志原办法如次：

（一）本分会遵照中央赈务委员会电，由宝鸡至南郑一带，疏散难民。遇必要时，并增加自宝鸡至陇县，再展至甘肃省天水一带，或其他路线。（二）疏散难民，遵照中央赈务委员会电示办法饬各县设站如左，一、宝鸡设总站。二、凤县、留坝、褒城、南郑设支站。（三）沿途各县分设大小站，大站以六十华里，小站以三十华里为原则，以便在途难民休止。（四）沿途给养暂定大口每名按日发给米一斤四两，十口减半，由起站按数分发。以上给养凡本分会收容难民已编组保甲者，即按分送名册给粮，其临时零户难民，须在总站登记，始发口粮。否则即应自备粮食。（五）如有其他难民自备粮食过站者，亦得一同休养，及供给茶水并予以一切便利。（六）大站配备炊具，并设宿所。小站仅备稀粥一餐之炊具及茶水，并设休息所。（七）沿途救护应于总支站设置医务人员，担任医治。大小站应备简单药品，一切药费统由总支站支应。（八）各站之组织如左，一、总站设站长一，由本分会派员兼任。副站长一，由当地县支会主任委员兼任。下设收容输送给养三组，组设组长一组员一至三人，由当地支会及本分会调员合组。二、支站设支站长一，由当地县支会主任委员兼任，并由本分会派副站长协助之下设收送给养二组。各组之组织同上。三、沿途大小站每站置管理员一，由本分会或陕甘视察专员办公处，及本县支会调用。招待员三人至十人，由当地保甲长及慈善家共同担任。（九）各站人员之薪给，统由原机关支领。因公旅食等费，以最低度支给。各站必要之勤务夫役，均由难民充任。（十）设站开办费（包括中途无宿所之处，搭盖席棚及借用公屋并一切必要修缮），由本分会拨给。（十一）本办法自奉准之日施行。（中央社）

（《西京日报》民国二十七年三月十四日，第二版）

(21) 豫难民十万西运由陕甘川宁四省分别负责收容本省决送难民至黄龙马栏垦殖（1939 年 10 月 6 日）

豫省难民，数六七十万之众，大部业经豫省局设法救济，但难民众多，救济难周，故嗷嗷待哺者尚大有人在。陕省振济会前闻将有大批难民到达，特派杜委员斌丞，黄委员乃桢，赴洛阳豫省当局接洽收容救济事宜，现已公毕返陕，闻将运出者三十万人。十万西运，二十万分配豫西各县，西运路线，由陕西、甘肃、四川、宁夏四省，分别负责收容。第一批先运五万人，日内可西来。计陕西省两万，甘肃一万，宁夏五千，四川一万五千。陕省振济会刻正着手筹措给养，将来难民到达时，将送往黄龙山马栏镇两处从事垦殖。(中央社)

（《西京日报》民国二十八年十月六日，第三版）

（22）抗敌会昨常会决续发本市被炸同胞救济金函请省府提倡土盐救济民食（1939年1月9日）

陕省抗敌后援会昨（八）日上午十时举行第四十三次常委会议，由王晋涵主席。兹将决议事项志次：①秘书处提议，本会发放本市敌机轰炸被难同胞救济金，共计一千八百零五元正。复据各联保补报还漏轰炸死伤同胞四十二人，尚需救济金五百二十元正、可否援例补发，请公决案、议决通过，并派员复查。②据周至县公会呈报举办战时地方干部训练所，并由该会捐款下动用一千元作为开支，恳予备查。等情。请公决案、决议，令知捐款不能作其他开支，仰另设法筹措。③本会委员毛嘉漠、李维城因事离开，以别动队大队长严登汉及财政长王德威分别接充，当否，请公决案、决议通过。④本会第四区视察团团长马子静辞职，遗缺拟以景瀛接充，当否，请公决案、决议、通过。⑤查本市商多积居奇，且定价不合定，影响民食，殊为镇大，拟函盐务办事处虑详密查办，并呈请省府提倡本省土盐，以资救济，可否，请公决案、决议、通过。（中央社）

（《西京日报》民国二十八年一月九日，第二版）

（23）一月十八日被炸难胞抗敌会拨款振济第七救济区抚恤渭宝难胞（1939 年 3 月 19 日）

本年一月十八日敌机狂炸西安市区，民众被灾情形极严重，省抗敌后援会为救济赤贫同胞，曾派员详为调查，并拨付救济金四百二十五元。自昨（十八）日起，每日十四时至九时分别发放，该会并已通知被灾赤振款同胞，凡特有证据者，即随同各联保主任三日内到会具领。本月七日、十四日、十五日被灾同胞，该会已派自始调查，俟复查后，决继续贫救济（中央社）。渭南、宝鸡日首遭敌机轰炸，死伤至惨、振委员会第七救济区属于本月十三派江专员慎源赴渭南，十六日派李干事天钧赴宝鸡，分别发放被炸伤亡抚恤云。

（《西京日报》民国二十六年三月十九日，第七版）

(24) 市民应速修地下室防空司令部派员查视督修 省防空协会组织防毒大队（1939年9月28日）

西安防空司令部以敌机日来在我国土内横行肆虐，为西安市全市居民安全计，前特传知本市各机关、各商店、各居户，饬即自行修筑地下室，并限本月底一律修筑完成，但据该部日来派员调查，市民切实遵守办理者固多，然亦有少数玩忽漠视竟置不理者，似此轻视自己生命，殊非所以自全之道。该部以此遗误殊多，除再严行传知各商店居民促即修筑外，并定于本月底派员前往各区视察，若发现有不修筑地下室者，决不宽恕云。（新生社）

（《西京日报》民国二十八年九月二十八日，第三版）

（25）为伤兵购置被服抗敌会拨万元办理伤兵管理会昨开会
（1939 年 11 月 21 日）

西安伤兵管理委员会，昨（二十）日下午二时，召集有关各机关举行联席会议，到该会主任委员董钊、副主任委员张坤生、军医院院长杨鹤庆、省后援会主任秘书王友直，及各别动队代表，卫生各机关代表共十余人。由主任委员董钊主席。兹将讨论事项志次：（一）统筹伤兵分配及运输办法案，决议由军医置通知统筹办理。（二）伤兵被服继续补充案，决议由抗敌后援会拨款十万元，迅即筹制分配。（三）各医院已愈伤兵，应即转送休养院案，决议先由各医院造具名册，送交本会，以便转送休养院。（四）由别动队派队员一人，派往各医院担任指导事宜。但由本会指导，以一事权案，决议通过。（五）伤兵慰劳物品，应统筹发放案，决议通过，嗣后赴医院慰劳伤兵之个人或团体，非经本会许可，一律拒绝，以免妨碍休养。至四时半散会。又陕省伤兵慰劳委员会，为明了各县伤兵医院状况，以便统筹慰劳，特派胡维岳，卢成舫分赴各县视察，下周即可出发。（中央社）

（《西京日报》民国二十六年十一月二十一日，第三版）

（三）陕甘宁边区有关资料

（1）敌机两次袭延（1938年11月23日）

本月二十日清晨敌机廿架轰炸延安市，死伤三十余人，当时各卫生机关立刻出动，尤以国联防疫团第三组蒋主任最为奋勇当先，在敌机危胁下将受伤人员全部抬送边区医院，各医士连夜在暗淡的灯光下，替受伤人员医治伤处，其对救护工作的热心，实在值得表扬云。二十一日，敌机第二次轰炸延安时，因我准备更加充分，故无死伤。据敌人扬言，将以飞机六十架来轰炸延安。敌人这种暴行，必然更加增强边区人民对敌之愤怒也。

（《新中华报》1938年11月23日，第三版）

（2）反对敌机滥施炸轰延安边区各团体致全国同胞函（1938年12月12日）

全国各报馆转全国同胞公函：

日寇残暴，无视法理，对我前后方滥行施暴轰炸，与日俱厉。今年春节，寇即扬言：将撒病菌杀陕北全体军民。最近敌在进军华北，围攻晋冀察边区，受到我全体军民重大打击之后，竟于羞怒之余，始以大批飞机狂炸延安、榆林等不设防城市。敌于十一月二十、二十一两日袭击延安，计前后敌机共来卅余架，投弹一百五十九枚，死伤共一百五十余人，毁民房三百零九间，牲口九十余匹，损失无算。

惨祸发生后，延市军民在市政府公安局指导下，救死扶伤，清理灾区，慰问协助，热烈迅速，充分发挥亲密互助之精神与训练有素之机能。市政府于廿日汇报险情，即通知市民为有计划之应敌，是以次晨敌机二次来临时，投弹八十余枚，仅轻伤五人。

延安地处偏僻，物资缺乏，此后敌寇或竟施其更毒辣之手段，以破坏我边区各地。吾人除尽最善之努力从事预防外，尚祈国内外同胞及友邦之人士，予以物资上及技术上之援助！

当此全面抗战日益展开，敌寇进攻日益困难之际，吾人更望全国同胞，坚决拥护国民政府与蒋委员长，从事持久抗战，保卫西北，保卫西南，克服困难，增强力量，停止敌之进攻，准备我之反攻。尤宜协助政府，充实防空组织与训练民众，普及防空知识，以减少无谓之牺牲。我人深信：我中华民族团结奋斗，终当为同胞复此血仇，为人类除此大患，取得最后之胜利，而完成三民主义新中国之建设，特此电函，谨致民族解放之敬礼！

陕甘宁边区抗敌后授会、陕甘宁边区青年救国会、陕甘宁边区总工会、陕甘宁边区妇女联合会、陕甘宁边区文化界救亡协会、陕甘宁边区农民会、陕甘宁边区互济会、民族解放先锋队延安地方总部、陕公学生会、抗大同学会、鲁迅艺术学院学生会、延安市商会、儿童保育分会、书记学会延安分会。

（《新中华报》1938年12月12日，第四版）

（3）暴　行！

敌机十架袭延安

投弹四十枚我损失极轻（1939 年 8 月 18 日）

本报讯　数月来未闻警报声之延安，昨（十五日）午又遭敌机突空袭。时正正午，敌机九六式轰炸机十架，由东北角飞来，窜入延安市空。我事前有备，先于十二时卅分出空袭警报，一时十五分发出紧急警报，敌机在市空盘旋一周，投弹四十余枚，始行逸去。弹多落荒山与河滩，但轻伤五人及一人失踪，并毁民房十七间。按敌机袭延，此为第十次。敌人这种惨无人道的企图杀害我后方不设防城市人民的暴行，只有更激起全世界爱好和平正义人士与全国同胞的愤恨。

（《新中华报》1939 年 8 月 18 日，第三版）

(4) 血　　债!

敌机四十六架袭延

投弹二百枚死伤五十余人（1939年9月12日）

本市讯　八日晨□时半，市防空司令部即接到报告，有敌机向延市飞来，当即发出空袭警报，后果有敌侦察机三架，轮流前后三次飞至本市上空盘旋侦察。九时许更有敌重轰炸机十五架，由东南飞来，投弹后向东北飞去，接着又有廿八架由东面飞来作第二次之轰炸，警报直至十一时始行解除。敌轰炸机共四十三架，投弹二百余枚，多落于城内北街及西山上。在敌机疯狂残酷的轰炸下，计毁民房百余间，死伤居民五十余名，毙牛马各一匹、猪四只。八路军军医处自闻得空袭警报后，即令各救护队准备各种救助工具，警报解除后，各救护队立即出发进行救护，将轻伤者上药送军医处门诊部，重伤者更由卫戍司令部备专车送军医院治疗，死者即由市府动员民众抬至郊外掩埋。皆踊跃参加救护工作，该处副处长、高市长与公安局王局长，均亲临指导一切。

（《新中华报》1939年9月12日，第三版）

（5）敌机疯狂肆虐七十一架袭延
死伤军民廿余人毁房屋数十间（1939 年 10 月 20 日）

［**本报讯**］　十五日本市遭受敌机两度空袭，□整日在轰炸声中。是日上午八时许，本市防空司令部接报有敌机若干架沿延长等地向本市飞进，当即发出警报，约隔一时许后，敌机三十六架乃侵入本市上空，盘旋投弹共一百零三枚，由向东逸去。我方损失计死伤四人，毁房屋窑洞四十余间，迨至下午一时卅分，敌机继又二度来袭，防空司令部再发出紧急警报，约十五分后旋有敌侦察机一架，窜入本市上空，往返盘旋达一小时之久。于二时四十分敌轰炸机卅五架分三批相继窜扰，轮流轰炸，前后共投弹一百二十二枚，于四时卅分始行逸去。我方损失计死伤二十三人，炸毁窑洞房屋卅余，另死牲畜数头。（总计是日肆虐，敌机共达七十一架之多，投弹达二百二十五枝，弹多重磅者。）防空部以敌机袭延肆虐，最近数次，皆以大队飞机飞行狂炸，以后将愈益猖狂，本市军民务应切实遵照防空会议之决定，提高警惕性，遵守防空纪律，加强防空准备以避免无谓之牺牲。

（《新中华报》1939 年 10 月 20 日，第三版）

（6）抗战中敌机轰炸延长延川固临三县统计表（1946 年 3 月 31 日）

1946 年 3 月 31 日

项目 \ 数目 \ 县别		延长县			延川县			固临县		
时间		1939 年 10 和 1940 年 7 月			1938 年 10 月			1938 年 10 月和 1939 年 8 月		
次数		2 次			1 次			2 次		
敌机架数		30 架			5 架			5 架		
投弹数		143 枚			5 枚			15 枚		
炸死人数		15 人安葬费 1200000 元								
炸伤人数		18 人医疗费 540000 元								
财产损失	名称	数量	单价	合计	数量	单价	合计	数量	单价	合计
	房屋	31 间	100000 元	3100000 元				4 间	100000 元	400000 元
	石窑	1 孔	200000 元	200000 元	2 孔	200000 元	400000 元	3 孔	200000 元	600000 元
	牲口	12 头	150000 元	1800000 元	1 头	150000 元	150000 元			
	粮食	2100 斤	100 元	210000 元	150 斤	100 元	15000 元	450 斤	100 元	45000 元
	货物			1870000 元						
	用具			1200000 元			350000 元			700000 元
	共计			8380000 元			915000 元			1745000 元
三县总计		12780000 元								

安葬费医疗费及财产损失价值均以现在物价法币计算。

（陕西省档案馆藏，档案号 2－1－1081）

（7）边区医院接待的 1938 年 11 月敌机炸伤人员名册

职　别	姓名	入　院　日　期	炸伤部位	备　注
保卫营战士	马从元	十一月廿二日	左下肢	
合作社伙夫	吴六元	十一月廿二日	右下肢	
防空队勤务	胡□	十一月廿二日	双下肢	
抗大学员	房子珍	廿三	臀部	
三高战士	王子钦	廿三	左上肢	
防空队付排长	李炳才	廿三	左下肢	
中组组织部马夫	冯金才	廿二	左下肢	
延安商店高人	刘保生	廿二日	左下肢	
老百姓	贾天瑞	廿二日	头部	
防空队战士	周发财	廿二日	臀部	
防空队战士	李中兴	廿三日	右上肢	
保安处科员	庸讲炳	廿二日	右肩胛部	
残废教导院	王开明	十一月廿五日	臀部	
老百姓	高赖毛	廿五日	肚子	
老百姓	汪淑仙	廿六日	大腿	
政治部	孙东文	廿五日	头部	
留守兵团	杨青山	廿五日	头部	
总卫生部医生	金玉成	廿五日	头部	

续表

职　别	姓名	入　院　日　期	炸伤部位	备　注
前面供给部科长	吴汗杰	廿五日	肩部	
老百姓	何崇	廿六日	臀部	
老百姓	张杰夫	廿六日	头部	
老百姓	陈友	廿五日	腿部	
抗战剧团团员	杨中农	十一月廿二日	脚部	
仝	张小水	十一月廿二日	脚部	
组织部招待所	朱风熙	仝	右手臂	
中央训练班学员	苏雨寒	仝	腰部颈部	
老百姓	黎书之	十一月廿三日	左腿已锯	
战地服务团团员	朱焰	仝	头胸部重	
抗大区队长训练班上士	杨成天	仝	脚及肩部	
组织部招待所	陈学文	仝	肚子	
公安局科员	睹文汗	十一月廿一日	右脚	
老百姓	焦正才	仝	左腿已锯	
新中华报特务员	侯风西	仝	腰部	
老百姓	张成仁	十一月廿二日	左臂锯	
老百姓	赵章	十一月廿三日	脚部	
抗大学员	赵达	仝	腰部腿部	
老百姓	马朋友	十一月廿四日	左手	

（陕西省档案馆藏，档案号 2－1－1081）

(8) 1938年11月20日敌机轰炸延安市区损失情形报告

高主席：

送来这次延市敌机轰炸死伤人数登记表一本，以及合计总数。另外还有一张是死伤人应该救济的人名单。请查收，并审查为荷。

此外应该说明这些人的救济，按家〔属〕的意见最后办法的至少要救济十元，其次以五元至十元，大概需款二百五十元。恐因临时有变动，故多预算十元。至于房子被打毁的这些尚未查明，因群众疏散的很远，找不到他们。现在清楚的，就是一些死伤者之家属，我们准备在本月卅号开大会审查后发放救济，请将这个问题以备解决为荷。此致。

敬礼

高朗亭

十一月二十八日

被炸干部姓名表

姓名	年龄	籍贯	性别	所任职务	被炸日期	备考
阎锡龄	三五	陕西绥德	男	机关合作社副主任	十一月二十日上午	
汪明仁	二四	上海	男	本所农展会办事员	仝	
阎贵芳	一九	陕西安定	女	皮革被服装部工人	仝	
高风清	一八	陕西横山	女	仝	仝	

敌机轰炸死亡人数总调查表

38年11月20日炸

<table>
<tr><td colspan="2">性别</td><td>男</td><td colspan="3">24</td><td>女</td><td colspan="3">5</td><td>合计</td></tr>
<tr><td colspan="2">年龄</td><td>廿岁以上</td><td colspan="3">22</td><td>廿岁以下</td><td colspan="3">7</td><td>29</td></tr>
<tr><td colspan="2">职业</td><td>商人</td><td>22</td><td>工人</td><td>5</td><td>学生</td><td>1</td><td>农民</td><td>1</td><td>29</td></tr>
<tr><td colspan="2">籍贯</td><td>本市</td><td>19</td><td>回</td><td>1</td><td>山西</td><td>7</td><td>韩城绥德</td><td>2</td><td>29</td></tr>
<tr><td rowspan="2">家庭生活状况</td><td>有办法</td><td colspan="8">13</td><td></td></tr>
<tr><td>无办法</td><td colspan="8">16</td><td></td></tr>
<tr><td colspan="2">总数</td><td colspan="8">29</td><td></td></tr>
<tr><td colspan="2">备考</td><td colspan="8"></td><td></td></tr>
</table>

市政府第一科　1938. 11. 28号制

敌机轰炸死亡人数总调查表

<table>
<tr><td colspan="2">性别</td><td>男</td><td colspan="4">29</td><td>女</td><td colspan="6">13</td><td>合计</td></tr>
<tr><td colspan="2">年龄</td><td>廿岁以上</td><td colspan="4">22</td><td>廿岁以下</td><td colspan="6">20</td><td>42</td></tr>
<tr><td colspan="2">职业</td><td>商人</td><td colspan="2">17</td><td>工人</td><td>7</td><td>农民</td><td colspan="3">5</td><td>工作人员及学生</td><td colspan="2">13</td><td>42</td></tr>
<tr><td colspan="2" rowspan="2">籍贯</td><td>本市</td><td>16</td><td>山西</td><td>9</td><td>四川</td><td>3</td><td>河南</td><td>2</td><td>陕北</td><td>3</td><td>蒲城 2
察哈尔 1
葭县 1</td><td>延川 1
安定 1</td><td rowspan="2">42</td></tr>
<tr><td colspan="11">湖南 1
宜川 1
神木 1</td></tr>
<tr><td rowspan="2">家庭生活状况</td><td>有办法</td><td colspan="12">35</td><td>42</td></tr>
<tr><td>无办法</td><td colspan="12">7</td><td>42</td></tr>
<tr><td colspan="2">伤的轻重</td><td>重</td><td colspan="4">23</td><td>轻</td><td colspan="6">19</td><td>42</td></tr>
<tr><td colspan="2">备考</td><td colspan="11"></td><td></td></tr>
</table>

市政府第一科　1938. 11. 28 号制

（陕西省档案馆藏，档案号 2－1－1081）

（9）边区医院（1938 年 11 月 20 日）被炸伤人员慰劳调查姓名表

部　别	姓名	籍贯	负伤的地方	轻重负伤	慰劳金额	备考
抗大直属队	赵达	河北	炸伤八处	伤重	五元	
抗大校部	杨成六	陕西	脚部	伤重	五元	
留守处	杨景山	陕西	炸伤头部	伤重	五元	
战地服务团	朱焰	江苏	头部	伤重	五元	
教导院	王开明	河南	腿部	伤重	五元	
保安处	雍晋炳	陕西	臀部	伤重	五元	
新华社	侯风西	甘肃	腰部	伤重	五元	
公安局	褚久汗	陕西	炸足	伤重	五元	
抗战剧团	杨正浓	山西	右腿	伤重	五元	
中组部	陈学文	安徽	腹部	伤重	五元	
中组训练班	苏宇寒	山西	腹部	伤重	五元	
中组招待所	朱凤熙	江苏	腹部	伤重	五元	
抗战剧团	张小水	山西	左右腿	伤重	五元	
边院医生	金玉成	四川	炸伤	伤轻	三元	
边院医生	张一忱	陕西	炸伤	伤轻	三元	
老百姓	李书之	陕西	右腿	伤重	五元	
老百姓	马朋友	陕西	手腰	伤轻	三元	

续表

部　别	姓名	籍贯	负伤的地方	轻重负伤	慰劳金额	备考
老百姓	高赖毛	陕西	胸部	伤重	五元	
老百姓	张金福	陕西	头部	伤重	五元	
老百姓	陈　友	陕西	大腿	伤轻	三元	
老百姓	张仁成	陕西	上肢	伤重	五元	
老百姓	乔正才	陕西	左腿	伤重	五元	
老百姓	久张氏	陕西	小腿	伤重	五元	
老百姓	汪淑仙	陕西	小腿	伤重	五元	
老百姓	何　崇	陕西	臂部	伤重	五元	

（陕西省档案馆藏，档案号 2－1－1018）

（10）延安市群众（1938年11月20日）被炸伤亡人员及财产损失统计表

数目 项目 地区	亡者								伤者								失踪者	房屋									附记
	男	女	职别					共计	男	女	职别					共计		瓦房	窑洞	共计	马	骡	驴	牛	猪	共计	
			工	农	兵	学	商				工	农	兵	学	商												
东街	10	11	11			1	9	12	8	2	2	1			7	10		93		93							能维持生活16个，不能维持生活6个。重伤1个，轻伤9个
南街									2	2		1	1		2	4		57	1	58							能维持生活3个，情况不明1个，重伤2个，轻伤2个，伤2女孩职业不明
西街	9	4	2				11	13	6	2				1	7	8		11	1	12							能维持生活8个，不能维持生活9个，能维持生活一部分3个，此系一家人，死2伤1。不明情况姓名之死者1个，重伤5个，轻伤3个
北街	5		2				3	5										120	2	132							能维持生活1个，不能维持生活3个，情况不明1个，职别内商户3个，2是卖面小贩，1是卖柴小贩

（陕西省档案馆藏，档案号2－1－1018）

（11）机关学校被炸伤害人员及财产损失统计表（1939年11月）

数目 项目 机关名称	亡者								伤者								失踪者	房屋									附记
	男	女	职别					共计	男	女	职别					共计											
			指导员	战斗员	工作人员	学员	勤务人员				指导员	战斗员	工作人员	学员	勤务人员			瓦房	窑洞	共计	马	骡	驴	牛	猪	共计	
建设厂	2	3		1				4	5																		
高等法院	1	1						1		2																	
粮食局	2			1				1	2																		
仓库	1							1		1	2																
边区医院															2	2											
边区中学	1						1	1		1																	
抗战剧团	1								1	1																	
保安处	1									1	1			1						1							
公安局	1							1	2		1	1				1		4	5	9							
警察队	1			1							1																
保卫营				1							1	1	1			1		6		6							
机关合作社									1										1	1							
光华商店																			4	4			1			1	

续表

项目/数目/机关名称	亡者								伤者								失踪者	房屋									附记
	男	女	职别					共计	男	女	职别					共计											
			指导员	战斗员	工作人员	学员	勤务人员				指导员	战斗员	工作人员	学员	勤务人员			瓦房	窑洞	共计	马	骡	驴	牛	猪	共计	
保安司令部																		2	4	6							
组织部		5						5										5		5		5				5	
中组训练班	2							2		2								3		3							
中组招待所	1	1						2		2																	
中央局	1							1	1																		
留守处	1				1			1		1						1											
马列学院		1						1			3			2	1	3											
陕公																1		1									
抗大	11						11	11	11					19		19		35		35							
一局																1											
二局																1											
三局																1											
前方供给部	1							1	1																		
后方供给部	1							1																			

续表

数目 项目 机关名称	亡者								伤者								失踪者	房屋									附记
	男	女	职别					共计	男	女	职别					共计											
			指导员	战斗员	工作人员	学员	勤务人员				指导员	战斗员	工作人员	学员	勤务人员			瓦房	窑洞	共计	马	骡	驴	牛	猪	共计	
马列学院									3			2	1			3											
陕公													1			1											
抗大	11				11			11										19			35	35					
一局										1		1				1											
二局									1			1				1											
三局									1			1				1											
前方供给部	1								1							1											
后方供给部																		2		2							
缝衣合作社		1						1	1							1											
汽车队	2							2	1	1						2					2						
青救会									1			1				1				1							
妇联会										1		1				1				1							
市工会	1							1								1											
实验剧团											1					1				1							

续表

数目 项目 / 机关名称	亡者								伤者								失踪者	房屋									附记
	男	女	职别					共计	男	女	职别					共计		瓦房	窑洞	共计	马	骡	驴	牛	猪	共计	
			指导员	战斗员	工作人员	学员	勤务人员				指导员	战斗员	工作人员	学员	勤务人员												
战地服务团																1				1							
工人合作社									1		1					1											
师范学校										1			1			1		2		2							
十九军		1							1																		
肤施县政府																		6		6							
天主堂																		10		10							
防空队									5								5	7		7							
合计	7	2	3	12	2	6	40	15	3	2	3	2	3			53		86	9	95	5	1				6	炸弹数目城内110枚　城外49枚

（陕西省档案馆藏，档案号2－1－1018）

（12）边区医院对被炸人员情形的报告
（1939 年 12 月 1 日）[①]

十一月卅日中央组织部派我二人去医院慰问被敌机炸伤的同志，除根据医生诊断斟酌轻重发抚金外，兹将医院及伤员的情形，简单的写下：

（一）边区医院

I、院方

1. 边区医院内现有病人四十七名（炸伤者占二十五人）。

2. 因在敌机轰炸延安后仓促医治，在日前一切布置尚未就绪。

a. 病房没有床铺，在地上铺些谷草，病人睡在上边。

b. 病房没有生火，屋内很冷。

c. 医生太少，尤其是外科医生只有一个。

d. 一个外科医生施行手术比较困难，况伤员过多，约卅余人。

e. 对伤兵照顾不周，看护对伤者不甚关心。（按：重伤者 1 天里白开水不能经常的喝到）

f. 病房内各科病员杂住一起，而且人数又多，空风实在难闻。

g. 院内流行破伤风（病患者四人，死者一人，有一种破伤风菌）。

1. 伤者的伤情皆呈黑色，每个伤口不论大小皆化浓。

2. 伤者十分之八是重伤。

3. 伤者希望很快的取出身上的弹片及子弹（恐伤口久生变化）。

4. 伤者感觉院方照顾不周，看护经常叫不来。

5. 伤者希望伙食能相当的改良。

6. 伤重者有五六天不进饮食，不省人事。

（二）拐木直属医务所的情形

1. 所内病人约二百，内有炸伤者十三人。送去二十一人，死去四人，转边区医院者四人，重者七人，轻者六人。

2. 该所在新旧交替后不久，其所长对所内一切情形尚生疏（所内病人正移动，一部分轻者撤附近一个所去）。对病人管理方面较差，看来所长尚热心。

3. 医生太少，外科医生只有一个。

---

① 1939 年 11 月 30 日延安遭日军飞机轰炸后，中共中央组织部派该部夏耕和冯超两位同志到陕甘宁边区医院慰问被敌机炸伤的同志。这是夏耕、冯超同志于 12 月 1 日写给中共中央组织部的对有关情况的报告。

4. 对重伤者不能施行手术。只是在伤口擦点药，无根本解决办法。

5. （医生）对伤者不大关心（据一伤者说：廿日受伤送进该所，当晚所方不管。待第一天、第二天重伤者死去几人）。

6. 该所的病人不论轻重，一概吃的是小米，一天一毛钱的伙食（据该所一位同志谈自武汉失守后他们不曾见过大米）。

我俩慰问的情形及发抚金的经过：

到医院（或医务所）协同院方协理员及医生选一受伤人员花名单，经医生的诊断分伤者为轻重两等，轻者三元，重者五元，然后同院方负责同志及医生到病屋向伤者传达党中央对他们的关心及我们的任务，并告诉他们若有对医院的疗治，看护饭食等各方面有什么问题时，可直接向院方提，以便改善，说毕他们都非常的高兴，于是我俩亲手将钱发给他们。

最后我俩的意见：

1. 迅速布置医院设备。

2. 迅速布置一较完善的手术室，购买或借一 X 光机子，对伤者施行手术将子弹及弹片取出，以免病情危险。

3. 迅速增加医院的外科医生。

4. 迅速改善医院的火［伙］食（多发大米及面粉）

5. 加强医院看护的政治教育。

6. 卫生部应该派人检查各医院的情形及病人的生活，听取各方的意见，作改善医院的参考。

7. 卫生部应迅速对各医院有一些适当处理，也就是有统一的计划使各区院间有很好的联系，以便处理伤者。

8. 注意各医院的防空设施。

（陕西省档案馆藏，档案号 2－1－1018）

（13）本省参议员王季斌报告延安家中被炸情形

（1947 年 9 月 9 日）

案据本会王参议员季斌函称，延安原籍房屋于二十九年被日机炸毁请转赔偿等情。本会前经转电行政院赔偿委员会核办在案，旋准京（卅六）一字第三五三八号电复请予登记汇办并希补报省府存备，等由。本会当即转函王参议员季斌，兹补送财产损失表前来，相应检同原表二份，函请查照存备为荷！

填报者姓名：王季斌　填报日期：民国三十六年九月九日

损失年月日	事件	地点	损失项目	购置年月	单位	数量	价值(国币元)		证　件
							购置时价值	损失时价值	
29年　月　日	日机轰炸	陕西省延安县城内	房屋	清咸丰10年12月	间	37	银400两国币3700元	18500	陕西省财政厅契字40793号、登记证一件
29年　月　日	日机轰炸	陕西省延安县城内	房屋	清光绪7年10月	间	10	银110两国币1000元	5000	陕西省财政厅契字40794，登记证一件
29年　月　日	日机轰炸	陕西省延安县城内	房屋	清光绪5年8月	间	18	银240两国币1800元	9000	陕西省财政厅契字40795，登记证一件
29年　月　日	日机轰炸	陕西省延安县城内	房屋	清同治2年12月	间	17	银140两国币1700元	8500	陕西省财政厅契字40795，登记证一件
29年　月　日	日机轰炸	陕西省延安县城内	房屋	清光绪5年12月	间	14	银290两国币1600元	8000	陕西省财政厅契字40795，登记证一件
29年　月　日	日机轰炸	陕西省延安县城内	房屋	清道光23年12月	间	23	银270两国币2300元	11500	陕西省财政厅契字40793，登记证一件

续表

损失年月日	事件	地点	损失项目	购置年月	单位	数量	价值(国币元)		证件
							购置时价值	损失时价值	
29年　月　日	日机轰炸	陕西省延安县城内	房屋	清咸丰10年7月	间	47	银120两国币4700元	23500	陕西省财政厅契字1208765号,登记证一件
29年　月　日	日机轰炸	陕西省延安县城内	房屋	清咸丰6年12月	间	42	银210两国币4200元	21000	陕西省财政厅契字40933号,登记证一件
29年　月　日	日机轰炸	陕西省延安县城内	房屋	清道光10年11月	间	42	银230两国币4200元	21000	陕西省财政厅契字1208766号,登记证一件

(陕西省档案馆藏,档案号72－9－340)

（14）肤施县被敌机轰炸后死伤人数调查表（1938 年 11 月 20 日）

民国二十七年十一月二十日

姓名	年龄	籍贯	性别	职业	死伤情形	日期	家属	经济状况	备考
高吉祥	二七	延安	女	工人	受碎片炸伤	十一月二十日	三口	作工维持生活	
杨继合	九	延安	男	商	死一人伤二人	仝	十二口	富裕	子死弟妻及女伤
左大双	二二	延安	男	商	炸伤二人	仝	十八口	谨足维持	
常焕禄	四一	延安	男	商	炸死	仝	十二口	仅能生活	
李棉儿	一九	延安	男	商	炸死	仝	四口	小康	
刘全娃	二一	延安	女		炸死	仝	六口		
李麟西	五八	山西	男	商	炸死	仝	五口		
毕罗氏	一八	延安	女		炸死	仝	七口		
槐伏生	五一	山西	男	商	炸死	仝	三口	富家	
樊吉余	四二	山西	男	商	死一伤二	仝	五口		
刘保身	三三	山西	男	商	炸伤甚重	仝			
贺春芳	一〇	延安	女		炸伤甚重	仝	八口	生活有余	
王全泰	二三	山西	男	商	受伤甚微	仝	一口		
□□□	□□	□□	□	□	□□□□	□□			
大德店		延安	男	商	炸死	仝		富	
毕贴	四六	延安	男	零贩	炸死	仝	二口	无产业	

续表

姓名	年龄	籍贯	性别	职业	死伤情形	日期	家属	经济状况	备考
张玉娃	二六	延安	男	卖面	炸死	仝	十口	不能生活	
杨福升	四〇	韩城	男	卖面	炸死	仝	四口	不能生活	
温张氏	三一	延安	女		受伤甚重	仝	五口		
崔赵氏	四〇	延安	女		炸死	仝	四口		
张存裘	二七	延安	男	商	受轻伤	仝	四口	贫	
乔画师	二二	蒲城	男	工人	腿被炸断	仝	一人	贫	
张遂儿	一九	延安	男	商	炸死	仝	九口	贫	
路事诵	一七	河南	女	学	炸伤	仝			
程儿	一三	延安	女		炸伤	仝	四人	可以生活	
卢业应	二六	延安	男	卖柴	炸死	仝	四人	贫	
冯金采	一六	延川	男	学	炸伤	仝			
郝得成	一九	神木	男	商	炸死	仝	四口	贫	
赵三张	一二	延安	男	商	腿被炸伤	仝	二十口	富	
老李	六九	山西	男	工人	炸死	仝	四口	贫	
张茂休	二五	佳县	男	工人	腿被炸伤甚重	仝	四口	贫	
杨茂春	二六	延安	男	泥水匠	炸死	仝	一口	贫	现在绝□
王兴元	三三	山西	男	裁缝	炸伤	仝			
王春元	二〇	山西	男	保卫营	炸伤	仝			

续表

姓名	年龄	籍贯	性别	职业	死伤情形	日期	家属	经济状况	备考
胡中礼	二〇	四川	男	防空队	炸伤	仝			
罗晋炳	二一		男	保安处	炸伤	仝			
李丙禄	二一		男	鞋匠	炸伤	仝			
周应才	二〇		男		炸伤	仝			
葭之中	一五		男	学	炸伤	仝			
李中兴	一九	宜川	男	防空队	炸伤	仝			
王志青	一九	湖南	男	商	炸伤	仝			
郭生荣	二五	延安	男	工人	炸伤	仝	四口	贫	
程应	三五	延安	男	卖零食	重伤	仝	二口	贫	
高发茂	二〇		男	铁匠	仝	仝			
贾天瑞	四五	延安	男		仝	仝			
王开明	二八	河南	男	教道院	仝	仝			
房子堆	二〇	察哈尔	男	学生	仝	仝			
高小猫	一七	延安	男	卖零食	炸死	仝	十五口	贫	

（陕西省档案馆藏，档案号72－9－332）

（15）报告抗战中延安县被炸损失（1947年10月）

事由　为准本县参议会函送日寇轰炸本县人民损害统计表，电请拨发赔偿款项由

西安陕西省政府主席祝钧鉴：案准本县参议会九月十五日参秘字第七号公函开，查本县于抗战期间为日寇空军轰炸重要目标，人民生命财产损失奇重。影响人民生活，社会建设均至深巨。虽经“匪”军调查但未得任何赔偿表示，兹仅就当时人民损害情形（“奸匪”之损失除外）逐一调查统计，特为列表函达贵府，即希转请上峰准予拨付赔偿款项为荷，等由。准此。查该会所称当系确实情形，可否按情赔偿之，理合照缮原表随电附呈，敬祈钧鉴核示为祷。县长袁德新　申粳府民叩。附呈敌机轰炸本县人民损害统计表一份。

日寇空军轰炸延安人民损害统计表

损害种类	损害数目	估计价值	备　考
炸毙人口	五百二十八口		“匪军”在外
炸伤人口	七百六十七口	共需医药费九百七十万元	“匪军”在外
炸坏房屋	公房二千五百七十间 民房七千九百四十间		
财物损失	食粮布匹器具等等	共值三千四百五十四亿元	
牲畜损失	九百七十四头	共值三十八亿元	
损坏城垣	半多炸毁	应需工料费若干难以估计	
轰炸次数	自二十七年九月二十九日至 三十年七月二十日止共二十五次		
来飞机数	三百九十三架		

（编者注：此件为1947年10月国民党延安县长给陕西省政府主席的一份报告，其中“匪”“奸匪”“匪军”等均系对抗战期间共产党、八路军的诬称）

（陕西省档案馆藏，档案号90－2－426）

（16）延川县被敌轰炸损失
（1938 年 12 月 15 日、1940 年 6 月 25 日）

事由 为呈报属县〔延川县〕被敌机轰炸情况由

附件 附清单一纸，预算书二纸

批示 1. 批准添补损失费五十元已通知财政厅并退还预算费。

2. 群众之损失如何，应查报

3. 在防空动员中、加强工作速度，注意领导群众防空。

属县此次被炸，损失总计约在千元以上，窑十孔门窗被炸毁，棚三间已将顶掀毁。家具，办公文具等皆粉碎。文件六受损失（详附损失清单）。现暂移县委办公，清晨七时出城防空，至城外五里之赵家沟办公，下午三时后返回。

全城无死伤。只南关外炸毁群众窑房六间，死驴乙头，损失门窗家具及粮食等物，又轻伤群众乙人，无生命危险。

再，属县政府暂不移出城外，仍拟在城内寻适当地址居住办公；群众于轰炸后大部移至城外附近农村中，下午三时以前任何人不准进城。

因继续恢复办公起见，急切需用物品甚多，已造具预算书呈报前来，尚乞

鉴核予以批准并请转财厅拨款，以救急需，实为公便。

谨呈陕甘宁边区政府主席高

延川县政府　常德义呈

中华民国二十七年十二月十五日

事由 为呈报敌机〔1940 年 6 月 25 日〕轰炸县城〔延川县〕由

拟办 原呈存查，失□□事，需详查呈报。七月二日

批示 呈悉。准予备查外，应加紧防空设备与对居民之防空教育。七月十一日

备考 归档民字第一二〇二四三号

呈为呈报事：查今早饭后约有十时，职府全体人员帮助工人盖造房子，突来敌机五架盘旋七八次，约两时之久。城内城外丢弹二十八颗，城内群众皆各安然无伤。地方炸破窑三孔，碾子一孔，伤猪三口，死狗一只，各机关住舍人员皆各安然。适有过路马占山部兵几人乘警觉不良偷去商人仙岛烟二十合。除此，惟我政府院中丢弹一颗，全体人员安然入防空洞，尚无受害，惟院中八孔窑洞门窗公具多被炸坏，更加马号一炸无踪，刻下今尔职率全体略作补修理，

合具文呈报前来。

谨呈边区政府主席高、林

附后：二科铁箱已被炸破，据昨天清查短款贰百余相近三百元，今天继续清查中，待查请再告确数。

六月廿六日早　辛兰亭

中华民国二十九年陆月二十五日

（陕西省档案馆藏，档案号2－1－1019）

(17) 鄜州师范财产直接损失汇报表
(1939年3月)

事件:

日期: 27年11月20日至28年3月6日

地点: 陕西延安

填送日期:　　年　月　日

分类	价值
共计	358550元
建筑物	189600元
器具	45600元
现款	
图书	122370元
仪器	
医药用品	
其他	980元

(陕西省档案馆藏, 档案号90-2-264)

(18)抗战中敌机轰炸延安市损失统计表(延属分区报告)(1945 年 12 月)

1945 年 12 月

轰炸时间			自 1938 年 11 月 20 日起至 1941 年 8 月 4 日止
轰炸次数			17 次
侦察次数			8 次
飞机架数			240 架
投弹数			1170 枚
投弹重量			大的 220 公斤,小的 50 公斤
炸死炸伤人数及用费	炸死人数		214 人用安葬费　21400000 元
	炸伤人数		184 人用医疗费　7360000 元
	合计		28760000 元
财产牲口损失及估价	炸毁公共建筑物	房屋	1321 间　价值 26400000 元
		过街楼戏楼	10 座　价值 20000000 元
		牌楼	10 座　价值 24000000 元
		石洞	5 座　价值 24000000 元
	炸毁群众房屋		7226 间　价值 1083900000 元
	炸毁粮食		3000 斤,价值 15000000 元
	炸死牲口		197 头　价值 19700000 元
	炸毁用具及其他		价值 112000000 元
	合计		价值 1562800000 元

说　　明

一、材料根据:是延安市公安局调查材料及最近召集的延安市群众代表关于敌机轰炸延市损失座谈会所统计的材料。

二、炸死人数包括延安市市民及机关学校人员及学生。

三、安葬费,医疗费及财产损失估价均以现在市价法币计算。

四、安葬费每人以 10 万元计。

五、医疗费每人以 4 万元计。

六、公共房屋损失每间以 20 万元计。

七、公共戏楼过街楼损失每座以 200 万元计。

八、牌楼损失每座以 240 万元计。

九、石洞损失每座以 480 万元计。

十、群众房屋每间以 15 万元计。

十一、粮食每斤以 50 元计。

十二、牲口每头以 10 万元计(骡马驴)。

十三、用具及其他损失包括日常用具货物、布匹、家畜等。

(陕西省档案馆藏,档案号 4-2-175)

（19）回忆日本飞机第一次轰炸延安城

高朗亭①

为了坚持抗战，预防日寇空袭，党中央、军委、陕甘宁特区机关工作人员和延安市居民，虽然大多数都移居在城外附近郊区新挖掘的土窑洞里，但是每逢星期天，人们总要通过延安旧城去会亲访友，购买书刊等日用品，进行社会活动。

那是在 1938 年 11 月 20 日（星期天）下午，日寇空军轰炸机突然轮番轰炸延安城，投掷杀伤弹、穿甲弹、燃烧弹数百枚。凤凰山麓新华书店门前遇难和受伤的机关人员和学生最多，其他街巷道路都有人畜伤亡。以后统计：人员伤亡一百余，牲畜死伤百余头（四）。

第四批日机轰炸后，中共中央办公厅指示延安市委立即召开常委会，讨论提出五项措施：第一，立即动员民兵组织担架队，速送受伤人员去医院治疗，掩埋亡人尸体，处理死伤牲畜；第二，党、政、军、抗日救国会机关组织干部去各医院慰问伤员；第三，对受损失较大的居民给予救济；第四，原拟炸毁标志延安城的宝塔（一二〇五年金泰和五年建造），停止执行，拆除炸药，并报告陕甘宁边区政府；第五，日寇于次日可能再次来空袭，鸣锣通知全城居民出城防空，避免伤亡。

市委决定布置就绪后，我去商会找人传达时，已是晚八点钟。商会办公室只有工友尹向堂看门，市人民政府也空无一人。尹向堂惧怕人和牲畜的尸体，不敢鸣锣传话。我便陪同他走大街，过小巷，鸣锣传话，动员居民明天星期一出城防空，保障安全。尹向堂看见前面有尸体血迹就躲着走后面，过了尸体血迹就又抢着走前边，就此将决定很快传遍全城。

次日 8 点钟全城戒严，禁止任何人进城。上午 11 点，日寇空军两个轰炸机大队果然又来延安上空轮番分四批（次）轰炸。由于早有准备，全延安城只有 6 头牲畜受伤，人员无一伤亡。从此，延安城内机关和居民全部出城，依山傍水挖窑洞，开荒种田，定居办公、劳动，并在南门外挖窑穿洞，修建了新市场。延安市党、政、军、民在日寇飞机频繁空袭下，勤奋地生产、学习，为党中央、军委领导指挥中华民族坚持抗日战争的大本营，贡献了微薄的生活物资。

延安旧城被日寇轰炸成一片瓦砾，留下了日寇侵华战争的一个铁证。

（政协延安市文史资料委员会编：《延安文史资料》第二辑，1985 年 8 月印行，第 131 页）

---

① 高朗亭时任延安市长。

四、大事记

1937 年

7 月

14 日 陕西省各界抗敌后援会成立。

30 日 陕西省抗敌后援会决定组建北上慰劳团，拟购买大批慰劳物品慰劳抗日将士。西安大华纱厂全体职工以一日薪金 400 元法币（下文中未注明币种的货币数据均为法币〈亦称为国币〉，且为当时的法币时值，编者不再一一标注）转赠抗日将士。

31 日 陕西省防空协会为西安市增配了防空设备，同时西安市各机关组织成立了十余个专业防空大队。

8 月

4 日 陕西省防空协会转发了《各地防护团组织规则》，要求省内各市县迅速成立防空防护团。

19 日 陕甘宁边区在延安成立防空协会。

23 日 西安市政建设委员会第 89 次会议决定：在市内 20 处修建防空设施，总预算为 42281 元；还计划在南山一带开凿窑洞，必要时作防空洞使用。至当年 12 月底，城内已修成公共地下室 21 座，每座能容纳 500 人左右。

25 日 中共中央军委发布中国工农红军改编为国民革命军第八路军的命令，同时决定抽调 9000 余兵力留守陕甘宁边区。

下旬 “陕军”第一七七师奉命开赴平津，阻击日军。

同月 八路军西安办事处成立。

9 月

3 日 陕西省政府公布《防空法》。

6 日 八路军总部从泾阳县云阳镇出发，15 日东渡黄河。

12 日 陕西省预定认购救国公债法币 500 万元。

28 日　西安师范附小学生在一日一分运动中慷慨捐献心爱银饰物，共计 10 余件。妇女抗敌会收到培华支会募集捐款法币 73.95 元、培德支会 14.59 元，共 88.54 元。

同月　三原县抗敌后援会为抗日将士募捐法币 4000 多元。

同月　长武县各界为抗战捐款法币 1000 元，居士刘洁捐银洋 100 元。

同月　全国抗战爆发后，北平、天津等地的高等院校相继迁移到陕西办学。9 月 10 日，教育部令“以国立北平大学、北平师范大学、天津北洋工学院和北平研究院等院校为基干，设立西安临时大学”。分别在西安城隍庙后街、小南门外、北大街通济坊等处开课。

同月　八路军伤残人员 1700 余人被送往泾阳县安吴堡一带疗养。

10 月

11 日　礼泉县民众、商号认购救国公债法币 5000 多元。

12 日　国民政府行政院会议决议，承认陕甘宁边区。同意划红军原驻地为八路军募补区。

21 日　淳化县抗敌后援会为抗日将士募捐法币万余元、棉衣 1000 套。

同日　西安市警察局为负伤将士劝募棉衣、棉被及枕头等，共计 1 万套。

同日　抗战开始以来沦陷区和其他地区的难民抵达西安市者达 3000 余人，均由非常时期难民救济委员会收容，非常时期难民救济委员会还收容遭受水灾地区的难民 500 余人。

11 月

1 日　由平、津迁移西安的北平大学、北平师范大学、北洋工学院等院校在西安正式组成西安临时大学。

4 日　西京报社代收各界为抗战将士捐款累计法币 489.12 元。

7 日　日军飞机轰炸秦晋豫三省要冲陕西省潼关县。这是日军飞机对陕西省的首次轰炸。

13 日　日机首次试探性轰炸西安，出动飞机 2 架。在郊外投小型炸弹 9 枚后向东北方向逃去，未造成损失。

17 日　陕甘宁边区神府分区成立。为加强河防，中共中央军委决定将河防划分为汾川河至河口，河口至佳县，佳县至马头镇三段。设两延河防司令部，五县河防司令部和神府河防司令部。

27 日　日机 2 架轰炸西安。在西关投弹 20 余枚，在东厅门投弹 1 枚，造成 1 人轻伤。

同月　因日机轰炸，西安市政工程处修筑地下室及城南防空窑洞开支费用5488元（挖防空洞11个）。

同月　陕西省各界踊跃捐财物慰劳出征将士，捐助大批药物慰劳伤兵。陕西省抗敌后援会拨款万元为伤兵添置被服。

同月　战时经研会收到陕西各界劳军捐款累计法币20226.59元。

同月　陕西省抗敌后援会收到捐款1万元及大批慰劳衣物。

同月　伤兵慰劳委员会筹款1万元购大批布匹和棉花，由西安各女校学生为医院伤兵缝制棉衣3000件。

同月　咸阳县（今咸阳市渭城区、秦都区）抗敌后援会募捐法币4648.55元、棉花12000余斤、铁1000余斤、布鞋2000双，其他物品100余件；棉农购买救国公债法币600多元。

12月

12日　日机12架袭击西安。在西郊外共投弹30余枚，震塌房屋8间。

29日　日机8架，在西安市西郊外投小型炸弹40余枚，毁民房20余间。

同年　西安一中（早慈巷）遭日机轰炸。据1946年1月国民政府统计直接损失9920万元。

同年　西安市劝募救国公债法币35557.27元。其中，陆军第38军法币5660元，陕西省通志馆法币637元，西安市货物征稽所295元，西安市建委法币10215.27元，陕西高等法院法币650元，陕西师管区筹备处610元，陇海铁路局法币11460元，长安县立小学法币50元，上海商业储备行850元，财政部陕西印花税局法币5130元。

同年　陕西省政府在户县城北崔村修一简易军用机场，占地800亩，全系土方工程。其中占崔村耕地5顷90余亩。

1938年

1月

20日　西安市防空设备征募委员会在西安全市征募防空设备费法币50万元。

同月　西安市警察局发动全市壮丁在全市各街道空旷地段建公共防护壕76处。

同月　咸阳县民众为抗战购飞机捐款法币2473.96元。

2 月

4 日 国民政府军政部长何应钦通令各师管区各部队实行兵役法，停止募兵，所需新兵概由各市、县壮丁常备队抽调，入营编练。

23 日 西安市级机关、学校、影剧院捐防空设备费 54600 元。

同日 西安市军民合筹购买防空飞机及高射炮募捐款 173363. 17 元。其中，房产、防空捐 123363. 17 元；银行、工厂捐 5 万元。

28 日 占领内蒙的日军黑田师团 2000 余人占领与陕西府谷县隔河相望的山西保德县。

29 日 日军隔河炮击吴堡县城及宋家川渡口，炸死 3 名群众。八路军以机枪还击，逼使日军进入掩体工事。

同月 西安市政工程处修建大油巷等 7 处防空洞门，经费开支 189 元。

同月 自 1937 年 9 月起至 1938 年 2 月 7 日止，西安市各界防空募捐费共计 181806 元。其中商界 61216. 20 元，居民 20589. 80 元，国库拨款 11 万元。

同月 下旬，日军土肥原师团由豫北攻入山西垣曲，阎锡山、卫立煌腹背受敌，遂放弃晋南重镇临汾。陕东河防亦遂即暴露在日军的炮火之下。

3 月

2 日 拂晓，日军在猛烈炮火掩护下渡河侵入府谷县城。打死打伤军民 300 余人，焚毁商号、民房 400 余间，下午 5 时被迫退回保德县城。

5 日 上午 7 时，日轰炸机 5 架在府谷城关投弹，炸毁城关民房 20 余间。

7 日 陕西救济分会收到建设厅劝募法币 131. 4 元，澄城县抗敌后援会分会送到棉衣 160 件、背心 30 件。

同日 日军一部窜抵风陵渡，在对岸山头架设火炮，开始对潼关县城及陇海铁路线路及设施的旷日持久的炮击。

8 日 日机 19 架在西安西南郊外投弹 10 余枚，炸死 3 人、炸伤 8 人，炸毁民房 10 余间。

同日 日机 24 架空袭南郑县（即今汉中市汉台区）西郊机场，炸伤 1 人，机场油库被焚，民房损失严重。

14 日 日机 12 架轰炸南郑，炸死 1 人、炸伤 2 人。

同日 日机 21 架于上午 11 时侵入西安上空，在西郊外投弹数 10 枚，毁民房 20 余间。

同月 教育部收容华北沦陷区流亡师生，组成国立陕西中学。第一队 1000 多人，由教育部图书馆馆长周之裳带队，从西安迁至陕南安康县，设高中部、初中部。

4月

同月 1938年初，日军占领黄河东岸，西安已经接近前线，西安临时大学奉命南迁。各校舍分设于南郑、城固两县的城乡，校本部设在城固。4月18日开始上课，改称国立西北联合大学。

5月

同月 陕西省第五行政督察专员公署（安康地区）负责征调十个县一万余名民工，用近1年时间完成了填堰、筑坝、轧道、治河等重点工程，建起了南起月河、北到鲁家营，长1000米，宽50米，厚30厘米碎石结构的南北向跑道一条，安康五里机场初步建成。

6月

1日 陕西省防空司令部成立。

5日 日军占领黄河渡口军渡，炮击宋家川。

15日 “陕军”第三十八军在军长孙蔚如率领下，开赴中条山抗击日军。

6日 国民党军第二十二集团军新八师在郑州花园口炸毁黄河堤防，形成长400余公里，宽30—80公里，淹没豫、皖、苏3省44个县5.4万千余平方公里的黄泛区，1250万人受灾，大批难民逃入陕西。

23日 日机4架两次飞抵平民县（旧县名，今属大荔县辖区）三河口上空，投弹10枚，炸毁民船1只。

同月 日机屡次侵扰渭河沿河一带。在华阴县城北三河口炸毁民船6只，炸死船夫、平民2人。继而在（华阴县）仓西码头炸毁军粮运输车2辆，炸伤车夫3人，炸死牛12头。

7月

2日 日机5架，投弹28枚于延川县城外，投弹一颗于县政府院内。炸坏窑11孔，碾子1孔，伤猪3头，死狗1只。

8月

5日 日军侦察机、轰炸机38架于11时50分，分四批由东北、西北、西南三方面侵入西安市上空，分别在西郊、东郊投弹百余枚（内有燃烧弹10余枚），造成1人死亡、3人受伤。

16日 日机5架侵入大荔县，投弹20余枚，大荔师范学校被炸，伤亡

7人。

同月 陕西省政府向所辖机关和各县转发了国民政府行政院《抗战损失调查办法》及《查报须知》，饬令各县按要求上报抗战损失情形，并由陕西省社会处汇总上报国民政府行政院。陕西省参议会一届一次大会通过了省参议员安慕等人“清算陕省抗战损失列为赔偿责令敌赔偿案”的提案，饬令二、三、八各项搜集资料报省政府。

9月

13日 日机2架空袭神木县城，投弹15枚。炸死炸伤37人，炸毁房屋84间。

15日 陕西省抗敌后援会积极响应征募寒衣运动，共募棉皮衣10万套。

29日 上午10时，日军轰炸机3架在府谷狂轰滥炸。伤亡3人，炸毁房屋40余间。

同月 因日机轰炸西安，陕西省省立医学专科学校迁至汉中。1939年10月为便利学生向学起见，返迁回西安市安全地带继续办学。

8—9月 申新第四纺织厂和福新第五纺织厂搬迁至宝鸡十里铺。其中申新四厂搬迁费97.85万元，福新五厂搬迁费23.51万元，累计购地款839.28万元，工程费970万元。

10月

同月 西安市商界向抗战将士捐助的寒衣代价10万元，西安市民向抗战将士捐助寒衣3万件。

中旬 中央、中国、交通、农民银行联合办事处西安分处，为抗战将士募捐寒衣棉背心1万件，价值2万元。四行还为在长安车站筹建战地军官伤兵招待所捐款500元。

21日 上午，日机1架至府谷县哈喇寨镇投弹9枚。炸死2人，毁民房20余间。

同日 日机5架空袭延川县，投弹5枚，炸死牲畜7头，炸毁民窑2孔、粮食150斤和农具若干。

同月 西安各界募捐七七纪念献金90983.81元法币。

11月

4日 日机26架轰炸南郑县，炸死9人、炸伤10人。

16日 上午11时40分，日机13架分两批飞至西安上空。在中正门外、火车站一带投弹40余枚，炸毁车皮6辆，路轨数段，民房20余间，被炸窑洞200平方米，死伤40余人。这是日机首次对市区人烟稠密地区的轰炸。

18日 日机19架于上午8时5分先后分三批侵入西安市上空，在市区投弹40至50枚。炸死炸伤平民90余人，炸毁民房30余间，炸毁道路1000平方米。

同日 日机2架轰炸神木县城，投弹21枚。共伤亡76人、炸毁民房243间。

20日、21日 日机连续两天轰炸延安，前后共计30余架，投弹159枚。死伤共150余人（其中有名有姓者共计54人），毁民房309间、牲口90余匹。

23日 日机20架轰炸西安城西北隅回民居住区，投弹80余枚。4座清真寺被炸，炸死89人，炸伤180多人，炸毁房屋150余间，炸毁道路1500平方米。

24日 日机8架轰炸潼关，投弹30枚，炸死炸伤平民10余人，炸毁民房20多间。

同月 因日机轰炸，西安市政整修被炸的城隍庙后门地下室预算59元，修复被炸毁鼓楼十字、骡马市道路花费269元。

同月 由于日机屡次轰炸，陕西省教育厅决定将西安中等以上学校疏散迁移到西安城南乡村及陕南和宝鸡一带。西京市各学校及各机关奉令按计划疏散，12月20日部分学校便到达指定地点西乡县并上课。

12月

2日 日机3架，投弹6枚，炸毁吴堡县宋家川民窑5间、震塌3孔，2人受重伤。

12日 日机7架袭击延安，投弹40余枚。炸毁民房100余间，死猪2头、鸡3只。

同日 日机1架轰炸神木，投弹8枚，炸毁25间民房。

19日 日机5架轰炸神木县城，投弹40枚，伤亡26人，被炸毁房屋258间；神木官碱局毁房19间，损失1367.37元。

24日 上午12时15分，日机17架在西安市西郊及市内投弹50—60枚，伤2人，炸塌民房6间。

同月 西安市政委员会支出疏散费、防空设备费共3708元。

25日 陕甘宁边区政府、延安防空司令部公布《关于延安市遭受空袭之善后办法》。

同月 日军兵分3路，发动对黄河壶口上游马头关、凉水关、清水关的袭击。

同年 西安早慈巷的西安一中遭日机轰炸，据1946年统计直接损失1182万元。

同年 陕西省农业改进所于本年冬由西安迁移文卷、仪器等至宝鸡，迁移费用168元。

1939年

1月

1日 日军炮击、扫射八路军警备五团河防阵地。同日，日机7架袭延安，在县城东门内投弹20余枚。

2日 日机两次袭扰宜川县，投弹4枚。

8日 上午日机1架在府谷西关投弹3枚，炸死骑三师士兵1名，骡马2头。

13日 上午10时，日军轰炸机10架由东南飞至府谷县哈喇寨投弹57枚。炸伤5人，毁民房85间。

16日 日机13架从山西飞入潼关上空，在潼关火车站和县城上空投弹100多枚，炸死炸伤平民10余人。

同日 日机轰炸大荔县城，炸死9人、炸伤29人，毁房40余间。

18日 12时50分，日机31架先后分两批侵入西安市上空，在市中心区人员稠密处滥肆轰炸。投弹80余枚，炸死炸伤平民200余人，炸毁民房300余间。最惨重者为东大街大公报分馆对面364号鸿庆成绸缎庄。该处后院防空地下室气眼内落入1弹，在地下室内爆炸，该室全被震塌，室内防空袭的20余人，13人被压毙命，10余人受轻伤。

同日 陕西省历史博物馆（西安市府学巷碑林）再遭日机轰炸，该馆在1937年曾遭日机轰炸，两次遭轰炸直接损失共计价值法币265874元。

20日 日机7架轰炸洛川县，投弹40余枚。伤亡军民18人，毁房屋136间。

21日 长武县昭仁镇第五保遭日机轰炸，炸毁房屋3间、桌凳4套，价值法币550元。

同日 日机7架在洛川县投弹40余枚，炸死炸伤平民20余人，炸毁民房100余间。在延安投弹10余枚，死伤平民数人，炸毁民房数间。

22日 日机轰炸渭南县西关及车站一带，投弹30余枚。炸死炸伤20余人，毁房 50 余间。

26 日　日机 3 架在朝邑县投弹 20 余枚，县城西关，北关及南寨子等村被炸。炸死炸伤 30 余人，毁坏房屋 100 余间。

同日　日机 3 架空袭华阴县城，投弹 30 余枚，炸死民众 33 人、炸伤 7 人，毁民房 50 余间。

2 月

10 日　日机 1 架，在府谷县哈喇寨投弹数枚，炸死 2 人、炸伤 3 人。

14 日　日机轰炸榆林，1 名军人被炸身亡。

18 日　日机 3 架轰炸延安，投弹 15 枚。

21 日　日机 12 架轰炸潼关，炸毁民房 50 余间。

27 日　日机 16 架，两批次轰炸平民县城及该县之大庆关、王家庄、新民村，投弹 70 余枚，居民财产损失惨重。

3 月

7 日　下午 4 时，日机 14 架狂炸西安市区，投弹约 100 枚。死伤平民达 600 人，毁房 1000 余栋，被炸毁市政道路和民房 2000 平方米。

同日　西京电厂被炸，损毁房屋、门窗等件及该厂在本市所设置的供电线路和配电设备受损，价值 2896.67 元。

10 日　日机 14 架袭延安，投弹 70 余枚，死 6 人、伤 4 人，炸死 8 匹牲口，炸塌房屋 7 间。

13 日　日机 2 架，轰炸大荔，投弹 14 枚，炸死 2 人、炸伤 4 人，炸毁民房 27 间。

14 日　日机 21 架，中午 12 时许侵入西安市上空，狂炸市中心区域，投弹 70 余枚，平民死伤 70 余人，毁房 500 余间，被炸毁道路 2000 平方米。

同日　日机 9 架轰炸宝鸡县，投弹 48 枚，炸死炸伤 80 人，毁民房 30 间。

15 日　10 时 35 分，日机 12 架由东北方面侵入西安市空，在东北郊及火车站北 3 里许、城内东北角一带投弹 20 余枚。12 时，日机 50 架侵入西安市上空，在西郊投弹 40 至 50 枚，在南郊投手榴弹数枚逃去。两次轰炸死伤平民 20 余人，毁房屋 70 余间。

24 日　日军用炮击黄河对岸向吴堡县宋家川，发炮 1000 余发。伤百姓 3 人、死 1 人，民房、工事损失严重。

同日　西安市政修复被日机炸毁的大油巷一带道路支出 2433 元，修复东厅门、尚仁路路面支出 2255 元。

4月

2日 日机轰炸西安，在南院门等处投弹52枚。炸死炸伤10余人，炸毁民房300余间、炸毁道路水沟1000平方米，西京电厂损失868.26元。

3日 日机17架轰炸西安市，共计投弹45枚。炸死平民7人、炸伤30余人，炸毁民房120余间。

13日 陕西省空袭救济处成立。

18日 日机轰炸绥德县，县城同心合商栈14间房屋商号被炸，直接损失552230元。

29日 下午，日机6架轰炸西安市西郊飞机场，投小型炸弹43枚，1人受伤。

5月

6日 日机13架轰炸南郑，致9人死亡，10人受伤。

7日 日机5架于下午6时30分侵入西安市上空，投弹25枚。炸伤13人，炸毁及震倒房屋53间。

同日 日机12架轰炸南郑，致4人死亡、29人受伤。

16日 日机15架在南郑城内投弹100余枚，伤亡群众100余人。

17日 日机12架向南郑城内投弹50余枚，石灰巷中央银行仓库被炸，死伤8人，毁房屋56间。

6月

5日 日军进占军渡、孟门、碛口，在飞机配合下，向宋家川、枣林坪一线河防发动猛烈炮击，企图强渡黄河。此次日军炮击吴堡县宋家川镇，炸毁窑房16孔，炸死小猪一头，毁醋1缸。

30日 日机轰炸西安，炸死210人（其中回民73人）、重伤54人（其中回民21人）、轻伤24人（其中回民21人）。截至8月下旬，政府发放救济金5000元，除拨给回民3000元，下余2000元救济其他民众，后增加45元。

同月 陕西省秘书处建筑地下室工程总费用支出3803.42元。

7月

同月 为防空需要，陕西省府通过陕西省建设厅、民政厅联合修建共用地下室，其工料费5766元；通过财政厅及会计处建筑合用地下室经费6938.74元。

同月 日机轰炸咸阳县城（即今咸阳市渭城区、秦都区），炸死城关镇第一中心国民学校工友2名。

8 月

15 日 日机 10 架袭延安，在南大街及东门河川投弹 10 余枚，内有燃烧弹 2 枚，幸未起火。伤平民 5 人，死驴 1 头，毁民房 30 余间。

17 日 日机轰炸西安市，炸死 2 人、重伤 8 人、轻伤 6 人，被炸民房 20 余间，被炸道路 200 平方米，损失估计 5000 元。

9 月

5 日 拂晓，日军以大炮机枪密集轰击、扫射吴堡县沿黄河及宋家川渡口。炸毁窑房 34 孔（其中石窑 21 孔）、大门 5 座，炸毁房屋 16 间，炸死牛 1 头、驴 1 头，毁扇车 1 辆、瓮 14 个等。

20 日 日机 36 架轰炸西安市。投弹 124 枚，炸死 34 人、炸伤 17 人，震倒建筑物 90 间、炸毁建筑物 93 间。财产损失估计 30000 元，发振恤费 1660 元。

同日 西京电厂被炸损失 1286. 32 元。

同日 陕西省水利局落弹 6 枚（西安革命公园内本局），2 人殉难，办公室被炸毁。

同日 日机在陕西省农业改进所西安林场在革命公园的苗圃投弹 9 枚，炸毁房屋 5 间，炸毁树苗 14834 株，直接经济损失 685 元。

同日 陕西省测候所（西安革命公园）被炸，财产直接损失 1644. 4 元。

同日 西安东木头市公子 2 号被炸毁房屋 6 间、震动倾斜房屋 35 间。

27—29 日 日机两次投弹 100 余枚，轰炸榆林县忠勇镇、爱国镇。炸死 16 人、炸伤 5 人，炸伤猪 12 头、马 2 匹，炸毁房屋 372 间，损失合计 50335 元。

同月 陕西省动员委员会为前方将士募捐背心 20 万件。

10 月

3 日 陕西省会警察局召集联保主任开会，决定由各联保出民工，从 10 月 5 日起在城郊四周挖防空壕，至 10 月 15 日竣工，约能躲藏 15 万人。

4 日 日机 36 架，上午分 3 批侵入西安上空，在西京电厂、大华纱厂投弹数 10 枚；下午又分 3 批侵入市空，投弹 128 枚。炸死 18 人，炸毁民房 205 间。

10 日 日机 82 架分 5 批轰炸西安，投弹 188 枚，造成轻微损失。

同日 西京电厂被炸，损失 923. 30 元。

同日 西安一中被炸，直接损失 2950 元（仅器具）。

同日 西安市扶轮小学防空洞被炸塌，洞内陇海铁路工人家属 13 人身亡。

10 日、14 日 日机两次轰炸西安市，炸毁房屋 14 间。

同日 陕西省纺纱改进处和长安纺纱训练所被炸，损失总值法币727. 2元。

同日　陕西省私立培华职校和西安女子中学被日机轰炸，据1946年6月统计培华职校直接损失共计11925630元，间接损失共计437.8万元；女子中学直接损失18480万元，间接损失2390万元。

11日　日机12架轰炸长安大华纱厂，投弹50枚，纱厂被全部炸毁，死伤40余人，烧毁棉花2.5万担，经济损失236万元（法币）。因纱厂全毁，布厂亦无法开工，完全停顿，开工日难以预计。

同日　陕西省建设厅被日机轰炸，炸毁房屋81间，办公用具及实物毁坏898件（家具155件，文具98件，器具55件，电工器具590件）。

同日　陕西省公路管理局西安汽车站被炸，损失门窗、玻璃、屋瓦等价值1054元。

同日　西安西京机器修造厂（西安崇孝路公字一号）被炸，机器厂全部房屋被炸毁，所有机器材料工具等被炸损坏，大丰铸锻工部、办公室、宿舍等处屋顶门窗均被震坏，损失共值法币47335元。

同日　日机70余架两批次飞入大荔上空，投弹136枚，炸死39人、炸伤15人，毁房205余间、酱具120件。

同日　日机9架，在华县县城人口集居地密集投弹。炸死50余人、炸伤40余人，炸毁县城东城楼。

10日至12日　日机166架分批轮流狂炸西安，3日之内投弹377枚。炸死96人、炸伤108人。这是日机空袭西安规模最大的一次。

13日　上午，日机轰炸高陵县城。造成28人死亡、27人受伤，炸毁学校、商店、民房287间。具有重要文物价值的珍贵文化遗产——四部高陵县志木刻版也被全部炸毁。

同日　7时许，日机9架先后分两批窜入咸阳城区，投弹65枚。炸死平民62人、伤48人，炸毁房屋82间。其中城关镇第一中心国民学校被毁房屋20间，第二中心国民学校被毁房屋20间。

16日　日机17架轰炸洛川县，投弹100余枚。伤亡平民5人，毁房屋335间。

同日　上午7时，日机4架在合阳县城后地巷、大油巷、乔家巷等处投弹60余枚。炸死57人，炸毁房屋百余间。

25日　日机35架轰炸南郑县，炸死198人、炸伤182人，炸毁民房78间。

30日　日机22架轰炸南郑县，致10人死亡、15人受伤；国立西北工学院器物损失210.75元。

11月

14日 日机轰炸榆林县城区，炸死1人、炸伤11人，炸毁房屋30间。

25日 日机轰炸西安，死亡24人、重伤25人，被炸损毁房屋166间，财产损失16600元，发赈恤费3640元。

同日 日机17架轰炸西安，投弹10枚，并散发大量传单。

26日 日机18架轰炸西安，投弹70余枚，炸死炸伤20余人。

同日 10时30分，日机18架飞抵咸阳县城上空，在郊外投弹50余枚，死伤平民10余人。

30日 晨2时许，日机12架窜袭西安，投弹7枚，毁房10余间。

同月 陕西妇女慰劳会为中原将士募得寒衣款万余元。

同月 日机轰炸靖边县，炮轰佳县河防一线，炸死炸伤180余人。

同月 陕西省疏散委员会决定分期疏散西安等城市人口，旋又改为强迫疏散城市人口。

12月

8日 日机轰炸榆林城，炸死26人，重伤25人。

16日 日机36架轰炸榆林县忠勇镇、爱国镇，炸死8人、炸伤14人，炸死骡2头、驴4头，炸毁房屋1051间，直接损失105640元。

28日 陕甘宁边区政府命令，动员青年1710名，补充留守兵团和边区保安部队。

1940年

1月

20日 陕西慰劳团收到澄城县犒劳绥西将士慰劳金万元。

同月 西安市为开辟南四府街防空疏散城门，支出1084.60元；南四府街地下水沟改线工程支出2379.73元；修西门外涵洞防空便门支出27.92元。

2月

2日 上午11时，日轰炸机12架在府谷城关投弹80余枚。炸死33人、伤50余人，毁房屋600余间。

6日 上午10时，日机9架飞至府谷城关，投弹60余枚，炸死5人、炸伤10人，毁房50余间。

7日 日机10架飞至府谷哈喇寨，投弹70余枚，炸死7人、炸伤11人，毁房 170 余间。

17 日　西安市春礼劳军运动会开幕，收到现金 6000 余元。

20 日　西安市春礼劳军运动会收到回教会发动全西安市回胞献纳金 6021.67 元。

23 日　日军 12000 余人进犯晋西北和陕甘宁边区河防。

3 月

7 日　日机在西安市东大街、莲湖公园一带投掷重型炸弹多枚，五岳庙门城墙下天水行营防空洞被炸，居民死伤近百人。陕西省保安处被炸毁房屋 4 间，室内物品均被炸毁，共损失 1896.6 元。

14 日　西安市春礼劳军运动共收代金法币 38210 元。

26 日至 27 日　日机轰炸渭南县两次，炸死 5 人，毁木船 10 只。

29 日　8 时 20 分，日机 7 架窜抵咸阳县城上空，投弹 56 枚，炸死平民 8 人，炸伤 19 人，炸毁房屋 140 余间，炸毁县城西街保学教室及桌凳等校具数件，直接财产损失法币 6155 元。

是月　陕西省防空司令部救护大队发放被炸救护伤亡药膳、棺木费等 4000 元。

4 月

2 日　日机 12 架袭延安，投弹 50 余枚。毁窑洞 4 个、房屋 6 间、马 1 匹。

同月　日机 10 架轰炸洛川县，投弹 57 枚。伤亡民众 2 人，毁房屋 88 间。

3 日　上午，日机 7 架轰炸西安市区，死亡 12 人、重伤 11 人，被炸房屋 185 间，财产损失 45700 元，发赈恤费 2700 元。

13 日　西安市商会募集前方将士寒衣代金款 10 万元。

5 月

1 日　日机 24 架轰炸安康县付家河机场，投弹 180 余枚，死伤群众 200 余人、炸毁房屋 120 余间。

19 日　日机 18 架夜 7 时至 9 时分两批先后侵入西安市上空，投炸弹 100 余枚，燃烧弹数枚，死伤 10 余人，炸毁房屋 10 间。其中西号巷地下室入口被炸，压毙 10 余人。

同月　晚 8 时，陕西省公路管理局西安汽车站（西京市炭市街）右边落弹 1 枚，站内房屋墙壁多被炸毁，屋瓦成为粉碎，门窗无一完好，实物破坏不堪。直接损失 1139 元。

同月 西安西京机器修造厂（西安崇孝路公字一号）落弹数枚，炸伤1名职工。厂舍、器材、器具、文具、待修汽车被炸，总共损失法币24045.9元。

20日 日机22架轰炸南郑，致28人死亡、48人受伤。

6月

23日 日机1架侵入西安市上空，在最高空盘旋两周后，旋在城郊投弹3枚，死伤平民20人，炸毁民房35间。

同日 日机5架轰炸榆林县城区，炸死1人、伤2人，毁房82间，折法币7010元。

24日 日机在华县县城南街大壕内投燃烧弹，当场炸伤2人，大壕内的麦垛、树木被烧毁。

20日—27日 日军4次炮击佳县县境，造成3人死亡、5人重伤；炸毁桃花、螅镇两渡口木船42只，直接损失时值11000元；炸塌县城房39间，折18550元，毁坏学习、生产、生活用品折价8382元。

30日 日机37架，狂轰滥炸西安市城区，举院巷北段防空洞被炸塌，洞内数十人尽数压毙。此次轰炸共计死伤400余人，毁房500余间。

同月 为防空需要，西安市政建设委员会修理城墙下防空洞支出28436元。

7月

24日 日机3架分3次乘隙侵入西安市空，1架在西安本市难民区投燃烧弹4枚，炸伤平民4人，焚燃草屋60余间。

同月 陕西省各界妇女征募夏衣运动会收到代金3万元。

8月

20日 陕西伤兵之友社半年所收社费总数约达5万余元。

26日 日机16架6次轰炸潼关，投弹140枚，轰炸持续4个多小时，炸死炸伤平民40多人，毁房50多间；防空洞塌陷，里面的人多数被窒息死亡；炸毁潼关县立大市场小学，县立大悲寺巷初级小学等6所学校的校舍，仪器、图表、图书被毁、损失惨重。

30日 日机24架分两批先后窜至武功县和咸阳县城。一批轰炸西北农学院，西北农学院教职工被服等生活用品数件被焚毁，直接经济损失法币2467元；炸死西北农学院附近杨陵乡第五保张家岗、薄窑庄等村农民11人、伤10人，炸毁房屋41间，损失麦草、禽畜等，直接经济损失法币10580元。另一批以咸阳中国机器打包厂为目标，投弹60余枚，炸毁房屋100余间，炸死平民6人、伤7人，炸毁工厂原料、器械等，造成直接财产损失法币1008340元。

31日 36架日本飞机轰炸宝鸡县，投弹200枚，炸死炸伤260余人，毁房260间，烧毁申新纱厂1114包棉花、炸毁60台织布机。

9月

3日 日机36架轰炸安康县老城和新城，仅老城土西门至大什字一段，掩埋无名尸体100多具，城区死伤800余人。此次轰炸中，陕西会馆储存的百万斤桐油中弹着火，浓烟弥漫3昼夜。

10月

同月 西安一中在1938年8月和1940年10月的日机轰炸中，据1946年6月统计，共造成直接损失2364300元，间接损失273500元。

同月 陕西省动员委员会收到咸阳县动员委员会为抗战将士捐款1660元。

同月 陕西省驿运管理处成立。至1943年全省共修整驿运线路2000公里。

11月

同月 陕西省购粮委员会、省财政厅、民政厅和第十区行政督察专署分配高陵县代购军麦数量共计11000包，财务委员会派款共计12.5万千元，节约储蓄共计4万元。

同月 陕西省动员会收到各机关学校寒衣代金8000余元。

同月 咸阳县动员委员会为抗战征募寒衣代金23060元。

12月

30日 阵亡将士墓落成，西安市各界为抗战阵亡将士举行公祭典礼。

同月 陕西省防空司令部为加固西安市防空设备，通过招标修建西安情报所地下室（喇嘛寺预备情报所、杜公祠预备情报所）总计标价10774.6元。

同月 陕西伤兵之友社收到大批新年劳军礼品。

同年 本年日机轰炸陕西，被炸死亡1029人、伤1460人，毁房3067间，发放抚恤38328元，救济31950元。

同年 中央、中国、交通、农民银行联合办事处合捐寒衣代金40万元。

1941年

1月

31日　日机20架轰炸南郑，投弹70余枚，死1人、伤2人，民房被炸10余间。

2月

2日　长安大华纺织厂遭日机轰炸。炸死1人，炸毁库房1所，焚毁棉花1995包，共计473200斤。

同月　西安市支前劳军运动会五日共收到20余万元献金。

同月　中央、中国、交通、农民四银行举办义诊运动游艺会募捐200元，共向陕西社会服务部交捐款8万元。

同月　陕西各县支前劳军运动会总共献金30万元。

3月

3日　日机轰炸西安市、区，炸死1人，毁房屋8间。

8日　日机轰炸西安市、区，炸死3人、重伤1人、轻伤3人，炸毁房屋68间。

7日至13日　咸阳县动员委员会在各乡举办出钱劳军运动，共征募义款法币7474元；为难民捐款1000元。

17日　陕西省政府、陕西省保安司令部发布《战地壮丁动员方案》。

同月　西安市动员委员会扩大推行出钱劳军运动，组织“劝献团”赴各街劝献，收献金总数达17万元。

4月

同月　西安市建委增加防空设备，修复被日机炸毁的工程款18660元。

同月　陕西省支前劳军运动会献金已达50万元。

同月　咸阳县动员委员会劳军募捐法币4600元。

同月　日军在山西临县举头山上架设大炮轰击佳县螅镇渡口，炸毁木船18只，造成直接损失法币14400元。

5月

6日　上午7时40分，日机17架侵入西安市上空，在尚仁路、大华纱厂等地区投弹25枚，炸死炸伤平民30人，炸毁房屋10余间。8时20分又有日机9

架在西安火车站投弹20余枚，炸死炸伤平民32人。

同日 日机8架自东西飞经临潼县，投弹10余枚，炸毁民房2间。其中在陇海铁路新丰车站投弹7枚，炸伤民众2人，炸毁棉花6包；在斜口镇底姚村车站投弹3枚，炸毁棉花370余包、车皮1辆、铁轨1条。

△ 日机9架窜入咸阳县城上空，向咸阳中国打包公司投弹12枚，损毁仓库、房屋、各种原料等损失约值法币100万元；在咸阳火车站内外投弹21枚，炸毁仓库、宿舍11间、满载棉花的车皮3个，炸伤平民3名；炸毁咸阳县城关镇第四、六保国民学校教室6间，炸毁教具数件，直接财产损失法币758330元。

18日 日机37架入侵西安市区上空，在闹市区投炸弹129枚和数枚燃烧弹，炸死平民24人、炸伤30余人，炸毁房屋472间。

同日 陕西省商业专科学校西安市北院门校区，落弹9枚，炸死伙夫2人，埋葬费25000元；炸伤学生1人，医药费7850元；炸毁图书馆损失200万元，炸坏大礼堂，损失估价80万元。

同日 日机向西安市正学街28号小多制革厂投燃烧弹2枚，炸弹1枚，炸死工人1名、炸伤2名，烧毁房屋11间、炸毁12间，烧毁制成之熟牛皮852片，炸毁储满药水的大木缸16个，烧毁鞍子31盘，烧毁和炸毁桌案7张和衣箱等。

同日 西安市莲湖公园被炸，死2人、伤1人、财产损失900元；省电管局员工住所被炸，财产损失共计4945元，发放救济金3790元。

19日 西安市非常时期疏散建设委员会第四次会议议决：市区中学限20天内完成向郊外疏散，小学限6月底完成疏散。

20日 日机轰炸西安市西郊飞机场。

21日 11时，日机以咸阳中国打包公司为目标，投弹40余枚，炸毁仓库、宿舍、花房、棉花等财物。陕西省防空司令部限期1月“强迫疏散城市人口”。

同日 日机40架空袭南郑县城，投弹80余枚，居民伤亡30余人，民房被炸10余间。

22日 日机8架轰炸宝鸡申新纱厂，投弹40余枚，造成损失100余万元。

26日 上午11时，日机10架侵入西安市上空，在玄风桥、金家巷、东羊市、东新巷、窦府巷及东关一带投弹30余枚，死亡6人、轻重伤20余人，共毁房200余间（内有天主教堂房屋13间、地下室1处）。

同日 上午8时，日机46架轰炸南郑县城，死亡8人、伤30人。南郑市区南大街商号被炸者有6家，其中商号“全成永”后院落弹1枚，炸毁酱缸100余个。

同日 12时，日机8架在咸阳县投弹4次，炸毁恒安村房屋10余间，咸阳中国打包公司花房、棉花等，约值法币172800元。

同日 日机飞至旬阳县龙洞沟投弹4枚，炸伤农民1人，震破民房4间。

同月 陕西征募寒衣代金共得30余万元。

6月

2日 上午8时，日机4架侵入西安市，在北关正街投弹1枚，重伤1人。

18日 日机10架分批在西安市投弹数10枚，被炸死亡37人、重伤18人、轻伤23人，毁房462间。

22日 日机大批出动纷扰陕甘川康，其中10架轰炸宝鸡县城。

23日 日机轰炸咸阳工厂，炸毁大厂房、锅炉房4间，粗纱纺车4部。据1942年5月陕西省建设厅统计，咸阳工厂先后3次遭受日机轰炸，直接、间接损失约值法币1810874.4元。

同月 省级田赋归中央接管，并改征实物，陕西省财政收支不敷现象更加严重。

8月

1日 日机18架分批侵入西安市上空，在后宰门、北大街、新城、梁府街、九府街、莲花池等处投弹60余枚，炸死炸伤30余人，毁房300余间。

2日 9时20分，日机7架在咸阳县城投弹19枚，炸死9人、炸伤8人，炸毁房屋9间。

4日 日机27架到延安市区肆虐，投弹100余枚，炸死炸伤6人，牲畜死伤35匹、毁房屋5间。

5日 日机轰炸位于武功县的西北农学院，炸毁房屋14间。同时还炸毁窗、门、墙等教学设施数处，教学物品数件，直接经济损失法币57012元。

6日、7日 日机27架轰炸宝鸡城郊，共计投弹100余枚，死伤100余人，毁房100余间。

8日 日机9架投弹10余枚轰炸大荔县城，造成数人伤亡，毁坏房屋数间。

9日 日机9架分批空袭西安市，在南院门、五味十字、梁家牌楼、土地庙十字、草厂巷、南北四府街、琉璃庙街、大小保吉巷、车家巷、横巷、南广济街、德福巷等处投弹40余枚。炸死25人、重伤12人、轻伤18人，毁房294间。

同日　日机5架轰炸咸阳县北高乡第四保上召村飞机场，投弹60余枚。炸死、炸伤平民40余人、炸毁民房200余间。

13日　日机25架飞临西安市上空，落弹20余枚。死亡13人、重伤2人、轻伤9人，毁房194间、毁草棚18间。

同日　日机1架在临潼县城郊西南靳家堡西投弹4枚，炸死2人，炸死驴1头。

17日　日机轰炸西安市区，被炸民房及防空洞6间，损失3000元。

25日　日机7架在临潼县城区投弹2次，共计投弹33枚。炸死17人、伤25人，炸毁房屋30间、震倒房屋25间。

27日　日机15架突袭延长，投弹30余枚，7枚落城内，死伤居民数10人。

28日　日机67架分批轰炸宝鸡县、凤翔县，投弹10余枚，炸死炸伤4人。

同日　日机轰炸咸阳工厂，炸毁厂房、车间机器、原材料、家具等财物，约直接财产损失法币85469.90元。

29日　日机66架轰炸南郑，炸死8人、炸伤13人，毁房数间。

同日　日机12架轰炸西安城内北院门、西华门、大皮院、麦苋街等处，投弹9枚，毁民房294间。

31日　上午12时，日机12架侵入西安市上空，在北院门、西华门、八家巷、大皮院、麦苋街等处投弹9枚，毁房10余间。下午4时日机3架侵入市空投弹19枚，炸死5人、炸伤7人，毁房89间。

同日　日机轰炸咸阳工厂，直接损失法币90007.9元。

同日　日机在咸阳县私立东北小学投弹4枚，炸毁教室、桌凳等物品，造成直接经济损失约法币3000元；在咸阳县卫生院投弹1枚，炸毁房屋4间、其他财物数件，直接财产损失约法币8000元。

同日　日机轰炸长武县昭仁镇第四保，炸伤平民6人，炸毁房屋14间，织布机5部，直接经济损失约法币24000元。

同日　日机1架在兴平县城东郊投弹5枚，炸死3人、伤2人。

同日　日机1架在乾县县城投弹6枚，损坏民房数处，死伤8人。

9月

4日　日机3架由潼关侵入华阴县上空，在华山岳庙投弹20余枚。炸死22人、炸伤15人，毁房20余间。

12日　上午8时40分，日机85架侵入西安市上空，对南院门、西大街、崇廉路、尚仁路、尚俭路、崇礼路、红埠街、陈家巷、梁府街机车站附近等60

余处滥施轰炸。投弹290余枚，炸死72人、重伤45人、轻伤22人，毁房544间、席棚6间。

同日 位于西安市的陕西长安法院看守所落炸弹3枚，炸死13人、重伤8人、轻伤26人，炸毁房屋13间。省第一监狱落弹6枚，死亡19人、重伤9人、轻伤13人，毁房21间。

同日 西安市南院门街96号于宏春茶庄门面楼房3间被炸毁。重新修建费用15712.40元，建设厅承担3000元。

同月 西安市新生剧团为9月12日日机轰炸西安被炸难童捐款1000元。

同月 户县召开“一元献机”运动游艺大会，共收捐洋13369元。

10月

同月 西安市开展“一元献机”劝募捐款活动，目标是募捐300万元，购机20架。

同月 咸阳县动员委员会募捐棉背心代价20192.2元。

11月

11日 中央银行、中国银行、交通银行、农业银行四行联合办事处西安分处为陕西省捐募寒衣代金2000元。

30日 日机轰炸武功西北农学院，炸毁房屋29间、炸毁教学设施数处，直接经济损失约法币113353.07元。

12月

1日 上午8时，日机5架侵入西安市上空，在西关飞机场、草阳村投弹10枚，没有造成人员伤亡。下午1时，日机7架又分两批侵入西安市，在西关南城壕及草阳村一带投弹9枚，轻伤1人。

2日 上午7时30分，日机9架侵入西安市上空，在大华纱厂、革命公园、新城等处投弹10余枚，毁房9间。在大华纺织厂投燃烧弹4枚，炸死1人、燃毁棉花库棉花1955包，损失180余万元法币，烧毁布机420台及零部件、准备机器，价值约为300余万元；损失机器油11桶，计值33000元。

4日 下午3时，日机6架侵入西安市上空，在西门外、草杨村、南桃园北及飞机场一带投弹21枚，均落空地没有造成人员伤亡。

8日 下午3时，日机6架侵入西安市上空，在西大街、北院门、后宰门、革命公园、崇礼路、桥梓口、大小车家巷、大小保吉巷、麦苋街、大皮院等处投弹33枚，炸死6人、重伤1人、轻伤3人，毁房82间，财产损失估计

114000元，陕西省振济会发抚恤费1995元。

9日 8时30分，日机4架在咸阳县城东郊外尚家村等地两次投弹27枚，炸死炸伤平民4人、毁房10余间；13时许，在咸阳工厂投弹4枚，炸毁宿舍5间，围墙、门窗、实物等数件，共值法币12000元。

14日 日机8架轰炸南郑县城，致10人亡、3人伤。

同月 上午8时5分，日机7架经由西安侵入户县飞机场，投弹43枚，人员、房屋均无损伤。

同年 南郑县政府将县城内莲湖镇第九保八甲所辖北教场靠西民房14间，改建为忠烈祠，供奉本县死难烈士。改建费用为2949.9元。

同年 彬县为抗战“一元献机”捐款法币84917元，民众购买战时公债40000元。

1942年

3月

24日 上午8时10分及10时50分，日机4架分批侵入西安市城郊，在西关飞机场等地投弹4枚，炸伤1人。

26日 日机轰炸渭南县城北打包厂，损失96300元。

4月

14日 日机12架两次空袭南郑。北教场国立西北大学教职工大会会场，突遭日机轰炸和扫射，死伤10余人。

20日 日机轰炸陕西省立商业专科学校东院（西安市梁府街公子3号），院内落弹6枚，炸毁宿舍16间，炸毁楼房3间。据1946年1月统计损失共计5048万元。

25日 日军在吴堡县宋家川施放毒气弹，50人中毒，同时炸毁民居大门5扇。

28日 下午7时20分，日机7架侵入西安市上空，在西关飞机场、东关东廓门外、小雁塔西南等地投弹10枚，没有造成人员伤亡。

同月 陕西省防空救护大队申请被炸救护伤亡药膳、棺木费等5000元。

同月 西安市建设委员会兴建“荣誉军人招待所”，估价143114元。

5月

同月 陕西省防空司令部新建临时救护所及城墙防空洞口土墙工程决算22966.6元。

同月　陕西省防空司令部调查认为日机曾在西安市投氯气弹。

6 月

30 日　晨6时10分，西安举行防空大演习，邀请各机关、团体代表参观。

8 月

同月　陕西省防空司令部请专家为防空洞试装防毒设备估算款，总计资金22476元。

9 月

同月　西京日报发动慰劳河防防空哨兵活动，收到千元慰劳金送防空司令部。

12 月

同月　陕西省防空司令部补修第333号等四处防空工程，共计法币16075元。

同年　陕西省财政厅为防空司令部修建炮兵第四团第一营炮房、兵舍，拨款33360元。

同年　陕西省社会处修筑防空工程（地下室、地洞厕所等）花费26727元。

1943 年

1 月

同月　中央、中国、交通、农业四家银行为元旦劳军及救济豫灾捐款4000元。

2 月

7 日　日机8架轰炸安康，在郊外投弹36枚，炸死炸伤11人。

8 日　日机10余架轰炸南郑城郊和西乡县，炸死6人。

3 月

同月　陕西省司令部修补西安市公共地下室木盖工程花费56849元。

同月　西安市商会为省劳军运动筹委会交慰劳款20万元，捐募夏衣代金款6万元。

4 月

20 日、21 日　日机连续空袭南郑县，人员伤亡10余人。

同月 户县修建忠烈祠费用3316157元。

5月

23日 西安市各工厂交缉私处军麦款129756元。

同日 高陵县政府训令配赋新十一旅壮丁200名；奉专署令代购健骡8匹、輓骡27匹、大车13辆；奉令为炮兵第一补充团代购300匹马一个月的草料，马料18000斤，马草108000斤。

同日 耀县民众出动3800辆大车，运送军麦3800吨。

7月

同月 西安市政处修理防空蓄水池木盖、吸水池木盖和吸水机井工程费用257338.10元。

同月 高陵县奉令为三十六军代购216匹马一个月的草料12960斤，马草64800斤，麸皮8640斤；高陵县政府训令县保四团征运淳化军麦8万斤，需输力大车67辆；保九团征运淳军粮9万斤，需车83辆。

8月

4—8月 高陵县为三十六军和炮兵一团代购马草433890斤、料81852.5斤、麸皮19521.5斤。

9月

同月 中央、中国、交通、农业四家银行及邮汇局各捐助伤兵之友社200元，共捐1000元。

同月 户县民国政府优待赤贫征属12050人，计发24100元。

10月

3日 日机12架空袭南郑，炸死炸伤人员数10人。

同月 中央、中国、交通、农业四家银行及邮汇局拨赠陕西省慰劳抗战将士委员会慰劳金各200元，共1000元。

11月

同月 陕西省防空司令部补修城墙防空洞四处及防空便门三处，工程费用100070元。

12月

10—12月 高陵县为骑二师和交警总队代购马草380400斤、料82500斤、麸皮77800斤。

同年 彬县为抗战购滑翔机捐款法币30000元、购同盟胜利公债120000元。

同年 户县政府共救济难民978人，发放救济金34230元。

1944年

2月

10日 日机9架侵入西安市上空，在西郊机场投弹37枚，未造成损失。

20日、22日 日机两次轰炸西安市西郊飞机场。

4月

20日 日机10架轰炸南郑，致10人死亡、8人受伤。

同日 日机8架在华县火车站扫射，恰遇国军炮兵营正上火车，打死1人、伤7人。

21日 日机8架轰炸南郑县，致5人死亡、7人受伤。

22日 5时30分，日机2架侵入西安市上空，在西郊劳动路及飞机场附近投弹11枚，并用机枪在市区扫射。上午9时50分，敌机14架侵入市空在西郊外飞机场投弹18枚，炸伤3人。

25日 上午6时，日机32架分三批侵入西安市上空，第一批12架，第二批13架，分别在北郊、南郊盘旋后离去。第三批7架上午6时30分，在东北区中正门外及西安火车站附近投弹30余枚。炸死3人、伤9人，毁房50余间。

同月 陕南贫困小县紫阳县为第八战区购粮，累计赔价25万元。

5月

5日 西安市寄卖公会为慰劳中原前方抗战将士捐款71200元。

同日 西安市各县代军政部购麦136000包，共2720万斤。

10日 西安市各行业公会捐款12万元，派代表慰劳空军将士。

15日 中央、中国、交通、农业四家银行及邮汇局为豫中抗敌将士捐款4万元。

16日 西安市政处为各剧院慰劳将士演出捐款85150元。

同日 榆林市榆阳、神木、横山、靖边、定边、佳县共向中原抗日将士募捐205243元。

同日 南郑县城北街建设委员会及民工250人献金6000元，南郑青年团慰劳款1万元，均被送至第一战区长官部。

同日 国民政府发动十万知识青年从军运动，全省学生踊跃报名者达10284人，经体检合格者9118人，分批送往昆明入伍。

6月

5日 晚8时45分，日机11架分批侵入西安市上空，在西郊草阳村及机场附近投弹280枚，炸死3人、重伤2人。

7月

4日 晚8时20分，日机4架侵入西安市上空，在飞机场及城内西五台附近投弹9枚，未造成损失。

同日 日机10架轰炸南郑县，致2人死亡、2人受伤。

8月

11日 日机6架轰炸南郑县，炸死1人、伤7人。

12日 零时9分，日机9架分批侵入西安市上空，在西关投弹304枚。其中1枚炸弹于5时许爆炸，炸伤机场卫兵4名，毁房2间。

同月 陕西省振济会拨款50万元救济豫籍难民。

9月

8日 晚1时，日机2架轰炸南郑西关机场。投20公斤炸弹约19枚，未有人员伤亡。

11日 上午2时45分，日机4架分批侵入西安市上空，在西关一带投弹46枚。炸死3人、重伤4人、轻伤4人，炸死骡子4头，炸毁门楼1座、炸毁店面1间。

同日 日机4架空袭南郑城区，投弹46枚。炸死居民3人、伤9人。

12日 晨2时40分，日机2架侵入西安市上空，在西北郊投弹14枚，未造成损失。

21日 晨3时5分，日机3架侵袭西安市，在西郊机场附近投弹4枚，未造成损失。10时50分，日机2架侵袭本市，中国空军飞机4架起飞迎敌，击落日机1架。

10月

3日 下午9时30分，日机6架侵入西安市上空，在西郊一带投弹8枚、糜家桥投弹4枚、十里铺投燃烧弹6枚，未造成损失。

同日 晚10时35分至12时止，日机8架分9批次侵扰南郑机场。飞行高度约1000米，投20公斤炸弹100余枚、轻磅炸弹约2枚、照明弹数枚，炸死4人、炸伤2人。

7日 下午9时40分，日机4架分批侵入西安市上空，在西郊机场及附近投弹10枚，轻伤1人。

同日 日机2架轰炸南郑县南关外玉皇庙一带，投弹6枚，炸伤1人。

12日 西安市寄卖公会为修建西安城墙永久工事捐款4749元，市采办公会为修建西安城墙永久工事分两次捐款17741元、31680元。

27日 西安市采办工会两次交战时马干实物赔垫款11146元、41639元。

28日 日机轰炸西乡县，炸伤2人。

同月 陇海铁路华阴站员工捐款2250元劳军。

11月

同月 陇海路铁路局为伤兵集募10万元营养款。

同月 陕西开始征集知识青年从军。至12月，全省共征集5000名知识青年。其中，西北工学院学生有600人报名从军。

12月

同月 中央、中国、交通、农业四家银行元旦慰劳荣誉军人，赠送羊肉1万斤，折款8000元。

同月 彬县民众为抗战购同盟胜利公债550000元。

同月 是年10月至12月，国民党在陕西省征集知识青年从军。截至年底总计点交入营9118人。

1945年

1月

20—23日 西安市采办公会交战时马干款4277元、冬令救济款81239元、修筑西安城墙工事款20541元。

27日 陕西省征集的从军知识青年飞赴云南昆明，分别编入中国远征军序列。

2月

3日、7日 西安市采办公会交历次拖欠摊派款91601元、军政会运粮运费31939元。

3 月

6 日　西安市采办公会交战时马干款 40261 元。

27 日　高陵县奉令摊筹北运军粮运费及差价等费共计 5368850 元，限 4 月中旬筹交一半，6 月底交清。

29 日　西安市采办公会交军政会马干差价款 82962 元。

31 日　陇海铁路火车开至华县石堤河西，日机由东飞来轰炸火车，炸死 2 人，伤 10 余人。

4 月

3 日　西安市采办公会交军政会马干款 49104 元，市寄卖工会交马干款 19220 元。

5 月

21 日　西安市采办公会交军政会马干款 59400 元，交难民救济费 1841 元。

30 日　西安市采办公会交军政会饲料款 258192 元。

31 日　西安市采办公会代购妇女劳军团药品费 535 元。

同月　西安市华峰面粉公司交摊派马干差价款 119040 元。

6 月

1 日　西安市寄卖公会交各界妇女劳军团款 4960 元。

4 日　日机两次夜袭安康县城。

6 日、19 日　西安市采办公会交军政会马干款 151470 元、军政会运量运费 61991 元。

同日　陕西省政府令高陵县摊筹长坪线 6 万袋面粉，运费 989031 元。

30 日　西安市采办公会交修筑西安城墙工事费 55638 元。

同月　西安市政府维修城墙防空洞筹款 5 万元。

7 月

15 日　日机轰炸西乡县庙儿沟，丁家沟，无人员伤亡，树木和庄稼遭受损失。

18 日　西安市采办公会交马干款 268686 元，市寄卖公会交马干款 314553 元，市机器业公会交马干款 318870 元。

20 日　西安市采办公会交妇女会慰劳军鞋款 124740 元，市寄卖公会交妇女会慰劳军鞋款 146034 元，市机器业公会交马干及捐助军粮款 326500 元。

21 日　西安市采办公会代购军用牛皮款 310068 元。

23 日　西安市机器业公会捐献军鞋代金 148042 元。

1944 年 5 月至 1945 年 7 月　陕西省政府开始扩建户县飞机场，扩建占地 800 亩。临潼、长安、户县、周至、武功、兴平、高陵、泾阳、三原、礼泉、乾县等县大批人力和运输力参加了扩建工程。

8 月

12 日　西安市行栈业公会交马干款 201202 元。

同月　西安市采办公会交马干款 171864 元。

后　记

“陕西省抗日战争时期人口伤亡和财产损失”课题调研，是对自1937年7月7日全国抗日战争爆发，到1945年8月15日抗日战争胜利的八年间，日本侵华战争所造成的陕西省人口伤亡和财产损失的调查研究。《陕西省抗日战争时期人口伤亡和财产损失》一书，是“陕西省抗日战争时期人口伤亡和财产损失”课题调研的初步成果。全书共50余万字，作为抗日战争时期中国人口伤亡和财产损失调研丛书之一，由中共党史出版社正式出版。

“陕西省抗日战争时期人口伤亡和财产损失”课题调研，是中央党史研究室总体规划和指导，在中共陕西省委的领导下，由中共陕西省委党史研究室总体负责并指导全省各市、县（区）委党史研究室共同完成的一项重要工作。陕西省档案局、陕西省财政厅、陕西省地方志办公室、政协陕西省文史资料委员会、陕西省图书馆和各市、县（区）档案、地方志、政协文史办等单位，对这一课题调研的实施给予了积极的配合。

按照中央党史研究室《抗战时期中国人口伤亡和财产损失课题调研各地实施方案》的要求，2006年1月，陕西省启动了“陕西省抗日战争时期人口伤亡和财产损失”课题调研。陕西省、市、县（区）参加调研工作的众多同志，耗时一年多，克服各种困难，搜集了各级档案馆、图书馆等机构现存的陕西省抗日战争时期人口伤亡和财产损失相关的档案和文献资料。严格按照课题调研总体设计的各类统计表格的填报要求，经过定量分析和综合统计，初步得出了一组基于现有档案文献的陕西省抗日战争时期人口伤亡和财产损失的统计数据。在此基础上，再从宏观和微观视角对陕西省抗日战争时期人口伤亡和财产损失进行综合分析研究，形成了“陕西省抗战时期人口伤亡和财产损失综合调研报告”和“专题调研报告”。2009年10月，按抗日战争时期中国人口伤亡和财产损失调研丛书的统一体例，编纂完成《陕西省抗日战争时期人口伤亡和财产损失》一书的送审稿后，调研工作告一段落。2014年3月后，按照中央党史研究室新的要求和专家意见，再次对《陕西省抗日战争时期人口伤亡和财产损失》一书送审稿进行了修订。

做好“陕西省抗日战争时期人口伤亡和财产损失”课题调研，是历史赋予陕西党史工作者义不容辞的责任。由于抗日战争时期极其特殊的政治、经济环境，由于陕西省各地间客观存在着自然条件、社会经济条件、交通运输条件等方面差异和信息不对称，更由于当年陕西省各地市甚至同一县份的不同村镇间的经济社会发展也都极不平衡，致使陕西省内不同地域间、同一地域不同时段的同种类物品间的价值差异复杂多变，而且在商品流通结算环节还存在采用的币种不统一、币值换算复杂混乱的现象，我们在档案文献中又未查找出诸如物价指数等能够较为完整反映当时物价状况的，可用于对损失情况进行分析研究和统计的资料，这使得对陕西省抗日战争时期各项财产损失的价值无相对科学的折算、换算标准，调研报告的结论中所能给出的也只是抗日战争时期日军轰炸、炮击陕西造成的以毁房间数为主要表征的直接财产损失的统计数字，以及部分有统计依据的对战时损失估算、匡算的统计数字。对陕西省抗日战争时期的间接财产损失，对定量分析和统计要求中所涉及的币值数据，我们谨守尽可能地保持当年档案文献资料中币值折算的原始记录的原则，对陕西省抗日战争时期的间接财产损失，主要是通过对个案的记述、分析、归纳和总结，来反映其基本概况。

“陕西省抗日战争时期人口伤亡和财产损失”调研成果，凝结了全省各级党史部门室参加这项重要的工作的全体成员多年的心血。陕西省课题组由中共陕西省委党史研究室姚文琦、卢胜利、郃持文、汤彦宜组成。姚文琦、卢胜利、郃持文负责组织和统稿，汤彦宜负责档案文献资料的查阅、编选及编辑、校对，负责“陕西省抗日战争时期人口伤亡和财产损失综合调研报告”和“专题调研报告”的撰写。陕西省抗日战争时期人口伤亡和财产损失的汇总统计由汤彦宜和西安市统计局王根元负责完成。中共西安市委党史研究室赵明亮参与了在中国第二历史档案馆和台北“国史馆”的查档工作。中共西安市委党史研究室负责查阅了陕西省图书馆馆藏抗日战争时期《西京日报》的相关资料。2007 年 8 月，北京科技大学 10 名在西安暑假实习的同学参与了陕西省抗日战争时期人口伤亡和财产损失档案和文献资料的分类登记工作。中共陕西省委党史研究室李兵、高子果、苏维、江南、耿琪、王金强参与了档案文献的整理工作。大事记由汤彦宜、高子果、苏维编写。陕西省各市、县（区）的档案文献资料由当地党史研究室负责查阅。部分市、县（区）还进行了陕西省抗日战争时期人口伤亡和财产损失的口述历史工作。陕西省档案馆、陕西省图书馆、陕西省地方志办公室、西安铁路局、中国第二历史档案馆、内蒙古自治区巴彦淖尔盟档案馆和台北“国史馆”为本课题查档和复制资料提供了全方位的支持。中共陕西省委印刷厂姚新合、李娜、王东霞、严娜、任晓勇等为本书选编的民国档案文献资料的录入和全书的编排工作付出了辛劳。“陕西省抗日战争时期人口伤亡和财产损失”课题调研的各个阶段，都得到了中央党史研究室第一研究部霍海丹、蒋建农、李蓉、姚金果、李颖、王树林、汤涛、曹子祥、杨凯等的悉心指导和帮助。中共党史出版社负责《陕西省抗日战争时期人口伤亡和财产损失》一书的责任编辑，为本书的正式出版付出了辛劳。对所有给予我们帮助的同志，在此一并表示衷心的感谢！

尽管广大资料征集者、编纂者以高度的责任感和使命感从事这一重要课题，并为此付出了艰辛的努力，但受限于档案文献资料的缺失不全，又窘于知识结构和研究水平，目前所形成的课题调研的成果还是初步的阶段性成果，疏漏不当之处在所难免，敬请专家指正。今后我们将继续努力，进一步做好陕西省抗日战争时期人口伤亡和财产损失的深入研究工作。

陕西省委党史研究室

2014 年 12 月

总后记

历时多年的《抗日战争时期中国人口伤亡和财产损失调研丛书》终于问世了。参加这套丛书编纂工作的，主要是承担《抗日战争时期中国人口伤亡和财产损失》课题调研任务的各省、自治区、直辖市及其下属市、县的领导同志和课题组成员，以及部分著名专家。他们以高度的责任心和使命感，竭尽全力，攻坚克难，终于完成了各自承担的任务，并按统一要求，形成了调研成果的A系列书稿。同时，有关省、自治区、直辖市还从实际情况出发，编纂了主要反映市、县调研成果的B系列书稿。由于各地情况不尽相同及其他原因，呈现在读者面前的丛书，将分批陆续完成和出版。

为了保证质量，我们对本丛书中由各省、自治区、直辖市完成的A系列书稿（即省级调研成果）实行了四级验收制，即：所有的省级调研成果，先由有关省（自治区、直辖市）课题领导小组及其聘请的省级专家验收组分别审读通过、写出书面意见；然后提交到中共中央党史研究室课题组。中共中央党史研究室课题组审读后，再聘请国内知名专家审读书稿，提出书面意见。对每次审读提出的意见，各省、自治区、直辖市课题组都认真研究落实，对书稿进行反复修改，或是说明相关情况，直到符合要求。由一批专家完成的A系列书稿（即带全局性的专门课题调研成果），也通过类似的办法验收。主要反映市、县调研成果的B系列书稿，则由有关省、自治区、直辖市党史研究室组织验收。各种调研成果验收修改的过程，同时也是调研的深化过程、提高过程。经过反复修改补充的成果，在质量上都有明显提高。

中共中央党史研究室课题组在中共中央党史研究室室委会和分管室副主任的具体领导下开展工作。中共中央党史研究室几任主要领导同志即曲青山和孙英、李景田、欧阳淞主任，非常关心和重视本课题调研工作的开展。分管这项工作的室副主任李忠杰同志始终严格把握政治方向，精心部署和安排，明确提出创建“精品工程、基础工程、警世工程、传世工程”的要求，给工作指明方向，还及时领导解决调研过程中遇到的种种困难和问题。各地同志和有关专家同中共中央党史研究室课题组保持密切联系，对中共中央党史研究室课题组的工作给予了积极配合和支持。

中共中央党史研究室课题组由李忠杰、霍海丹、李蓉、姚金果、李颖、王志刚、王树林、杨凯等同志组成。先后担任中共中央党史研究室第一研究部领导职务的黄修荣、刘益涛、蒋建农同志参与了课题调研和审改的部分工作。中共中央党史研究室科研管理部、办公厅的部分同志也参与了有关工作。特别是在北京市和山东省召开的两次全国性会议，中共中央党史研究室科研管理部、办公厅的有关同志自始至终参与了繁忙的会务工作，付出了大量心血和辛勤劳动。

在李忠杰同志直接领导下，中共中央党史研究室课题组承担了组织指导与协调推进各地课题调研和联系有关专家完成全局性专题调研的繁重任务。在人手十分有限的条件下，课题组同志们近10年如一日，以对民族负责、对历史负责的自觉精神，克服困难，埋头苦干，为圆满完成任务做了大量工作。计先后编发213期达60多万字的《工作简报》，同各省、自治区、直辖市的同志和有关专家进行了数以千次、万次的电话联系及当面沟通，先后到10多个省、自治区、直辖市实地调查、参加会议，了解情况，当面指导，协助各地完成调研工作，或邀请有关地方的同志到北京进行座谈；还组织22个省、自治区、直辖市课题组编纂《抗日战争时期全国重大惨案》，同中央档案馆联合编辑《抗日战争时期解放区人口伤亡和财产损失档案选编》，同中国第二历史档案馆、中国人民解放军档案馆联合编辑其馆藏的相关档案资料，撰写有关专题报告，等等。将近10年来，课题组成员虽有变动，但工作始终如一，没有延误和懈怠。

需要说明的是，《抗日战争时期中国人口伤亡和财产损失》课题，有时也简称为抗战损失课题或抗损课题。虽然有学者认为“抗战损失”或“抗损”通常只能反映抗日战争中财产方面的损失，人口伤亡不能称作损失，但考虑到当年国民政府习惯采用“抗战损失汇报”或“抗战中人口与财产所受损失统计”等表述，所以本课题参照前例，以“抗战损失”或“抗损”作为课题简称。

2014年初，根据中央领导同志的指示精神和中共中央党史研究室室委会关于做好出版和对外宣传全国抗战损失课题调研成果准备工作的要求，我们组织部分省、自治区、直辖市的分管领导和课题组成员对已经印出样本的A系列书稿再次进行复审和互审，并邀请部分承担了抗战损失专题调研任务的专家参加审稿工作。这次集中复审和互审的主要任务是：审核已经印出样本的A系列书稿，对相关数据、史实严格把关，保证课题调研结论的真实性，保证书稿没有重大差错。中共中央党史研究室主要领导同志和分管领导同志也提出要求：把工作做得再深入、再扎实一些，统一规范，责任到人，把问题消灭在书稿正式出版之前。

在复审和互审过程中，地方同志和邀请的专家以多种形式及时沟通，围绕审稿发现的问题研究讨论，和中共中央党史研究室分管领导进行交流，对一些重要的共性问题达成一致。经过复审和互审，对有关的A系列书稿做出进一步修改。在此基础上，中共中央党史研究室课题组同志又对拟第一批出版的每一部A系列书稿进行多环节的审读、检查、修改、校对，严格审核把关，尽可能如实、客观地反映调研情况和成果。

中共中央党史研究室的其他同志及一些外聘同志、从地方党史部门借调的同志，如徐玉凤、谢忠厚、杨延力、郭明泉、戴思厚、王俊云、梁亿新、宋河星、毛立红、王莹莹、茅永怀、庾新顺、李蕙芬同志等，满腔热情地参加了本课题调研的部分工作。不论是调研选题的讨论、同有关各方的联络，还是资料的整理、归类、建档等，他们都付出了辛勤的劳动。

这里，还要特别感谢国家社会科学基金规划办公室、国家新闻出版广电总局有关领导和同志对本课题调研工作的支持和帮助，感谢有关部门对丛书出版经费的支持和保证。中共党史出版社的领导汪晓军以及陈海平、姚建萍等同志，也为这套丛书的出版花费了很多心血。

我们相信，本丛书 A 系列和 B 系列各卷的陆续公开出版，必将大大有助于抗战损失课题调研成果的推广利用，有利于固化历史，更好地发挥以史为鉴、资政育人的作用。但是，我们也深知，本课题调研迄今所取得的成果，还只是阶段性的、部分的、不完全的成果。在已经取得的来之不易的成果的基础上，今后，这一课题的调研工作还要深入不懈地继续进行下去。

中共中央党史研究室课题组

2014 年 4 月 30 日